应用型本科经管系列教材　工商营销类

数智时代的市场营销理论与实务

主　编　郑文坚　严　谨

副主编　黄　辉　王　静　郑春华

参　编　王于蓝　张云峰　林开淼

　　　　李　丹　周功建　陈丽群

厦门大学出版社
XIAMEN UNIVERSITY PRESS

国家一级出版社
全国百佳图书出版单位

图书在版编目（CIP）数据

数智时代的市场营销理论与实务 / 郑文坚，严谨主编. -- 厦门 ：厦门大学出版社，2025. 3. -- （应用型本科经管系列教材）. -- ISBN 978-7-5615-9524-4

Ⅰ. F713.50

中国国家版本馆 CIP 数据核字第 2024QS3359 号

责任编辑　江珏玛

美术编辑　李嘉彬

技术编辑　朱　楷

出版发行　厦门大学出版社

社　　址　厦门市软件园二期望海路 39 号

邮政编码　361008

总　　机　0592-2181111　0592-2181406(传真)

营销中心　0592-2184458　0592-2181365

网　　址　http://www.xmupress.com

邮　　箱　xmup@xmupress.com

印　　刷　厦门金凯龙包装科技有限公司

开本　787 mm×1 092 mm　1/16

印张　27.75

字数　575 千字

版次　2025 年 3 月第 1 版

印次　2025 年 3 月第 1 次印刷

定价　69.00 元

本书如有印装质量问题请直接寄承印厂调换

厦门大学出版社
微信二维码

厦门大学出版社
微博二维码

应用型本科经管系列教材
编委会名单
（按姓氏笔画排序）

总　序

教育是强国建设、民族复兴之基。习近平总书记在 2024 年 9 月召开的全国教育大会上强调，紧紧围绕立德树人根本任务，朝着建成教育强国战略目标扎实迈进。《墨子·尚贤》有言："国有贤良之士众，则国家之治厚；贤良之士寡，则国家之治薄。"培养什么人，是教育的首要问题。随着国家对高等教育质量提升和创新型人才培养的日益重视，应用型本科教育以其鲜明的职业导向和实践特色，成为培养未来经济社会所需高素质、高技能人才的关键阵地。作为连接理论与实践、促进经济社会发展的重要桥梁，经管学科始终站在时代的前沿，不断创新教育模式、加快高质量教材建设。在快速变化的全球经济版图中，全国各地积极探索地方特色鲜明的应用型人才培养体系，努力为区域经济发展输送高质量的经管类人才。鉴于此，我们精心策划并编写了应用型本科经管系列教材，旨在响应国家教材建设要求，为推进建设中国特色、世界一流的教育提供坚强保障。

一、回应时代呼唤：抓住新机遇，迎接新挑战

习近平总书记指出，教育数字化是我国开辟教育发展新赛道和塑造教育发展新优势的重要突破口。教书育人既要体现时代精神，又要回答时代之问。当前，全球经济一体化加速推进，信息技术日新月异，新兴产业层出不穷，这些变化不仅深刻改变了经济社会的运行逻辑，也对经管教育提出了新的挑战。如何回应信息技术的发展，推进教育数字化，是我们面临的重大课题。为紧跟时代脉搏，牢牢把握当前时代特征赋予经管教育的新使命和新任务，本系列教材在形式上不再局限于纸质书的内容，通

过提供丰富的数字化教学资源来满足新时代的教学需求,包括在线学习资源、微课视频、电子课件、题库测试等,探索数字技术赋能教材建设之路,持续推动经管教育数字化改革创新。

二、创新人才培养:锻造"新商科"人才,支撑新质生产力发展

新质生产力以科技创新为驱动力,以高水平人才为支撑。传统经管教育体系非常关注管理和营销、金融与投资、会计等维度的素养培训和提升,但容易形成学科领地和专业边界固化的"知识孤岛"。新质生产力的要素构成转变,对经管专业人才的素质和技能提出了新的要求。面向未来,经管教育的发展必须适应科技的变革和社会的真实需求。教材建设是育人育才的重要依托,我们邀请了来自高校、企业、行业协会等多方专家共同参与编写,确保教材内容既紧跟学术前沿,又有足够宽广的视野,助力培养和锻造一批具有多学科知识背景、多方面实践技能的"新商科"高水平复合型人才,直接服务现代化产业建设与中国高质量发展,着力打造中国经济的升级版。

三、定位教材特质:强化应用导向,注重实践能力

传统的经管类专业教材通常侧重于理论体系的完整性和逻辑性,而应用型本科教育更关注理论的实际应用性和操作性。为了更好地体现应用型本科教育的实践导向,本系列教材紧密围绕应用型本科教育的人才培养目标,坚持"理论够用、重在实践"的原则,力求在内容安排上实现理论性与实践性的有机结合。本系列教材在编写过程中不仅重视基础理论的系统性讲解,还特别注重理论在实际经济管理活动中的应用场景和操作方法。教材中不仅涵盖了经管领域的基础理论和核心知识,还融入了国内外优秀的经典教学案例,精选了大量真实企业的管理案例,分析了行业热点问题,研究了典型经济现象,旨在通过模拟真实的工作场景和解决实际问题,提升学生的综合素质和实践能力。

四、开阔教学视野:服务国家经济,面向国际合作

在全球经济一体化的背景下,企业的经营和管理已经超越了单一国

家的范围。这就需要应用型本科经管教育围绕服务国家战略需求,促进中国经济和管理教育事业发展,培养既深刻理解中国国情和特色又具备全球视野的经济管理人才。因此,本系列教材在内容设置中,既注重结合我国经济背景和产业特点,展开如关于数字贸易发展、绿色经济转型、海洋经济发展等系列专题内容的深入分析,又引入了国际经贸理论、跨国企业管理、国际投资分析等内容,增强学生国际化视野和跨文化管理能力的培养。如此规划,既能提升学生在就业过程中的适应性和竞争力,又能为学生未来参与国际合作打下基础。

五、整合编写资源:确保内容科学性,增强教材适用性

采他山之石以攻玉,纳百家之长以厚己。本系列教材在策划之初,就下好作者队伍的"先手棋",得到了众多经管院校的大力支持。各院校注重发挥自身学科优势,联合一线教师共同将教学经验融入教材之中。各位编者在撰写过程中仔细打磨、反复论证,力求在内容的科学性、先进性和适用性上达到最佳平衡,用心打造培根铸魂、启智增慧的精品教材。同时,我们还通过广泛征求教师和学生的意见,不断改进教材的内容结构,使其更加符合应用型本科教育的实际需要。

应用型本科教育已然走上了提质培优、增值赋能的快车道。教材建设是推动教育创新的重要引擎,应用型本科经管系列教材的出版是对应用型本科教育改革和发展的一次积极探索。它不仅反映了高等教育服务国家经济的理念,也体现了教育界对应用型人才培养的深入思考和实践。我们期冀本系列教材能够在应用型本科教育中发挥重要作用,让更多院校和师生受益于优质教育资源,为学生提供更好的学习方向和成长机会。

2024 年 11 月

前　言

党的十八大以来，中国成为全球数字经济发展最快的国家之一，数字经济规模连续多年居全球第二位。习近平总书记指出，我们"要把握数字化、网络化、智能化融合发展的契机，以信息化、智能化为杠杆培育新动能，优先培育和大力发展一批战略性新兴产业集群，推进互联网、大数据、人工智能同实体经济深度融合，推动制造业产业模式和企业形态根本性转变，促进我国产业迈向全球价值链中高端"。

置身世界百年未有之大变局，不管是营销的理论研究、教学，还是实务工作，我们既要看到时代巨变，更要看到不变的东西。变化的东西就在于互联网尤其是数智互联网和数智物联网给营销实践带来了很多新的手段和玩法，无法跟上这种变化，很难在当下做好营销工作；而不变的则是营销的本质与商业的逻辑。当下形形色色的营销手法基本上也都可以在经典营销学理论中找到相应的位置。

基于这样的背景和思考，本书尝试将营销学原理的内容与数智化环境中营销手段的演变进行结合与贯通。一方面强调基本理论与核心知识的准确呈现和完整表达，另一方面保持对趋势与热点的敏感，理论与应用相结合，经典与潮流相融合。

本书是面向本科与高职院校学生的工商管理学科基础教材。作为一门管理学科的核心专业基础课，本书系统介绍了市场营销学的相关概念、基本原理与方法，同时结合互联网环境对营销原理的应用做了适当的延伸和拓展。本书包含四大模块：一是营销理念与体系认知（第一章），二是营销洞察（第二、三、四、五章），三是营销战略（第六章，也包含部分第四章的内容），四是营销策略（第七、八、九、十章）。

本书有 4 个主要特点：

一是紧跟趋势热点。各章内容都有"数智化趋势"节次，尝试从数智化视角诠释市场营销基础理论与方法在当前时代背景下的演变与热点。同时，在案例选择上尽量选择经典案例或鲜活案例，确保案例的代表性和生动性。

二是侧重应用导向。各章内容编写采用"核心知识＋拓展阅读＋案例解析"的方法，精简核心理论表达，通过案例与拓展阅读增加可读性，方便理解；并在各章设计案例实训题库与知识应用题库，引导学生学用结合，增强实践性。

三是探索课程思政。本书各章结尾增加了"思政专题"，将当前中国政治经济社会发展的主要方针以及市场营销的主要理论与实践有机融合，以思政教育引领专业教育，实现教书和育人的统一。

四是引入数字资源。本书为新形态教材导向用书，不仅为教师提供课程配套资料和 PPT，还在各章提供二维码学习资源，包括案例实训题库与知识应用题库，后台每年更新题库资料，以有效避免题目老旧和案例老旧的问题，优化学习体验，提升学习效果。

本书由郑文坚、严谨担任主编，参加编写的人员及分工为：第一章（郑文坚、严谨）、第二章（严谨、郑文坚）、第三章（王静、严谨、陈丽群）、第四章（郑春华、林开淼）、第五章（王静、李丹）、第六章（黄辉、严谨）、第七章（林开淼、黄辉）、第八章（黄辉、郑春华）、第九章（李丹、黄辉、周功建）、第十章（严谨、周功建、陈丽群）。本书还邀请两位拥有 20 多年企业运营和营销管理经验的企业家（王于蓝女士、张云峰先生）参与编写，他们在各章实例选择和课程实务设计部分给予了中肯意见。全书由郑文坚统稿。

本书的编写还借鉴了国内外营销学者的研究成果，限于体例未能一一列出。在此，向众多市场营销学者、老师和出版单位表示衷心的谢意！由于我们的能力与水平有限，书中难免会有不妥甚至错误之处，敬请读者批评指正。

本书编写组
2024 年 10 月

目　录

第一章　市场营销概论

学习目标

1. 理解和掌握市场营销的含义,能够有效区别营销与推销(促销);

2. 理解市场营销的延伸概念,尤其是需要、欲望、需求、市场、价值、交换等;

3. 理解市场营销观念演进的逻辑,能够区别不同观念的内涵和局限;

4. 理解市场营销组合的含义与演进逻辑;

5. 掌握 4P 与 4C 理论,了解 4P 理论的相关扩展,区别 4P 与 4C;

6. 了解战略营销过程,掌握营销计划书的基本组成;

7. 理解营销 5.0 的含义及出现背景。

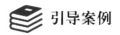 **引导案例**

王永庆卖米的故事

中国台湾地区的"经营之神"王永庆是台塑集团创始人。作为台湾著名企业家，他的第一桶金来自米店的生意。

王永庆小学毕业后到一家小米店当学徒。第二年，他用父亲借来的200元钱自己开了一家小米店，开始卖米挣钱。

米店开张后，任凭永庆喊破嗓子，米也没卖出去多少，过了几天，米店的生意更加冷清了。

经过观察，王永庆发现大部分顾客都习惯在一家店买米，而且总是选最近的那一家；他还发现每家的米里面都有很多糠、沙砾和小石头等杂物。为此，他决定从解决米店与顾客的距离远和米存在杂质的问题入手。王永庆根据兄弟三人的性格做了一下分工：三弟外向善交际，负责照顾客人和店面；二弟内向，负责从大米里挑杂物；他自己则走街串巷搞推销。不久以后，他们挑过的米开始走俏，三兄弟要晚上加班加点才能满足白天的销售需求。

如此虽然米的质量提高了，但米的分量减少了，要想弥补损失，只有增加销售量。为此，王永庆又开始冥思苦想。有一天，一位主妇慕名来到米店，一下子要买三斗大米，但因为太重拎不动只能改成要一斗，王永庆灵机一动，主动提出帮顾客把米送到家。

在送米的过程中，有认识王永庆的人就问："阿庆仔，怎么送米上门吗？"这样问了几次，把王永庆问醒悟了：为什么不送米上门？米送到后，王永庆还主动问顾客三斗米大概能吃多久，下次他直接送过来就可以，顾客就不用跑去店里了。

这件事后，王永庆把送米上门提到米店经营的日程上来，开始添置一些运输工具，这样就可以同时送很多家，减少路上消耗的时间。同时他又做了一些精心的统计，比如这家有几口人，每天用米量是多少，需要多长时间送一次，每次送多少，都一一列在本子上。送米的时候，他会细心地为顾客擦洗米缸，记下米缸的容量，并把新米放在下面，陈米放在上面。同时还会了解顾客家发工资的日子并记录下来，在顾客发了工资后一两天内去讨米钱。就这样，王永庆米店最多一天可以卖出一百多斗的米，其良好的口碑在嘉义广为流传，王永庆在米店行业的地位也就提高了。

资料来源：综合网络资料编写。

引导问题：

1.王永庆米店的生意从开始的冷清到起色再到红火，他所做的哪件事是根本原因？

2.王永庆是用哪种观念在经营米店的？

3.王永庆在市场经营中应用了哪些手段和策略组合？

第一节　认识市场营销

一、市场的含义

"市场"最早指的是场所,即买方和卖方在一起进行交换的聚集地。经济学中所研究的市场包括买卖双方以及交易过程中的秩序和规则。而市场营销学所指的市场侧重于买方角度的表达。所谓市场,是某种产品服务的实际购买者和潜在购买者的集合。这些购买者具有共同的需要和欲望,愿意并能够通过特定的交换(如金钱)得到满足。买方集合构成市场,卖方集合构成产业,如图1-1所示。

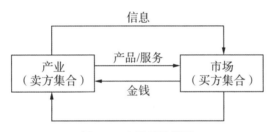

图1-1　市场系统简图

基于市场的这一界定,我们可以看到,市场包含三个基本因素:有某种需要的人、为满足这种需要的购买能力、为满足这种需要的购买欲望,如图1-2所示。市场的这三个因素相互制约,互为条件,缺一不可。市场规模大小就取决于这三个基本因素。需要的人越多,购买能力越强,购买欲望越强烈,市场就越大。在这三个基本因素中,购买欲望是核心,如何有效刺激和调动购买欲望是营销的重要工作。

市场 = 有某种需要的人 + 为满足这种需要的购买能力 + 为满足这种需要的购买欲望

图1-2　市场三因素

通常,我们可以按照购买动机把市场划为四种:一是消费者市场,即为了个人消费而购买产品和服务的个人或家庭;二是组织市场,即为了将来或现阶段生产或服务过程需要而购买产品和服务的组织;三是中间商市场,即为了再次销售而购买产品和服务的各类中间商;四是政府市场,即为了公共服务或将产品、服务转移到需要的人手里而购买产品和服务的政府机构。不同的市场有不同的需求和购买行为,这就要求企业认真地研究市场。

二、市场营销与推销或促销

市场营销容易被等同于推销、销售、促销这样的活动。事实上,这些活动只是营销的一个环节或一种活动,甚至不是重要的部分,市场营销的内容和活动更加丰富。现在企业的市场营销活动包括市场研究、市场需求预测、产品开发和设计、产品组合管理、品牌化、服务、定价、分销与物流、广告、公共关系、人员推销、销售促进、直复营销、售后服务等众多手段和活动。

拓展阅读 1-1

学者与企业家论营销与推销或促销

营销学之父菲利普·科特勒:

营销最重要的内容并非推销,推销只不过是营销冰山上的顶点……,如果营销者把认识消费者的各种需求,开发适合的产品,以及定价、分销和促销等工作做得很好,这些产品就会很容易地销售出去。

管理学大师彼得·德鲁克:

可以设想,某些推销工作总是需要的,然而营销的目的就是要使推销变得多余。营销在于深刻地认识和了解顾客,使产品或服务完全地适合顾客的需要而形成产品自我销售,理想的营销会产生一个已经准备来购买的顾客,剩下的事就是如何便于顾客得到产品或服务……

海尔集团董事局主席、首席执行官张瑞敏:

促销只是一种手段,但营销却是一种真正的战略。从本质上讲,营销不是卖出东西而是买。买进来的是用户的意见,然后根据用户意见改进,达到用户的满意,最后才能得到用户的忠诚度,企业也才能获得成功。

资料来源:综合网络资料编写。

三、市场营销的含义

对于市场营销的定义,中外学者各有差异,具有代表性的有以下几种,如表 1-1 所示。

表 1-1 关于市场营销的若干定义

学者或机构	主要观点
美国市场营销协会（AMA）	市场营销是在创造、沟通、传播和交换产品中，为顾客、客户、合作伙伴以及整个社会带来价值的一系列活动、过程和体系。（该定义于 2013 年 7 月通过美国市场营销协会董事会一致审核）
杰罗姆·麦卡锡（E.Jerome McCarthy）	市场营销是引导物品及劳务从生产者到消费者或使用者的企业活动，以满足顾客并实现企业的目标
克里斯琴·格罗路斯（Christian Gronroos）	市场营销，就是在变化的市场环境中，旨在满足消费需要、实现企业目标的商务活动过程，包括市场调研、选择目标市场、产品开发、产品促销等一系列与市场有关的企业业务经营活动
史坦顿（W.J.Stanton）	市场营销是一个完整的企业活动，即以计划、产品、定价、推广与分销来满足现在与未来顾客的需求
菲利普·科特勒（Philip Kotler）	市场营销是企业为了从顾客身上获得利益回报，为顾客创造价值并与之建立稳固顾客关系的过程

在本书中，我们采用菲利普·科特勒的定义，以顾客价值导向来理解营销。为此，我们可以简单地勾勒出市场营销的价值发现、创造、传递、满足、转化过程。当然，这个过程不是一成不变的，而是不断循环不断迭代的。如图 1-3 所示。

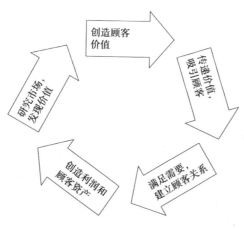

图 1-3 市场营销过程

 拓展阅读 1-2

什么是真正的市场营销

市场营销为通过销售团队、广告来提升销量，这是过去的定义。

现在的市场营销，我们称其为 CCDV（create, communicate, and deliver value），即目标市场创造、沟通和交付价值。

最新的一个观点认为,市场营销是驱动企业增长的商业准则,也就是说它的功能是促进企业实现增长。

为什么说市场营销可以比企业其他职能部门为企业带来更多的增长呢?因为市场营销部门是唯一一个花时间和客户在一起并希望客户产生购买的部门。对于市场营销部门来说,如果营销人员培训得好,他们和客户待的时间长,他们会最先发现市场的机会。

市场营销部门会最先发现客户有哪些需求,在企业别的部门没有注意到的时候,市场营销部门就可以感受到。另外,市场营销部门也可以感受到企业存在哪些威胁,或者说在客户买你的产品的时候存在哪些障碍。对于市场营销人员来说,我们必须真正接触到市场,真正接触到客户,把密切的观察传回到企业当中。

资料来源:菲利普·科特勒.营销的未来[Z].未来营销峰会主题演讲,2019.

四、市场营销的相关概念

为了更好地理解市场营销的内涵和外延,我们需要进一步阐明相关的核心概念。

(一)需要、欲望和需求

人的需要和欲望是市场营销活动的出发点。需要是指人们没有得到某些基本满足的感受状态。欲望是指人们想要得到满足某种基本需要的具体供给物的愿望。如人渴了,需要喝东西,这是人的共性需要,存在于人类自身的生理结构中,不是营销者所能创造的;而渴了之后,有的人想喝水,有的人想喝牛奶,有的人想喝果汁,有的人想喝可乐,或者有的人直接就想喝可口可乐,这是不同人的不同欲望。企业和营销者要让自己的产品和服务成为消费者满足欲望时优先考虑的品类和品牌,甚至通过营销活动刺激这种欲望的产生;当消费者有欲望并有购买力时,需求就产生了。所以需要是想买又能买得起的欲望,企业和营销者同样需要考虑消费者的购买力或通过各种手段提高消费者的购买力(如信贷)。

五种需要模型

有学者总结了五种需要模型,让我们去从中分析和研究:

(1)明确表述的需要,比如说顾客想要一辆不是很贵的汽车。

(2)真正的需要,顾客想要一辆使用成本很低的汽车,而不只是初始价格很低。

(3)没有明确表达的需要,顾客期盼能购买到优质的服务。

（4）令人愉悦的需要,顾客希望获赠车载导航系统。

（5）秘密需要,顾客希望朋友把自己当作内行。

从这五种需要模型中分析,我们可以知道,如果仅仅是对消费者明确表述的需要作出反应,可能是不够的,还需要从其他四个维度去分析顾客到底想要什么。这样我们才能用更合适的方法去营销,去满足顾客的需求,从而创造出利润、价值。

资料来源（有修改）:汽车销售实战营销策划战略,了解顾客五种类型的需求[EB/OL].（2013-08-22）[2024-03-03].https://guba.eastmoney.com/news,dcblog,221304836.html.

区分需要、欲望和需求的意义在于:营销人员不能创造需要,因为它已先于营销活动而存在,但营销人员可以通过自己的工作来刺激欲望、创造需求或影响需求。

小案例 1-1

需求洞察与挖掘：老太太买水果的故事

一位老太太每天去菜市场买菜买水果。一天早晨,她来到菜市场,遇到第一个卖水果的小贩。小贩问她:"你要买水果吗？"老太太说:"你有什么水果？"小贩说:"我这里有李子、桃子、苹果、香蕉,你要买哪种呢？"老太太说:"我正要买李子。"小贩赶忙介绍他的李子,说又红又甜又大,特好吃。老太太仔细一看,果然如此。但老太太却摇摇头,没有买,走了。

老太太继续在菜市场里逛。遇到第二个卖水果的小贩。这个小贩也像第一个一样,问老太太买什么水果,老太太说买李子。小贩接着问,我这里有很多李子,有大的,有小的,有酸的,有甜的,你要什么样的呢？老太太说要买酸李子,小贩说我这堆李子特别酸,你尝尝看。老太太一咬,果然很酸,满口的酸水。老太太受不了了,但越酸越高兴,马上买了一斤李子。

但老太太没有回家,继续在市场转。遇到第三个卖水果的小贩,同样问老太太买什么,老太太还是说买李子。小贩接着问买什么李子,老太太说要买酸李子。但他很好奇,又接着问:"别人都买又甜又大的李子,你为什么要买酸李子？"老太太说:"我儿媳妇怀孕了,想吃酸的。"小贩马上说:"老太太,你对儿媳妇真好！"小贩又问老太太知道不知道孕妇最需要什么样的营养,老太太说不知道。小贩说:"其实孕妇最需要的是维生素,因为她需要供给胎儿维生素,所以光吃酸的还不够,还要多补充维生素,而在水果之中,猕猴桃含维生素最丰富,所以你要经常给儿媳妇买猕猴桃才行！这样的话,保你儿媳妇生出一个漂亮健康的宝宝。"老太太一听很高兴,马上买了一斤猕猴桃。当老太太要离开的时候,小贩又说:"我天天在这里摆摊,每天进的水果都是最新鲜的,下次来就到我这里来买,还能给你优惠。"从此以后,这个老太太每天在他这里买水果。

资料来源(有修改):销售经典故事:同样是卖水果,为什么就有人卖得那么好?〔EB/OL〕.(2019-11-20)〔2024-03-03〕.https://baijiahao.baidu.com/s? id=165070749515 0481298&wfr=spider&for=pc.

(二)营销供给物和品牌

任何需要的满足都必须依靠适当的供给物,即用来满足人类某种需要或欲望的任何东西。它可以是有形的物品也可以是无形的服务或创意,或者是以上的综合体。如人们买洗衣机不是为了得到多大体积的大箱子,而是为了得到自动洗衣服务。再如,当我们看到某消费者在市场上寻找钻头时,以一般人的眼光来看,这个人的需求似乎就是"钻头",但若以营销人员的眼光去看,这个人的需求并不是"钻头",而是要打一个"洞"。了解了这个需求,企业也许就能创造出一种比钻头更快、更好、更便宜的打洞工具,从而使企业生产出更具竞争力的产品。

品牌是来自可知来源的供给物,在消费者与供给物之间建立了连接。一个品牌给消费者带来的是信任,让消费者相信这个供给物可以更好地满足需要。这可能是供给物本身的功能价值,也可能是品牌带来的积极、独特的情感价值或象征价值,而消费者也愿意为此多支付费用,因此产生了品牌溢价。

(三)价值和满意

供给物必须为顾客带来价值。由于各方面条件的差异,同一产品对不同的人来说会带来不同的价值。可见,价值是指人们对营销供给物满足各种需要的能力的评估与感知。顾客通常不能准确或客观判断价值。价值大小依赖于顾客感知。

作为购买者,一方面希望获得营销供给物所带来的价值,一方面要支付相应的成本,两者的差额影响了顾客的价值感知,我们称之为顾客让渡价值,如图1-4所示。

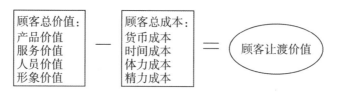

图1-4 顾客让渡价值

顾客满意取决于消费者所感知的产品和服务价值与期望相符合的程度。如果感知价值低于期望,购买者就会不满,落差越大,越不满意;如果感知价值与期望一致,顾客就会基本满意;如果感知价值超出顾客期望,顾客就会比较满意,超出越多,顾客满意度越高。

为什么这样促销？——集中损失与分散利益

我们经常会看到这样的广告：

"买 4988 元电脑,送蓝牙耳机、高游戏键盘",而不是"4988 元买耳机＋键盘＋电脑"？

"买 2280 手机,送小巧移动电源一个",而不是说"2280 元买手机＋移动电源"？

为什么这些活动促销或者广告文案要把这些产品的某些部分说成是免费送的呢？

这是因为人对损失和收益的感知是完全不一样的,有先后缓急之说。人们对损失的感受比对收益的感受强烈得多。

那么,如果把所有的成本加到一起,给消费者一个总价,让消费者一次支出2280,而不是感觉到是在多次支出,为手机支出 2200 元,为移动电源支出 80 元……消费者就觉得付出这些金钱没有那么痛苦。

每次都收钱或者每个东西都收一遍钱,会让用户感觉很不痛快;而"免费"的东西本身也可以作为优惠政策让用户"得到",用户会更愿意购买。

这就是所谓的集中损失。

而同样,分散利益就是尽可能地把利益都列出来,进行放大,让消费者感知到的"利益"在增加。

比如说上面的电脑,用下面两种说法,你看哪一种好：

(1)买 4988 元电脑,送蓝牙耳机、高游戏键盘、无线鼠标、3 年保修。

(2)买 4988 元电脑,送蓝牙耳机等套装。

所以说,在促销的时候,你得千方百计地集中损失,不要让用户觉得他不断在损失,损失一次就够了,而随之而来的不断分散利益,让他觉得好处接踵而至,而且还有超预期的东西。

当然,还有凸显"限时""限量",以及"倒计时"的方法,营造紧张感,也是用得非常多的方法,像"双十一"主要就是营造出一种"抢"的紧张氛围,推动用户赶紧下决定。

资料来源(节选)：不让客户进门却拥有千万销售额？你绝对想不到[EB/OL].(2019-01-11)[2024-03-03].https://www.163.com/dy/article/E58NUH6905385R1G.html.

第二节 市场营销哲学

一、市场营销哲学概述

市场营销哲学是企业市场行为的指导思想,即企业在开展市场营销管理的过程中,处理企业、顾客和社会三者利益方面所持的态度、思想和观念。从 19 世纪到现在,企业的市场营销哲学可分为五种:生产观念、产品观念、推销观念、市场营销观念和社会营销观念。

二战结束之前,即约 20 世纪 50 年代前,市场物资紧缺,供不应求,企业在市场上居于主动地位,企业的营销观念是以企业为中心的,相继出现了生产观念、产品观念和推销观念,这三个观念也统称为传统营销观念。到了 20 世纪 50 年代中期,二战之后世界进入和平发展时期,科技进步大大推动生产效率的提高,市场由卖方市场逐步转向买方市场,同时,伴随着西方 20 世纪 60 年代出现的消费者主权运动的兴起,以顾客为中心的市场营销观念逐渐成为主流。到了近代,尤其是 20 世纪 70 年代以来,西方国家的能源短缺、通货膨胀、失业增加、环境污染等社会问题迫使企业的营销活动不仅要考虑企业利益和顾客利益,也要考虑社会长远利益,于是,社会营销观念出现了,这是对市场营销观念的补充与提升。后两种观念也被统称为现代营销观念。这些观念的演进过程如图 1-5 所示。

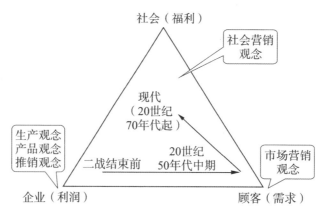

图 1-5　市场营销观念的演进

二、传统营销观念

(一)生产观念

生产观念是一种古老的商业观念。生产观念认为,生产是最重要的,只要生产出有用的产品,就一定有人要。顾客关心的主要是产品价格低廉和可以随处购得等。以此观念为指导,企业应把注意力集中在追求生产率和建立广阔的销售网络上。

生产观念是一种重生产、轻市场的商业哲学。

小案例 1-3

福特的 T 型车

图 1-6 福特的 T 型车

福特 T 型车(英文:Ford Model T;俗称:Tin Lizzie 或 Flivver,见图 1-6)是美国亨利·福特创办的福特汽车公司于 1908—1927 年推出的一款汽车产品。T 型车是世界上第一种以大量通用零部件进行大规模流水线装配作业的汽车,它的目标市场是美国社会的中产阶级。T 型车一出来,供不应求,到 1921 年,福特 T 型车在美国汽车市场上的占有率达到 56%。

福特公司生产的大多数 T 型车都是黑色的,亨利·福特曾傲慢地宣称:"不管顾客需要什么颜色的汽车,我只有一种黑色的。"事实上,在 1908 年至 1914 年间,福特公司也曾生产过其他不同颜色的汽车,但在 1915 年至 1925 年间,为了提高生产速率,福特公司只使用价格低廉、干燥迅速的日本黑涂料(后替换为低氮硝化纤维素亮漆)。亨利·福特这种极端的做法使其市场份额逐渐为竞争对手所蚕食,到 1926 年,福特公司不得不重新生产不同颜色涂装的汽车。

资料来源:综合网络资料编写。

(二)产品观念

产品观念认为,产品是最重要的因素,消费者总是欢迎质量最优、性能最好的产品,只要物美价廉,顾客必然会找上门。以此观念为指导,企业应致力于制造优质产品,并经常改进,不断提高产品质量。

产品观念容易使企业掉入"营销近视症"的陷阱,即过分关注产品本身,而忽略市场的真正需要。实际上,最好的产品不一定是适销对路的产品,同时,市场需求不断变化,只关注当下的产品,容易自以为是,使企业陷入经营困境。

从四楼扔下也不会坏的公文柜

有一家办公用公文柜生产商抱怨他的公文柜不好销,他认为这种公文柜"货真价实、质量很好",应该是很好销的,因为它是世界上最好的,好就好在"把它们从四楼扔下去也不会损坏"。但他的市场营销部经理却说:"的确是这样,但是我们的顾客并不打算把他们从四楼扔下去。"

资料来源:综合网络资料编写。

(三)推销观念

推销观念产生于20世纪20年代末到20世纪50年代前。当时社会生产力有了巨大发展,市场处在卖方市场向买方市场的过渡阶段,尤其是在1929年开始的资本主义经济危机中,大量产品积压,迫使企业重视推销工作以缓解压力。

推销观念认为消费者通常有购买迟钝或抗拒购买的表现,如果听其自然,消费者不会购买太多本企业的产品。以此观念为指导,企业必须大力开展推销和促销活动,刺激消费者购买更多的产品。

推销观念实质上是以生产为中心的,它所倡导的哲学是消费者请注意,而不是注意消费者,因此难免脱离市场需求,掉入以自我为中心的强推强卖的陷阱。

美国皮尔斯堡面粉公司:从制造面粉到推销面粉

美国皮尔斯堡面粉公司成立于1869年,在20世纪20年代以前,这家公司的口号是"本公司旨在制造面粉"。因为在那个年代,人们的消费水平很低,面粉公司无须太多宣传,只要保持面粉质量、降低成本与售价,销量就会大增,利润也会增加,而不必研究市场需求特点和推销方法。1930年左右,美国皮尔斯堡面粉公司发现,市场竞争加剧,面粉销量开始下降。公司为扭转这一局面,第一次在公司内部成立商情调研部门,并选派大量推销员,同时把口号改为"本公司旨在推销面粉",更加注意推销技巧,进行大量广告宣传,甚至开始硬性兜售。然而,随着人们生活水平的提高,各种强力推销未能满足顾客变化的新需求,公司再次面临成长困境。

资料来源(节选):从"面粉"到"面包"美国皮尔斯堡面粉公司营销观念的演变[EB/OL].(2018-03-13)[2024-03-03].https://www.doc88.com/p-1718445999292.html.

三、现代营销观念

(一)市场营销观念

市场营销观念古已有之,但直到 20 世纪 50 年代中期才相对定型。在这一时期,生产力快速提升,买方市场逐渐成为趋势,顾客中心论也逐渐成为共识。

市场营销观念认为,要达到企业目标,关键在于了解目标市场的需要和欲望,并且比竞争者更有效地满足顾客,并使顾客感到满意。以此观念为指导,企业必须认真分析和研究市场,通过协调的市场营销来不断满足消费者的需要。

市场营销观念摆脱了传统营销观念以企业为中心的思维定式,确立了以顾客中心的理念,成为一种新型的商业哲学,是市场营销观念的一次根本性变化,影响深远。

西奥多·莱维特(Theodore Levitt)对市场营销观念和推销观念做了深刻比较,如表 1-2 所示。

表 1-2 市场营销观念与推销观念的主要区别

观念	出发点	重点	手段	目的
推销观念	企业	产品	推销与促销	通过销售获利
市场营销观念	市场	顾客需求	协调和整合的营销	通过顾客满意获利

市场营销观念同样存在一定的陷阱:

第一个可能的陷阱是,市场营销观念可能导致过分强调满足顾客需求,而忽略了创造需求。实际上,很多时候顾客可能并不知道自己想要什么,一味满足顾客需求往往容易陷入被动的局面。以创新的产品和创新的推广来引导顾客需求是可能做到的。

第二个可能的陷阱是,市场营销观念可能局限于满足顾客需求,忽视其他利益相关者的需求。企业在让顾客满意、让企业盈利的同时,如果损害了利益相关者的利益,是社会责任缺失的表现,最终势必损害自身品牌和长远发展。

美国皮尔斯堡面粉公司：从推销到营销

从制造面粉到推销面粉的发展历程中，美国皮尔斯堡面粉公司意识到必须审视市场，从满足顾客心理实际需求的角度出发，因此开始对市场进行分析研究。20 世纪 50 年代前后，美国皮尔斯堡面粉公司经过调查，了解到战后美国人民的生活方式已发生了变化，家庭妇女在采购食品时，日益要求多种多样的半成品或成品(如各式饼干、点心、面包等)来代替购买面粉回家做饭。针对消费者需求的这种变化，这家公司主动采取措施，开始生产和推销多种成品或半成品的食品，使销售量迅速上升。1958 年，这家公司又进一步成立了皮尔斯堡销售公司，着眼于长期占领食品市场，着重研究今后 3 年至 30 年的消费趋势，不断设计和制造新产品，培训新的销售人员。

资料来源(节选)：从"面粉"到"面包"美国皮尔斯堡面粉公司营销观念的演变[EB/OL].(2018-03-13)[2024-03-03].https://www.doc88.com/p-1718445999292.html.

(二)社会营销观念

正是由于市场营销观念存在的可能忽略利益相关者利益的陷阱，社会营销观念出现了。社会营销观念产生于 20 世纪 70 年代，这一时期西方世界出现了各种社会问题，如能源危机、失业问题、通货膨胀、环境污染等，这些问题向企业经营和市场营销提出了社会责任的要求。

利益相关者理论

"利益相关者(stakeholder)"这一词的提出最早可以追溯到 1984 年，弗里曼出版了《战略管理：利益相关者管理的分析方法》一书，明确提出了利益相关者管理理论。利益相关者管理理论是指企业的经营管理者为综合平衡各个利益相关者的利益要求而进行的管理活动。与传统的股东至上主义相比较，该理论认为任何一个公司的发展都离不开各利益相关者的投入或参与，企业追求的是利益相关者的整体利益，而不仅仅是某些主体的利益。

利益相关者包括企业的股东、债权人、雇员、消费者、供应商等交易伙伴，也包括政府部门、本地居民、本地社区、媒体、环保主义等压力集团，甚至包括自然环境、人类后代等受到企业经营活动直接或间接影响的客体。这些利益相关者与企业的生存和发展密切相关,他们有的分担了企业的经营风险,有的为企业的经营活动付出了代价,有的对企业进行监督和制约,企业的经营决策必须考虑他们的利益或接受他们的约束。

资料来源:百度百科.利益相关者理论[EB/OL].[2024-03-08].http://baike.baidu.com/item/利益相关者理论/4556787? fr＝aladdin.

社会营销观念认为,企业向市场提供的产品和劳务,不仅要满足消费者的个别的、眼前的需要,而且要符合消费者总体和整个社会的长远利益,求得企业、消费者和社会三者利益的平衡。以此观念为指导,企业必须确定诸目标市场的需要、欲望和利益,并以保护或提高消费者和社会福利的方式,比竞争者更有效、更有力地向目标市场提供所期待的满足。

字节跳动公益:《爱你10001次》公益广告

据了解,目前中国孤独症患者超1300万人,并以每年近20万的速度增长,孤独症发病率已占各类精神残疾首位。

2023年9月5日,中华慈善日,字节跳动公益联合以孤独症群体等特殊需要儿童为主要服务对象的壹基金海洋天堂计划共同推出孤独症深度短片《爱你10001次》。影片并没有聚焦在孤独症群体本身,而是将目光落到孤独症者背后的家庭照料者身上,通过展示患者家属不厌其烦陪伴孩子练习日常小事的场景,让大众切实感知到这个群体所面临的生活和精神困境:他们不是孤独症者,但却有着一样"重复"的孤独。字节跳动公益希望通过短片能够带动更多用户加入关爱孤独症群体的公益计划,促进孤独症儿童及其家庭的福祉改善。

资料来源:综合网络资料编写。

第三节　市场营销组合

企业从事市场营销活动,需要综合利用自身可以控制的因素,与外部环境因素相协调,从而有效地影响市场,实现企业的目标。这些因素和手段的总称,我们称之为市场营销组合。市场营销组合这一概念是由美国哈佛大学教授尼尔·鲍顿(N.H.

Borden)于1953年最早提出的。市场营销组合随着企业实践的发展和学者研究的深入,出现了不同的内容,包括4P组合、7P组合、6P组合、11P组合、4C组合、4R组合等。

一、4P组合

1960年,麦卡锡(E. J. Mclarthy)教授提出了著名的4P组合。麦卡锡认为,企业从事市场营销活动,一方面要考虑企业的各种外部环境,另一方面要制定市场营销组合策略,通过策略的实施,适应环境,满足目标市场的需要,实现企业的目标。4P组合至今依然是影响最为深远、最为基础的策略组合。

4P组合分别是产品(product)、价格(price)、渠道(place)、促销(promotion),主要内容见表1-3。

表1-3　4P渠道组合

要素	内容
产品(product)	它是指企业提供给目标市场的货物、服务的集合,主要包括产品的实体、品牌、包装、服务和保证等
价格(price)	它是指企业出售产品所追求的经济回报,主要包括基本价格、折扣价格、付款时间、借贷条件等
渠道(place)	它代表企业为使其产品进入和达到目标市场所组织实施的各种活动,主要包括分销渠道、储存设施、运输设施、存货控制
促销(promotion)	它是指企业利用各种信息载体与目标市场进行沟通的传播活动,主要包括广告、人员推销、营业推广与公共关系等

从4P的组合来看,它具有四个主要特点:

(1)可控性。构成市场营销组合的各种手段是企业可以调节、控制和运用的因素,如企业根据目标市场情况,能够自主决定生产什么产品,制定什么价格,选择什么销售渠道,采用什么促销方式。

(2)复合性。市场营销组合每个组合变量中又有一些子变量。如促销手段就包含了广告、公共关系、销售促进、人员推销等不同的子手段,它们共同构成了促销组合。

(3)动态性。市场营销组合不是固定不变的静态组合,而是变化无穷的动态组合。企业受到内部条件、外部环境变化的影响必须能动地作出相应的反应。

(4)整体性。市场营销组合的各种手段及组成因素不是简单的相加或拼凑集合,而应成为一个有机的整体,在统一目标指导下,彼此配合,相互补充,能够求得大于局部功能之和的整体效应。

4P 的缺陷也是比较明显的,它以企业为中心,以追求利润最大化为原则,努力采用各种手段让消费者了解企业的产品,从而有机会购买企业产品。这势必会产生企业与顾客之间的矛盾,最终影响企业市场目标的实现。

二、4P 的拓展:7P、6P、11P 组合

(一)7P 组合

20 世纪 70 年代以来,服务业发展迅速,服务市场营销要素与产品市场营销要素显示出越来越多的差异。1981 年,布姆斯(Booms)和比特纳(Bitner)在原有的 4P 营销组合中增加三个要素,形成了包括产品、价格、渠道、促销、人员(people)、有形展示(physical evidence)和过程(process)的 7P 组合,如表 1-4 所示。

表 1-4 7P 组合

要素	内容
产品(product)	质量、水准、品牌、服务项目、保证、售后服务
价格(price)	折扣、付款条件、顾客认知价值、质量价格比、差异化
渠道(place)	所在地、可及性、分销渠道、分销范围
促销(promotion)	广告、人员推销、宣传、公关、形象促销、营业推广
人员(people)	态度与行为、可靠性、负责、沟通、顾客参与
有形展示(physical evidence)	环境设计、设备设施
过程(process)	员工决断权、活动流程、顾客参与度

(二)6P 组合

20 世纪 80 年代以来,世界经济发展滞缓,在国际国内市场竞争都日趋激烈、各种形式的政府干预和贸易保护主义再度兴起的新形势下,政治和社会因素对市场营销的影响和制约越来越大。一般市场营销理论只看到外部环境对市场营销活动的影响和制约,而忽视了企业经营活动也可以影响外部环境。1984 年,菲利普·科特勒提出要运用政治力量和公共关系,打破国际或国内市场上的贸易壁垒,为企业的市场营销开辟道路。大市场营销策略,在 4P 的基础上增加了公共关系(public relations)和权力(power)两个要素,6P 组合应运而生,如图 1-7 所示。

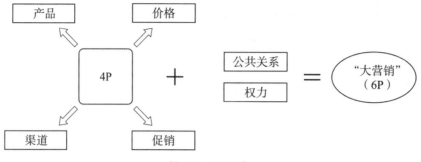

图 1-7　6P 组合

(三)11P 组合

20 世纪 90 年代,营销学者们认为,产品、价格、渠道、促销、权力和公共关系是战术性的 6P 组合,企业要有效地开展营销活动,首先要有为人们(people)服务的正确的指导思想,又要有正确的战略性的 4P 组合,即市场调研(probing)、市场细分(partitioning)、市场择优(prioritizing)、市场定位(positioning)的指导。这种战略性的 4P 组合、为人们服务的指导思想和战术性的 6P 组合就形成了市场营销的 11P 组合,如图 1-8 所示。

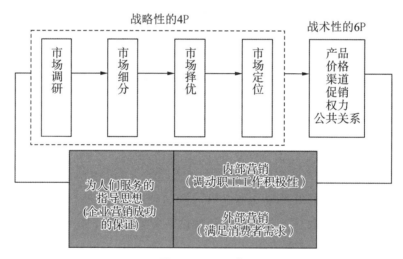

图 1-8　11P 组合

三、4C 组合

20 世纪 90 年代初,世界进入了一个全新的电子商务时代,消费个性化和感性化更加突出,企业为了了解消费者的需求和欲望,迫切需要与消费者进行双向信息沟通。1990 年美国市场营销专家罗伯特·劳特朋教授(R.F.Lauterborn)提出了 4C 理论,即顾客(customer)、成本(cost)、便利(convenience)和沟通(communication)。

第一,顾客。顾客主要指顾客的需求,企业必须首先了解和研究顾客,根据顾客的需求来提供产品。同时,企业提供的不仅仅是产品和服务,更重要的是由此产生的客户价值。

第二,成本。成本主要不是指企业的生产成本,或者说 4P 中的价格,它主要指的是顾客的购买成本,这意味着产品定价的理想情况,应该是既低于顾客的心理价格,亦能够让企业有所盈利。此外,这中间的顾客购买成本不仅包括其货币支出,还包括其为此耗费的时间、体力和精力,以及购买风险。

第三,便利。便利即为顾客提供最大的购物和使用便利。4C 营销理论强调企业在制定分销策略时,要更多地考虑让顾客方便,而不是企业自己方便。要通过好的售前、售中和售后服务来让顾客在购物的同时享受到便利。便利是客户价值不可或缺的一部分。

第四,沟通。沟通主要是指企业应与顾客进行积极有效的双向沟通,建立基于共同利益的新型企业/顾客关系。这不再是企业单向的促销和劝导顾客,而是在双方的沟通中找到能同时实现各自目标的通途。

相对于 4P 理论,4C 就是"四忘掉,四考虑":忘掉产品,考虑消费者的需要和欲求;忘掉定价,考虑消费者为满足其需求愿意付出多少;忘掉渠道,考虑如何让消费者方便;忘掉促销,考虑如何同消费者进行双向沟通。

4C 理论坚持以顾客为导向,始终围绕"顾客需要什么""如何才能更好地满足顾客"两大主题,进行持续的改进活动,以追求顾客满意为目标。它是一种由外而内的拉动型营销模式,它宣传的是"请消费者注意",而非"消费者请注意"。

4C 克服了 4P 策略只从企业考虑的局限,但是,从企业的营销实践和市场发展的趋势来看,4C 策略也有一些不足。首先,它立足于顾客导向而不是竞争导向,而在市场竞争中,要取得成功既要考虑到客户,也要考虑到竞争对手。其次,4C 策略在强调以顾客需求为导向的时候,没有结合企业的实际情况。最后,4C 策略仍然没有体现既赢得客户,又长期地拥有客户的关系营销思想,被动适应顾客需求的色彩较浓,没有解决满足顾客需求的操作性问题。

四、4R 组合

2001 年,美国学者艾略特·艾登伯格(Elliott Ettenberg)和唐·舒尔茨(Don E. Schultz)在 4C 营销理论的基础上提出了 4R 理论,即关联(relevancy)、反应(reaction)、关系(relationship)和回报(return)。

第一,关联。关联认为企业与顾客是一个命运共同体,建立并发展与顾客之间的长期关系是企业经营的核心理念和最重要的内容。

第二,反应。在相互影响的市场中,对经营者来说最难实现的问题不在于如何控制、制订和实施计划,而在于如何转变为高度回应需求的商业模式。

第三,关系。在企业与客户的关系发生了本质性变化的市场环境中,抢占市场的关键已转变为与顾客建立长期而稳固的关系。与此相适应产生了五个转向:从一次性交易转向强调建立长期友好合作关系;从着眼于短期利益转向重视长期利益;从顾客被动适应企业单一销售转向顾客主动参与到生产过程中来;从相互的利益冲突转向共同的和谐发展;从管理营销组合转向管理企业与顾客的互动关系。

第四,回报。任何交易与合作关系的巩固和发展,都是经济利益问题。因此,一定的合理回报既是正确处理营销活动中各种矛盾的出发点,也是营销的落脚点。

4R营销策略的最大特点是以竞争为导向,弥补了4C策略的不足,主动地创造需求、运用优化和系统的思想去整合营销,通过关联、关系、反应等形式与客户形成独特的关系,把企业与客户联系在一起,形成竞争优势。其追求回报,企业必然实施低成本战略,充分考虑顾客愿意付出的成本,实现成本的最小化,并在此基础上获得更多的市场份额,形成规模效益。这样,企业为顾客提供价值和追求回报相辅相成、相互促进,客观上达到的是一种双赢的效果。当然4R策略也有缺陷,它要求同顾客建立关联,需要实力基础或某些特殊条件,并不是所有的企业可以轻易做到的。

五、4S组合

随着互联网在人们生活中所扮演的角色越来越重要,网络营销成为网络时代营销发展的全新领域,成为最有活力的现代营销理论,并在营销组合理论中得到反映。

2002年康斯汀奈德斯(E. Constantinides)提出了网络营销组合理论的4S组合理论,即范围(scope)、网站(site)、协同(synergy)和系统(system)。

范围主要是指确定网络营销的战略目标,进行市场和企业内部网络营销准备情况的分析,确定网络营销在企业总的战略中所承担的角色。网站是企业与顾客交流的交互界面,是交流的工具和场所,其基本的使命是吸引顾客、树立企业网络形象等。协同是指对各网络流程的整合。系统是指对网络营销中的技术和网站服务问题的解决。4S是针对网络营销而言的,反映了网络营销中必须关注和解决的问题。

六、4A组合

心理学家杰格迪什·谢思(Jagdish Sheth)和拉詹德拉·西索迪亚(Rajendra Sisodia)认为营销失败的很大一部分原因是不知道消费者背后的真正驱动因素而造成

的管理不善。2012 年,两位学者指出,消费者的认知是通往成功的更为可靠的路径。他们提出的以顾客为中心的营销管理框架强调了他们所认为的最重要的顾客价值——可接受性(acceptability)、支付能力(affordability)、可达性(accessibility)和知晓度(awareness),简称 4A。

(一)可接受性

可接受性是企业所提供的产品超出消费者期望的程度。作者认为可接受性在整个框架中处于支配地位,反过来说,整个框架的设计,是以可接受性为根基的。功能部分的设计是被提升核心利益和增加产品可靠性推动的。心理可接受性可以通过品牌形象、包装和设计以及定位来提升。

(二)支付能力

支付能力是目标市场的消费者有能力并愿意购买产品的程度。它有两个维度——经济维度(有能力支付)和心理维度(愿意支付)。可接受性与支付能力决定了产品的价值主张。当 Peachtree 软件将它的会计软件价格从 5000 美元降到 199 美元,并开始收取客户的服务费用时,销售实现了极大的增长。

(三)可达性

可达性是消费者能够方便地获取产品的程度,它有两个维度——可得性和便利性。成功的公司可以满足这两个维度,美国线上鞋子零售商 Zappos 就凭借出色的客户服务和退货政策以及对库存、品牌和款式的即时信息跟踪体系做到了。

(四)知晓度

知晓度是消费者了解产品特征并能被说服去购买及被提醒再次购买的程度。它的两个维度是品牌知晓和产品知识。谢思和西索迪亚认为知晓度是最亟待完善的部分,因为大部分公司目前都处于低效或者无效开发的状态。例如,一个好的广告可以出乎意料地动人,但是口碑营销才是触及潜在消费者的更有效的方式。

谢思和西索迪亚将 4A 框架构建在消费者市场中所扮演的四个独特角色上,消费者扮演第五个角色——传播者。基于消费者通常会向别人推荐产品,并且他们在互联网和社交媒体平台上越来越重要的事实。

第四节 战略营销过程

一、战略营销过程概述

战略是公司前进的方向,是公司经营的蓝图,公司依此建立其对客户的忠诚度,赢得一个相对其竞争对手持续的竞争优势。战略的目的在于建立公司在市场中的地位,成功地同竞争对手进行竞争,满足客户的需求,获得卓越的公司业绩。

所有的营销决策都是战略性的。每个公司都必须根据自己在行业中的市场地位以及它的市场目标、市场机会和可利用资源确定一个最有意义的营销战略。营销战略和营销计划是整个公司总体战略制定和规划的核心所在。正如通用电气公司的战略计划经理所说:"营销经理在战略制定的过程中至关重要,他在确定企业任务中负有领导的责任:分析环境、竞争和企业形势;制定目标、方向和策略;拟定产品、市场、分销渠道和质量计划,从而执行企业战略。他还要进一步参与同战略密切相关的方案制订和计划实施活动。"

战略营销过程可分为3个阶段:营销战略规划、营销计划制订和营销管理,见图1-9。

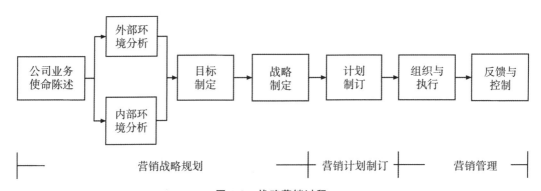

图 1-9　战略营销过程

二、营销战略规划

营销战略规划就是营销战略制定的过程,通常包括以下几个方面。

（一）公司业务使命陈述

任何营销计划的基础都与业务使命相关,业务使命回答了"我们公司从事什么业务"这一问题。使命陈述应坚持市场导向的原则,即按照目标顾客的需要来规定和表达,而不是局限于当下提供的产品。

（二）外部环境分析

外部环境分析的目的是让公司发现营销机会和所面临的威胁及挑战,通常包括宏观环境因素与微观环境因素,这些将在第三章展开阐述。

（三）内部环境分析

内部环境分析的目的是通过对公司的资源、竞争能力、企业文化和决策者的风格等进行客观的评估,找出相对竞争对手的优势和劣势。

（四）目标制定

基于公司业务定位和内外环境的分析,制定出具体的战略目标,诸如利润率、销售增长额、市场份额的提高、创新和声誉等。目标必须是定时的、量化的和可实现的,它可以衡量并转化为具体的计划加以实施、控制和评估。目标是跟踪公司业绩和进度的标尺,所以它制定得越清晰越好。

（五）战略制定

目标说明公司欲向何处发展,战略则说明如何达到目标。战略包括公司总体战略和营销战略的制定。战略制定要解决下列几个问题:如何完成公司目标? 如何打败竞争对手? 如何获取持续的竞争优势? 如何加强公司长期的市场地位?

三、营销计划制订

通过战略规划,公司确定它将对每个业务单元做些什么。营销计划制订是将营销战略转化成具体可执行的营销方案,这需要在营销预算、营销组合和营销资源分配上作出基本决策。

每一种业务、产品或品牌都需要一份详细的营销计划。表 1-5 列出了一份典型的产品或品牌计划的主要组成部分。

表 1-5　营销计划的组成

组成部分	目标
行政总结	主要目标和建议,帮助管理层快速发现计划的要点
目前的营销努力	描述目标市场和公司在其中所处的位置,包括: • 市场描述:定义市场和主要细分市场,了解顾客需求和影响顾客购买的环境因素。 • 产品状况:显示销售额、价格、产品线上主要产品的毛利润。 • 竞争状况:评估主要竞争者的市场地位、产品质量、价格、渠道和促销战略。 • 渠道状况:评估现有的销售趋势和主要分销渠道的发展
威胁和机会分析	评估产品面临的主要威胁和机会,帮助管理者预见可能会对公司和公司战略产生影响的趋势
目标	指明公司的长期发展目标以及影响公司发展的因素
市场战略	指明业务部门达到目标的方式、目标市场、市场定位和市场预算,指明营销组合战略以及营销组合的每一个部分是如何规避风险和抓住机会的
行动方案	明确营销方案如何转换成具体的行动方案。需要回答:将要做什么?什么时候做?谁对此负责?成本是多少
预算	制定详细的利润表,指明期望收入和期望成本
控制	给出可以用来监控进程和允许高层审阅实施效果的工具,包括评估市场投资回报

四、营销管理

制定好的战略和计划是成功营销的开始。如果没有后续强力的落地执行,再好的营销规划与计划都流于空谈。营销管理就是具体组织、执行、控制和评估营销计划的过程,并通过市场信息的反馈不断对营销计划和营销战略进行调整,以便公司更加灵活有效地参与市场竞争。

（一）组织与执行

营销组织与执行就是为了实现营销战略目标,把营销战略和计划变为营销行动的过程。营销计划的实施则侧重于由谁、在哪儿、在什么时候做以及如何做。

一个好的营销计划,如果执行不当,就会使整个计划受损。有效的营销执行要求建立一个有很强执行能力的组织,将资源分配给对营销计划起关键作用的活动,制定出相关的营销政策,建立起完善的运作程序和有效的监控评估体系,使得计划执行过程中的任何问题都能快速得到解决,任何偏离行为都能得到及时纠正和改善。在计划执行过程中,对内要特别注意营销部门和其他部门之间的协调配合,对外要动员经销商、零售商、广告代理商等提供有力的配合和支持。

（二）反馈与控制

在实施营销方案时，会出现很多意外，营销部门必须采取营销控制。营销控制是指度量和评价市场营销战略和计划的结果，采取修正行动以保证目标的达成。营销控制采取4个步骤：（1）管理部门首先设定特定目标；（2）评估市场表现；（3）分析现实表现和期望表现存在差距的原因；（4）管理者采取矫正措施来缩小现实表现与期望表现之间的差距。这可能会需要企业改变其行动方案甚至改变目标。

第五节　数智化趋势：营销 5.0 时代

一、技术革新

技术革新驱动营销模式演进的路径在于其引发的互联网形态演进。从 Web 1.0 到 Web 2.0，典型场景由个人计算机、信息门户向移动互联网、社交媒体、平台经济演进，用户的深度参与引致内容生产方式由"PGC"（专业生产内容）向"PGC＋UGC（用户生产内容）"转变。当下以区块链、元宇宙、人工智能等为典型场景的 Web 3.0 正引发内容生产方式的又一次深刻变革。AIGC（人工智能生产内容）成为时下最前沿的内容生产方式，并与数字营销紧密结合，推动营销模式顺势演进。

相应地，近年来，营销模式也在经历从"大数据＋营销"到"AI＋营销"的演进，营销的核心、目标、理念不断向更高层级发展。相较于传统营销模式，AI 技术加持下的营销实现了效率与效果的全面提升，在获客、转化、留存、分析的全营销过程提供了更加个性化、智能化的服务体验。如表 1-6 所示。

表 1-6　大数据和 AI 驱动下的营销

阶段	大数据＋营销	AI＋营销		
		初探期	发展期	爆发期
代表技术	信息流广告	营销云	营销机器人	AIGC
核心	精准营销	效率提高	生态建立	交互创新
目标	获取增量用户	获取增量＋存量运营	客户全时全场景价值挖掘	实现价值增量的有效转化
理念	以客户为中心	以客户为中心发掘价值增量，并实现有效转化		

资料来源：《2022 年百度 AI 营销白皮书》。

科特勒在《营销革命 5.0》中用了类人技术的表达,他列举了 6 种相关技术,分别是:人工智能、自然语言处理、传感技术、机器人、混合现实、物联网和区块链,如图1-10所示。

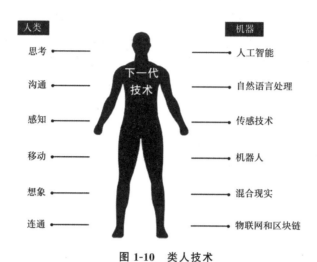

图 1-10 类人技术

资料来源:菲利普·科特勒.营销革命 5.0:以人为本的技术[M].北京:机械工业出版社,2022.

(1)ChatGPT 是人工智能与自然语言处理相结合的产品;

(2)Apple Vision Pro 是 AR(增强现实)、VR(虚拟现实)混合现实及空间计算的产品;

(3)Midjoureny、Stable Diffusion 是 AIGC 生成式产品,背后是综合人工智能技术,如神经网络;

(4)区块链则是构建 Web 3.0 的底层技术;

……

类人技术通过复制人类的相应能力,可以极大地推动下一代营销的发展。

二、营销范式的演进

随着政治、经济、社会环境和消费者的需求与行为的改变,以及日新月异的技术进步,营销的思想和模式在不断迭代。科特勒教授将营销的演进划分为 5 个阶段:

第一个阶段是营销 1.0 时代。工业化时代以产品为中心的营销,解决企业如何实现更好地"交易"的问题,功能诉求、差异化卖点成为帮助企业从产品到利润,实现马克思所言"惊险一跃"的核心。

第二个阶段是营销 2.0 时代。这是以消费者为导向的营销,不仅仅需要产品有功能差异,更需要企业向消费者诉求情感与形象,因此这个阶段出现了大量以品牌为核心的公司。

第三个阶段是营销 3.0 时代。这是"人本主义时代",在这个新的时代中,营销者不再仅仅把顾客视为消费的人,而是把他们看作具有独立思想、心灵和精神的完整的人类个体,企业的盈利能力与其是否承担了企业社会责任、是否与顾客价值观产生共鸣息息相关。

第四个阶段是营销 4.0 时代。它是以大数据、社群、价值观营销为基础,企业将营销的中心转移到如何与消费者积极互动、尊重消费者作为"主体"的价值观,让消费者更多地参与到营销价值的创造中来。

第五个阶段是营销 5.0 时代。它是建立在营销 3.0 的人本主义和营销 4.0 的技术威力的基础上的,其定义是在顾客的整个消费体验中使用"类人技术"创造、传播、交付和提高价值。

基于科特勒的营销体系,从营销 3.0 开始是营销结合互联网,营销 4.0 是进入真正的数字营销时代,而营销 5.0 则是数字化、智能化、人本化相融合的营销新战略。

这个战略以下一代类人技术为基础,以人为本,重视虚拟现实所创造的用户体验等要素,在数字化世界重构消费者体验、实施敏捷营销,基于数据决策、实时验证效果等方式,全面提升企业数智化能力,从根本上改变或强化企业获得竞争优势的路径,构建增长引擎和实现更大的商业价值。

拓展阅读 1-5

AI 重构营销新范式: DeepSeek 的智能化革新

AI"新秀"DeepSeek 以"中国速度"席卷全网,成为现象级 App,在没有任何广告投放的情况下,上线 7 天内实现了 1 亿用户的增长,20 天内累计获得了 1.25 亿用户。DeepSeek 的横空出世,激活了整个 AI 产业链。对于广告营销行业而言,它绝非仅仅是一款先进的 AI 工具,更是一种引领行业范式转变的全新思维体系。其独特的技术架构和创新应用,好似一把无坚不摧的利刃,精准地剖析并解决了传统广告营销的诸多顽疾,以全方位、深层次的创新能力,引领广告营销行业向着智能化、精细化、个性化的方向大步迈进。

DeepSeek 的诞生也标志着新媒体营销迈入智能跃迁时代。其核心价值在于突破传统效率边界:通过生成式 AI 技术,自动产出品牌文案、创意素材及视频脚本,将内容创作效率提升 200% 以上,释放人力,聚焦高阶创意。同时,基于海量数据分析能力,DeepSeek 构建精准用户画像,实现了广告投放从"广撒网"到"定制化"的转型,如为汽车行业精准锁定购车意向人群,为旅游品牌动态生成个性化推广方案。

DeepSeek 所带来的更深层变革在于行业生态重塑。它推动营销逻辑从经验驱动转向"数据+算法"双轮驱动,催生千人千面的传播模式。其开源特性降低技术门槛,使中小企业在智能营销领域获得公平竞争机会,行业竞争核心从资源规模转向创新速度。而从业者面临能力重构的挑战,在基础岗位被替代的同时,复合型人才需掌握 AI 工具协同、策略整合与情感洞察等能力,如头部广告公司从业者已通过"技术＋创意"组合拳创造了单场直播 2 亿人次的观看流量。

这场革新也伴随着挑战:AI 生成内容同质化、数据伦理等问题亟待解决。但毋庸置疑,DeepSeek 正引领营销向精准化、智能化跃迁,未来属于善用技术杠杆、平衡机器效率与人文创意的智慧营销时代。

资料来源:由 DeepSeek 生成并经编写调整。

三、营销 5.0 的五大要素

根据新技术为营销活动增值的不同方式,营销 5.0 框架具备 5 个基本要素。

(一)数据驱动型营销

这是营销 5.0 框架的第一个要素,意味着从内部和外部的不同渠道对大数据进行搜集和分析,以及开发数据生态系统以优化营销决策。每一个决策都必须有足够的数据作为支持。

(二)敏捷营销

敏捷营销是指利用分布式、跨职能团队对产品开发和营销活动进行快速构思、设计、开发和验证的活动。面对不断变化的市场,企业必须把敏捷性作为必不可少的构成要素。

(三)预测营销

预测营销是建立和使用预测分析工具的过程,有时是运用机器学习来预测营销活动实施前的结果,使企业能够设想市场的反应,以提前部署来影响市场。

(四)场景营销

场景营销则是利用实体空间的感测器和数字界面,对顾客进行辨识和分析,并提供个性化互动,使得营销人员能够根据顾客场景即时进行一对一营销。

(五)增强营销

增强营销即增强现实营销,即利用聊天机器人和虚拟助手等模仿人类的数字科技,提升营销人员面对顾客的工作效率。这项应用可以帮助营销人员实现在数字化界面上提供快速便利的服务,且具备人工服务的温暖关怀。

这5个要素相辅相成,共同构成了营销5.0的核心框架,旨在通过科技手段提升营销的效率和效果,同时保持与消费者的个人化互动,实现营销的价值最大化。例如,某公司开发了一款预测性营销模型,可预测具备特定人口特征的消费者会购买哪些产品。为支持模型的工作,公司必须在电子收银系统中安装各种传感设备,包括在数字化自助服务亭安装面部识别摄像机。当具备特定人口特征的消费者靠近服务亭时,摄像机会受到触发并向显示屏发送指令,显示预测模型推荐的符合现场情境的产品广告内容。此外,消费者也可以以个性化方式使用数字化界面。与此同时,公司还配备了一线客服人员,这些人员配有预测模型等数字化工具,在用户使用自助服务不理想时可以提供增强型的人工服务。

四、营销5.0下的营销管理策略

2022年,科特勒提出了营销管理的"7T"(T指tactics,意为策略),即产品(product)、服务(service)、品牌(brand)、价格(price)、激励(incentives)、沟通(communication)以及分销(distribution)。市场营销的价值手段由"创造价值—传递价值—沟通价值"变更为"设计价值—沟通价值—传递价值"。

(1)产品(product):指企业提供给目标市场的货物或服务,包括产品的品质、外观、包装、商标、品牌等内容。

(2)服务(service):指企业提供给目标市场的服务,包括售前、售中、售后服务,以及提供咨询、安装、维修、配件等方面的服务。

(3)品牌(brand):指企业或产品的品牌形象,包括品牌名称、标志、商标等内容。

(4)价格(price):指企业根据市场需求和成本制定出的价格策略,包括定价、折扣、折让等内容。

(5)激励(incentive):指企业为了促进销售而采取的激励措施,包括销售奖励、赠品、积分兑换等内容。

(6)沟通(communication):指企业与目标市场的沟通方式,包括广告、公关、促销活动、口碑营销等内容。

(7)分销(distribution):指企业将产品或服务传递给目标市场的方式,包括分销渠道、零售终端、物流配送等内容。

本章小结

在营销学中,市场是客户的集合,包括实际购买者和潜在购买者。营销也不等同于推销或促销,市场营销是一个为顾客创造价值并与之建立稳固客户关系的过程。

需要、欲望和需求是市场研究的起点,交换是营销的核心概念,而顾客价值和顾客满意则是客户关系管理的关键。

市场营销哲学是处理顾客、企业、社会三者利益关系的思想与观念,经历了以生产观念、产品观念和推销观念为代表的传统营销观念,到以市场营销观念与社会营销观念为代表的现代营销观念;市场营销组合是企业从事市场活动的手段和策略的总称,4P 是影响最为深远至今仍然经典的营销组合,6P、7P、11P 都是 4P 的拓展,而 4C 和 4R 则是 4P 的迭代和演进,4P 是企业导向的,4C 则是消费者导向的,4R 则是竞争导向的,4S 则是针对网络营销的一个策略组合。它们各有侧重各有不足;营销战略和营销计划是整个公司总体战略制定和规划的核心所在。这一过程可分为 3 个阶段:营销战略规划、营销计划制订和营销管理。

伴随着类人技术的出现和升级,营销 5.0 结合 3.0 人本范式和 4.0 数字范式,以人本为导向,重视虚拟现实所创造的用户体验等要素,在数字化世界重构消费者体验、实施敏捷营销,基于数据决策、实时验证效果等方式,全面提升企业数智化能力。

重要名词

市场　消费者市场　组织市场　市场营销　需要　欲望　需求价值　顾客让渡价值　交换　生产观念　产品观念　推销观念　市场营销观念　社会营销观念　市场营销组合　4P　4C　4R　营销计划　营销管理　营销 3.0　营销 4.0　营销 5.0

案例评析

案例评析

思政专题

党的十八大以来,中央高度重视培育和践行社会主义核心价值观。习近平总书记多次作出重要论述、提出明确要求。中央政治局围绕培育和弘扬社会主义核心价值观、弘扬中华传统美德进行集体学习。2013 年 12 月 23 日,中共中央办公厅下发《关于培育和践行社会主义核心价值观的意见》。

意见指出,培育和践行社会主义核心价值观,是推进中国特色社会主义伟大事业、实现中华民族伟大复兴中国梦的战略任务。党的十八大提出,倡导富强、民主、文明、和谐,倡导自由、平等、公正、法治,倡导爱国、敬业、诚信、友善,积极培育和践行社会主义核心价值观。这与中国特色社会主义发展要求相契合,与中华优秀传统文化和人类文明优秀成果相承接,是我们党凝聚全党全社会价值共识作出的重要论断。"富强、民主、文明、和谐"是国家层面的价值目标,"自由、平等、公正、法治"是社会层面的价值取向,"爱国、敬业、诚信、友善"是公民个人层面的价值准则,这 24 个字是社会主义核心价值观的基本内容,为培育和践行社会主义核心价值观提供了基本遵循。

请思考:

1.市场营销哲学应该如何与社会主义核心价值观相结合?

2.请举一个企业营销活动的实例,谈谈他是如何践行社会主义核心价值观的,以及其所带来的实际意义。

AI 实训专题

请试着以"营销专业大学生"的角色,围绕"AI 如何改变和赋能营销实践"的话题,与 DeepSeek 进行对话,让 DeepSeek 结合案例进行说明并对本专业的学生提出一些建议。对话完成后,请小组同学围绕对话结果进行分享和探讨。

课后习题

第二章 市场营销环境

学习目标

1.理解营销活动与营销环境的关系；

2.掌握营销环境的构成,区别宏观环境与微观环境；

3.理解并掌握宏观环境与微观环境的构成要素；

4.理解不同环境因素对营销活动的影响；

5.理解并掌握 PEST 分析法、五力模型、3C 分析法、价值链分析、SWOT 分析法的分析思路与适用情景；

6.理解并区别环境威胁与市场机会,掌握机会与威胁应对策略；

7.理解数智化趋势下市场环境的变化以及环境管理策略。

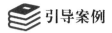 **引导案例**

"新国潮"出圈:"网生代"从文化自信到文化自觉

从故宫日历到丝路手信,从《唐宫夜宴》到《洛神水赋》,不论是文博联手文创,还是汉服、古风掀起的时尚潮流,越来越多的青年人开始青睐具有传统文化元素的文创产品。从联名到跨界,从社群传播到成功"出圈","国潮"不仅仅停留在品牌营销层面上,更深刻地影响着青年群体的生活方式和文化态度。

数字化浪潮在参与和改变青年人生活方式的同时,也找到了让"网生代"与传统文化"亲密接触"的有效路径,像《哪吒之魔童降世》《新神榜:杨戬》等以神话人物为主角的国产动漫,《上新了,故宫》《登场了!敦煌》等用非遗元素加持的综艺节目,《大话西游》《匠木》等依托国风元素打造的网络游戏等,一次次带动全网热度。这些汲取了传统文化元素的国漫、网游、网综、短视频,不仅在青年人中形成了风潮,也大有"出圈"之势。

在中国青年报社对2000余名青年人展开的一项问卷调查中,近9成受访者表示对传统文化产生浓厚兴趣;67.4%的受访青年认为,文创出圈有助于增强对传统文化的认同。传统文化元素与网络传播方式互相赋能,推动"国潮"成功"破圈"。"国潮"的兴起,反映了"网生代"青年群体在数字生活中拥抱传统,从文化自信步入文化自觉。"国潮热"是"二次元"青年认识传统文化、关注传统文化的表现形式,也是互联网思维为文创赋能的有效载体。

在即将结束的2023年,"国潮"已迈入更具文化特征、媒介融合和科技赋能的3.0时代。文博机构的文物活化、数字创意服务文化遗产惠民、美术领域的"新国艺"、戏剧领域的"新国戏"、动画领域的"新国漫"、音乐舞蹈的"新国风"等,极大丰富了"新国潮"的样态。

"新国潮"激发"网生代"的共情点

"国潮"是"国"与"潮"的融合。"国",与国家、民族相连,蕴含着中华文明的文化基因,体现着根脉之源和身份标识。"潮",以文化产品凝结情感连接与价值认同,同时外显为一种社会风尚和生活方式。在科技赋能文创的时代,"新国潮"的动力之源,是传统文化通过创意创新,在"网生代"青年人中广泛传播,并激发其内在的文化自觉和文化身份认同。"新国潮"既给文创打上了文化底色,让优秀传统文化"活起来",也为优秀传统文化注入了新鲜血液,让青年人能够用新潮的方式理解和传播国风国韵。

"网生代"是指网络的原住民。网络文化的受众以青年人为主,网络文艺形式的创新也要注重年轻化的表达,要找到"网生代"的共情点,激发青年人对优秀传统文化的兴趣。像不少青年人热衷的网游《迷宫·如意琳琅图籍》,便是运用"寻宝"这一传统叙事母题,结合"解谜"的通关方式打造的图书类游戏,将厚重的故宫等中华元素用网络方式呈现,在互动中激发"网生代"对优秀传统文化的共情点。网络动画短片集《中国奇谭》从中国古代神话的叙事源流出发,用传统书画的形式展示中华美学思维,更是选择在青年人的互联网聚集地——B站(Bilibili的简称)上线,也显示了网络赋能优秀传统文化的蓬勃力量。动漫《西游记之大圣归来》《二郎神之深海蛟龙》《新神榜:哪吒重生》等,在内容上形成了中华优秀传统文化的"国漫"影像系列,在对古典文学中的经典形象进行现代演绎时,也关注青少年圈层的喜好和趣味。流行的网络文学也融入国风国韵,茶艺、节气、服饰、饮食等优秀传统文化元素处处彰显着古典的风致,比如《茗门世家》的茶文化传承,《枕水而眠》的书法笔墨情怀;《三生三世十里桃花》《香蜜沉沉烬如霜》《知否知否应是绿肥红瘦》等热门网剧的原著小说,更是以古典诗词表达青年人的所思所感,自然也能于共情中唤起"网生代"对古典文化的热爱。"国潮"的流行,不仅仅因为它满足了青年人对优秀传统文化的向往,更因为它暗合了年轻一代对互联网优质内容的审美要求,唤起了他们对文化自信和文化自觉更深层次的心理需求。

"网生代"热衷"国潮"的心理动因

网络文化具有跨媒介生产、高度互渗互透、开放性等特点,互联网在满足青年人的社交互动和社群认同上发挥了平台的作用。特别是"网生代"群体,对网络文化有特殊的亲近和认同,他们既是网络文化的参与者、生产者,又是消费者和"冲浪"者。网络文艺自诞生之初,就具有鲜明的青少年"亚文化"属性,难怪网络文学最初也被认为是青年人的"圈地自萌"。亚文化的符号意义、快感逻辑和话语风格改变了网络文艺的生产方式,也建构了"网生代"的社群身份认同方式。青少年对亚文化的热衷,其背后是关于自我/群体认同以及文化身份认同的探索。一方面,网络虚拟的"在线"替代了线下真实的"在场",能够减弱个体的孤独感,强化"在场感"和参与性;另一方面,青少年对亚文化的青睐,让具有相同爱好和兴趣的人聚集在一起,这种聚合和互动又强化了"圈层"的内部认同并带来身份感和归属感。

亚文化圈中的"火星文"是青年人寻找彼此的第一道门槛,而虚拟空间中的人设是他们社交自留地的又一道围墙。"弹幕"提供的不同时段观看的评论共时呈现,为受众建构了一个从"自娱自乐"到"共娱共乐"的场域,像A站(AcFun)和B站作为"二次元"的大本营,为受众建构出区隔于其他社会人群的身份标签和社群想象,让青年人获得了某种欢聚性和集体感;CP、同人让网络文学创造了共读共创的群体性虚拟空间和狂欢式阅读体验;无论是文学、影视、动漫、游戏、短视频、微短剧,都越来越强调受众与文本间的即时互动和深度参与,这种开放性文本提供的参与方式,更符合"网生代"的口味,本质上来说,都是身为独生子女的"80后""90后""00后"一代在虚拟世界中寻求自我、寻求同类的方式。

不同于亚文化肇兴之初对主流文化的抗拒姿态,进入"后亚文化"时代,青年亚文化"抵抗"内核的削减及其自身与圈层化、娱乐化、消费主义的结合,使之呈现出新的特点。如今,青少年亚文化更多表现为"自我的彰显",强调对自我价值的追求、对共同的文化身份的认同与归属。

近年来,随着网络文艺不断成熟发展以及审美的提升,网络文艺开始向主流靠拢,进一步对接主流文化和传统文化。而其中以优秀传统文化元素为基因的"国风"成为主流文化与二次元"网生代"建立连接的关键节点。网络文艺发挥新媒体的特性,能够充分适应青年群体的互动方式:《青春守艺人》《舞千年》通过衍生视频、"UP主"视频接力等联动方式增强"代入感",实现文化传承。B站也力求"破圈",举办了融入优秀传统文化元素的跨年晚会,以打破"次元壁",从而寻求不同圈层的融合。还有国漫代表作《雾山五行》、国产手游《江南百景图》、成功出海的网络游戏《原神》等,都成功融合了国风与二次元,成为亚文化与主流文化融合的范例。

"网生代"强调个性化,注重体验感,他们了解传统文化的最大动力来源于兴趣,对跨界碰撞的文化载体抱有更加开放的心态。而今,他们更加注重文创的文化内涵,愿意为兴趣买单,以此来彰显自己的生活态度和身份标识。

数字时代拥有互联网思维的青年人,会借助社群传播平台,创造属于自己的圈层文化。具备近似或相同兴趣的"网生代",能够产生共情并从中获得归属感,从而更能激发他们对中华文化的自觉,增强他们的文化自信。当"网生代"积极拥抱传统文化,"国潮"破圈便会焕发出新的活力,热爱优秀传统文化的青年人会成为一股源源不断的有生力量,于传承中激发传统文化强大的生命力。

资料来源(节选,有删改):刘亭."新国潮"出圈:"网生代"从文化自信到文化自觉[EB/OL].(2023-12-19)[2024-03-03].http://www.sx-dj.gov.cn/dylt/dkll/173694856742 0198913.html.

思考题:

1.搜索更多资料,请问哪些环境的变化成为近年来国潮崛起的驱动因素?

2.面对国潮化趋势,国货品牌应该如何把握机会?

第一节　营销环境概述

一、营销环境的含义与构成

任何企业的营销活动都离不开不断变化的外部环境。市场营销环境是影响企业营销活动及其目标实现的各种因素和力量。

营销环境的内容比较广泛,可以根据不同标志加以分类。营销环境按其对企业营销活动的影响,也可分为威胁环境与机会环境,前者指对企业市场营销不利的各项因素的总和,后者指对企业市场营销有利的各项因素的总和。营销环境按其对企业营销活动影响时间的长短,还可分为企业的长期环境与短期环境,前者持续时间较长或相当长,后者对企业市场营销的影响则比较短暂。

菲利普·科特勒则将营销环境划分为微观环境和宏观环境两种。微观环境指与企业紧密相连,直接影响企业营销能力的各种参与者,包括供应商、企业本身、营销中介、顾客、竞争者以及社会公众;宏观环境指影响微观环境的一系列巨大的社会力量,主要是人口、经济、政治法律、科学技术、社会文化和自然生态等因素,如图 2-1 所示。

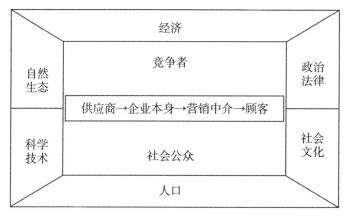

图 2-1　市场营销环境

微观环境与宏观环境之间不是并列关系,而是主从关系。微观环境通常直接影响与制约企业的营销活动,多半与企业具有或多或少的经济联系,也称直接营销环境,又称行业环境。宏观环境一般以微观环境为媒介去影响和制约企业的营销活动,在特定场合,也可直接影响企业的营销活动。宏观环境被称作间接营销环境。宏观环境因素与微观环境因素共同构成多因素、多层次、多变的企业市场营销环境的综合体。

二、营销环境的特点

(一)客观性

环境作为营销部门外在的不以营销人员意志为转移的因素,对企业营销活动的影响具有强制性和不可控性的特点。一般说来,营销部门无法摆脱和控制营销环境,特别是宏观环境,企业难以按自身的要求和意愿随意改变它。

(二)差异性

不同的国家或地区之间,宏观环境存在着广泛的差异,不同的企业,微观环境也千差万别。正因为营销环境的差异,企业为适应不同的环境及其变化,必须采用各有特点和针对性的营销策略。环境的差异性也表现为同一环境的变化对不同企业的影响不同。

(三)多变性

市场营销环境是一个动态系统。构成营销环境的诸因素都受众多因素的影响,每一环境因素都随着社会经济的发展而不断变化。营销环境的变化,既会给企业提供机会,也会给企业带来威胁。

(四)相关性

营销环境诸因素间相互影响、相互制约,某一因素的变化会带动其他因素的变化,形成新的营销环境。例如,竞争者是企业重要的微观环境因素之一,而宏观环境中的政治法律因素或经济政策的变动,均会影响一个行业竞争者加入的数量,从而形成不同的竞争格局。又如,市场需求不仅受消费者收入水平、爱好以及社会文化等方面因素的影响,政治法律因素的变化往往也会对其产生决定性的影响。

拓展阅读 2-1

乌卡时代

乌卡时代(VUCA),是 volatility、uncertainty、complexity、ambiguity 的缩写。"VUCA"一词起源于 20 世纪 90 年代的美国军方,指的是在冷战结束后出现的多边世界,其特征比以往任何时候都更加复杂以及具有不确定性,在 2008 年全球金融危机发生后 VUCA 时代的概念再度兴起。

VUCA 中每个元素的深层含义是用来提高对 VUCA 的预见性和洞察力的战略意义,同时要提高组织和个人在企业中的行动力。

V＝volatility(易变性),是变化的本质和动力,也是由变化驱使和催化产生的。

U＝uncertainty(不确定性),是缺少预见性,缺乏对意外的预期和对事情的理解和意识。

C＝complexity(复杂性),是企业为各种力量、各种因素、各种事情所困扰。

A＝ambiguity(模糊性),是对现实的模糊,是误解的根源,是各种条件和因果关系的混杂。

这些因素描述了企业在展望其当前和未来的状态的情景，表明了企业在制定政策或计划时的边缘性。VUCA 鼓励企业或者个人具备以下的能力：

（1）预期改变条件的事情；

（2）明白事情和行为的结果；

（3）鉴别各个变量之间的内在关联；

（4）为现实的各种情况和改变做准备；

（5）明白各种相关的机会。

资料来源：百度百科.乌卡时代［EB/OL］.［2024-03-08］.https：//baike.baidu.com/item/VUCA/7072481？fr=aladdin.

三、营销活动与营销环境的关系

市场营销环境通过内容的不断扩大及自身各因素的不断变化，对企业营销活动产生影响。市场营销环境的内容随着市场经济的发展而不断变化。环境的变化既有环境因素主次地位的互换，也有可控性质的变化，还有矛盾关系的协调。随着我国社会主义市场经济体制的建立与完善，市场营销宏观环境的变化也将日益显著。

营销环境是企业营销活动的制约因素，营销活动依赖于这些环境才得以正常进行。这表现在：营销管理者虽可控制企业的大部分营销活动，但必须注意环境对营销决策的影响，不得超越环境的限制；营销管理者虽能分析、认识营销环境提供的机会，但无法控制所有有利因素的变化，更无法有效地控制竞争对手；由于营销决策与环境之间的关系复杂多变，营销管理者无法直接把握企业营销决策实施的最终结果。此外，企业营销活动所需的各种资源，需要在环境许可的条件下取得，企业生产与经营的各种产品，也需要获得消费者或用户的认可与接纳。

虽然企业营销活动必须与其所处的外部和内部环境相适应，但营销活动绝非只能被动地接受环境的影响，营销管理者应采取积极、主动的态度能动地去适应营销环境。就宏观环境而言，企业可以以不同的方式增强适应环境的能力，避免来自环境的威胁，有效地把握市场机会。在一定条件下，也可运用自身的资源，积极影响和改变环境因素，创造更有利于企业营销活动的空间。

第二节 市场营销宏观环境

营销宏观环境指对企业营销活动造成市场机会和环境威胁的主要社会力量，包括人口、经济、政治法律、科学技术、社会文化和自然生态等因素。企业及其微观环境的参与者,无不处于宏观环境之中。

一、人口环境

人口是构成市场的第一要素。市场是由有购买欲望同时又有支付能力的人构成的,人口的多少直接影响市场的潜在容量。从影响消费需求的角度,对人口因素可做如下分析。

(一)人口总量

一个国家或地区的总人口数量多少,是衡量其市场潜在容量的重要因素。人口越多,对衣食住用行各方面的需求自然会增多,那么市场机会也会更多。对企业而言,应该掌握目标市场的人口规模以帮助企业评估和判断现有市场规模及未来市场潜力。

(二)人口结构

人口结构主要包括人口的年龄结构、性别结构、家庭结构和民族结构等。

1.年龄结构

随着社会经济的发展、科学技术的进步、生活条件和医疗条件的改善,人们的平均寿命大大延长。同时,许多国家人口老龄化加速、出生率下降引起了市场需求的变化。相应的,这些变化对不同行业带来了不同程度的机会和威胁。

2.性别结构

性别差异给消费需求带来差异,购买习惯与购买行为也有差别。一般说来,在一个国家或地区,男、女人口总数相差并不大。但在一个较小的地区,如矿区、林区、较大的工地,往往是男性占较大比重;而在某些女职工占极大比重的行业集中区,则女性人口又可能较多。

3.家庭结构

家庭是购买和消费的基本单位。一个市场拥有家庭单位和家庭平均成员的多少以及家庭组成状况等,对市场消费需求都有十分重要的影响。同时,以一个以家长为代表的家庭生活的全过程,即家庭生命周期在不同阶段也会形成不同的需求和消费行为。

4.民族结构

民族不同,其生活习性、文化传统也不尽相同。企业在营销活动中也要考虑民族市场的这些差异,才能保证营销活动的有效性。

（三）地理分布

地理分布指人口在不同地区的密集程度。居住在不同地区的人群,由于地理环境、气候条件、自然资源、风俗习惯的不同,消费需求的内容和数量也存在差异。

（四）人口流动

人口流动包括国家之间、地区之间、城市之间和城市与农村之间的人口流动。研究表明,发达国家人口流动有一个突出的现象就是城市人口向农村流动,而在发展中国家则是农村人口向城市流动。对于人口流入较多的地方而言,一方面由于劳动力增加,就业问题突出,从而加剧行业竞争;另一方面,人口增多也使当地基本需求量增加,消费结构也发生一定的变化,从而给当地企业带来较多的市场机会。

如何看待当前我国人口形势

当前我国虽然人口数量有所下降,但人口质量提高速度更快。

从第七次全国人口普查和前两年人口变动情况抽样调查来看,中国的人口结构随着经济社会的发展确实也出现了很多深刻的变化,比如出生率下降、老龄化加快、总的人口数量也在发生变化。去年,我国人口总量第一次出现负增长,但是要强调的是,我们总人口量还是比较大的,尤其是劳动年龄人口近9亿人。另外,现在人口的素质确实有所提高,最新数据显示,劳动年龄人口的平均受教育年限已经达到10.93年,近11年。另外,我国接受高等教育的人口有2.4亿人。

因此,虽然人口数量有所下降,但是我们的人口质量提高速度更快,这就为中国经济高质量发展提供了很好的资源保障。

资料来源(节选):国务院新闻办公室.关于经济增速、房地产、人口形势……国家统计局这场发布会信息量很大![EB/OL].(2023-10-18)[2024-03-03].https://www.gov.cn/yaowen/liebiao/202310/content_6909910.htm.

二、经济环境

经济环境一般指影响企业市场营销方式与规模的经济条件及运行状况和发展趋势,如国家或地区经济发展状况、消费者收入与支出状况等。

（一）国家或地区经济发展状况

企业的市场营销活动要受到一个国家或地区经济发展状况的制约,在经济全球化的条件下,国际经济形势也是企业营销活动的重要影响因素。

1.经济发展周期

经济发展具有周期性,完整的周期通常由危机、停滞、复苏和高潮四个阶段组成。危机阶段,市场行情恶化,产品销售困难,库存增加,价格下跌,工商业大量倒闭。停滞阶段,市场低迷,销售不旺,整体经济处于不景气状态,产品库存逐步消散,价格相对稳定于低水平。复苏阶段,整体经济开始活跃,企业利用在危机时期形成的低价格水平恢复生产,提高产量,新产品的开发和生产带来对初级产品和固定资产的需求,商业开始活跃,价格开始回升。高潮阶段,生产指数越过危机前的最高点继续攀升,市场逐渐兴旺,企业大量投资建设新厂,产品价格也同时攀升,经济又到了新的危急关头。二战以来,随着政府对经济干预的增加,经济危机的周期变长了,波动幅度也变缓了。

2.经济形势

国际、国内经济形势,国家、地区乃至全球的经济繁荣与萧条,对企业市场营销都有重要的影响。需要注意的是,国际或国内经济形势都是复杂多变的,机遇与挑战并存,企业必须认真研究,力求正确认识与判断所处形势,相应制定营销战略和计划。

(二)消费者收入与支出状况

1.消费者收入

市场消费需求指人们有支付能力的需求。仅仅有消费欲望,或仅仅有绝对消费力,并不能创造市场;只有既有消费欲望,又有购买力,消费才具有现实意义。

相关收入指标简介

(1)人均国内生产总值:一般指价值形态的人均 GDP,将一个国家核算期内(通常是一年)实现的国内生产总值与这个国家的常住人口(或户籍人口)相比进行计算,得到人均国内生产总值。人均 GDP 常作为发展经济学中衡量经济发展状况的指标,是人们了解和把握一个国家或地区的宏观经济运行状况的有效工具,是衡量各国人民生活水平的一个标准。

(2)人均国民收入:一国在一定时期内(通常为一年)按人口平均的国民收入占有量,反映国民收入总量与人口数量的对比关系,是衡量一国的经济实力和人民富裕程度的一个重要指标。

(3)名义收入:人们以货币形式获得的收入量,就是名义货币收入量,它是在没有考虑市场因素的情况下的收入。

（4）实际收入：名义收入的购买力。它是与前期相比名义收入能够购买的商品和服务。

（5）个人可支配收入。从个人收入中，减除缴纳税金和其他经常性转移支出后，所余下的实际收入，即能够用以作为个人消费或储蓄的数额。

（6）可任意支配收入。只有在可支配收入中减去这部分维持生活的必需支出，才是个人可任意支配收入，这是影响消费需求变化的最活跃的因素。

2.消费者支出

消费者支出主要指消费者支出模式和消费结构。收入在很大程度上影响着消费者支出模式与消费结构。随着消费者收入的变化，支出模式与消费结构也会发生相应变化。

研究表明，消费者支出模式与消费结构，不仅与消费者收入有关，而且受以下因素影响：（1）家庭生命周期所处的阶段；（2）家庭所在地址与消费品生产、供应状况；（3）城市化水平；（4）商品化水平；（5）劳务社会化水平；（6）食物价格指数与消费品价格指数变动是否一致等。

拓展阅读 2-4

恩格尔系数

恩格尔系数是根据恩格尔定律而得出的比例数。19世纪中期，德国统计学家和经济学家恩格尔对比利时不同收入的家庭的消费情况进行了调查，研究了收入增加对消费需求支出构成的影响，提出了带有规律性的原理，由此被命名为恩格尔定律。

恩格尔定律的主要内容是指一个家庭或个人收入越少，用于购买生存性的食物的支出在家庭或个人收入中所占的比重就越大。对一个国家而言，一个国家越穷，每个国民的平均支出中用来购买食物的费用所占比例就越大。恩格尔系数则由食物支出金额在总支出金额中所占的比重来最后决定。恩格尔系数达59%以上为贫困，50%～59%为温饱，40%～49%为小康，30%～39%为富裕，低于30%为最富裕。

3.消费者的储蓄与信贷

（1）储蓄，指城乡居民将可任意支配收入的一部分储存待用。储蓄的形式，可以是银行存款，可以是购买债券，也可以是现金。较高的储蓄率会推迟现实的消费支出，加大潜在的购买力。

（2）信贷，指金融或商业机构向有一定支付能力的消费者融通资金的行为。信贷的主要形式有短期赊销、分期付款、消费贷款等。消费信贷的规模与期限在一定程度上影响着某一时限内现实购买力的大小,也影响着提供信贷的商品的销售量。如购买住宅、汽车及其他昂贵消费品,消费信贷可提前实现这些商品的销售。

三、政治法律环境

（一）政治环境

政治环境主要指企业市场营销的外部政治形势,包括:

(1)国内政治环境,包括党和政府的各项方针、路线、政策的制定和调整对企业市场营销的影响。企业要认真进行研究,领会其实质,了解和接受国家的宏观管理,而且还要随时了解和研究各个不同阶段的各项具体的方针和政策及其变化的趋势。

(2)国际市场营销政治环境,一般分为政治权力和政治冲突两部分。随着经济的全球化发展,国际营销环境越来越重要。政治权力指一国政府通过正式手段对外来企业权利予以约束,包括进口限制、外汇控制、劳工限制、国有化等方面。政治冲突主要指国际上重大事件和突发性事件对企业营销活动的影响,内容包括直接冲突与间接冲突两类。

（二）法律环境

法律环境指国家或地方政府颁布的各项法规、法令和条例等。法律环境对市场消费需求的形成和实现,具有一定的调节作用。企业研究并熟悉法律环境,既保证自身严格依法管理和经营,也可运用法律手段保障自身的权益。

各个国家的社会制度不同、经济发展阶段和国情不同,体现统治阶级意志的法制也不同,从事国际市场营销的企业,必须熟悉有关国家的法律制度和有关的国际法规、国际惯例。

拓展阅读 2-5

《人民日报》新论：法治是最好的营商环境

法治既是市场经济的内在要求,也是其良性运行的根本保障。习近平总书记主持召开的中央全面依法治国委员会第二次会议强调,"法治是最好的营商环境"。这一重要论断,为优化营商环境,支持市场主体平等竞争、蓬勃发展,推动中国经济实现高质量发展指明了方向。将优化营商环境建设全面纳入法治化轨道,把依法平等保护各类市场主体产权和合法权益贯彻到立法、执法、司法、守法等各个环节,将对构建统一开放、竞争有序的现代市场体系,推进国家治理体系和治理能力现代化,产生更加深远的影响。

创造法治化的营商环境,科学立法是前提。"立善法于天下,则天下治;立善法于一国,则一国治。"良法善治是政府行使经济职能的制度性安排和权威性表达,具有稳定性和可预期性,是企业投资兴业的主要参考和决策依据。当前,我国基本建立了以《优化营商环境条例》为主干,以各类政策文件为补充,以地方优化营商环境立法为支干的优化营商环境立法体系。继续用好立法这一重要抓手,制定完善契合现代化经济体系需要的法治体系,才能更好发挥法治固根本、稳预期、利长远的作用。

严格执法是关键。执法是行政机关的基本职能,也是与投资者联系最直接、最密切的职能。可以说,没有严格执法,就没有法治政府,也没有一流的营商环境。越是严格执法、依法执法,就越能在招商引资等方面有大作为。各级政府既要做到法无授权不可为,又要做到法定职责必须为。严格执法意味着在市场准入、审批许可、经营运行、招投标等方面打造公平竞争环境,打破各种各样的"卷帘门""玻璃门""旋转门",给各类市场主体发展创造充足、公平的市场空间。

公正司法是保障。司法是维护社会公平正义的最后一道防线,也是依法平等保护各类市场主体产权和合法权益的最后一道防线。通过公正司法依法有效保护各种所有制经济组织和公民财产权,增强人民群众财产财富安全感,是优化营商环境的题中应有之义。司法机关必须平等公正保护各类投资者合法权益,让各种市场主体真切感受到公平正义就在身边。司法公平公正,各类产权的所有者安心放心,市场的创业创新创造动力才能更加强劲。

全民守法是基础。营造全民守法的法治氛围,才能让遵纪守法的企业不吃亏,使企业家安心经营、放心投资、专心创业。一方面,政府要带头尊法学法守法用法,进一步深化"放管服"改革,对投资者从法律上加以平等保护。另一方面,投资者要相信法律,养成遇事找法、办事依法、解决问题靠法的行为习惯,在法律范围内通过正当有序的竞争而获利,推动构建"亲""清"的新型政商关系。

习近平总书记强调:"营商环境只有更好,没有最好。"谁拥有法治化营商环境,谁就拥有竞争优势,才能促进经济转型升级和高质量发展。营造一流营商环境必须发挥好法治的保障作用,坚持科学立法、严格执法、公正司法、全民守法,为各类市场主体营造稳定、公平、透明、可预期的良好环境,进而更好激发市场活力和社会创造力。

资料来源:北京市习近平新时代中国特色社会主义思想研究中心.法治是最好的营商环境(新论)[N].人民日报,2021-10-16.

四、科学技术环境

科学技术是第一生产力,科技的发展对经济发展有巨大的影响,不仅直接影响企业内部的生产和经营,还同时与其他环境因素互相依赖、互相作用,给企业营销活动带来有利与不利的影响。例如,一种新技术的应用,可以为企业创造一个明星产品,产生巨大的经济效益;也可以迫使企业的一种成功的传统产品,不得不退出市场。新技术的应用,会引起企业市场营销策略的变化,也会引起企业经营管理的变化,还会改变零售商业业态结构和消费者购物习惯。

科学技术是社会生产力的新的和最活跃的因素。科技环境不仅直接影响企业内部的生产与经营,还同时与其他环境因素互相依赖、相互作用。企业在进行科技环境分析研究时应注意:

(1)新技术的出现,可能对本企业的营销活动造成直接和间接的冲击;

(2)了解和学习新技术,掌握新的发展动向,以便采用新技术、开发新产品或转入新行业,以求生存和发展;

(3)利用新技术改善服务,提高企业的服务质量和效率;

(4)利用新技术对企业管理,提高管理水平和企业营销活动效率;

(5)新技术的出现对人民生活方式带来的变化及其由此对企业营销活动可能造成的影响;

(6)新技术的出现引起商品实体流动的变化;

(7)国际营销活动中要对目标市场的技术环境进行考察,以明确其技术上的可接受性。

数字技术的发展趋势与重点方向

(1)未来芯片:新赛道新空间正在逐渐打开

未来芯片有望通过新材料、新器件、新架构、新工艺、新集成、新工具等的创新,突破现有技术瓶颈,实现微型化、集成化、智能化、多功能化、高性能功耗比发展。

(2)未来互联网:Web 3.0 构筑产业数字化新底座

Web 3.0 被用来描述互联网潜在的下一阶段,是一个运行在区块链技术之上的"去中心化"互联网。

(3)未来通信:6G(第 6 代移动通信技术)加速塑造全球通信新纪元

各方普遍认为,6G 将突破传统移动通信范畴,实现通信技术、计算技术、数据技术、控制技术集成创新,达到 5G(第 5 代移动通信技术)10 倍以上的通信能力,进一步扩展和深化物联网应用场景,助力人类社会步入虚拟与现实深度融合的全新时代,实现"万物智联、数字孪生"的美好愿景,呈现更高性能、更强智能、更绿色低碳、更广覆盖、更加安全的主要特征。

（4）未来交互：元宇宙引领虚实交互新范式

元宇宙的关键在于面向虚实融合的价值创造，核心是推动生产、生活、治理方式全维度变革。

（5）未来智能：通用人工智能成为新质生产力新引擎

人工智能正从弱人工智能向通用人工智能转变，通过赋能各行业形成新质生产力。在全球范围内，各行各业都在拥抱人工智能，被其高度赋能、深度渗透。以ChatGPT为代表的生成式人工智能实现了与自然语言的融合，通用性大大扩展，在更深层次上广泛赋能金融、制造、医疗、城市、教育等垂直行业领域。

资料来源（有删减）：郑奕.数字技术的发展趋势与重点方向［EB/OL］.［2024-08-09］.https://www.jsei.edu.cn/qgszhy/info/1031/1141.htm.

五、社会文化环境

社会文化主要指一个国家、地区的民族特征、价值观念、生活方式、风俗习惯、宗教信仰、伦理道德、教育水平、语言文字等的总和。主体文化是占据支配地位的，起凝聚整个国家和民族的作用，由千百年的历史所形成的文化，包括价值观、人生观等；次级文化是在主体文化支配下所形成的文化分支，包括种族、地域、宗教等。文化对所有营销的参与者的影响是多层次、全方位、有渗透性的，它不仅影响企业营销组合，而且影响消费心理、消费习惯等。这些影响多半是通过间接的、潜移默化的方式来进行的。这里择要分析以下几方面：

（1）教育水平。受教育程度不仅影响劳动者收入水平，而且影响着消费者对商品的鉴别力，影响消费者心理、购买的理性程度和消费结构，从而影响着企业营销策略的制定和实施。

（2）宗教信仰。宗教对营销活动的影响可以从宗教分布状况、宗教要求与禁忌、宗教组织与宗教派别3个方面来分析。

（3）价值观念。价值观念指人们对社会生活中各种事物的态度和看法。在不同的文化背景下，人们的价值观念差异很大，消费需求和购买行为也有所不同。对于不同的价值观念，营销管理者应研究并采取不同的营销策略。

（4）消费习俗。消费习俗指历代传递下来的一种消费方式，是风俗习惯的一项重要内容。消费习俗在饮食、服饰、居住、婚丧、节日、人情往来等方面都表现出独特的心理特征和行为方式。

（5）消费流行。由于社会文化多方面的影响，消费者产生共同的审美观念、生活方式和情趣爱好，从而出现社会需求的一致性，这就是消费流行。消费流行在服饰、家电以及某些保健品方面表现最为突出。

（6）亚文化群。亚文化群可以按地域、宗教、种族、年龄、兴趣爱好等特征划分。

企业在用亚文化群来分析需求时,可以把每一个亚文化群视为一个细分市场,分别制订不同的营销方案。

六、自然环境

自然环境主要指营销者所需要或受营销活动所影响的自然资源。营销活动要受自然环境的影响,也对自然环境的变化负有责任。营销管理者当前应注意自然环境面临的难题和趋势,如资源短缺、环境污染严重、能源成本上升等。因此,从长期的观点来看,自然环境应包括资源状况、生态环境和环境保护等方面,许多国家政府对自然资源管理的干预也日益加强。人类只有一个地球,自然环境的破坏往往是不可弥补的,企业营销战略中实行生态营销、绿色营销等,都是维护全社会的长期福利所必然要求的。

英国威尔斯大学肯·毕提(Ken Beattie)教授在其所著的《绿色营销——化危机为商机的经营趋势》一书中指出:"绿色营销是一种能辨识、预期及符合消费的社会需求,并且可带来利润及永续经营的管理过程。"绿色营销观念认为,企业在营销活动中,要顺应时代可持续发展战略的要求,注重地球生态环境保护,促进经济与生态环境协调发展,以实现企业利益、消费者利益、社会利益及生态环境利益的协调统一。从这些界定中可知,绿色营销是以满足社会和企业的共同利益为目的的社会绿色需求管理,以保护生态环境为宗旨的绿色市场营销模式。经济发达国家的绿色营销发展过程已经基本上形成了"绿色需求—绿色研发—绿色生产—绿色产品—绿色价格—绿色市场开发—绿色消费"为主线的消费链条。

拓展阅读 2-7

碳中和与碳达峰

2020年9月22日,我国在第七十五届联合国大会上向世界承诺:中国将提高国家自主贡献力度,采取更加有力的政策和措施,二氧化碳排放力争于2030年前达到峰值,努力争取2060年前实现碳中和。

碳达峰是指二氧化碳排放量达到历史最高值,然后经历平台期进入持续下降的过程,是二氧化碳排放量由增转降的历史拐点,标志着碳排放与经济发展实现脱钩。

碳中和是指某个地区在一定时间内(一般指一年)人为活动直接和间接排放的二氧化碳,通过植树造林、节能减排等形式,抵消自身产生的二氧化碳排放量,实现二氧化碳"零排放"。

第三节 市场营销微观环境

企业的微观营销环境包括即供应商、企业本身、竞争者、营销中介、顾客和社会公众,如图 2-2 所示。营销活动能否成功,除营销部门本身的因素外,还要受这些因素的直接影响。

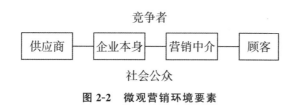

图 2-2 微观营销环境要素

一、供应商

供应商是向企业及其竞争者提供生产经营所需资源的企业或个人,包括提供原材料、零配件、设备、能源、劳务及其他用品等。供应商对企业营销业务有实质性的影响,其所供应的原材料数量和质量将直接影响产品的数量和质量;所提供的资源价格会直接影响产品成本、价格和利润。在物资供应紧张时,供应商更起着决定性的作用。

二、企业本身

企业本身包括市场营销管理的相关部门、其他职能部门和最高管理层。市场营销部门一般由市场营销副总裁、销售经理、推销人员、广告经理、营销研究与计划和定价专家等组成。营销部门在制定和实施营销目标与计划时,不仅要考虑企业外部环境力量,还必须注意与企业其他业务部门的协调与配合,如生产、采购、研发、财务等部门,而且要充分考虑企业内部环境力量,争取高层管理部门和其他职能部门的理解和支持。

三、营销中介

营销中介主要指协助企业促销、销售和经销其产品给最终购买者的机构,包括中间商、物流公司、营销服务机构和财务中介机构。

(1)中间商,包括商人中间商和代理中间商。

(2)物流公司,主要职能是协助厂商储存并把货物运送至目的地的仓储公司。实体分配的要素包括包装、运输、仓储、装卸、搬运、库存控制和订单处理七个方面,其基本功能是调节生产与消费之间的矛盾,弥合产销时空上的背离,提供商品的时间效用和空间效用,以利适时、适地和适量地把商品提供给消费者。

(3)营销服务机构,如广告公司、传播公司等。企业可自设营销服务机构,也可委托外部营销服务机构代理有关业务,并定期评估其绩效,促进提高创造力、质量和服务水平。

(4)财务中介机构。协助厂商融资或分担货物购销储运风险的机构,如银行、保险公司等。财务中介机构不直接从事商业活动,但对工商企业的经营发展至关重要。

四、顾客

微观环境的第四种力量就是顾客,即目标市场。这是企业服务的对象,是企业的"上帝"。企业需要仔细了解自己的顾客市场,应按照顾客及其购买目的的不同来细分目标市场。市场上顾客不断变化的消费需求,要求企业提供不断更新的产品。我们将在第三章重点探讨顾客市场的购买行为。

五、竞争者

微观环境中的第五种力量是企业面对着的一系列竞争者。每个企业的产品在市场上都存在数量不等的业内产品竞争者。企业的营销活动时刻处于业内竞争者的干扰和影响的环境之下。因此,任何企业在市场竞争中,主要是研究如何加强对竞争对手的辨认与抗争,采取适当而高明的战略与策略谋取胜利,以不断巩固和扩大市场。我们将在第四章展开竞争者分析与竞争策略的探讨。

六、社会公众

社会公众是指对本组织实现其营销目的的能力具有实际的或潜在影响力的群体。

(1)融资公众:指影响企业融资能力的金融机构,如银行、投资公司、证券经纪公司、保险公司等。

(2)媒介公众:主要是报纸、杂志、广播电台和电视台等大众传播媒体。

(3)政府公众:指负责管理企业营销业务的有关政府机构。企业的发展战略与营销计划,必须和政府的发展计划、产业政策、法律法规保持一致,注意咨询有关产品安全卫生、广告真实性等法律问题,倡导同业者遵纪守法,向有关部门反映行业的实情,争取立法有利于产业的发展。

（4）社团公众：包括保护消费者权益的组织、环保组织及其他群众团体等。

（5）社区公众：指企业所在地邻近的居民和社区组织。

（6）一般公众：指上述各种关系公众之外的社会公众。一般公众虽未有组织地对企业采取行动，但企业形象会影响他们的惠顾。

（7）内部公众：企业的员工，包括高层管理人员和一般职工，都属于内部公众。企业的营销计划，需要全体职工的充分理解、支持和具体执行。经常向员工通报有关情况，介绍企业发展计划，发动员工出谋献策，关心职工福利，奖励有功人员，从而增强内部凝聚力，提升员工的责任感和满意度，必然传播并影响外部公众，从而有利于塑造良好的企业形象。

第四节　环境分析与管理

一、宏观环境分析方法：PEST 分析法

PEST 分析法是战略外部环境分析的基本工具，适合于外部的宏观环境分析。它通过对政治（politics）、经济（economy）、社会（society）和技术（technology）因素进行分析，从总体上把握宏观环境，并评价这些因素对企业战略目标和战略制定的影响。

与我们第二节中宏观环境的六个因素相比，PEST 分析法把六因素中的人口、自然生态和社会文化环境都放在社会这个因素中，其他因素则相同。将 PEST 分析法的四大因素展开来看，主要含有以下子因素，如表 2-1 所示。企业需要根据行业与自身情况，有所侧重地把握宏观环境中的这些因素，从而为企业营销战略的制定提供基本的依据。

表 2-1　PEST 分析法主要因素

政治（包括法律）	经济	社会	技术
环保制度	经济增长	收入分布	政府研究开支
税收政策	利率与货币政策	人口统计、人口增长率与年龄分布	产业技术关注
国际贸易章程与限制	政府开支	劳动力与社会流动性	新型发明与技术发展

续表

政治(包括法律)	经济	社会	技术
合同执行法 消费者保护法	失业政策	生活方式变革	技术转让率
雇用法律	征税	职业与休闲态度 企业家精神	技术更新速度与生命 周期
政府组织/态度	汇率	教育	能源利用与成本
竞争规则	通货膨胀率	潮流与风尚	信息技术变革
政治稳定性	商业周期的所处阶段	健康意识、社会福利 及安全感	互联网的变革
安全规定	消费者信心	生活条件	移动技术变革

有时,宏观环境分析中也会用到 PEST 分析的扩展变形形式,如 SLEPT 分析、STEEPLE 分析,STEEPLE 是以下因素英文单词的缩写:社会/人口(society/demographic)、技术(technology)、经济(economy)、环境/自然(environment/nature)、政治(politics)、法律(law)、道德(ethics)。

二、微观环境分析方法:五力模型与 3C 分析法

(一)五力模型

五力模型是由美国哈佛大学教授迈克尔·波特(Michael Porter)于 20 世纪 80 年代初提出的。波特认为行业中存在着决定竞争规模和程度的 5 种力量,这 5 种力量综合起来影响着产业的吸引力以及现有企业的竞争战略决策。5 种力量分别为同行业内现有竞争者的竞争能力、新进入者的威胁、替代品的威胁、供应商的议价能力、购买者的议价能力,如图 2-3 所示。相较微观环境要素图,我们可以明白,五力模型所提及的 5 种力量实际上包含了微观环境的要素,除了公众因素。

竞争战略从一定意义上看是源于企业对决定产业吸引力的竞争规律的深刻理解。任何产业,无论是国内的还是国际的,无论是生产产品的还是提供服务的,竞争规律都将体现在这五种竞争的作用力上。因此,波特的五力模型是企业制定竞争战略时经常利用的战略分析工具。对此,我们将在本书第四章中展开说明,在此不再重复。

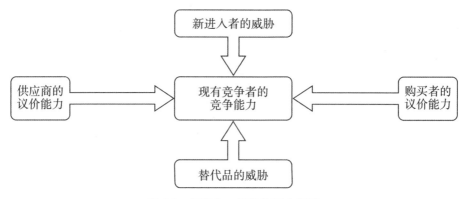

图 2-3　迈克尔·波特的五力模型

基于五力模型的生猪养殖行业分析

供应商的议价能力	购买者的议价能力	新进入者的威胁	替代品的威胁	现有竞争者的竞争能力
生猪养殖上游为饲料、疫苗、种猪企业,我国大型养殖企业数量较少,而服务企业众多,使得上游议价能力较弱。	生猪养殖下游为屠宰企业,受猪价以及供应量影响,屠宰企业议价能力有变化,一般来说,议价能力较弱。	生猪养殖为重资产行业,新进入者需要投入大量资金以此来打造大规模养殖场,同时需要具备养殖技术、管理等方面的要求,新进入者威胁较小。	生猪养殖替代品可理解为养殖牛羊,但考虑到我国为猪肉消费大国,对牛羊的食用接受程度以及价格接受度有一定差距,因此替代品威胁较小。	生猪养殖行业呈现大行业、小企业特征,未来发展趋势为大型养殖集团的产能扩张,目前来说现有竞争存在于各企业成本控制方面,相互的竞争程度较低。

图 2-4　生猪养殖行业五力模型分析

资料来源:中国银河证券研究院,分析师:谢芝优,2024-01-28。

(二)价值链

价值链概念是迈克尔·波特于 1985 年提出来的。作为一种强有力的战略分析框架,其在战略管理、环境分析中有着极为广泛的应用。根据价值链分析的范围和目的不同,可以将其分为产业价值链分析和公司价值链分析。前者着眼于企业外部资源,分析较宏观;后者侧重于企业内部资源,分析较微观。

产业价值链是随着产业内分工不断向纵深发展的,传统产业内部不同类型的价值创造活动逐步由以一个企业为主导分离为多个企业的活动,这些企业相互构成上下游关系,共同创造价值。围绕服务于某种特定需求或进行特定产品生产(及提供服务)所涉及的一系列互为基础、相互依存的上下游链条关系构成了产业链,如图 2-5 所示。

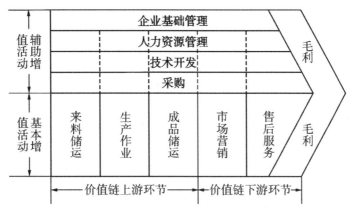

图 2-5　不同行业的产业价值链简图(示例)

企业价值链是以企业内部价值活动为核心所形成的价值链体系。企业的价值活动可以分为两类活动,即基本活动和辅助活动,共计九项一般的活动类型。基本活动是指涉及产品实物形态的生产、营销和向买方的支付,以及产品支持和售后服务等。辅助活动指的是那些对企业基本活动有辅助作用的投入和基础设施。不同行业的企业价值链如图 2-6 所示。

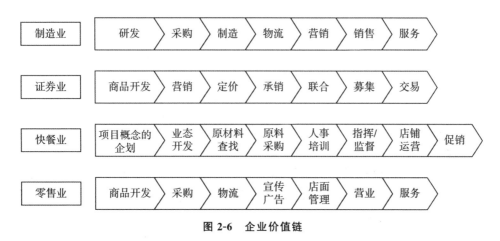

图 2-6　企业价值链

产业价值链分析有助于我们系统地认识产业价值创造过程中的核心环节及企业在产业中的位置,进而发现有利的产业位置或产业机会,采取相应的发展战略;企业价值链分析有助于我们系统地考察企业内部各项活动和相互关系,从而寻找具有竞争优势的资源。

化妆品产业价值链

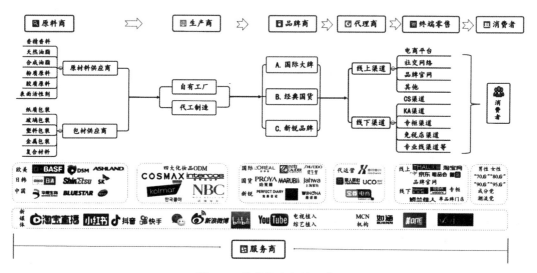

图 2-7　化妆品产业链图谱

资料来源:浙商证券,分析师:邱冠华,2020-06-01。

(三)3C 分析法

3C 分析法是指针对企业所处的微观环境——消费者(customer)、竞争者(competitor)、企业自身(corporation)三大方面进行全面的营销扫描。

(1)消费者分析:企业目标消费群体的需求与消费行为,主要包括消费者的人口统计特征(包括年龄、性别、职业、收入、受教育程度等)、消费者的个性特征、消费者的生活方式、消费者的品牌偏好与品牌忠诚、消费者的消费习惯与行为模式等内容。

(2)竞争者分析:企业主要竞争对手的竞争策略,主要包括企业的主要竞争对手、企业在竞争中的优势与劣势、竞争对手的产品特征与业务模式、竞争品牌的品牌定位与品牌形象、竞争对手的营销策略等。

(3)企业自身分析:企业自身资源与能力的评估,主要包括企业的产品特征、企业现有的目标市场、企业在市场中的竞争现状、消费者心目中的品牌认知、企业现有的商业模式与营销策略、企业进行市场运作可整合的资源与能力等。

3C 分析法撇开微观环境中的众多要素,抓住了企业市场活动的三个核心主体,简单直接地把握企业所处的市场与行业现实,从而提高了分析的效率。

三、内外部环境的综合分析方法：SOWT 分析法

SWOT 分析法（也称 TOWS 分析法、道斯矩阵）即态势分析法，于 20 世纪 80 年代初由美国旧金山大学的管理学教授韦里克提出，经常被用于企业战略制定、竞争对手分析等场合。其中，"S"指企业内部的能力优势（strengths），"W"指企业的薄弱点（weaknesses），"O"表示来自企业外部的机会（opportunities），"T"表示企业面临外部的威胁（threats）。SW 分析侧重于内部，OT 分析侧重于外部。所以从整体上，SWOT 分析法是内外部环境综合分析的有效方法。

运用 SWOT 方法，企业不仅可以分析企业内部的实力与弱点，还可以分析主要竞争对手。通过企业与竞争对手在人力、物力、财力以及管理能力等方面的比较，作出企业的实力和弱点的对照表，结合机会和威胁的分析，最后确定企业的营销战略。为了更有效地运用好 SWOT 分析法，在研究企业的战略性营销规划的发展时，要强调寻找四个方面中与企业战略性营销密切相关的主要因素，而不是把所有企业能力、薄弱点、外部机会与威胁相关的内容逐项列出和汇集。

SWOT 分析法在应用中一般包括以下内容。

（一）分析环境因素

运用各种调查研究方法，分析出公司所处的各种环境因素，即外部环境因素和内部环境因素。外部环境因素包括机会因素和威胁因素，它们是外部环境对公司的发展直接有影响的有利和不利因素，属于客观因素。内部环境因素包括优势因素和弱势因素，它们是公司在其发展中自身存在的积极和消极因素，属主动因素。在调查分析这些因素时，不仅要考虑到历史与现状，还要考虑未来发展问题。

（二）构造 SWOT 矩阵

将调查得出的各种因素根据轻重缓急或影响程度等排序方式，构造 SWOT 矩阵，如图 2-8 所示。在此过程中，将那些对公司发展有直接的、重要的、大量的、迫切的、久远的影响因素优先排列出来，而将那些间接的、次要的、少许的、不急的、短暂的影响因素排列在后面。

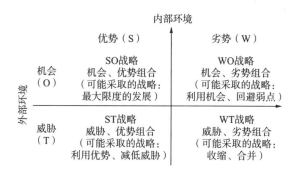

图 2-8　SWOT 矩阵分析

（三）制订行动计划

在完成环境因素分析和 SWOT 矩阵的构造后，便可以制订出相应的行动计划。制订计划的基本思路是：发挥优势因素，克服弱点因素，利用机会因素，化解威胁因素；考虑过去，立足当前，着眼未来。运用系统分析的综合分析方法，将排列与考虑的各种环境因素相互匹配起来加以组合，得出一系列公司可选择或采取的营销对策。

英伟达公司 SWOT 分析

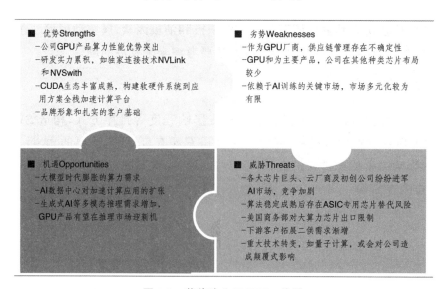

图 2-9　英伟达公司 SWOT 分析

资料来源：华泰研究，分析师：何翩翩，2023-09-27。

四、环境评估与管理方法：机会威胁分析矩阵

市场营销环境通过对企业构成威胁或提供机会而影响营销活动。市场机会指对企业营销活动富有吸引力的领域，在这些领域，企业拥有竞争优势。环境威胁是指环境中不利于企业营销的因素的发展趋势，对企业形成挑战，对企业的市场地位构成威胁。

企业面对威胁程度不同和市场机会吸引力不同的营销环境，需要通过环境分析来评估环境机会与环境威胁。企业最高管理层可采用威胁分析矩阵图和机会分析矩阵图来分析、评价营销环境。

(一)威胁分析矩阵

对环境威胁的分析，一般着眼于两个方面：一是分析威胁的潜在严重性，即影响程度；二是分析威胁出现的可能性，即出现概率。假设某企业的某项业务在环境威胁中有 8 个动向，通过严重性和可能性的分析可得出其威胁分析矩阵，如图 2-10 所示。

影响程度 \ 出现概率	高	低
大	3 5	1 6
小	2 4 8	7

图 2-10 威胁分析矩阵

在图 2-10 中，处于 3、5 位置的威胁出现的概率和影响程度都大，必须特别重视，制定因应对策；处于 7 位置的威胁出现的概率和影响程度均小，企业不必过于担心，但应注意其发展变化；处于 1、6 位置的威胁出现概率虽小，但影响程度较大，必须密切注意监视其出现与发展；处于 2、4、8 位置的威胁影响程度较小，但出现的概率大，也必须充分重视。

(二)机会分析矩阵

机会分析主要考虑其潜在的吸引力（营利性）和成功的可能性（企业优势）大小。同样，假设某企业的某项业务在市场机会中有 8 个动向，通过潜在吸引力和成功可能性的分析，其机会分析矩阵如图 2-11 所示。

在上图中，处于 3、7 位置的机会，潜在的吸引力和威胁的可能性都大，有极大可能为企业带来巨额利润，企业应把握战机，全力发展；而处于 1、5、8 位置的机会，不仅潜在利益小，成功的概率也小，企业应改善自身条件，注意机会的发展变化，审慎而适时地开展营销活动。

图 2-11　机会分析矩阵

（三）分析结果与对策

用上述矩阵法分析、评价营销环境，可能出现四种不同的结果，综合如图 2-12 所示。

图 2-12　环境分析综合评价

在环境分析与评价的基础上，企业对威胁与机会水平不等的各种营销业务，要分别采取不同的对策。

对理想业务，应看到机会难得，甚至转瞬即逝，必须抓住机遇，迅速行动；否则丧失战机，将追悔莫及。

对冒险业务，面对高利润与高风险，既不宜盲目冒进，也不应迟疑不决、坐失良机，应全面分析自身的优势与劣势，扬长避短，创造条件，争取突破性的发展。

对成熟业务，机会与威胁处于较低水平，可作为企业的常规业务，用以维持企业的正常运转，并为开展理想业务和冒险业务准备必要的条件。

对困难业务，要么是努力改变环境，走出困境或减轻威胁，要么是立即转移，摆脱无法扭转的困境。

（四）对机会的反应

对企业业务所面临的主要机会，还必须深入分析机会的性质，以便企业寻找对自身发展最有利的市场机会。

（1）环境市场机会与企业市场机会。市场机会实质上是"未满足的需求"。伴随着需求的变化和产品生命周期的演变，会不断出现新的市场机会。但对不同企业而言，环境机会并非都是最佳机会，只有理想业务和成熟业务才是最适宜的机会。

（2）行业市场机会与边缘市场机会。企业通常都有其特定的经营领域，出现在本企业经营领域内的市场机会，即行业市场机会，出现于不同行业之间的交叉与结合部分的市场机会,则称为边缘市场机会。一般说来,边缘市场机会的业务,进入难度要大于行业市场机会的业务,但行业与行业之间的边缘地带,有时会存在市场空隙,企业在发展中也可用以发挥自身的优势。

(3)目前市场机会与未来市场机会。从环境变化的动态性来分析,企业既要注意发现目前环境变化中的市场机会,也要面对未来,预测未来可能出现的大量需求或大多数人的消费倾向,发现和把握未来的市场机会。

(四)对威胁的反应

面对环境对企业可能造成的威胁,企业常用的方法有三种:

(1)对抗策略,也称抗争策略,即试图通过自己的努力限制或扭转环境中不利因素的发展。如通过各种方式促使(或阻止)政府通过某种法令或有关权威组织达成某种协议、努力促使某项政策或协议的形成以抵消不利因素的影响。

(2)减轻策略,也称削弱策略,即企业力图通过改变自己的某些策略,达到降低环境变化威胁对企业的负面影响程度。

(3)转移策略,也称转变或回避策略,即指企业通过改变自己受到威胁的主要产品的现有市场或转移投资方向来避免环境变化对企业的威胁。转移策略包含以下不同的"转移":①企业原有销售市场的转移;②企业往往不仅仅限于目标市场的改变,而常常是做自身行业方面的调整;③企业依据营销环境的变化,放弃自己原有的主营产品或服务,将主要力量转移到另一个新的行业中。

第五节 数智化趋势:环境变革与管理

一、科特勒对全新市场环境的三大预测

"现代营销学之父"菲利普·科特勒在最新的《营销管理》(第16版)中指出,作为塑造当今市场的四大力量——技术、全球化、物理环境和社会责任,也正在从根本上改变消费者和企业之间的交互方式。这些力量为消费者和企业提供了新的能力,也催生了一个前所未有的竞争激烈的市场环境。

(一)消费者的新能力

今天的消费者比以往拥有更多触手可及的力量。随着信息技术、通信技术和移动技术的发展,他们能够作出更好的选择,并与世界各地的人们分享喜好和意见。消

费者的新能力涉及以下几个关键方面：

(1)消费者可以使用在线资源作为强大的信息和购物辅助。

(2)消费者可以随时随地利用移动连接进行搜索、交流和购物。

消费者可以利用社交媒体分享观点和表达忠诚。他们可以在微博、微信、抖音等社交平台上与家人、朋友和同事保持联系，推销产品和服务。在抖音、小红书、B站等社交媒体上，社交互动和用户生成内容蓬勃发展。除此之外，一些网站将拥有共同兴趣的消费者联系起来，比如服务于旅行者的携程、蚂蚁窝等，以及服务于运动爱好者的 Keep。

消费者可以积极地与企业进行互动。比如，消费者加入企业的客户名单，他们就可以收到企业推送的营销、折扣、优惠券和其他特定的优惠信息。也有许多企业开发小程序、App 等，与客户更有效地互动。

消费者可以拒绝接收那些不合时宜甚至讨厌的营销信息。如今，产品之间的差异越来越小，因此消费者的品牌忠诚度越来越低。一些消费者对价格和质量更加敏感。一项调查显示，近 2/3 的消费者表示他们不喜欢广告，由此，他们会屏蔽在线信息，跳过广告和电话营销等。

消费者可以从他们已有的产品中获得更多的价值。比如现在很火爆的各种共享服务和闲置处理服务。

(二)企业的新能力

全球化、社会责任和技术还赋予企业新的能力来帮助其为客户、合作者和利益相关者创造价值。其中的关键能力包括：

(1)企业可以利用互联网作为一个强大的信息和销售渠道，包括个性化定制商品。

(2)企业可以收集更全面、更丰富的市场、消费者、潜在消费者和竞争对手的信息。目前，网飞、亚马逊、阿里巴巴和谷歌等企业已经根据用户购买和浏览数据、搜索关键词、产品反馈和地理位置创建了有效的算法，为个性化推荐系统助力。

企业可以通过社交媒体和移动营销发送有针对性的广告、优惠券和信息，快速有效地触达消费者。

(3)企业可以改善采购、招聘、培训流程以及加强内外部的沟通。

(4)企业可以提高成本效率。

(三)新的竞争环境

新的市场力量不仅改变了消费者和企业能力，也极大地改变了竞争模式和竞争格局的性质。竞争环境有如下一些关键变化：

(1)零售业转型。亚马逊、阿里巴巴(盒马)等以客户为中心的企业，正在将咖啡吧、现场演示和表演等娱乐活动融入它们的商店——营销"体验",而不是营销产品种类。

（2）取消中间商。应对亚马逊等网络企业的"去中间商"模式。传统企业开展中间商重构,通过增加在线服务的方式转型成为实体店与电子商务相结合的零售商。因此,拥有丰富资源和成熟品牌的公司是纯电商企业更强劲的竞争对手。

（3）自有品牌。品牌制造商受到来自拥有强大销售能力、自有商店品牌的零售商的冲击,与其他类型的品牌越来越难以区分。

（4）超级品牌。许多强大的品牌已经成为超级品牌,并延伸到相关的产品品类,它们在两个或更多行业的交叉领域出现的新品类。比如,随着苹果和三星发布的手机、平板电脑和可穿戴设备,让计算机、电信和消费电子产品逐渐融合。

二、数智时代的环境管理

(一)适应未来环境的营销管理

1.客户导向

客户导向的组织特征如图 2-13 所示。企业的首要任务是客户;其次是遇见、服务和满足这些客户的一线员工;再次是服务经理,他们的工作是支持一线员工,以便他们能够很好地为客户服务;最后是高级管理层,他们的工作是雇用和支持优秀的服务经理。发展以客户为导向的企业的关键是各级管理者必须亲自参与了解、接触和服务客户。

低顾客中心性	高顾客中心性
·产品驱动 ·关注大众市场 ·过程导向 ·对竞争对手做出反应 ·价格驱动 ·产品驱动	·市场驱动 ·关注个别顾客 ·结果导向 ·让竞争对手变得无关紧要 ·价值驱动 ·团队协作

图 2-13　客户导向的组织特征

资料来源:菲利普·科特勒,凯文·莱恩·凯勒,亚历山大·切尔内夫.营销管理[M].16 版.陆雄文,蒋青云,赵伟韬,等,译.北京:中信出版社,2022.

在数字技术落地应用的今天,知情能力越来越高的消费者们期望企业做的不仅仅是与他们联系,满足甚至取悦他们,他们更希望企业倾听并回应他们。

如今,企业的每个职能部门都可以直接与客户互动。营销部门现在必须整合所有涉及客户的流程,以便客户在与企业互动时只看到一张脸,只听到一个声音。

当下,其实许多企业还没有真正做到以市场和客户为导向。相反,它们是以产品和销售为驱动的。想成为真正的市场驱动型企业,需要培养全企业对客户的热情,围绕客户细分市场而不是产品进行组织,并通过定性和定量研究了解客户。

2.创造性

除去以客户为导向,组织还必须具有创造性。当下的企业,能够以越来越快的速度,去复制彼此的优势和战略,这就使得差异化越来越难以实现。

企业们变得越来越相似,利润率也随之降低。解决这一困境的最佳方法是培养战略创新能力和想象力。这种能力需要采用各种工具、流程、技能和方法,以让企业比竞争对手产生更多更好的新想法。

为培养这种能力,企业应该努力打造鼓舞人心的工作空间,帮助激发新想法和培养想象力。

3.善用趋势

企业必须对趋势保持警觉,并随时准备好利用它们。雀巢很迟才察觉咖啡店的流行趋势,这为类似星巴克这样的连锁经营企业的发展铺就了道路。可口可乐迟迟没有把握住果味饮料(如斯纳普)、能量饮料(如佳得乐)和饮用水设计师品牌等饮品的发展趋势。

可见,当市场领导者们厌恶风险,执着于保护现有的市场和物质资源,并且对效率和利润比对创新更感兴趣时,它们就会错过大势所趋的机会。

(二)CEO(首席执行官)和CMO(首席营销官)的营销管理工作

1.CEO 的组织和领导工作

CEO 可以遵循五个步骤来创建以市场和客户为中心的公司:

第一步,要创建一个真正的营销组织,CEO 必须让高级管理层相信以客户为中心的重要性。

第二步,聘请强大的营销人才也至关重要。大多数公司都需要一位技术娴熟的CMO,他不仅要管理市场营销部门,还要尊重并能够影响最高管理层的其他成员。

第三步,鉴于当今市场形势瞬息万变,CEO 必须推动建立强大的内部营销培训项目,以提高公司的营销技能。许多公司,如麦当劳、联合利华和埃森哲,都集中设置了这样的培训项目。

第四步,CEO 还应确保公司的奖励制度与其通过建立满意、忠诚的客户群来创造市场价值的战略目标保持一致。CEO 应亲自示范强有力的客户承诺,并奖励组织中同样这样做的人。

第五步,CEO 的主要职责是任命一名 CMO,总负责组织中的营销活动。

2.CMO 的责任和挑战

CMO 是最高管理层的成员,通常向 CEO 汇报工作。负责营销策略各个部分的高级营销经理通常向 CMO 报告。CMO 统领组织中的所有营销职能,如图 2-14 所示,包括产品开发、品牌管理、沟通、市场研究和数据分析、销售、促销、分销管理、定价和客户服务。

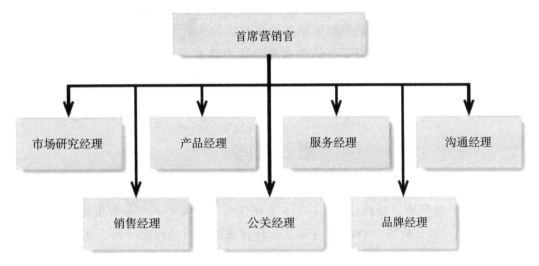

图 2-14　CMO 统领的营销组织

资料来源:菲利普·科特勒,凯文·莱恩·凯勒,亚历山大·切尔内夫.营销管理[M].16 版.陆雄文,蒋青云,赵伟韬,等,译.北京:中信出版社,2022.

未来几年,三个驱动因素将改变 CMO 的角色:

(1)可预测的市场趋势;

(2)最高管理层角色的变化;

(3)经济和组织设计的不确定性。

而成功 CMO 需要具备的五个优先条件:成为公司未来的远见者,具备适应性的营销能力,赢得营销人才之战,加强与销售部门的协调,以及对营销支出的回报负责。

对任何 CMO 而言,最重要的职责可能是——将客户视角融入影响任何客户接触点(客户直接或间接与公司互动)的业务决策。这些客户洞察力必须越来越具有全球视野。

本章小结

任何企业的营销活动都离不开不断变化的外部环境。营销环境是影响企业营销活动及其目标实现的各种因素和力量。环境具有客观性、差异性、多变性和相关性的特点。一般的,我们把营销环境分为宏观环境与微观环境,宏观环境通常由人口、经济、政治法律、科学技术、社会变化和自然生态六个主要因素构成,PEST 分析法是宏观环境扫描的常用分析框架;微观环境也称行业环境,通常由供应商、企业本身、营销中介、顾客、竞争者和社会公众构成,五力模型、价值链和 3C 分析法是常用的分析工具。这些因素在不同程度上直接或间接地影响着企业的战略选择与营销活动。企业要积极地适合环境变化采取相应的对策。SWOT 分析法和机会威胁分析矩阵能够帮助企业梳理环境因素、评估环境影响并给出相应的策略思路。科特勒认为技术、全球化、物理环境和社会责任也正在从根本上改变消费者和公司之间的交互方式。这些力量为消费者和公司提供了新的能力,也催生了一个前所未有的竞争激烈的市场环境。公司要面向客户,创造性地利用趋势适应环境变化,做好环境管理。

重要名词

营销环境 宏观环境 微观环境 PEST 分析法 五力模型 产业价值链
企业价值链 3C 分析法 SWOT 分析法 环境威胁 市场机会 机会威胁矩阵

案例评析

案例评析

思政专题

党的十九大以来,习近平总书记多次指出,"当今世界正经历百年未有之大变局"。这是我们党立足中华民族伟大复兴战略全局,科学认识全球发展大势、深刻洞察世界格局变化而作出的重大判断,对于指导我们开启全面建设社会主义现代化国家新征程、夺取新时代中国特色社会主义新胜利,具有重大而深远的意义。

请思考:

1.试从 PEST 的 4 个分析维度,分别列出当前宏观环境 1～3 个具体而重大的变化,并思考这些因素对行业或企业营销活动所带来的机会与挑战。

2.搜索相关资料,试以某一个行业为研究对象,探讨数字化和智能化趋势对该行业的深刻影响。

AI 实训专题

请选择一个行业,试着以"行业研究员"的角色,让 DeepSeek(Kimi 或豆包)协助小组展开行业研究。要求 DeepSeek 使用 PEST 分析法、产业价值链、波特五力模型、3C 分析法等分析工具梳理资料并进行深度思考生成研究报告。请小组同学对这份研究报告展开讨论,评价其分析的合理性与缺陷。

课后习题

第三章 购买行为分析

学习目标

1.熟悉消费者购买行为模式；

2.掌握影响消费者购买的因素；

3.掌握消费者购买的决策过程；

4.理解和掌握组织市场的含义、特点和构成；

5.了解产业市场和中间商市场购买的决策过程；

6.掌握政府采购行为的决策过程；

7.理解和掌握数字消费者的类型和特征；

8.掌握数字消费者需求的特征；

9.理解数字消费者购买行为模式。

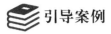 引导案例

中国消费者春节年货消费行为调查

新年将至,年味儿越来越浓了。无论是线上还是线下,各大商超和年货市集都推出了丰富多彩的年货礼盒和特色商品,处处洋溢着迎新年的喜庆气氛。"赶大集、买年货"是祖辈流传下来迎接新年的仪式感,也是众多"95 后""00 后"的童年记忆。然而,这种"囤年货"的习惯正在逐渐成为过去。一方面年货清单正发生改变;另一方面,年轻人作为年货市场的主力军,无论是年货选择还是购买渠道都发生改变,更加注重消费体验和品质。为客观反映当前消费者春节年货消费行为及消费需求,艾媒智库(data.iimedia.cn)联合草莓派网民行为调查与计算分析系统(survey.iimedia.cn),开展主题为"中国消费者春节年货消费行为调查数据"的全国随机抽样调查,以更好地帮助人们了解我国春节年货的消费群体、消费意愿和市场趋势。

2024 年中国消费者购置年货类型以传统年货为主(74.74%)、新式年货为辅(25.26%)。在年货花费预算调研中,数据显示,1.80% 的消费者会选择 200 元以下,19.07% 的消费者会选择 200~500 元,27.71% 的消费者会选择 501~1000 元,26.03% 的消费者会选择 1001~2000 元,16.75% 的消费者会选择 2001~3000 元,如图 3-1 所示。艾媒咨询分析师认为,大部分消费者对年货的质量和品位有一定要求,但不会过度追求奢华。

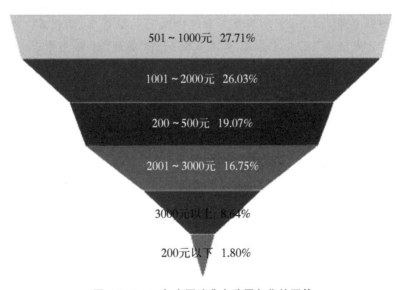

图 3-1 2024 年中国消费者购置年货的预算

如图 3-2 所示,在 2024 年中国消费者购置年货的关注因素中,产品质量是消费者首要关注因素(54.64%),其次考虑产品是否健康养生、有功能性(53.74%),价格

经济实惠(40.59%),年货产品有档次、送礼物体面(39.56%),37.50%的消费者主打购买便利。

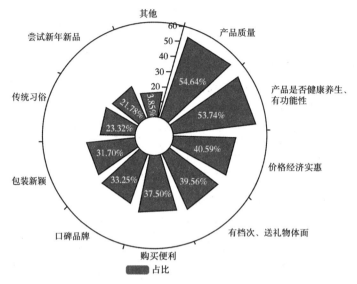

图 3-2 2024 年中国消费者购置年货的关注因素分布

如图 3-3 所示,在 2024 年中国消费者购买年货的渠道中,73.20%的消费者会选择综合电商平台(淘宝、京东等),51.55%的消费者会选择即时零售平台(美团、京东到家等),38.85%的消费者会选择线下商业超市,37.11%的消费者会选择新型电商平台(抖音、小红书等),35.95%的消费者会选择线下小型商店、便利店。对于年轻人而言,年货购买"赶大集"已成过去式,取而代之的是"混迹"于各大平台与直播间,多番比较价格、日期、品质,最终为性价比买单。

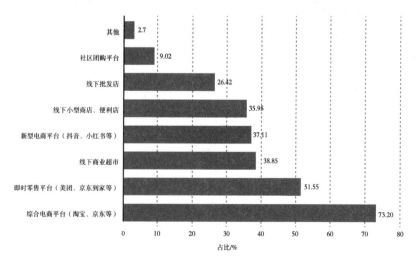

图 3-3 2024 年中国消费者购买年货的渠道分布

如图 3-4 所示,2024 年中国新春年货消费者的选择趋向多样化。水果生鲜占比最高,为 50.52%;其次是休闲零食、服饰鞋包、坚果炒货、数码家电、禽畜肉类、营养保健品、美容彩妆、海鲜干货、母婴用品、春节摆件、酒水饮料、预制菜、儿童玩具等。其中,消费者对于休闲零食、营养保健品或酒水饮料年货关注最多的是是否纯天然、无添加、低糖等健康相关因素。艾媒咨询分析师认为,2024 年中国新春年货消费者的选择趋向多样化,健康和品质成为消费者关注的重点。商家需要关注消费者的需求和偏好,提供更加健康、高品质的产品和服务,以满足消费者的需求和期望。

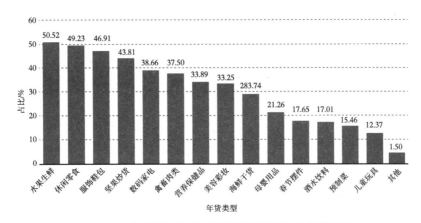

图 3-4　2024 年中国消费者购买或计划购买年货的类型分布

与水果生鲜、坚果炒货等传统年货相对的是更适合当代年轻人口味的"新式年货"。如图 3-5 所示,在 2024 年中国消费者偏好的新潮年货品类中,包括新式糕点(41.62%)、低糖低脂等新养生产品(36.60%),国潮服饰(30.93%),智能家居(23.84%)和纪念饰品(21.65%)等。这些品类反映了消费者对于新鲜体验、健康生活、时尚个性、科技智能以及情感纪念的需求和追求。

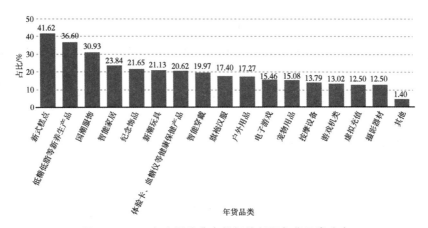

图 3-5　2024 年中国消费者偏好的新潮年货类分布

资料来源(节选)：江淮.中国消费者春节年货消费行为调查数据[EB/OL].[2024-02-04].https://www.iimedia.cn/c1086/98839.html.

问题：

1.请结合案例，分析消费者对年货的主要需求与偏好有哪些。

2.谈谈你是如何理解年货"传统"与"新潮"并存的。

3.思考企业应如何应对消费者购买行为的复杂性。

管理学大师彼得·德鲁克说："关于企业的目的，只有一个正确而有效的定义：创造顾客。""社会将财富资源托付给企业，也是为了满足顾客的需求。"市场是由购买者组成的，认识和理解市场中的购买者是市场营销中最为基础的部分，因此企业要以购买者为中心，分析购买者的行为，才能够有效开发针对购买者的有价值的产品，并运用有效的策略将产品呈现给购买者。

市场的购买者按照购买的目的或用途的不同可以分为消费者市场的购买者和组织市场的购买者。消费者市场购买者是指个人或家庭购买者，这些购买者购买产品或服务是为了满足个人或家庭的生活消费。而组织市场购买者一般包括工商企业、政府部门和非营利性组织等。工商企业是为了从事生产、销售等业务活动而购买所构成的市场，一般称之为营利性组织市场。政府部门和非营利性组织是为了履行职责而购买所形成的市场，一般称之为非营利性市场。无论是哪一种购买者，我们都要深入了解其购买行为的影响因素及购买的决策过程，这对于开展有效的市场营销活动至关重要。

第一节　消费者购买行为分析

消费者市场的购买者由个人和家庭构成，其主体是人。人的行为受人的心理支配，不同的人，其心理也不同，其行为也不同。因为人是复杂的，我们要分析消费者的购买行为就要分析人的心理，所以消费者的购买行为就变得尤为复杂。

一、消费者购买行为概述

从开篇的消费者购买行为案例中我们可以看出，消费者的需求变得更加多元化、个性化、丰富化及差异化，如果企业在不了解消费者的情况下盲目应用营销策略，必然会导致企业的失败。作为企业的营销工作者，要深入了解消费者，了解消费者购买行为背后复杂的影响因素，掌握消费者购买决策的流程，才能制定合理的营销组合。

(一)消费者市场的含义与特点

消费者市场是指所有为了满足个人消费而购买产品或服务的个人和家庭所构成的市场,又称为消费市场或生活资料市场。产品或服务流通的终点就是消费者市场,故消费者市场也被称为最终产品市场。

消费者市场一般呈现出以下这些特点:

(1)分散性。消费者市场的主体是个人和家庭,个人和家庭的分布和地理区域是分不开的。像我们国家幅员辽阔,各个区域的人口分布也是不同,东部人口分布和西部人口分布、城镇人口和农村人口分布都存在较大差异。由于消费者分布的分散性,因此面向消费者市场的企业要特别注意分销渠道的选择、设计以及管理。

(2)差异性。消费者购买行为受到年龄、性别、身体状况、性格、习惯、文化、职业、受教育程度、社会地位、收入水平等各种因素的影响,从而形成了不同的消费需求和消费行为。随着消费者生活水平的不断提高,消费者的购买选择会更加个性化,需求的差异性有不断扩大的趋势。作为企业的营销人员,要对消费者市场进行准确的市场细分,针对所选择的细分市场开展有效的营销活动,满足消费者的差异性的需求。

(3)易变性。无论是个体消费者还是家庭消费者,其购买行为都不是一成不变的。一方面社会生产力的提高、科技的发展进步,使得新的产品和服务层出不穷,消费者面临更多的选择。另一方面,消费者自身的消费水平、消费观念等也是发展变化的,对产品和服务的需求也是发展变化的。作为企业的营销人员要密切关注消费者市场的变化,把握消费者市场变化的趋势,通过不断变化的营销活动满足消费者变化的需求。

(4)替代性。由于消费者的购买力是有限的,所以消费者在购买时必然要进行慎重的选择。一方面不同的厂家提供不同品牌选择,另一方面在不同品种之间也可以实现功能替代,所以消费者的购买选择会根据购买力的情况作出调整。作为企业的营销人员要注重客户关系管理,把自己的客户发展成忠诚客户,同时积极争取新的客户。

(5)非专业性。消费者市场主体是个人和家庭,其知识面的有限性导致对相关产品或服务的质量、性能、维修、保管以及市场行情等都不太理解,只能根据个人偏好来作出购买选择,因此其购买行为属于非专业性购买。另一方面,消费者市场购买决策属于个人决策,一般具有自发性、感情冲动的特点,这也是非专业性购买的特点。作为企业的营销人员,要做好宣传广告,明晰产品定位、产品特征,努力做好消费者的参谋,积极引导消费者的购买行为。

(二)消费者购买行为研究的内容

消费者购买行为是指消费者为了满足自身需要和欲望而寻找、选择、购买、使用、评价及处置产品、服务时介入的过程活动,包括消费者的主观心理活动和客观物质活动两个方面。消费者的购买活动涉及很多方面的问题,企业营销人员可以通过观察消费者的行为得到部分答案,但是想要深入了解消费者为什么购买是不容易的,需要我们积极进行探索。

一般而言,企业营销人员只要能够分析清楚 7 个方面的问题(5W2H),就能针对消费者的实际情况,设计具体的营销策略。如图 3-6 所示。

图 3-6 消费者购买行为的研究框架

(1)谁来购买(who):谁构成该市场? 谁购买? 谁参与购买? 谁决定购买? 谁使用该产品? 谁影响购买?

(2)购买什么(what):消费者需要什么样的产品或服务? 对消费者而言最有价值的是什么? 消费者追求的核心利益是什么?

(3)为何购买(why):消费者购买的目的是什么? 为什么喜欢? 为什么讨厌? 为什么喜欢买这不买那?

(4)何时购买(when):什么季节购买? 何时需要? 何时使用? 何时换代?

(5)何地购买(where):在超市购买还是在商场购买? 是就近购买还是到商业中心购买?

(6)如何购买(how):以什么方式购买(现场购买、网络购买、邮购、电视购物等)? 按什么程序购买?

(7)购买多少(how many):每次购买的数量是多少? 一定时期购买次数是多少? 人均购买量是多少?

以上 7 个问题的英文首个字母组合为 5W2H,因此称之为 5W2H 分析模型。

(三)消费者购买行为的研究模式(刺激—反应模式)

在对消费者购买行为的研究中,不同的学者从不同角度进行研究,形成了不同的研究模式。如英国经济学家马歇尔的经济学模式、维布雷宁的心理学模式、巴甫洛夫的学习模式,当然最典型的莫过于菲利普科特勒提出的刺激—反应模式。刺激—反应模式认为消费者的行为是消费者的一种内在心理过程,是在消费者内部自我完成的。外部的刺激经过消费者的内在心理过程产生反应,从而才引发消费者的购买行为。这一模式包括三个变量:内外部刺激因素、消费者心理活动过程和消费者的行为反应,如图 3-7 所示。

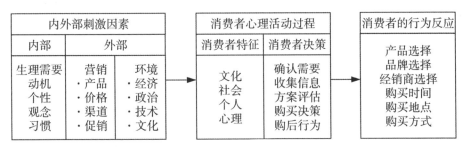

图 3-7　刺激—反应模式

(1)内外部刺激因素。刺激—反应模式表明,所有消费者的购买行为都是刺激所引起的,这种刺激包括消费者内部自身的生理和心理因素,也包括消费者外部的刺激。内部刺激一般包括消费者自身的生理需要、动机、个性、观念、习惯等。外部刺激一方面指企业的营销刺激,一般包括产品、价格、渠道和促销四个因素;另一方面指企业之外的环境刺激,一般包括经济、政治、技术和文化。

(2)消费者心理活动过程。在刺激因素和反应因素之间是消费者内在的心理活动过程,由于是消费者内部自我完成的,看不见摸不着,心理学上称之为暗箱或黑箱。这个黑箱包括两个方面:一方面是消费者的特性,包括消费者的文化、社会、个人和心理的特征。不同特征的消费者会对同一刺激产生不同的理解和反应。比如,同一部手机,价格较贵但是配置较高、款式新颖,追求时尚潮流且经济能力较强的消费者就可能感觉可以接受,会作出相应的购买行为;而收入水平较低的消费者可能更注重商品的实用价值,他们可能会放弃购买。这就是不同的心理特性的消费者对同一刺激的不同反应。另一方面是指消费者购买的决策过程,决策过程中的每一步骤都可能对消费者的最终选择产生影响。

(3)消费者的行为反应。刺激—反应模式的反应因素指消费者的购买行为,包括产品选择、品牌选择、经销商选择、购买时间、购买地点、购买方式等。它是对一次具体购买行为的评价。

消费者在种种刺激因素作用下,经过复杂的心理活动过程产生购买动机,在动机的驱使下作出购买决策,然后采取购买行动,在消费中或消费后对购买活动进行评价,由此完成一次完整的购买活动。

二、消费者购买行为的影响因素分析

研究刺激—反应模式中的消费者心理活动过程,首先要研究的是消费者自身的特征,它在很大程度上影响着消费者购买的决策。消费者自身的特性我们一般从文化、社会、个人和心理四个方面入手(见图3-8),虽然大部分的特性是营销人员无法控制的,但是我们也要深入学习,了解和掌握这四个因素对于我们制定正确的营销策略也是有很大帮助的。

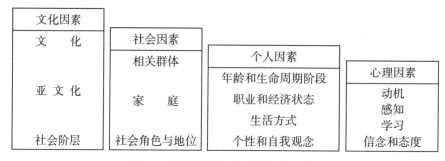

图 3-8　消费者购买行为的影响因素

(一)文化因素

文化因素对消费者的行为具有最广泛和最深远的影响。一般而言文化因素体现在文化、亚文化和社会阶层三个方面。

小案例 3-1

Tims 咖啡新增中文名 "天好咖啡" 加快品牌本土化进程

全球著名咖啡连锁品牌 TimHortons 中国业务("Tims 中国")正式宣布启用中文名"天好咖啡"。这是 Tims 咖啡进入中国市场将近 4 年来首次公布中文名,也是Tims 咖啡自纳斯达克上市以来的又一重要市场战略,旨在通过本土化创新和提升消费者体验,进一步深耕中国市场。

早在 2019 年 Tims 咖啡进入中国市场之际,中文名的取名工作便被提上了议程。最终,"天好咖啡"从上百个备选方案中脱颖而出。Tims 咖啡希望能够带给中国消费者"每天一杯小美好,每天都有好咖啡"。"天好"也很容易让人联想到舒展惬意的自然天气,而且这两个字本身很有中国诗画意境,时常出现在古诗词中,比如"淡月低云天气好"(欧阳修《减字木兰花》),"裁衣按曲,天时正好"(晏殊《连理枝其二》)。

而从另一个维度,"天好"两个字的拼音首字母"TH",不仅与 Tims 中国纳斯达克代码"THCH"遥相呼应,也对应了品牌名称"Tim Hortons"的首字母。

新增中文名,既体现了 Tims 咖啡对中国市场的重视,也是其本土化创新的延续和深化。自进入中国市场以来,Tims 咖啡就将本土化经营策略渗透到经营的各个层面。在产品设计、店铺设计及运营管理方面,充分融合本地消费者的喜好与需求,真正做到本地化。Tims 咖啡的产品除核心鲜萃咖啡以外,其他产品几乎都是本土独立研发,像生椰冷萃、不止拿铁等都是更符合中国消费者的产品。同时,Tims 咖啡还与众多本土合作伙伴开展了各项合作,比如近期与中石化易捷咖啡共同推出多家 Tims Express(灵枫店)店中店,与盒马鲜生推出联名款咖啡产品,进一步拓展消费新场景。

Tims 咖啡 CEO 卢永臣先生表示:"我们见证了中国咖啡消费市场的崛起,亲身感受到了营商环境的持续改善和政府对企业发展的大力支持,也看到了中国坚定不移发展经济的决心,这完全符合 Tims 咖啡的品牌发展诉求。未来,我们会继续加码中国市场。"

此次新增中文名,也表明 Tims 咖啡已经吹响加速本土化经营,布局下沉市场的前哨。Tims 咖啡很早就已经布局下沉市场,今年则加大了二、三线城市的拓店速度,在浙江嘉兴、福建泉州、广东东莞、江苏徐州等多个城市开出了首店。目前,Tims 咖啡正在加快部署进入更多三、四线城市。2022 年 10 月,门店数量已突破 500 大关,Tims 咖啡正朝着 2026 年前开出 2750 家门店的目标再一次提速。

从初入中国到纳斯达克上市,从上海首店开业到突破 500 家门店,从初露锋芒到获得千万用户拥趸,Tims 咖啡取得的每一个成绩背后,都来自中国消费者对品牌的肯定及支持。作为快速发展的咖啡品牌,Tims 咖啡将始终与消费者站在一起,与中国经济共同成长。未来,Tims 咖啡将深耕中国市场,持续加大下沉市场的拓展力度,通过产品创新和服务创新,为中国消费者带来更多优质产品和消费便利。

资料来源:李佳佳.Tims 咖啡新增中文名"天好咖啡"加快品牌本土化进程[EB/OL].[2023-01-09].https://www.sh.chinanews.com.cn/chanjing/2023-01-09/107132.shtml.

(1)文化。文化是人类在长期的生活实践中所建立的价值观念、道德、理想和其他有意义的象征体。人类的行为大多数都是通过学习形成的,人类在其成长过程中通过不断学习建立起自身的价值观念、理想、道德等,而这些内在的因素又影响和制约人类的行为。文化是引发人类愿望和行为的最根本原因。

(2)亚文化。在一个国家的大文化中,包括若干个亚文化群。亚文化群体中的人对整体的大文化持相同观点,但是也具有该群体所独有的文化成分,同一亚文化群内的消费相似度更高。由于不同亚文化群的差异,同一社会可以进一步形成不同的风俗习惯、道德观念,并对消费者的购买行为产生直接或间接的影响。

亚文化群主要包括：

①民族亚文化群。世界上许多国家都存在不同的民族，每个民族都在漫长的历史发展过程中形成了独特的风俗习惯和文化传统。民族亚文化是预测消费者购买习惯、消费偏好时非常重要的参考依据。

②宗教亚文化群。不同的宗教有不同的教规和戒律，从而形成对商品的不同偏好和禁忌。营销人员应该充分了解消费者的宗教信仰，制定适合其特点的营销策略满足其消费需求。

③种族亚文化群。不同种族有自己独特的生活习惯和文化传统，其购买行为各不相同。

拓展阅读 3-1

"Z世代"亚文化中的自我表达与群体认同新力量

"Z世代"指出生于1995至2009年的一代人，在丰裕社会成长起来的他们是互联网原住民，普遍接受过良好教育，也更加重视人文关怀和自我价值，因此对于个体的精神追求有着更高的期待。随着移动互联网、大数据等技术的迅猛发展，移动互联网平台全面接管青少年的日常文化生活消费，"Z世代"得以网络上聚集，并且形成一个个亚文化小圈层，譬如国风圈、电竞圈、街舞圈、动漫圈等。他们运用文字、影像、图片、声音等多种媒介融合表达自己日常生活中的情感体验，在平台上发布作品，在作品下点赞、评论、交流，并且参与线上线下活动。

"Z世代"亚文化呈现出三个特征。

一是，"Z世代"通过兴趣爱好形成的亚文化小圈层具有相对的封闭性和私密性，这体现在各个亚文化圈层享有一套独特的社群规范、话语体系和规则。不仅如此，不同亚文化圈层流行一套在圈外人看来不得其解、极具各圈层特色的语言，拥有共同兴趣爱好、相似价值观念的成员则在圈内话语的推动下进一步强化其群体黏性，不断巩固圈层的界限。这为当代青年建立一种基于圈层分化的群体身份认同提供了现实途径。

二是，"Z世代"亚文化社群具有阶层性。亚文化粉丝社群内部存在着明显的阶层分化，根据他们的消费程度称为顶层粉丝、核心粉丝、边缘粉丝。资深玩家通常有着较高的社会经济地位，他们有着专业的知识储备和积累，有较广的人际关系和社会资源，他们通过上传或者推荐作品，向大家科普亚文化圈层的知识和技能，在社群中享有较高的权威。资深玩家会加入更小的核心圈子粉丝群，核心圈子相对来说互动更为频繁、群体认同度更高。粉丝的阶层性是对现实阶层的一种同构。

三是，"Z世代"亚文化呈现资本转向。在移动互联网的背景下，"Z世代"的亚文化生产和消费内在于平台资本。资本将亚文化整合进消费主义逻辑，其背后有专业的运营团队,亚文化消费越来越向专业消费市场转型,并且越来越重视流量和数据,而流量和数据都是依靠粉丝的消费支撑。游戏策划考虑的是留存率、日活、在线时长、付费金额等数据,网络小说看的是留存率、阅读转率、收藏率等数据。对亚文化的评判标准越来越脱离文化内容本身,而是强调数据为王。平台又通过各种消费策略将粉丝数据与消费挂钩,从而评判标准变成了粉丝的购买力,这就导致内容生产质量的良莠不齐。

　　"Z世代"希望在亚文化所创建的世界中寻找到快乐和自我实现感,潜意识中是对现实社会主导文化权力系统的一种逃避和反抗。但是,当他们进入亚文化圈层后,必须屈服于另一套权力系统,而这套权力系统的主导权把握在背后制定游戏规则的资本手中。在注意力经济下,以新自由主义为指导、技术思维为主导的互联网科技企业,其决策者更多考虑的是如何能获得更多的用户和流量,放弃了对平台内容的把关和审核,对青少年产生了不良后果。而机器算法在现阶段尚无法有效识别违背社会公序良俗的内容。因此需要加强对"Z世代"亚文化领域的监管,需要政府、平台、家长、公众共同参与治理,多管齐下,引导青年亚文化健康发展。

　　资料来源(有删减):汪永涛."Z世代"亚文化中的自我表达与群体认同|新力量[EB/OL].(2022-02-26)[2024-01-05].https://new.qq.com/rain/a/20220226A04FXA00.

　　④区域亚文化群。我国是幅员辽阔的国家,南方和北方、城市和农村、沿海和内地、山区和平原等不同区域的地理环境、风俗习惯和经济发展水平的差异,人们具有不同的生活方式、兴趣爱好,这也会影响他们的购买行为。

"指南针地毯"的启示

　　比利时一个地毯商把脑筋动到了穆斯林身上。这个名叫范德维格的商人,聪明地将扁平的指南针嵌入祈祷地毯。这种特殊的指南针,不是指南或指北,而是直指圣城麦加。这样,伊斯兰教徒不管走到哪里,只要把地毯往地上一铺,顷刻之间就能准确找到麦加方向。这种地毯一推出,在穆斯林居住区立即成了抢手货,几个月内,范德维格在中东和非洲一下子就卖掉了25000多张地毯,赚了大钱。

　　(3)社会阶层。所有社会都有社会阶层,即在一个社会中具有相对的同质和持久性的群体,他们是按等级排列的,每一个阶层成员具有相似的价值观、兴趣爱好和行为方式。由于处于不同的社会阶层的消费者的社会地位、经济基础、价值观念和生活方式等有所不同,他们反映出不同的消费需求和购买行为。社会阶层是综合衡量职业、收入、教育和财富等变量而形成的,其分层不是那么固定和严格,相邻阶层间的界限是比较模糊的。人们既可能升到更高的层次,也可能降到更低的层次。

拓展阅读 3-2

中国新中产

一、中国新中产阶级的定义和衡量标准

中国新中产阶级通常被定义为年收入超过一定数额的群体。例如,一些研究机构将个人年收入超过15万元人民币或家庭年收入超过20万元人民币的人群定义为"新中产阶级"。此外,还有其他衡量标准,如家庭月收入超过2万元、能够一次性全款买房且无房贷、金融投资账户市值超过150万等。

二、新中产阶级的规模和分布

截至2024年7月,中国新中产阶级规模达到了2.57亿人,同比增长了4.8%。这些人群主要聚集在北京、上海、广州、天津、宁波等一线城市及其周边地区,这些城市的人群占比合计近20%。新中产阶级呈现出年轻化的趋势,25岁至30岁的人群占比接近40%,31岁至35岁的人群占比也达到了35.9%。

三、新中产阶级的消费行为和偏好

新中产阶级的消费行为和生活方式展现出新的特点。他们不仅在线上消费方面表现出极高的活跃度,而且在消费决策上保持谨慎,注重产品的性价比和个性化需求。新中产阶级在智能汽车、大型体育赛事、国内游和出境游等方面表现出强烈的消费意愿和热情。此外,新中产阶级对AIGC技术、文博游等新兴领域也有较高的兴趣和参与度。

资料来源:由百度AI根据各项研究报告综合提炼。

(二)社会因素

消费者的购买行为也经常受到一系列社会因素的影响。影响消费者购买行为的社会因素主要包括消费者的相关群体、家庭、社会角色与地位等。

1.相关群体

相关群体又称参照群体,是指能够直接或间接影响消费者的消费态度、价值观念和购买行为的个人或集体。一个人的消费习惯、生活方式、对产品品牌的选择,都在不同程度上受相关群体的影响。相关群体可分为直接相关群体和间接相关群体,如表3-1所示。

表 3-1 相关群体的划分

相关群体	直接相关群体	首要群体
		次要群体
	间接相关群体	向往群体
		厌恶群体

直接相关群体又称为成员群体,即某人所属的群体或与其有直接关系的群体。成员群体可以进一步细分为首要群体和次要群体两种。首要群体是指与某人直接和经常接触的一群人,一般都是非正式群体,如家庭成员、亲戚朋友、同事、邻居等。次要群体是对其成员影响并不频繁但一般都较为正式的群体,如宗教组织、职业协会等。

间接相关群体是指某人的非成员群体,即此人不属于其中的成员,但又受其影响的一群人。这种间接相关群体又分为向往群体和厌恶群体两种。向往群体是指某人推崇的一些人或希望加入的群体,例如体育明星、影视明星就是其崇拜的向往群体。厌恶群体是指某人讨厌或反对的一群人。一个人总是不愿意与厌恶群体发生任何联系的,在各方面都希望与其保持一定距离。

小案例 3-3

《繁花》带来的营销启示

近期大热的电视剧《繁花》,以其独特的剧情和深入人心的角色塑造,赢得了观众的热烈追捧。而对于营销人来说,这部剧不仅仅是一部好剧,更是一部营销教科书。剧中的一些营销手段,即使放在今天,依然能够给我们带来许多启示。

明星效应

对品牌而言,与知名明星合作可以提升品牌的知名度和形象。明星通常拥有大量的粉丝和关注者,通过与他们合作,品牌可以借用明星的影响力,快速地在目标受众中建立起品牌认知。好的明星营销,可以发挥 $1+1>2$ 的效果,明星与品牌双向受益,反之则可能对品牌造成负面影响。

剧中,宝总放弃了当时的顶流"白素贞",选择了因演唱《冬天里的一把火》走红的费翔作为代言人。费翔的形象和品牌的产品特性完美契合,这就是代言人与产品的双向奔赴的体现,讲究的是品牌与代言人的匹配度。这一点非常重要,我们在选择代言人时,不仅要考虑其人气,更要考虑其与品牌的契合度。

媒体背书和 KOC 组合营销

媒体背书和 KOC(关键意见消费)"种草"①确实是有效的营销手段,它们能够更贴近用户,激发用户的购买欲望。正如在剧中,宝总让汪小姐请媒体人唱歌联络感情,实则是为了让当时掌握话语权的媒体尽可能对三羊牌进行正面报道,这就是媒体背书的方式。这种方式能够让品牌得到广泛的曝光和认可,进而吸引更多的潜在客户。

KOC"种草"也是非常有效的营销手段之一。KOC 指的是那些在自己的社交圈中拥有一定影响力的普通消费者,他们的推荐和评价具有一定的可信度和说服力。宝总在电视剧中通过邀请玲子、陶淘、菱红等人在用户群体中进行口碑传播。这种 KOC 种草的方式能够让消费者更加信任品牌,并且在社交圈中产生口碑效应,从而吸引更多潜在客户和增加销售。

总之,媒体背书和 KOC"种草"营销都是有效的营销策略,企业可以根据自身的特点和目标受众选择合适的方式来进行营销推广。

资料来源(节选):佚名.《繁花》带来的营销启示[EB/OL].(2024-01-18)[2024-03-05].https://baijiahao.baidu.com/s? id=1788422388116501099&wfr=spider&for=pc.

相关群体主要通过以下方式对消费者购买行为产生影响:

(1)示范性影响。相关群体的成员为其他群体成员展示新的生活方式和行为模式,比如意见领袖。意见领袖凭借特殊技能、学识、个性或其他特征,在群体中有较大的影响力和号召力。

(2)仿效性影响。仿效性影响包括仿效和反对两个方面,消费者有仿效或反对其相关群体的倾向,如向往群体中的明星。消费者的消费行为也会仿效相关群体成员的行为,可能反对群体成员而抵制某种行为。

(3)一致性影响。一旦群体的价值观和行为方式形成一致性的规范,会促使群体成员的行为趋于一致,从而影响消费者对产品的选择。

作为企业的营销人员要充分研究相关群体对消费者购买行为的影响,即要利用相关群体的正面影响,减少其负面影响,扩大产品的销售。

2.家庭

家庭是由居住在一起的,彼此有血缘、婚姻或抚养关系的人群组成。家庭给成员以种种倾向性的影响,这种影响能伴随其一生。家庭又是一个消费单位和购买决策单位,是社会中最重要的购买决策单位。家庭的生活方式、文化程度、价值观念、购买习惯及家庭成员对消费者购买行为影响很大,这种影响既是直接的,也是潜在的。

(1)"家庭权威中心点"的差异。由于各种家庭的特点不同,购买决策的权威中心点也就不同。有社会学家把现实社会中的家庭分为 4 种不同的类型:"各自做主

---

① 种草,网络流行语,本义即播种草种子或栽植草这种植物的幼苗,后指专门给别人推荐好货以吸引人购买的行为。

型"——每个家庭成员都有权利相对独立地作出自己的决策;"丈夫支配型"——家庭最终决策权在丈夫手中;"妻子支配型"——家庭最终决策权在妻子手中;"共同决策型"——大部分决策由家庭各成员协商作出。世界上许多国家都同时存在这 4 种类型的家庭,但是随着社会政治经济情况的变化,"家庭权威中心"也会转移。如由于社会教育水平的提高,妇女就业机会增多,越来越多的家庭从"丈夫支配型"变为"共同决策型",有的甚至变为"妻子支配型"。

(2)家庭寿命周期的差异。家庭寿命周期是指一个家庭从产生到消亡的整个过程。根据家庭成员的数量和年龄结构的变化状况,市场营销学家将家庭寿命周期大体分为以下 7 个阶段(见表 3-2)。在家庭生命周期阶段中,家庭所处的不同阶段对商品的需求和兴趣会有明显的差别。所以,家庭处于不同的阶段,家庭组织的购买行为也有明显的区别。

表 3-2　家庭生命周期的 7 个阶段

家庭生命周期阶段	购买和行为模式
单身阶段:年轻、不住在家里	几乎没有经济负担、新观念的带头人,娱乐导向
新婚阶段:年轻、无子女	经济比下一阶段要好,购买力最强,耐用品购买力高
满巢阶段Ⅰ:最年幼的子女不到 6 岁	家庭用品采购的高峰期,不满足现有经济状态。储蓄部分钱,喜欢新产品
满巢阶段Ⅱ:最年幼的子女超过 6 岁	经济状况较好,开始增加教育投资,对广告不敏感,购买大包装商品
满巢阶段Ⅲ:年长的夫妇和尚未独立的子女同住	经济状况仍然较好,教育投资增加
空巢阶段Ⅰ:年长的夫妇,无子女同住,户主仍在工作	大量拥有自己的住宅,经济富裕有储蓄,对旅游、娱乐感兴趣
空巢阶段Ⅱ:年老的夫妇,无子女同住,已退休	收入锐减,购买有助于健康、睡眠和消化的保健品

3.社会角色与地位

一个人在一生之中会参加许多群体——家庭、俱乐部和各类其他的组织。每个人在各群体中的位置可以用角色和地位来确定。角色由一个人应该进行的各项活动组成。每个角色都伴随着一种地位。消费者在购买商品时,往往结合自己在社会中所处的角色与地位来考虑,购买符合自己社会角色与地位的商品。大型公司的高级经理人员坐豪华汽车、入住高档酒店、穿昂贵的服装;而普通职员搭公共汽车、在小饭馆用餐、穿普通的职业装,这都符合他们的社会角色与地位。企业将自己的产品或品牌塑造成某种身份或地位的象征,会吸引来符合该身份和地位的顾客。

(三)个人因素

消费者的购买行为也受到其自身的特征的影响,特别是受其年龄和生命周期阶段、职业和经济状况、生活方式、个性和自我观念的影响。作为企业营销人员,必须认真研究这些个人因素,因为这些因素直接影响了消费者的购买行为。

1.年龄和生命周期阶段

消费者的年龄通常是决定其需求的重要因素。不同年龄阶段的消费者对商品和服务的需求是不断变化的。儿童消费者偏爱糖果和玩具等消费品,需要看护、幼儿教育等服务,中年消费者则是住房、汽车等商品的追随者,保健品的购买者或使用者主要是老年人。

2.职业和经济状况

消费者的职业对其购买决策和购买行为也有较大影响。不同职业有不同的价值观和职业准则,对商品的需求和兴趣也各不相同。娱乐明星需要大量购买服装和化妆品以保持他们的光鲜形象,而蓝领工人一般穿工作服。消费者的经济状况对其产品的选择和购买也具有重要的影响,它包括消费者的可支配收入、储蓄与个人资产、举债能力和对花钱和储蓄的态度等。作为企业的营销人员,不仅要关注消费者的职业状况,还要注意其收入、支出、利息和储蓄等的变化,并通过调整或重新设计产品方案、营销方案等来适应这些变化。

3.生活方式

生活方式是指一个人在他的活动、兴趣和看法中表现出来的生活模式。简而言之,就是人们生活、花费时间和金钱的方式的统称。企业的营销人员应研究具有不同生活方式的各群体的不同需要,从而推出适合不同生活方式的产品或服务来满足这些需要。另外一个人或一个群体的生活方式是在不断变化的,但这种变化是比较缓慢的。科技的进步和不同文化的冲击正在不断地改变着人们的生活方式,营销者应该把握这种大趋势。

生活方式对消费行为的主要影响取决于消费者是比较在乎金钱还是比较在乎时间。对于比较在乎金钱的消费者,营销者可以为其提供低价格的产品和服务。对于比较在乎时间的消费者,营销者应该为其提供便利的产品和服务。

4.个性和自我观念

每个人的独特个性对其购买行为的影响也是不容忽视的。个性是指个人独特的心理结构,以及这种结构如何长期、稳定地影响个人对环境作出反应的方式。它具体表现在一个人的气质、性格、能力和兴趣方面,如外向与内向、乐观与悲观、温柔与坚毅、活泼与安静、自信心的高与低等。消费者千差万别的购买行为往往是与他们独特的个性心理特征有关的。如外向的人爱穿浅色的和时髦的衣服,而内向的人爱穿深色的和庄重的衣服;自信心强的人往往是新产品的早期购买者。消费者在进行品牌选择时,个性是一个重要的变量。很多品牌都有一定的个性特征,消费者在选择和使用品牌时,往往会选样和使用那些自身个性相一致的品牌,避免选择和使用那些与自身个性相抵触的产品。

自我观念是指一个人所持有的关于自身特征的信念,以及他(她)对于这些特征的评价。但自我观念是比较复杂的,现实自我观念是指我们对自己所拥有的和缺乏的特性所作出的更加真实的评价,理想自我观念是指一个人希望自身所成为的人的概念,他人自我观念是指自我认为别人是如何看待和评价自身的。在我国,他人自我观念对消费者的影响较大。

(四)心理因素

消费者的购买行为受到动机、感知、学习、信念和态度等主要的心理因素的影响。心理因素的影响涉及消费者购买活动的各个方面和全过程。企业营销人员需要研究这些心理因素。

1.动机

动机是引起个体活动,维持已引起的活动,并促使活动朝向某一目标进行的内在作用。动机是一种驱动力,它能够产生足够的推动力去驱使人行动。当消费者希望满足的需要被激活时,动机就产生了。一旦一种需要被激活,就有一种紧张的状态驱使消费者试图减轻或消除这种需要。消费者当前的状态和理想的状态之间总是存在差距的,而这种差距造成了一种紧张状态,紧张的轻重程度决定了消费者缓解紧张的迫切程度。一旦紧张状态被消除或减轻,动机就会消退。总之,动机是产生行动的直接原因,研究消费者购买行为就必须研究动机。动机是由需要引发的,要研究动机可以从研究需要入手。

 拓展阅读 3-3

五个影响客户购买决策的人性心理

(1)占便宜心理

乔布斯说:迎合用户的心理,才能赢得顾客。"顾客不是要占便宜,而是要有一种占了便宜的感觉。"

占便宜心理是指人们为自己争取利益和好处的心理倾向,在大家的观念中,能够省下来的利益,也就是额外得到的惊喜与奖赏,这种奖赏会带给人们心理的满足感。

(2)攀比效应

有句话说,人们有两种生活方式,一种是生活给别人看,另外一种是看别人生活。看别人生活最明显的表现就是攀比心理。

攀比心理是指,当一项产品、服务或身份开始比较容易获得,并且开始逐级形成一种趋势,人们会因为与其他消费者的比较,而产生心理的失衡,因此会产生想要获得这项产品的欲望。

(3)棘轮效应

棘轮效应是经济学家杜森贝提出的,是指人的消费习惯形成之后有不可逆性,即易于向上调整,而难以向下调整。简单来说,就是由俭入奢,由奢入俭难。

原来没有美团与饿了么的时候,我们每天都要跑去楼下吃饭。后来有了饿了么美团等外卖,我们几乎可以一整天不出门,坐在家里一样可以吃遍各种想吃的东西。

棘轮效应告诉我们:要让客户的体验更好,让客户更舒适、更懒惰,客户会因为人性中的享乐、懒惰,不由自主地掏钱。

(4)暗示效应

心理学中,在无对抗条件下,用含蓄、抽象、诱导的方法,对人们的心理和行为产生影响,从而使人们按照一定的方式去行动,或接受一定的意见,使其思想、行为与暗示者期望的相符合,这种现象称为暗示效应。

暗示效应,是一种润物细无声的营销艺术。你还记得那句"送长辈,黄金酒"吗?这句广告语通过场景暗示消费者,过年过节,给长辈送礼,不需要想太多,选黄金酒就对了。需要注意的是,运用场景暗示,要思考人们最常见、最高频的生活场景,并且,能够让消费者感同身受。

(5)稀缺性

稀缺性原理是指当一件东西数量越少,得到的可能性越低,人们就会觉得它越珍贵,内心也就越渴望得到它。用最通俗的话来形容就是物以稀为贵。

订机票的时候,你想等等看有没有更多的优惠,点进去看总提示你只剩 2 张、只剩 3 张,于是,你害怕错过现有的折扣,赶紧下单。

资料来源:成智天天.5 个影响客户购买决策的人性心理! 营销高手都在用! 〔EB/OL〕.(2019-01-25)〔2024-03-10〕.https://mp.weixin.qq.com/s/gSHEVvJXOl5Nmll3r8dMUw.

美国心理学家亚伯拉罕·马斯洛(Abraham Maslow)认为,人类的需要可按层次排列,先满足最迫切的需要,然后再满足其他需要。将人类的需要按重要程度从低到高排列,分别为生理需要、安全需要、社会需要、尊重需要和自我实现需要,如图 3-9 所示。

(1)生理需要,是指人们对生存不可或缺的吃、喝、睡眠等的需要。这是人类最基本的需要。

(2)安全需要,是指人们对于人身安全、财产安全、社会秩序和稳定生活等的需要。

(3)社会需要,是指人们为了被群体接受而对于归属感、友谊和爱情等的需要。

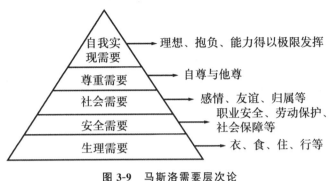

图 3-9 马斯洛需要层次论

（4）尊重需要，是指人们对于实现自尊和赢得他人赏识、尊重等的需要。

（5）自我实现需要，是指人们对于发挥个人才能，实现理想和抱负，获得成功的需要。这是人类的最高需要。

马斯洛认为，一个人同时存在多种需要，但在某一特定时期每种需要的重要性并不相同。一般而言，一个人总是首先满足其基础的需要，当他满足了基础的需要之后，就转向满足下一个重要的需要。在低层次需要得到满足后，高层次需要才会出现，但也有例外情况。同时，任何一种需要都不会由于高层次需要的产生而结束，只是对行为的影响力有所降低。作为企业的营销人员，要分析消费者的需要，并应用营销因素刺激消费者，将消费者需要转化为动机并产生消费行为。

2.感知

一个被刺激的人随时准备行动。然而，他如何行动则受其对信息的感知程度的影响。由于个体感知的差异，即使处于相同的刺激状态和目标情况下的两个人，其行为也大不一样。感知首先源自感觉，所谓感觉是指通过视、听、嗅、味、触五种感官对刺激物的反应，搜集来自外部的刺激信息。随着感觉的深入，人们将感觉收集到的材料通过大脑进行整理、分析和解释，从而形成有意义的世界观的过程，从而得到知觉。人们之所以对同一刺激物产生不同的感知，是因为人们要经历三种感知过程。

（1）选择性注意。选择性注意是指人们在收集外界信息过程中，在面对外界诸多刺激中仅仅注意到某些刺激或刺激的某些方面，而忽略了其他刺激。选择性注意使得人能够把注意力集中到重要的刺激或刺激的重要方面，排除次要刺激的干扰，更有效地感知和适应外界环境。

（2）选择性扭曲。选择性扭曲是指人们在整理、分析收集来的信息时，有选择地将某些信息加以扭曲，使之符合自己的认识或意愿的倾向。在消费品购买中，受选择性扭曲的影响，人们往往会忽视所喜爱品牌的缺点和其他品牌的优点。

（3）选择性保留。选择性保留是指人们倾向于保留那些与其态度和信念相符合的信息。

作为企业的营销人员,要注意研究人们选择哪些刺激物作为感知对象以及对刺激物的感知过程和对感知结果的保留,整个感知过程如何受到主观和客观两方面同时的影响。企业提供同样的营销刺激,不同的消费者会产生截然不同的感知反应,与企业的预期可能并不一致。企业应当分析消费者的特点,从消费者角度设计信息,使本企业的营销信息被选择成为其感知对象,并形成有利于本企业的感知过程和知觉效果。

小案例 3-4

盲人摸象

很久很久以前,印度有一位国王,他心地善良,很乐意帮助别人,对臣民们也是如此。有一次,几个盲人相携来到王宫求见国王。国王问他们说:"有什么事我可以帮你们的吗?"盲人们答道:"感谢国王陛下的仁慈。我们天生就什么也看不见,听人家说,大象是一种个头巨大的动物,可是我们从来没有见过,很是好奇,求陛下让我们亲手摸一摸象,也好知道象究竟是什么样子的。"

国王欣然应允,就命令手下的大臣说:"你去牵一头大象来让他们摸一摸,也好了结了他们的心愿。"大臣遵命去了。

不一会儿,大臣便牵着大象回来了。"象来了,象来了,你们快过来摸吧!"

于是,几个盲人高高兴兴地各自向大象走了过去。大象实在太大了,他们几个人有的摸到了大象的鼻子,有的摸到了大象的耳朵,有的摸到了大象的牙齿,有的碰到了大象的身子,有的触到了大象的腿,还有的抓住了大象的尾巴。他们都以为自己摸到的就是大象,仔仔细细地摸索和思量起来。

过了好一会儿,他们都摸得差不多了。国王问道:"现在你们明白大象是什么样子的了吗?"盲人们齐声回答:"明白了!"国王说:"那你们都说说看。"

摸到象鼻子的人说:"大象又粗又长,就像一根管子。"摸到象耳朵的人忙说:"不对不对,大象又宽又大又扁,像一把扇子。"摸到象牙的人驳斥说:"哪里,大象像一根大萝卜!"摸到象身的人也说:"大象明明又厚又大,就像一堵墙一样嘛。"摸到象腿的人也发表意见道:"我认为大象就像一根柱子。"最后,抓到象尾巴的人慢条斯理地说:"你们都错了! 依我看,大象又细又长,活像一条绳子。"

盲人们谁也不服谁,都认为自己一定没错,就这样吵个没完。

我们对事物的感知,首先都是根据自己所感觉到外部的刺激物的信息,经过自己头脑的加工再创造出符合自己意愿或认识的主观产物,这就是人们的感知过程。

资料来源:佚名.寓言故事:盲人摸象[EB/OL].(2024-09-09)[2024-12-18].http://ruiwen.com.wenxue/yuyan/62180.html.

3.学习

人类行为大都来源于学习。学习是指由于经验而引起的个人行为的改变。学习过程是驱使力、刺激物、诱因、反应和强化诸因素相互影响和相互作用的过程,如图3-10所示。驱使力是一种激发消费者行动的强烈的内部刺激。当驱使力指向某种具体刺激目标时,就变成一种动机。例如,消费者自我实现的驱动可能促使他想买一部手机。消费者对购买手机想法的反应又和周围的诱因相关。诱因是决定消费者何时、何地以及如何反应的微小刺激物。例如,当消费者注意到商场里的手机品牌、听到一个促销信息,或者朋友的推荐建议等,都可能成为影响该消费者购买手机的诱因。假如消费者最后选择购买了一部华为手机,如果这次购物经验能使消费者满意,该消费者就可能更多地使用这部手机,并且这种反应会被强化,下次购买手机或数码电子产品时,该消费者将更偏好于购买华为品牌。因此,作为企业的营销人员,为了扩大某种商品的销售,可以把产品与强烈的驱使力联系起来,利用激励性诱因,并提供积极的强化,使消费者产生产品需求。

图 3-10　学习模式

由于营销环境不断变化,新产品、新品牌不断涌现,消费者必须经过多方收集有关信息之后,才能作出购买决策,这本身就是一个学习过程。

4.信念和态度

通过实践和学习,人们形成了自身稳定的信念和态度,而信念和态度又反过来影响人们的购买行为。所谓信念是指一个人对某些事物所持有的描述性思想。企业应关注人们头脑中对其产品或服务所持有的确定性思想。企业应关注人们头脑中对其产品或服务所持有的信念,即对本企业产品和品牌的总体形象。所谓态度是指一个人对某些事物或观念长期持有的好与坏的认识上的评价、情感上的感受和行动倾向。态度的基本特性是持久性和广泛性。持久性是指一种态度会在相当长的时间内保持不变。广泛性是指一种态度适用于所有同类事物,而不仅仅适用于单一事物。企业的营销人员要深入了解消费者的信念和态度,一方面可尽量使企业的产品或品牌能够迎合消费者的信念和态度;另一方面也可以通过沟通努力,尽力修正消费者的信念和态度,使之和企业的信念和态度保持一致。

ABC 态度模型

ABC 态度模型(又称三元态度模型)是霍夫兰和罗森伯格 1960 年在消费者行为学领域提出的理论模型,通过认知、情感和行为的心理过程来说明消费者态度的形成。该理论认为态度由情感(affect)、行为倾向(behavior tendency)和认知(cognition)3 个维度构成。情感是指个人的主观感觉,行为倾向是指个人的行为动作或意向,认知是指个人具备的知识与信念。该模型还运用了层级效应来分析认知、情感和行为之间的相互关系,提出了 3 种层级关系,分别为标准学习层级关系、低介入层级关系和经验层级关系。

1.标准学习层级(standard learning hierarchy)

认知—感情—行为:基于认知信息加工的态度

消费者对产品的决策过程同解决问题的过程一样。首先,消费者通过积累有关产品的知识来形成自己的认知;其次,消费者评价这些认知并对产品形成一种感受(情感);最后,根据这些评价,消费者开始参与相关的行为,比如购买那些让他感觉良好的产品。标准学习层级假设消费者对购买决策是高度参与的,他们会被激励去搜集大量的信息,仔细权衡利弊,最后慎重作出决策。

2.低介入层级(low—involvement hierarchy)

认知—行为—感情:基于行为学习过程的态度

低介入层级假设消费者最初并没有对任何品牌有特别强烈的偏好,而是先进行购买,并在使用之后才对其形成评价,所以低介入层级的消费者不太在乎产品购买决策,这意味着营销者对此类消费者能施加的影响极其有限。

3.经验层级(experiential hierarchy)

感情—行为—认知:基于享乐主义的消费态度

经验层级的观点强调:产品包装设计、品牌名称和消费者所经历的背景环境等,都会影响消费者的态度。比如,有的消费者在购买月饼时,会因为某品牌月饼的包装看起来很雅致而作出购买决策。

资料来源:abc 模型[EB/OL].[2024-03-05].https://baike.baidu.com/item/abc%E6%80%81%E5%BA%A6%E6%A8%A1%E5%9E%8B/10833183#reference-2.

综上所述,消费者的购买行为是文化、社会、个人和心理因素之间相互影响和相互作用的结果。其中很多因素是企业及其市场营销活动无法改变的,但对这些因素的识别能够帮助企业对市场进行细分,也为制定正确的营销策略提供依据。

三、消费者购买行为的决策过程分析

消费者购买决策过程是消费者将购买动机转化为购买活动的过程。不同消费者的购买决策过程既有特殊性,也有一般性,研究消费者购买行为的决策过程能够帮助企业决策者更有针对性地制定营销组合策略,从而满足消费者需求、扩大销售。

(一)消费者购买行为的参与角色

在消费者的购买行为的决策过程中,可能有不同的人参与到购买决策中。通常我们把人们在购买决策过程中参与人按不同角色进行划分。这些角色包括:

(1)发起者。提出购买想法和需求的人。

(2)影响者。其意见或想法对最终的购买决策具有某些直接的或间接的影响的人。

(3)决策者。对是否买、为何买、如何买、何处买等购买决策作出完全或部分最后决定的人。

(4)购买者。实际进行购买的人。

(5)使用者。直接使用或消费所购买商品的人。

在消费者购买行为中,可能由不同的人担任不同的角色,也可能由一个人担任所有角色。企业的营销人员需要了解和确定每次购买活动中扮演不同购买角色的成员,针对不同的角色采取不同的营销活动。

(二)消费者购买行为的类型

消费者购买行为的类型会因为购买产品的不同而变化。消费者购买行为的多样化受到诸多因素影响,其中最主要的两大因素是消费者的参与程度与品牌差异的大小。美国营销学者阿塞尔(1987)根据消费者的介入程度和品牌间的差异程度,对消费者的购买行为进行了分类,如表 3-3 所示。消费者的介入度可以定义为消费者在购买过程中对于一些营销刺激的反应和参与程度。一般来说,介入度的水平可能受个人特征、购物情境和购买对象这三个因素中一个或多个的影响,并可能发生个人特征、购物情境和购买对象间的相互影响。如果要购买的产品价格昂贵,消费者又缺乏产品知识和购买经验,这类购买行为存在着较大的风险,消费者需要对产品进行深入的了解和仔细的选择,这属于高介入度的购买行为;如果要购买的产品价格低廉或消费者对所购买的产品非常熟悉,这类购买行为没有什么风险,属于低介入度的购买行为。同类产品的不同品牌之间的差异也是决定消费者购买行为类型的重要参数,差异大,消费者需要花费较多的心思去选择,购买行为复杂;差异小,消费者选择起来比较简单,购买行为简单。

表 3-3 消费者购买行为类型

品牌差异	介入程度	
	高度介入	低度介入
品牌差异大	复杂的购买行为	寻求变化的购买行为
品牌差异小	寻求平衡的购买行为	习惯性的购买行为

1.复杂的购买行为

当消费者购买一件贵重的、不经常购买的、有风险而且意义重大的产品时,由于产品品牌差异较大,消费者对产品缺乏了解,因而需要一个介入程度较高的学习过程,来广泛了解产品性能和特点,从而对产品产生某种信念,然后逐步形成态度,接着对产品产生喜好,最后作出慎重的购买选择,这就是复杂的购买行为。复杂的购买行为指消费者购买决策过程完整,要经历大量的信息搜集、全面的产品评估、慎重的购买决策和认真的购后评价等各个阶段。例如,某消费者想要购买家用电脑,由于家用电脑价格昂贵、不同品牌间差异大,且该消费者对电脑的内存、中央处理器、主板等专业知识不熟悉,如果贸然购买会存在一定的风险,因此该消费者需要大量搜集资料,树立对产品的信念,才会作出购买决策。

对于复杂的购买行为,营销者必须了解消费者进行信息搜集并加以评价的行为;营销者应采取有效措施帮助消费者了解产品的各种属性、各种属性的相对重要程度以及本企业品牌的比较重要属性的声望;营销者还必须注意运用多种信息沟通手段来突出本企业品牌的这些特征,介绍产品的优势及其能给购买者带来的利益,从而影响消费者的最终选择。

2.寻求平衡的购买行为

有些产品品牌差异不大,价格相对较高,消费者并不经常购买,购买要承担一定的风险,使消费者参与购买的决策程度较高,如购买家用电器。当消费者对产品进行比较时,由于产品品牌间差异不明显,购买决策过程迅速而简单,但是在购买之后会认为自己所买产品具有某些缺陷或其他同类产品有更多的优点,进而产生失调感,怀疑原先购买决策的正确性。

对于这类购买行为,营销者要提供完善的售后服务并通过各种途径经常提供有利于本企业的产品信息,使顾客相信自己的购买决定是正确的。

3.寻求变化的购买行为

这是指消费者对产品品牌间差异大、功效近似的产品会表现出很大的随意性,他们并不深入搜集信息和评估比较就决定购买某一品牌。这种购买行为在消费时才对产品加以评估,但是在下次购买时可能转换其他品牌。转换的原因是厌倦原口味或想试试新口味,是寻求产品的多样性而不一定是有不满意之处。比如,消费者今天选择美汁源果粒奶优,明天可能就选择椰树椰汁。

对于寻求多样性的购买行为,市场领导者和挑战者的营销策略是不同的。市场领导者通过占有货架、避免脱销和提醒购买的广告来鼓励消费者形成习惯性购买行为。而挑战者则以较低的价格、折扣、赠券、赠送样品和强调试用新品牌的广告来鼓励消费者改变原习惯性购买行为。

4.习惯性的购买行为

如果消费者对所购买的产品是低度介入,并且认为各品牌之间没有什么显著的差异,就会产生习惯性购买行为。习惯性购买行为是指消费者并没有深入地搜集信息、评价品牌,对决定购买什么品牌并不重视,他们只会被动地接受信息,不会真正形成对某一品牌的态度,之所以选择某一品牌,仅仅是因为熟悉,在购买行为完成后,可能会评价产品,也可能不评价产品。消费者对大多数价格低廉、经常购买的产品的购买行为就是习惯性购买行为,如购买食盐、洁面乳、洗洁精等便利品。

对于习惯性的购买行为的主要营销策略有:(1)如果消费者还未曾购买本企业的产品,则营销者应该采用各种策略提高企业或品牌的知名度,加深消费者对其产品的熟悉程度。在习惯性购买行为中,消费者不主动搜集信息,也不评估品牌,他们被动接收信息,然后根据这些信息建立对品牌的了解并作出购买决策,因此企业必须采用持续的广告、显著的广告牌、积极的公关手段来增加消费者对该品牌的熟悉程度,促成消费者的购买行为。(2)如果消费者已经购买本企业的产品,则企业营销者应该努力巩固消费者的购买习惯,如开展大量重复性广告,加深消费者印象,也可以通过营销活动增加消费者的介入程度和品牌差异。

(三)消费者购买行为的决策过程

消费者购买决策是指消费者为了满足某种需求,在一定的购买动机的支配下,在可供选择的两个或者两个以上的购买方案中,经过分析、评价、选择并且实施最佳的购买方案,以及购后评价的活动过程。

消费者在作出购买决策时,由于产品性质和重要程度的不同,在不同产品购买上所花的时间和精力也是不同的。有时几秒钟、几分钟就可决定购买,有时却要花几个月甚至几年的时间,消费者的购买过程也是随之而变化的。但是消费者的购买过程也有其共同性或一般性,西方营销学者对消费者购买决策的一般过程进行了深入研究,提出若干模式,采用较多的是五阶段模式,如图 3-11 所示。

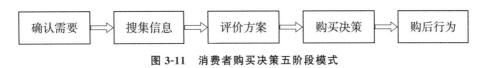

图 3-11　消费者购买决策五阶段模式

1.确认需要

消费者认识到自身有某种需要时,是其购买决策的起点。这种需要,可能是由内部刺激引起的,一个人的正常需要,如饥饿、口渴等达到一定程度就成为一个人的动机。需要的产生也可能来源于外界的某种刺激,或是内、外刺激两方面的共同作用,这一需要会驱使消费者寻找合适的购买对象以使这一需要得到满足。

企业营销人员在这个阶段的任务是:(1)了解与本企业产品有关的现实和潜在的需要。在价格和质量等因素既定的条件下,一种产品如果能够满足消费者现实和潜在的需要就能吸引其购买。(2)设计诱因,增强刺激,唤起并强化消费者的需要,最终促成消费者采取购买行动。

2.搜集信息

消费者的某些需要能够通过常规购买行为随时得到满足。如日常生活需要的日用品的购买即是如此。但如果消费者还不知道或不确切知道哪些商品或哪些服务能够满足自己的特定需要。为增进对有关商品的了解,他们需要搜集满足与其需要有关的各种信息,并依此作出购买决策。根据经验,消费者的信息来源主要有以下四个方面:一是经验来源,来自消费者自身购买、试用和使用产品的经验。二是个人来源,即从家庭、朋友、邻居、同事和其他熟人处得到的信息。三是公共来源,从消费者权益组织、政府部门、新媒介、消费者、大众传播等处得到信息。四是商业性来源,从广告、售货员介绍、商品展览、包装、经销商等途径得到的信息。

企业的营销人员在这一阶段的任务是:(1)营销人员要了解消费者从何处以及如何收集信息。(2)了解不同信息来源对消费者的影响程度。一般而言,消费者有关产品的信息大部分来自商业性来源,亦即营销者所能控制的来源,其次是公众来源和个人来源,经验来源的信息相对要少。然而,在消费者购买决策中,商业来源的信息更多地扮演传达和告知的角色。个人来源与经验来源却发挥权衡和鉴定的作用。而消费者对经验来源的信息最为相信,其次是个人来源,最后才是商业来源。营销人员应通过市场调查了解消费者的信息来源以及何种来源的信息最有影响力。(3)设计有效的信息传播策略,要综合利用多种来源设计信息传播策略,以增加信息沟通的影响力或有效性。

3.评价方案

消费者收集了相关产品的信息后,不可能把收集到的产品都买下来,这就有一个比较评价的筛选过程。顾客会对自己所要购买的产品列出一系列自己认为重要的属性,并就这些属性对备选产品进行评价,然后作出购买选择。消费者对于备选方案的评价一般涉及以下几个问题。

(1)产品属性,即产品能够满足消费者需要的特性。

(2)属性权重,即消费者对产品的有关属性所赋予的不同的重要性权数。

(3)品牌信念,即消费者对某种品牌优劣程度的总的看法。

(4)效用函数,即描述消费者所期望的产品满足感随产品属性的不同而有所变化的函数关系。

（5）评价模型，即消费者对不同的品牌进行评价和选择的程序和方法。

企业的营销人员在本阶段的任务是：(1)了解不同的消费者分别对那些属性感兴趣，对不同需求的消费者提供具有不同属性的产品；(2)关心消费者在评价中的属性权重和品牌信念，使本企业提供的产品符合消费者的要求；(3)掌握消费者效用函数和评价模型有利于我们制定相应的营销策略去影响消费者的评价和选择。

4.购买决策

作出购买决定和实现购买，是购买决策过程的中心环节。消费者对商品信息进行比较和评价后，已经形成购买意图，然而从购买意图到实际购买，还要受两个因素的影响：第一个因素是他人的态度。如果他人持反对意见，可能就会影响购买者的购买意图，反对意见越强烈，或持反对意见者与购买者的关系越密切，购买者修改购买意图的可能性就越大。第二个因素是意外的情况。购买意图的形成是在预期家庭收入、预期价格和预期获益的基础上形成的，如果发生了意外的情况，如失业、产品涨价、新出现的有关该产品令人失望的信息等等，都可能导致购买意图的修改。

消费者修改、推迟或取消某个购买决定，往往受已察觉的风险的影响。因此，企业的营销人员在本阶段的任务，是设法使消费者所承担的风险降到最低，促使消费者作出购买决定并付诸行动。

5.购后行为

消费者完成购买后，并不是购买过程的结束，消费者在消费产品的过程中或消费之后产生不同的感受。这种感受将影响消费者以后的行动，并对相关群体产生影响。有研究表明，消费者的购后满意度是其对产品的期望和其对该产品的认知绩效之间的函数。如果认知绩效不符合期望，消费者就会不满意；如果认知绩效符合期望，消费者就会满意；如果认知绩效超过期望，消费者就会欣喜。可用函数公式表示为 $S=f(E,P)$，其中，S 表示消费者的满意程度，E 表示消费者对产品的期望，P 表示消费者的认知绩效。如果 $P=E$，则消费者满意；如果 $P<E$，则消费者不满意，感知绩效同期望之间的差距越大，消费者的不满意度就越大；如果 $P>E$，则消费者欣喜。

消费者对产品的满意度会影响到消费者以后的购买行为。如果消费者对产品满意，甚至非常满意的话，在下次购买时极有可能仍然继续购买该产品，而且这些消费者会向其亲朋好友宣传该产品。如果消费者对产品不满意，他们可以寻求各种途径减少或消除心理的失调感。消费者消除失调感的途径可以通过寻找能够表明该产品具有高价值的信息或避免能够表明该产品具有低价值的信息，以证实自己当初的选择是正确的。也可能通过讨回或补偿损失，例如要求企业退货、维修产品，补偿在购买过程中造成的损失等。

企业的营销人员在本阶段的任务，是采取有效的措施来减少和消除消费者的购后失调感。例如，通过完善的售后服务、与顾客的长期联系来维持顾客关系；建立良好的渠道来维护和补偿消费者因产品问题而产生的故障和损失等。

总之,研究和了解消费者的购买决策过程是市场营销成功的基础。市场营销人员通过了解消费者如何经历确认需要、搜集信息、评价方案、购买决策和购后行为的全过程,就可以获得许多有助于满足消费者需求的有用线索;通过了解购买过程的各种参与者及其购买行为的影响,就可以为目标市场设计有效的市场营销计划。

第二节　组织购买行为分析

对产品和服务有需求的顾客不仅仅是指以个人及家庭为代表的个人消费者,还有大量的工商企业、政府和各类组织,它们往往出于生产、再销售、资本设备的维修、研究与发展及为公众提供服务等目的而购买,并构成了组织市场。与消费者市场的购买者相比,组织市场的顾客在购买目的及购买的产品等方面也存在显著的差别。对于很多企业来说,其主要市场可能是组织类顾客,了解它们的购买特点及行为特征是非常必要的。

一、组织购买行为概述

(一)组织市场的含义与特点

组织市场是指企业为从事生产、销售等业务活动,以及政府部门和非营利性组织为履行职责而购买产品和服务所构成的市场。与以个人和家庭为购买主体的消费者市场相比,组织市场有如下特点。

(1)组织市场的需求后引发需求(亦称派生需求)。组织机构购买商品是为了满足其顾客的需求,也就是说,组织机构对产品和服务的需求是由消费者对消费品的需求引致的。组织市场渴求的品种、数量、时间最终由消费者市场的需求品种、数量及时间决定。

(2)购买者数量少,但单次购买数量大。组织市场购买是组织行为,数量比个体消费者明显要少,但每次购买量却明显要大,因而,许多供应商往往将组织市场作为主要用户,而将个体消费者作为次要用户。

(3)更多的购买参与者,购买过程持续时间较长。组织机构购买的商品由于批量大、价值或其总额高,购买决策受更多人影响,参与者众多。如大多数企业设置采购中心,即采购中心作出决策,对重要购买决策还要由技术专家和高级管理者共同作出;除了慎重决策外,还要求提供详尽的产品说明书甚至寄送样品,当采取招、投采购方式时,还需要寄送标书、评标、开标、正式批准等环节,整个购买过程持续时间较长,尤其对那些大型、价高、技术性能的设备。调查显示,工业销售从报价到产品发送通常以年为单位。

(4)专业采购,对服务的要求较高。组织市场上的采购是理性的,采购人员大都经过专业训练,具有丰富的专业知识,对所要采购的产品事先做了较详细的调查,掌握相关产品的性能、技术参数、规格与价格、主要生产者及其产品的特色与价格等等,再加上参与购买决策者多,所以比消费者市场的购买要理性得多。同时,专业的采购者往往更熟悉设备等产品的服务要求,因而,除了注重产品本身的性能外,还对技术支持、人员培训、零配件供应、安装维修与调试、信贷优惠、按时交货等提出较为严格的要求。

(5)重视建立互惠互利的长期关系。由于组织机构的购买行为具有较强的连续性和重复性,买卖双方往往建立较长期的互惠互利关系。

(二)组织市场的构成

(1)生产者市场,是指购买产品或服务用于制造其他产品或劳务,然后销售或租赁给他人以获取利润的单位和个人。组成生产者市场的主要行业是工业、农业、林业、渔业、采矿业、制造业、建筑业、运输业、通信业、公共事业、金融业、服务业。

(2)中间商市场,是指那些通过购买商品和劳务以转售或出租给他人,以获取利润为目的的个人和组织,包括批发商和零售商。

(3)非营利组织市场,指所有不以营利为目的、不从事营利性活动的组织。我国通常把非营利性组织称为"机关团体、事业单位"。非营利性组织市场是指为了维持正常运作和履行职能而购买产品和服务的各类非营利组织所构成的市场。

(4)政府市场,是指那些为执行政府的主要职能而采购或租用商品的各级政府单位。政府通过税收、财政预算掌握了相当部分的国民收入,形成了潜力极大的政府采购市场。

 小案例 3-5

华为采购

华为采购进入 3.0 时代,建设战略采购、价值采购、阳光采购的科学采购体系,以期构筑安全、可靠、有相对竞争优势的健康产业链。

战略合作,联合创新,合作共赢,分享利益

为支撑华为产品的持续领先和公司商业成功,华为鼓励产业链主流合作伙伴积极主动地介入华为研发,构建长期稳定的伙伴关系,建立合理的利益分享机制,共享合作收益;维护健康的产业环境,打造华为与供应商合作共赢、可持续发展、有竞争力的健康产业链。

质量优先,共建高质量

华为确定了"让 HUAWEI 成为 ICT(信息通信技术)行业高质量的代名词"的质量目标和"以质取胜"的质量方针,因此持续高质量和可持续发展能力表现优秀的供应商将会获得更多与华为合作的机会。用高质量的器件来制造产品,用高质量的服务来交付产品。通过整个产业链共建高质量,使华为能更好地向客户提供高质量的产品和服务。

运用先进的数字化技术,与供应商深度协同

构建及时、敏捷、可靠的采购协同体系,实现产业链信息多维度、多渠道、多形式深度协同,使合作伙伴(如客户、供应商等)通过深度协同快速高效地融入华为业务中。保障业务全过程信息能够安全、直观、多形式展示并得到有效的监控。运用先进的数字技术和数字化工具简化流程,提升业务效率,以实现业务安全、操作便捷和降低成本。

履行企业社会责任

华为高度重视全球供应链对社会和环境的影响,我们与供应商合作,将CSR(企业社会责任)作为基本要求,融入产品及其整个生命周期,推动所有供应商采取对社会和环境负责任的方式运作。作为采购协议的组成部分,华为要求供应商遵守所有适用的法律法规、行业标准和国际标准,并对标行业优秀实践,将CSR融入采购战略和流程,在采购日常运作中有效执行。本着持续改善的原则,华为与供应商共同识别和管理供应链CSR风险,将CSR融入质量优先战略,基于优质优价的原则鼓励供应商持续改进。

将网络安全及隐私保护作为最高纲领

华为将网络安全及隐私保护作为最高纲领,并将网络安全和隐私保护置于商业利益之上,要求全球供应商遵从相关国家或地区的安全法律法规,遵从行业安全标准,满足客户网络安全要求。

阳光采购,公开透明,对腐败零容忍

华为倡导合规运营、遵从法律法规的要求,并致力于营造公平公正透明的阳光采购环境。华为采购建立了完善的内控监管体系和监管制度,从事前、事中、事后全方位管控采购业务风险,确保公司采购业务的安全实施。

资料来源:采购价值[EB/OL].(2024-02-05)[2024-03-05].https://scs.huawei.com/supplier/about-purchasing-value.html.

二、营利性组织购买行为分析

（一）生产者购买行为分析

在组织市场中，生产者市场的购买行为有典型意义，它与消费者市场的购买行为有相似性，又有较大差异性，特别是在市场结构与需求、购买单位性质、购买行为类型与购买决策过程等方面。

1.生产者购买行为的主要类型

企业购买决策过程的复杂性取决于购买类型。生产者购买的类型可分为三种：直接重购、修正重购和新购。

（1）直接重购。这是一种在供应者、购买对象、购买方式都不变的情况下而购买以前曾经购买过的产品的购买类型。这种购买类型所购买的多是低值易耗品，花费的人力较少，无须联合采购。面对这种采购类型，原有的供应商不必重复推销，而应努力使产品的质量和服务保持一定的水平，减少购买者花费的时间，争取稳定的关系。未列入名单的供应商要努力提供新产品或者更优质服务，同时设法先争取一部分订单。

（2）修正重购。这是指购买者想改变产品的规格、价格、交货条件等，需要调整或修订采购方案，包括增加或调整决策人数。对于这样的购买类型，原有的供应商要清醒认识面临的挑战，积极改进产品规格和服务质量，大力提高生产率，降低成本，以保持现有的客户；新的供应商要抓住机遇，积极开拓，争取更多的业务。

（3）新购。这是指生产者首次购买某种产品或服务。由于是第一次购买，买方对新购产品心中无数，因而在购买决策前要收集大量的信息，因而，制定决策所花时间也就越长。首次购买的成本越大，风险就越大，参加购买决策人员就越多。"新购"是营销人员的机会，他们要采取措施，影响决策的中心人物；要通过实事求是的广告宣传，使购买者了解本产品。为了达到这一目标，企业应挑选最优秀的推销人员组成一支庞大的营销队伍，以赢得采购者信任和采取行动。

2.生产者购买决策的参与者

产业用品供货企业不仅要了解谁在市场上购买和产业市场的特点，而且要了解谁参与产业购买者的购买决策过程，他们在购买决策过程中充当什么角色，起什么作用，也就是说要了解其顾客的采购组织。

各企业采购组织有所不同。小企业只有几个采购人员，大公司有很大的采购部门，由一位副总裁主管。有些公司的采购经理有权决定采购什么规格的产品、由谁供应；有些采购经理只负责把订货单交给供应商。通常，采购经理只对小产业用品有决策权，至于主要设备的采购，采购经理只能按照决策者的意图办事。在任何一个企业中,除了专职的采购人员之外,还有一些其他人员也参与购买决策过程。所有参与购买决策过程的人员构成采购组织的决策单位,市场营销学称之为采购中心。企业的"采购中心"一般由下列五种人组成:

(1)使用者。这是具体使用欲购买的某种产业用品的人员。公司要购买实验室用的电脑,其使用者是实验室的技术人员;要购买打字机,其使用者是办公室的秘书。使用者往往是最初提出购买某种产业用品意见的人,他们在计划购买产品的品种、规格中起着重要作用。

(2)影响者。这是从企业的内部和外部直接或间接影响购买决策的人。他们常协助企业确定产品规格。在众多的影响者中,企业外部的咨询机构和企业内部的技术人员影响最大。

(3)采购者。这是企业中具体执行采购决定的人。他们是企业里有组织采购工作的人员,其主要任务是交易谈判和选择供应者。在较复杂的采购工作中,采购者还包括企业的高层管理人员。

(4)决定者。这是企业里有权决定购买产品和供应者的人。在通常的采购中,采购者就是决定者。而在复杂的采购中,决定者通常是公司的主管。

(5)信息控制者。这是控制企业外界信息流向的人,诸如采购代理商、技术人员、秘书等,他们可以阻止供应商的营销人员与使用者和决定者见面。

应该指出的是,并不是所有的企业采购任何产品都必有上述五种人员参加决策。一个企业的采购中心的规模和参加的人员,会因欲购产品种类的不同和企业自身规模的大小及企业组织结构的不同而有所区别。在一些企业,采购的中心成员只有一人或几人,而另一些企业则由数人或数十人组成,有的企业还设有专管采购的副总裁。

对生产资料供应者的营销人员来说,关键是了解一个企业的采购中心的组成人员,他们各自所具有的相对决定权,以及采购中心的决策方式,以便采取富有针对性的营销措施。供货企业的市场营销人员必须了解谁是主要的决策参与者,以便影响最有影响力的重要人物。对采购中心成员较多的企业,营销人员可以只针对几个主要成员做工作,如果本企业的实力较强,则可采取分层次、分轻重、层层推进、步步深入的营销方针。

3.影响生产者购买决策的主要因素

同消费者购买行为一样,生产者的购买行为也同样会受到各种因素的影响。美国的韦伯斯特和温德将影响生产者购买行为的各种因素概括为四个主要因素,即环境因素、组织因素、人际因素和个人因素。

(1)环境因素。在影响生产者购买行为的诸多因素中,经济环境是主要的。生产资料购买者受当前经济状况和预期经济状况的严重影响,当经济不景气或前景不佳时,生产者就会缩减投资,减少采购,压缩原材料的库存和采购。此外,生产资料购买者也受科技、政治和竞争发展的影响。营销者要密切注视这些环境因素的作用,力争将问题变成机遇。

（2）组织因素。每个企业的采购部门都会有自己的目标、政策、工作程序和组织结构。产业市场营销者应了解并掌握购买者企业内部的采购部门在它的企业里处于什么地位——是一般的参谋部门,还是专业职能部门;它们的购买决策权是集中决定还是分散决定;在决定购买的过程中,哪些参与最后的决策等等。只有对这些问题做到心中有数,才能使自己的营销有的放矢。

（3）人际因素。这是企业内部的人事关系的因素。生产资料购买的决定,是由公司各个部门和各个不同层次的人员组成的"采购中心"作出的。"采购中心"的成员由质量管理者、采购申请者、财务主管者、工程技术人员等组成。这些成员的地位不同、权力有异,说服力有区别,他们之间的关系亦有所不同,而且对生产资料的采购决定所起的作用也不同,因而在购买决定上呈现较纷繁复杂的人际关系。生产资料营销人员必须了解用户购买决策的主要人员、他们的决策方式和评价标准、决策中心成员间相互影响的程度等,以便采取有效的营销措施,获得用户的青睐。

（4）个人因素。产业市场的购买行为虽为理性活动,但参加采购决策的仍然是一个一个具体的人,而每个人在作出决定和采取行动时,都不可避免地受其年龄、收入、所受教育、职位和个人特性以及对风险态度的影响。因此,市场营销人员应了解产业市场采购员的个人情况,以便采取"因人而异"的营销措施。

4.生产者购买决策过程

生产资料的购买者和消费资料的购买者一样,也有决策过程,供货企业的最高管理层和市场营销人员还要了解其顾客购买过程的各个阶段的情况,并采取适当措施,以适应顾客在各个阶段的需要。产业购买者购买过程的阶段如何,也取决于产业购买者购买情况的复杂程度。在直接重购这种最简单的购买情况下,产业购买者的购买过程的阶段最少;在修正重购情况下,购买过程的阶段多一些;而在新购这种最复杂的情况下,购买过程的阶段最多,要经过八个步骤,如表3-4所示。

表3-4 产业购买者购买过程的主要阶段

购买阶段	购买类型		
	直接重购	修正重购	新购
提出需要	不需要	可能需要	需要
确定需要	不需要	可能需要	需要
说明需要	需要	需要	需要
物色供应商	不需要	可能需要	需要
征求供应建议书	不需要	可能需要	需要

续表

购买阶段	购买类型		
	直接重购	修正重购	新购
选择供应商	不需要	可能需要	需要
签订合约	不需要	可能需要	需要
绩效评价	需要	需要	需要

（1）提出需要（问题识别）。提出需求是生产者购买决策过程的起点。需求的提出，既可以是内部的刺激，也可以是外部的刺激。如内部的刺激，或因企业决定生产新产品，需要新的设备和原材料；或因存货水平开始下降，需要购进生产资料；或因发现过去采购的原料质量不好，需更换供应者。外部刺激诸如商品广告、营销人员的上门推销等，使采购人员发现了质量更好、价格更低的产品，从而提出采购需求。

（2）确定需要（总需要说明）。确定所需产品的数量和规格。简单的采购由采购人员直接决定，而复杂的采购，则须由企业内部的使用者和工程技术人员共同决定，包括：①对设备的确认需求。为生产某新产品，提高某种老产品的质量、产量或降低消耗，经工艺研究需购置某种设备，并已被厂务会批准购置若干台。②对原材料、标准件的确认需求。根据企业计划产量和定额资料可以确定某种原材料、标准件的需要量，再查阅该物资的库存量，进而确定需购买的数量。

企业的采购组织确定需要以后，要指定专家小组对所需品种进行价值分析，作出详细的技术说明。价值分析是美国通用电气公司采购经理迈尔斯于 1947 年发明的。1954 年美国国防部开始采用价值分析技术，并改称价值工程。价值分析中所说的"价值"，是指某种产品的"功能"与这种产品所耗费的资源（即成本或费用）之间的比例关系，也就是经营效益（或经营效果）。其公式为：V（价值）$= F/C$。公式中的 F（功能）是指产品的用途、效用、作用，也就是产品的使用价值；C 为成本或费用。

迈尔斯看到，人们购买某种产品，实际上要购买的是这种产品的功能。价值分析的目的是：耗费最少的资源，生产出或取得最大的功能，提高经营效益。产业购买者在采购工作中要进行价值分析，调查研究本企业要采购的产品是否具备必要的功能。

（3）说明需要（明确产品规格）。由专业技术人员对所需产品的规格、型号、功能等技术指标做具体分析，并作出详细的说明，供采购人员参考。

（4）物色供应商。为了选购满意的产品，采购人员要通过工商企业名录等途径，物色服务周到、产品质量高、声誉好的供应商。生产者对所需原材料、标准件及外协件的供应者，必须做深入的调查、了解、分析和比较后才能确定。对原材料、标准件供应商，主要从产品的质量、价格、信誉及售后服务方面进行分析、比较。对大批量外协件的供应商了解内容，除上述的几个方面外，还必须深入提供外协件的各企业内部，调查了解该企业的生产技术检验水平及企业管理的能力，经分析、比较后再确定。供货企业应通过广告等方式,努力提高企业在市场上的知名度。

(5)征求供应建议书。对已物色的多个候选供应商,购买者应请他们提交供应建议书,尤其是对价值高、价格贵的产品,还要求他们写出详细的说明,对经过筛选后留下的供应商,要他们提出正式的说明。因此,供应商的营销人员应根据市场情况,写出实事求是而又能打动人心的产品说明,力求全面而形象地表达所推销产品的优点和特性,力争在众多的竞争者中获得成交。

(6)选择供应商。在收到多个供应商的有关资料后,采购者将根据资料选择比较满意的供应商。在选择供应商时,不仅考虑其技术能力,还要考虑其能否及时供货、能否提供必要的服务。其遴选的主要条件是:交货快慢、产品质量、产品价格、企业信誉、产品品种、技术能力和生产设备、服务质量、付款结算方式、财务状况、地理位置。

根据上述条件遴选出数个供应商,企业在最后确定供应商之前,有时还要和供应商面谈,争取更优惠的条件。不少企业最后确定的供应商不限于一个,其目的在于:一方面,有多个供应商,以免受制于人;另一方面,也可以通过几个供应商的竞争,促使他们改进服务质量。当然,企业在确定的几个供应商中,必定有一个为主,其他几个为辅。比如购买者最后确定了 3 个供应商,可以向为主的供应商购买所需产品总量的 60%,向为辅的 2 个供应商分别购买所需产品总量的 30% 和 10%。

(7)签订合约。企业的采购中心最后选定供应商以后,第 7 步是采购经理开订货单给选定的供应商,在订货单上列举技术说明、需要数量、期望交货期等。现在许多企业日趋采用"一揽子合同",即和某供应商建立长期的供货关系,这个供应商允许只要购买者需要购买时,供应商就会按原定的价格条件及时供货。这种"一揽子合同"给供求双方都带来了方便。对采购者而言,不但减少了多次购买签约的麻烦和由此增加的费用,也减轻了库存的压力——因为由于这一"合同",实际上购买者将存货放在了供应商的库里。如果需要进货时,只需用计算机自动打印或电传一份订单给供应商。因此"一揽子合同"又被称为"无库存采购计划"。就供应商而论,他的产品有了固定的销路,减轻了竞争的压力。

(8)绩效评价。产品购进后,采购者还会及时向使用者了解其对产品的评价,考查各个供应商的履约情况,并根据了解和考查的结果,决定今后是否继续采购某供应商的产品。为此,供应商在产品销售出去以后,要加强追踪调查和售后服务,以赢得采购者的信任,保持长久的供求关系。同时,对本次购买活动进行总结,包括两个方面的内容:一方面对购买的工业品的质量要验证,看是否符合明细表和设计图纸的要求;另一方面对所付出的购买金额和差旅费等进行分析,是突破还是节余,查明原因,以利继续购买或改换供应单位。

(二)中间商购买行为分析

中间商市场是沟通生产和消费的桥梁,其职能在于有效地促进产品从生产者向消费者转移。中间商市场采购者的采购行为与产业市场存在很多相似之处,但在购买组织、购买决策类型和购买方式上各有其特点。

1.中间商市场的概念

绝大多数制造商并不是将其产品直接销售给最终用户,即使是在网络营销时代,生产者也不可能将其产品直接销售给每一个消费者,在产销之间仍然需要中介机构架起一座座桥梁,这些中介机构的集合就构成了中间商市场。

中间商市场是指从生产企业或其他中间商处购买商品,再将其转售给消费者、社会集团、中间商或生产者的企业和个人。中间商市场按其经营产品的用途分,可以分为生产资料中间商和消费资料中间商;按其经营产品是否发生所有权转移分,可以分为经销中间商和代理中间商;按其销售对象分,可分为批发中间商和零售中间商。

2.中间商采购决策的内容

中间商在进行采购决策时,涉及的主要内容有:产品编配决策、选择供应商决策、购买条件和定价决策等,其中,产品编配决策在批发商和零售商的采购决策中是最重要的。产品编配决策是指中间商经营产品品种的搭配策略。它既决定了中间商在市场中的位置,也制约着中间商的采购范围。产品编配决策包括以下四种策略:

第一,独家编配。这是指中间商只经营一家企业提供的各种花色品种的产品。

第二,深度编配。这是指中间商经营来自同行业不同厂家的各种花色品种的同类产品。

第三,广度编配。这是指中间商经营来自同行业多家企业的多种花色品种的不同类产品。

第四,混合编配。这是指中间商经营来自不同行业多家企业的各种产品,这些产品关联性不强。

3.中间商采购的进货方式

中间商的进货方式,批发企业与零售企业有所不同。批发企业在进货批量、进货途径等方面与产业用户采购差别不大,都向"一揽子合同"(无库存采购)和合作广告等方面转化。而零售商的进货方式一般有三种类型:

第一,集中进货。这是指零售企业设置专门采购人员统一进货,然后分配到各商品组(柜台)销售。这种方式一般适用于人员少、资金少、经营品种少的小型零售店和专卖店。

第二,分散进货。这是指由零售企业各商品部在核定的资金范围内自行采购。一般适用于大型零售商店。

第三,联购分销。它是指由若干个零售企业统一从配送中心进货,然后再分别销售。它的优点是可以降低进货成本,节约交易和运输费用,缺点是在组织工作上有一定的难度。联购分销是伴随着物流革命和现代化的大规模配送中心的兴起而发展起来的连锁业普遍采用的一种进货方式。

第三节 数智化趋势:消费者购买行为变迁

2009 年,学者 M.所罗门在其《消费者行为学》(第 8 版)的前言中提出了"数字化消费者行为"概念,这是在新的网络环境下,针对消费者行为的重要变化对学科知识体系作出的重要调整。传统消费者行为与数字化消费者行为的不同之处已全面渗透到消费者行为的各个方面。首先表现在互联网技术对于社会整体性的改变,网络社会是对现实社会的映射与重新建构,虚拟时空从根本上改变了人们的生活方式。其次是消费者本身也随之发生了变化,数字消费者社群成为消费者行为的主体,虚拟消费社群在社交媒体中,通过相互经验分享与价值共创主导了社会动力。再次是关于消费者行为的洞察与探究路径也与传统模式不同,大数据与智能端的广泛应用,实现了智能化分析消费者,并随时可与消费者进行互动,从而形成精准的消费者画像。

数字时代的消费者是推动未来营销工作发展的主要动力。因此,从数字世界中去理解消费者行为的整体变化,是企业做好营销工作的首要任务。

一、数字化消费者购买行为概述

(一)数字化消费者概念

数字化消费者是指以互联网为工具,在电子商务市场中进行消费和购物等活动的消费者人群。与传统消费者行为学的概念相对照,数字化消费者行为在学者们研究中,出现了许多新的概念与术语,如表 3-5 所示。

表 3-5 数字化消费行为的新概念群

新概念	数字化消费行为的改变
上网或在线	信息搜索、网购
链接、连接	认知空间、社群
社交媒体、新媒体	媒体时间分配、分享、互动、自媒体
大数据	了解消费者的路径与深度、智能判断
众筹	共同创造、创新
智能手机、智能终端	新的生活方式、移动购物
虚拟消费者社群	互动、口碑、分享、参照群体、购买决策、品牌态度

续表

新概念	数字化消费行为的改变
消费者比特化	行为数字化
数字自我	线下自我与数字自我的分离与延伸
物联网	企业、家庭自动化
虚拟现实	交互、沉浸式体验、内容驱动
5G	消费动能
数字隐私	个人信息忧虑与保护

资料来源(有改动):周懿瑾.数字化消费者行为[M].西安:西安交通大学出版社,2022.

二、数字化消费者需求的特征

互联网商务的出现,人们的消费观念、消费方式和消费者的地位正在发生着重要的变化,互联网技术的发展促进了消费者主权地位的提高;网络大数据的信息处理能力,为消费者挑选商品提供了前所未有的选择空间,使消费者的购买行为更加理性化。数字化消费需求主要呈现出如下特点。

(一)数字化消费者需求的差异性

不同的数字化消费者因其所处的环境不同,会产生不同的需求。即便他们在同一需求层次上,其需求也会有所不同。因为数字化消费者来自世界各地,有不同的国别、民族、信仰和生活习惯,因而会产生明显的需求差异性。从事网络营销的企业,在整个生产过程中应该从产品的构思、设计、制造,到产品的包装、运输、销售,认真思考各差异性,并针对不同消费者的特点采取相应的策略。

(二)数字化消费者消费个性回归

消费品市场变得越来越丰富,消费者进行产品选择的范围全球化、产品的设计多样化,消费者开始制定自己的消费准则,市场营销又回到了个性化的基础之上。网络营销企业应认识到,每一个数字化消费者都是一个细小的消费市场,个性化消费已成为消费的主流。针对淘宝冲击了线下传统超市的说法,马云指出消费者需求越来越个性化,而这就是社会的发展。

(三)数字化消费的主动性增强

消费主动性的增强源于现代社会不确定性因素的增加和人们需求心理稳定和平衡的欲望。在许多大额或高档的消费中,数字化消费者往往会主动通过各种可能的渠道获取与商品有关的信息并进行分析和比较,从中得到心理的平衡以减轻风险感,增加对产品的信任程度和心理上的满足感。网络营销企业必须提高产品和服务的质量,以增强消费者的购买感知信任。

(四)数字化消费者直接参与生产和流通的全过程

传统的销售渠道由生产厂商、商业机构和消费者组成。商业机构在其中起着重要的作用,生产者不能直观地了解市场,消费者也不能直接向生产者表达自己的消费需求。而在虚拟网络环境下,消费者能直接参与到生产和流通中来,与生产商直接进行沟通,减少了市场的不确定性。

(五)追求消费过程的方便与享受

消费者在网上购物,除了能够完成实际的购物需求以外,在购买商品的同时,还能得到许多信息,并得到在各种传统线下实体店没有的乐趣。人们对现实消费过程出现了两种追求的趋势:一部分工作压力较大、紧张程度高的消费者以方便性购买为目标,他们追求的是时间和劳动成本的尽量节省;而另一部分消费者,是由于劳动生产率的提高,自由支配时间增多,希望通过消费来寻找生活的乐趣。将来,这两种相反的消费心理将会在较长的时间内并存。

(六)选择商品的理性化

网络大数据的信息处理能力,为消费者挑选商品提供了前所未有的选择空间,网络消费者会利用在网上得到的信息对商品进行反复比较,以决定是否购买。对企业的采购人员来说,可利用预先设计好的计算程序,迅速比较进货价格、运输费用、优惠、折扣、时间效率等综合指标,最终选择有利的进货渠道和途径。

(七)价格是影响数字化消费心理的重要因素

价格不是决定消费者购买的唯一因素,但却是数字化消费者购买商品时考虑的必要因素。网上购物之所以散发出生命力,其重要的原因之一是因为网上商品价格普遍低廉。价格始终对消费者的心理产生重要的影响。因消费者可以通过互联网联合起来向厂商讨价还价,产品的定价逐步由企业定价转变为消费者引导定价。

2024，年轻人消费三大新趋势

当"95后"和"00后"消费者成为主力军，他们的消费特征也成了企业关注的重点。他们活跃在社交媒体上，具有强烈的文化自信和表达欲望，高度关注品牌的真实口碑……为此，品牌该如何应对？

我们在年轻人身上看到的第一个特征就是容易在社媒上被营销触达，且具有消费价值。他们活跃在抖音、小红书、B站、微博等主流社交平台上，显示出极高的互动频率。

通过对新生代的消费动因进行解构，我们发现成长于经济快速发展、信息爆炸时代的他们，在追新消费的背后是对美好生活的向往，对文化认同、个性主张以及生活锚点的重构。

年轻人的文化自信

近年来，传统文化在越来越多的场景被提及，比如传统文化综艺节目、线下非遗体验馆以及各种民俗活动，让消费者可以更深入了解传统文化。随着对传统文化兴趣的加深，去年淘系国潮消费的增长率超过10%，其中年轻消费者占比接近50%。

国潮的场景也变得更加多元。以前大家主要在穿搭上考虑中式元素，现在除了穿搭之外，在饮食或者特殊节点上也很关注与传统文化的结合。

年轻人的个性表达

近年来，年轻人对个性化商品的需求日益增强。与"80后"追求爆款的心理不同，现在的年轻人更希望自己购买的商品独具个性，避免与他人雷同。为了满足这一需求，DIY（自己动手制作）逐渐成为一种流行趋势。从手办到穿搭、文创周边、户外装备、3C数码类产品等，DIY已经渗透到了各个领域。消费者在DIY时有着多元的诉求，其中第一大诉求是通过DIY来解压和满足情感需求，这种诉求大多数出现在潮玩手作的DIY中：消费者享受DIY的过程，追求个性化结果，避免与他人撞款。第二大诉求是通过DIY优化产品的外观，提升产品颜值，塑造独特性，这种诉求更多地体现在穿搭品类方面。第三大诉求是通过DIY优化产品功能，满足个性化需要。

年轻人的祛魅营销

在采取具体的营销行动之前，深入了解消费者的购物路径是至关重要的。当前，线上线下渠道已经全面打通，品牌需要关注全渠道的触点，包括电商平台、社交媒体、视频平台以及线下门店等。在整个购物过程中，不同渠道各自发挥着独特的作用。

在让年轻消费者产生兴趣的环节，主要依赖社交媒体和视频渠道，电商平台也发挥着重要作用。而线下户外广告对消费者的吸引力正在减弱，但体验性强的线下活动仍然对年轻消费者产生兴趣有一定的帮助。在决策环节,电商平台上的评论和内容平台上KOL(关键意见领袖)、KOC(关键意见消费者)分享成为关键因素,促使消费者作出购买决策。

年轻消费者的触点明显较多,他们在获取信息时更倾向于使用多种渠道。年轻消费者在不同平台上的行为和关注的类型存在差异,品牌在制定营销策略时应有不同的侧重点。

资料来源(有删减):王丽.2024,年轻人消费三大新趋势[EB/OL].(2024-02-06)[2024-03-14].https://mp.weixin.qq.com/s/OURGxfj7J_0AX1f4llqJYQ.

(八)数字化消费具有层次性

在网络购物的初始阶段,消费者偏重精神产品的消费;到了网络消费的成熟阶段,待消费者完全掌握了网络消费的规律和操作,并且对数字化购物有了一定的信任感后,网络消费者才会从侧重于精神消费品的购买转向日用消费品的购买。

三、数字化消费者行为模式的变迁

数字技术时代,互联网的迅速发展推进了营销的变革,消费者信息获取、沟通与决策方式发生了改变,不同的数字化消费者决策模型也随着时代的需求而演化。

在传统媒体时代,企业向消费者单向传递信息,以媒体为中心,AIDMA模型被企业广泛使用。在Web 2.0时代,消费者的聚焦转移到了网络媒体。由于信息来源的分散性,消费者购买行为变得更加主动,AISAS模型实现了信息的传递与渗透。到了数智Web 3.0时代,SIPS、SICAS模型、ISMAS模型、ADMAS模型提供了更加全面、精细、精准的数字消费者购买模式。

(一)AIDMA模式

1.AIDMA模式含义

AIDMA(爱德玛)模式由美国广告学家刘易斯于1898年率先提出,是以广告发生功效而引导消费者产生的心理变化的模式。AIDMA模式经常在营销行业和广告行业,被用来解释消费心理过程。营销工作者运用该模式是为了准确了解消费者的心理和行为,制定有效的营销策略,提高成交率。广告行业使用AIDMA模式主要是为了创作实效的广告。它对消费者经历的心路历程和消费决策,将产生影响力和诱导的作用,实效广告的信息会一直影响消费者的思考和行为。AIDMA模式,其过程首先是消费者注意到(attention)该广告,感兴趣(interest)而阅读下去,产生购买欲望(desire),然后记住(memory)该广告的内容,最后产生购买行为(action),如图3-12所示。

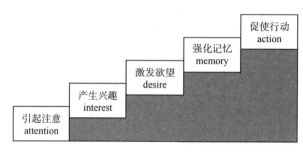

图 3-12　AIDMA 模式

2.AIDMA 模式的内容分析

在传统的媒体环境下,AIDMA 模式非常实用,因为在电视、杂志上,广告商可以图文并茂地介绍产品,并且被迅速地传播到消费者脑中。该模式是一种由卖方主导的营销方式,它一直对广告的创意和营销策划有着很好的指导作用。

A:attention(引起注意)。引起消费者注意的方法有很多,例如充满新意的包装、出其不意的广告词及简单且实用的口号等等,凡是能够让人将注意力投向商品的方式都可以借鉴,但是最后选择哪一种则需要结果本身的商品。

I:interest(引起兴趣)。当消费者注意到商品之后,还需要让其对商品产生兴趣,比较常用的方法是使用精制的彩色目录、有关商品的新闻剪报加以剪贴,及对商品的属性、作用进行言简意赅的描述。

D:desire(激发欲望)。让顾客感受到商品的魅力,才能让人产生购买欲望,例如商品为茶具,给消费者看的不仅只是所卖的茶具,还可以在旁边附上香气扑鼻的浓茶,使消费者感受到浓茶的香味,从而产生购买欲望。

M:memory(强化记忆)。很多时候消费者完成了前面的三步后,并不一定会马上购买,但是如果能让商品在消费者脑中留下很深的印象,那么最后产生购买的可能性就增加很多。

A:action(促使行动)。为了促成消费者产生购买行动,销售人员在整个销售过程中必须满怀信心,但是需要注意的是不要过分自信,过分自信也会引起顾客的反感。

AIDMA 模式主要存在于信息大量不对称的情况下,消费者对产品知之甚少,获取信息渠道也相对单一。因此,整个消费过程比较单一,是单向的漏斗转化。但是法则对一个普通受众到最终的消费者的心路变化过程阐述得非常准确,把握了关键变化点,依然是营销活动创意与制作的标杆指导。

(二)AISAS 模式

1.AISAS 模式含义

AISAS 模式是由国际 4A 广告公司日本电通广告在 2005 年,针对互联网与无线应用时代消费者生活形态的变化,而提出的一种全新的消费者行为分析模型。在

AISAS 模式中,如下图所示,其形状似一个漏斗,自上而下分别是注意(attention)、兴趣(interest)、搜索(search)、行动(action)、分享(share),如图 3-13 所示。

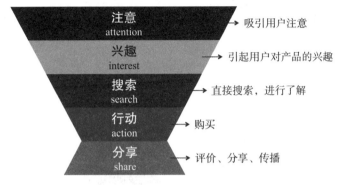

图 3-13 AISAS 模式

2.AISAS 模式的内容分析

根据电通公司的调查数据,在商品认知阶段,消费者的信息来源以电视、报纸、杂志、户外、互联网等媒体广告为主;在理解商品及比较探讨和决定购买的阶段,除了亲临商品实体店之外,互联网及口碑相传是其主要信息来源与决策依据。基于网络时代市场特征而重构的 AISAS 模式,将消费者在注意商品并产生兴趣之后的信息搜集,以及产生购买行动之后的信息分享,作为两个重要环节来考量,这两个环节都离不开消费者对互联网(包括无线互联网)的应用。

AISAS 模式决定了新的消费者接触点。依据电通的接触点管理,媒体将不再限于固定的形式。对于媒体形式、投放时间、投放方法的考量,首先源于对消费者与产品或品牌的可行接触点的识别,在所有的接触点上与消费者进行信息沟通。

消费者网站不仅提供详细信息,使消费者对产品的了解更深入并影响其购买决策;对消费者之间的人际传播也提供了便利;同时,营销者通过对网站访问者数据进行分析,可以制订出更有效的营销计划。由于互联网无可替代的信息整合与人际传播功能,所有的信息将在互联网聚合,以产生成倍的传播效果,以网络为聚合中心的跨媒体全传播体系随之诞生。

(三)SIPS 模式(2011 年)

在 Web 3.0 时代,SIPS 模式提供了全面、精细化的消费者行为模式。该模式是2011 年由日本广告公司电通株式会社提出的社交媒体时代用户消费行为分析的工具,电通广告为营销实战作出了诸多贡献。SIPS 模式将消费者购买行为分为四个阶段,即:共鸣(sympathize)、确认(identify)、参与(participate)、分享和扩散(share & spread),如图 3-14 所示。

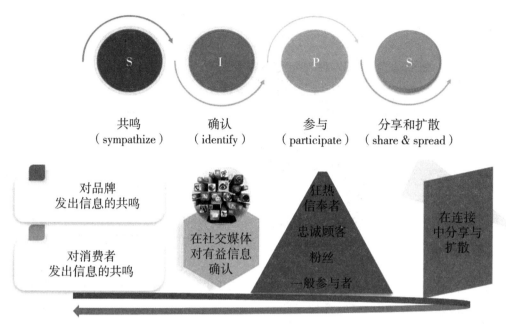

图 3-14　SIPS 模式

SIPS 模式深刻指出,首先,产品信息只有引起消费者的共鸣才会与企业进一步产生交流和互动;其次,消费者对产品可能存在不信任,因此需通过外界确认引发自己共鸣的产品信息是否有价值,并且通过一系列参与行动,从而诱发购买行为;最后,良好的消费体验能够促使消费者自发进行社交化分享,产生再次推广。SIPS 模式突出了数字时代消费者行为的新特点,将 AIDMA 模式和 AISAS 模式进行重塑,从传统单向的消费模式转为针对消费者与企业、消费者与消费者之间的双向互动,强调消费者的意见和行为受到群体影响。

(四)SICAS 模式(2011 年)

中国互联网络信息中心基于数字时代的消费模式,于 2011 年提出了 SICAS 理论模型。不同于单向线性的传统模型,SICAS 模式与 SIPS 模式均符合数字营销时代多点双向、感知连接的消费行为特点。

SICAS 模式建立了一套开放式的营销效果评估模型,企业首先应基于互联网的产品形态建立全网触点来实时感知消费者行为动态以进行敏捷指导、评估营销决策,让品牌信息能及时出现在消费者愿意关注及消费的地方,然后精细化销售效果评估数据精确考核 ROI(投资回报率),企业不仅要关注消费者的分享行为,还要参与、引导消费者的分享行为。SICAS 模式分为 5 个阶段:品牌与用户互相感知(sense)、产生兴趣与形成互动(interest & interactive)、建立联系与互相沟通(connect & communication)、行动与购买(action)、体验与分享(share),如图 3-15 所示。

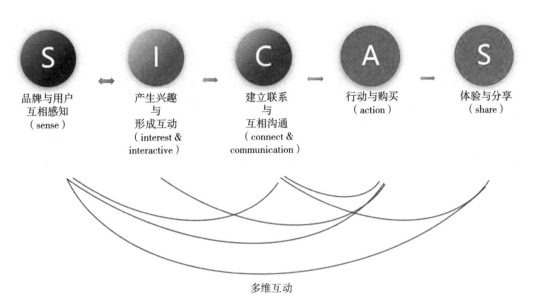

图 3-15 SICAS 模式

数字时代最为突出的一个变化就在于,消费者主动接触营销人员,具有更大的决策控制权。对于消费者来说,关注、分享、定制、推送等,都是他们有效感知的通路。如何在快速移动的碎片化环境中实时感知消费者,与消费者对话并形成一定程度的心理耦合,是品牌商家提高营销成本的关键。中国互联网络信息中心经过对消费者行为的长时间追踪、测量、触点分析及数字洞察后发现,消费者的购买行为正在由线性的行为消费过程转变为网状、多点双向基于感知的连接,用户的体验分享正在成为真正意义上的消费源头。

(五)ISMAS 模式

ISMAS 模式是由北京大学刘德寰教授于 2013 年提出的,根据移动互联时代人们生活形态的改变(尤其是用户主动性的增强),针对传统的理论模型提出的改进模型,即:兴趣(interest)、搜索(search)、口碑(mouth)、行动(action)和分享(share),如图3-16所示。

消费者生活形态的改变使得传统互联网时代的 AISAS 行为模式部分减退。为此,北京大学刘德寰教授认为,营销方式正在从电通的 AISAS 模式向具有去媒体性质的 ISMAS(兴趣、搜索、口碑、行动、分享)模式转变。这一模式清晰地指出了网络营销非常重要的发展趋势。

首先以媒体为中心的营销模式已转化为以消费者为中心。当今时代,媒体变得无微不至又微不足道。移动营销模式一定要转变媒体为王的思路,不能忘了跟人们最基本的生活形态变化密切相关,例如,根据美丽说数据挖掘发现,人们喜欢晚上躺

图 3-16　ISMAS 模式

在床上使用美丽说,于是其就把大量的人员放在晚上十一二点,为消费者提供服务。相对于原来大的网站在做营销的弹出式广告,软文这种伴随生活做营销的方式往往更有效。

其次,以吸引消费者注意为首要任务变成以其兴趣为出发点。ISMAS 模式指出,在去媒体的环境中,消费者的行为模式不再是先被吸引注意力,然后再去做其他的事情,对于移动互联网下习惯了主动使用媒体的消费者,兴趣成了一切的核心。当消费者有兴趣的时候,不用@,他们也会关注,也会转发。所以,营销一定要根据价值体系和兴趣的变化去转变营销思路,为消费者提供他们感兴趣的、有用的信息。

本章小结

消费者市场是个人和家庭为了生存而购买产品和服务的市场。它具有以下特点:分散性、差异性、易变性、替代性和非专业性的特点。消费者购买行为受到 4 种主要因素的影响:文化因素包括文化、亚文化和社会阶层;社会因素包括相关群体、家庭、社会角色与地位;个人因素包括年龄和生命阶段、职业和经济状况、生活方式、个性和自我观念;心理因素包括动机、感知、学习、信念和态度。

消费者可以是购买行为的发起者、影响者、决策者、购买者和使用者,营销人员需要对不同的角色展开有目的的营销活动。根据消费者对购买行为的介入程度和品牌之间的差异程度,将消费者购买行为划分为 4 种类型:复杂的购买行为、寻求平衡的购买行为、寻求变化的购买行为和习惯性的购买行为。典型的消费者的购买过程包括以下 5 个阶段:确认需要、收集信息、评价方案、购买决策和购后行为。营销者需要认识到消费者在每一阶段的行为,并针对这些行为展开营销活动。

组织市场是指企业为从事生产、销售等业务活动,以及政府部门和非营利组织为履行职责而购买产品和服务所构成的市场。它具有派生需求,参与购买决策的人数较多,购买过程持续时间较长,重视互惠互利与长期合作关系等特点。组织市场可划分为生产者市场、中间商市场、非营利组织市场、政府市场。

生产者购买行为分为直接重购、修正重购、新购,购买决策经历提出需要、确定需要、说明需要、物色供应商、征求供应建议书、选择供应商、签订合同、绩效评价 8 个步骤;购买决策受环境、组织、人际、个人四大类因素的影响。中间商采购决策涉及产品编配、选择供应商、购买条件和定价等,进货方式包括集中进货、分散进货和联购分销。

数字化消费者是指以互联网为工具,在电子商务市场中进行消费和购物等活动的消费者人群。

消费者购买行为与传统消费方式下相比呈现出新的特点。目前流行的消费者购买行为模式主要包括 AIDMA 模式、AISAS 模式、SIPS 模式、SICAS 模式、ISMAS模式。

重要名词

消费者市场　文化　亚文化　社会阶层　相关群体　生活方式　个性　自我观念
动机　感知　学习　信念　态度　习惯性的购买行为　寻求变化的购买行为
减少失调的购买行为　组织市场　中间商市场　AIDMA 模式　AISAS 模式
SIPS 模式　SICAS 模式　ISMAS 模式

案例评析

案例评析

思政专题

2012 年 11 月,党的十八大提出,全党要坚定中国特色社会主义道路自信、理论自信、制度自信。2016年7月1日,习近平总书记在庆祝中国共产党成立95周年大会上指出,文化自信是更基础、更广泛、更深厚的自信,明确提出要坚持中国特色社会主义道路自信、理论自信、制度自信、文化自信。这是我们党第一次把"四个自信"并列作为一个整体提出。

其中,道路自信是对中国特色社会主义道路发展方向和未来命运的自信;理论自信是对中国特色社会主义理论体系的科学性、真理性、正确性的自信;制度自信是对中国特色社会主义制度先进性和优越性的自信;文化自信是对中国自身文化价值和文化生命力的自信。"四个自信"是相互依存、不可分割的,四者统一于中国特色社会主义。

请思考:

1.试以"四个自信"为指引,探讨当前国潮化消费行为的时代背景、社会意义及发展趋势。

2.试以某行业或企业为例,探讨中国企业应该如何在"四个自信"的背景下开展消费行为洞察与营销策略制定。

AI 实训专题

请选择一个消费品公司的某类产品,试着以该公司"营销总监"的角色,围绕"该产品的主要目标消费群体及购买行为"的话题与 DeepSeek(Kimi 或豆包,不同小组成员可分别使用不同平台)进行对话,试着挖掘该产品的使用场景、用户的主要特征和决策过程等。小组围绕不同结果进行深度评判并形成专题报告。

课后习题

第四章　竞争者分析与竞争战略

学习目标

1.掌握辨别竞争者的三个角度,运用模型分析竞争者;

2.掌握三种基本竞争战略,并了解三种战略的使用条件和优劣势;

3.学会划分企业在市场上的地位,掌握根据市场地位不同而采取的不同的竞争战略;

4.掌握数智化时代企业的三种创新战略。

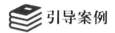 **引导案例**

功能饮料市场竞争态势

2019 年,中国整体软饮料市场销售收入达到 9914 亿元,按 2014—2019 年的复合增长率计算,2020 年中国软饮料市场规模将突破万亿元,2024 年有望达到 13230 亿元。功能饮料作为饮料行业的腰部品类,自去年开始,便隐隐有了火热的苗头。

从竞争格局来看,以红牛为头部的"一超多强"的行业格局并未因诸多大品牌的入局而被打破,行业头部效应依旧明显(红牛占据了 60% 的市场份额,乐虎、东鹏特饮、战马、魔爪等共占 40% 的市场份额)。

目前,功能饮料的主要消费人群是"80 后"和"90 后"。他们有着较高的消费能力和超前的消费观念,对于消费品质和消费层次的追求和要求更高,因此他们对个性化和健康化的功能饮品需求更大。

在消费升级的驱动下,年轻人对功能饮料的需求也将向"低糖、低热量和少添加"等健康饮品方向发展。

健康消费既是无糖饮料爆火的底层原因,又是功能饮料未来发展的主要方向。

性价比为王

《中国社会新人消费报告》显示,初入社会的"90 后"在购物时最关注的两大因素分别是"质量良好"和"性价比高",首要关注性价比的比例占 65.6%。此外,90% 的"90 后"会先比价再购买,近八成会参与打折、秒杀等特价活动。

对于绝大多数行业来说,性价比即是王道,功能饮料概莫能外。尽管这将导致配方上有效成分如牛磺酸、咖啡因、肌醇等的含量的减少,但也阻挡不了东鹏特饮、乐虎等本土品牌将低价作为竞争的策略。

除了使用更低的产品价格吸引消费者,很多功能饮料品牌还配合使用更多元的产品包装来满足消费者需求。东鹏特饮和乐虎虽然保留了仿红牛的金罐包装,但也均采用更易携带和饮用的 PET 瓶装来进行包装区分。

经市场检验,高性价比策略十分奏效,过去 5 年,东鹏特饮和乐虎的市占率稳步提升。

"成分创新"下的新机遇

果蔬饮料应该说是最容易从原材料开始进行创新的品类,因为果蔬的种类多样,不同品种之间还可以多样组合,形成新的差异点,创造新的赛道,而功能性饮料相对于果蔬饮料,较难通过原材料的创新在消费者心智中建立新的认知。

功能性饮料的成分认知门槛过高,因此,功能性饮料的创新只能"由前到后",基于新场景和新需求在产品侧进行调整。

一些品牌已经先行一步,从 C 端场景、需求出发,开始了产品创新:

瞄准了失眠场景,日本酒水饮料的公司——麒麟推出了名为"快眠"的功能饮料。这款饮料的助眠功效来源于鸟氨酸,通过消除疲劳感和压力从而达到助眠效果。此外,"快眠"还具有维持体温和血液流通的成分,可以起到保持安稳睡眠的作用。

针对消费者养颜护肤的需求,玻尿酸也成了当下品牌的宠儿,继华熙生物推出了首款玻尿酸饮用水产品"水肌泉"之后,汉口二厂、汤臣倍健、联合利华等也相继入局。

从"大而全"到"小而美"

毫无疑问,功能饮料市场的成熟度已经非常高,且进入门槛、技术壁垒相对较低。早期入局者、强大的投资者以及独特配方的拥有者,都能占得市场先机。

目前,国内功能饮料市场的格局、各大品牌的行业地位也充分证明了这点,而后期的新进入者不得不另辟蹊径,这也促使整个功能饮料行业形成了两条发展路线。

一条是聚焦产品功能的"大而全"路线。大多数传统功能饮料企业采用这条路线。凭借良好的品牌口碑与长久的市场运作,这些传统头部企业一直以来都是围绕提神、提供能量在做全人群的市场教育,市场份额较为稳固。

随着消费主流群体的人群迭代,越来越多的"90后""00后"对各行各业提出了新的需求,对功能饮料亦是如此。传统的提神虽然功能明显,但概念太单一,与运动、时尚等场景有偏差。

由此,功能饮料市场就衍生出了另一条发展路线,即迎合人群需求做细分的"小而美"路线。其中体质能量、魔爪、战马就是典型的代表,分别从运动、时尚两方面入手,在庞大的市场中成功分得一杯羹。

风口已经到来,功能饮料在今夏必会迎来新一轮的市场大战,原有行业格局是否会被冲破?新入局者谁又会脱颖而出?我们拭目以待。

资料来源(有删减):销售与市场.从元气森林"外星人"到农夫山泉第三代"尖叫",万亿饮料市场,它为何成了新的赢家?[EB/OL].(2021-06-29)[2024-03-03].https://mp.weixin.qq.com/s/nxtjYlj98Mb_wJd8RGxsnA.

思考:

1.功能饮料市场的竞争格局如何划分?

2.功能饮料市场的企业应该采取怎样的竞争策略?

第一节 竞争者分析

为了制定有效的营销战略,企业需要尽可能多地了解竞争者的情况,在市场力量、当前战略、营销组合等方面与竞争者进行比较。唯有这么做,企业才能发现自己

具有潜在竞争优势和劣势的领域。进行竞争者分析,要求判定竞争对手的目标和优
劣势,在此基础上进一步估计竞争对手的策略和反应模式,如图 4-1 所示。

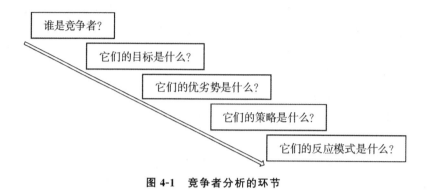

图 4-1　竞争者分析的环节

一、识别企业的竞争者

(一)从行业的角度识别竞争者

企业参与市场竞争,不仅要了解消费者的需求,更要了解竞争者。行业的定义
为:一个提供一种产品或一类相互替代产品的公司群。在一个行业中存在着各种竞
争力量,如现有厂商、潜在加入者、替代品厂商等。最具有代表性的分析方法是迈克
尔·波特在 20 世纪 80 年代初提出的五力模型,如图 4-2 所示。该模型认为行业中
存在决定竞争规模和程度的五种力量,这五种力量综合起来影响着产业的吸引力,以
及现有企业的竞争战略。它们分别为:供应商的议价能力、购买者的议价能力、新进
入者的威胁、替代品的威胁、现有竞争者的竞争能力。

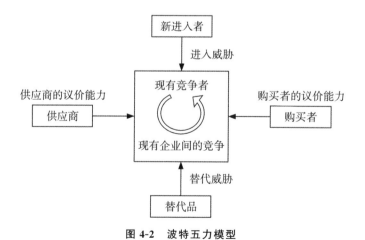

图 4-2　波特五力模型

1.供应商的议价能力

如果公司的供应商较为集中或有组织,并能够提价或者降低产品和服务的质量,或能够减少供应量,或者替代产品少、供应的产品是重要的投入要素或转换成本高,或者供应商可以向前实施联合,那么供应商的议价能力就强。因此,与供应商建立良好关系和开拓多种供货渠道是防御上策。该公司所在产业市场吸引力较低。

2.购买者的议价能力

如果买方较为集中或者有组织;或者该产品在买方的成本中占较大比重;或者产品无法实施差异化;或者买方的转化成本较低;或者由于买方的利益较少,而对价格敏感;或者买方能够向后实施联合,买方的议价能力就会加强。买方便会设法压低价格,对产品质量和服务提出更高的要求,并使竞争者相互竞争,所有这些都会使销售商的利润受到损失。如果某个细分市场中买方的议价能力很强或正在加强,该细分市场就没有吸引力。

3.新进入者的威胁

一个细分市场的吸引力随着其进退的难易程度而有所区别。根据行业利润的观点,最有行业吸引力的市场应该是进入壁垒高、退出壁垒低,在这样的细分市场上,新的公司很难进入,但经营不善的公司可以安然撤退。如果细分市场进入壁垒高且经营不善的公司难以撤退则必须坚持到底;如果细分市场进入和退出的壁垒都较低,公司便可以进退自如,获得的报酬虽然稳定但不高;最坏的情况是进入细分市场的壁垒较低,而退出的壁垒却很高,该细分市场也就没有吸引力。进入/退出壁垒与盈利如图 4-3 所示。

图 4-3　进入/退出壁垒与盈利

4.替代品的威胁

替代品是指在功能上能全部或部分代替某一产品的产品。如果某个细分市场存在替代品或者有潜在替代品,那么该细分市场就会失去吸引力。替代品会限制细分市场上产品的价格和利润的增长,公司应该密切注意产品的价格走向。如果在这些替代品行业中技术有所发展或者竞争日益激烈,这个细分市场上的产品价格和利润就可能会下降。为了减少替代品对企业的威胁,企业应设法扩大产品的差异化程度,强调替代品不能发生作用。

5.现有竞争者的竞争能力

在大部分行业中,企业之间的竞争往往表现在价格、广告、产品介绍、售后服务等方面,竞争强度与许多因素有关。如果一个细分市场有众多强大的或者竞争意识强的竞争者,那么该细分市场就会失去吸引力。

行业分析可以识别出行业的潜在吸引力,尤其是行业的竞争程度和盈利能力以及行业内参与者的表现。通过分析行业中各种力量的影响因素和企业所处的竞争地位,能够更好地制定企业的结构调整和竞争战略。

(二)从市场的角度识别竞争者

除了从行业角度,我们还可以从市场的角度来识别竞争者,即把竞争者看作一些力求满足相同顾客需求或服务同一顾客群体的公司。从这一角度来看竞争者有以下4类。

(1)愿望竞争者是指提供不同产品,满足不同消费需求的竞争者。例如,某个消费者目前对个人电脑、高档手机等都有购买欲望,但其购买能力暂时只允许选择其一。此时,电脑生产商与手机生产商便成为愿望竞争者,形成竞争关系。

(2)平行竞争者是指提供满足同一种消费需求的不同产品的竞争者。例如,消费者为了满足出行的需求,可以购买自行车、摩托车、汽车作为交通工具,生产它们的企业便互相成为平行竞争者。

(3)产品形式竞争者是指满足同一种消费需求的同类产品的不同产品形式之间的竞争。例如,洗衣机有滚筒式洗衣机和波轮式洗衣机等不同产品形式。

(4)品牌竞争者是指满足同一种需求的同种形式产品的不同品牌之间的竞争。例如,同样的乳品市场上有蒙牛、伊利、光明等多个品牌。

在现实的竞争中,企业往往都会关注品牌竞争者,它离我们最近;而平行竞争者往往是潜在的甚至是看不见的,它离我们最远,但实质上,它的出现对企业的打击会让企业措手不及。

(三)从跨界经营的角度识别竞争者

"跨界"已成为互联网时代最流行的字眼,代表新锐的生活态度和审美方式的融合。跨界经营是基于用户体验的互补,在营销思维模式上实现由产品中心向用户中心的转移。跨界经营的实质是实现多个品牌、多个行业从不同角度诠释同一用户特征。在这样的跨界合作背景下,企业必须避免"竞争者近视症",因为企业更可能葬送在潜在竞争者而不是现有竞争者的手下。

方便面、外卖、预制菜的竞争

近十年,方便面市场就好比在坐过山车,起起伏伏。不幸的是,这个行业又进入了新一轮低谷,而且恐怕更难翻身。

1.外卖兴起,价格战冲击

方便面的高光时期是在 2013—2014 年,其后销售量逐年下滑。而 2014—2015 年,正是外卖快速普及的时间段。

但是,方便面市场萎靡,却并非只是受到外卖的冲击。

理论上,外卖虽然会在一定程度上抢占方便面市场,但并不致命。因为外卖的成本及价格要高得多。

然而,在外卖兴起的那几年,美团外卖和饿了么为了获客,提供了很多的价格补贴。当年点外卖可以叠加各种红包,到手价相当便宜,有些订单甚至根本就不用花钱。在这种情势下,泡面的生存空间被大大挤占了。

所以,方便面的第一轮衰退,其实是沦为了互联网大厂价格战的牺牲品。

2.外卖补贴退出,方便面市场转暖

然而,外卖不可能一直提供价格补贴,平台停止提供补贴后,外卖的价格也水涨船高,此时,方便面就有了明显的价格优势。

根据尼尔森数据,如表 4-1 所示,自 2017 年起,方便面行业整体回暖,不仅销售额增长,销量也在上升。也就是说,大家不仅吃泡面,而且还吃得不少。整个方便面的市场需求,是在逐渐扩大的。

表 4-1　2017—2020 年方便面市场销售情况

年份	2016 年	2017 年	2018 年	2019 年	2020 年
销量增长/%	−5.7	0.3	3.2	1.5	0.1
销售额增长/%	1.3	3.6	8	7.2	4.7

从表 4-1 中还可以看出,方便面市场的销售额涨幅明显大于销量。可见,方便面涨价并不是什么新鲜事。在过去市场萎靡的时间里,方便面行业一直在通过各种手段变相涨价。

3.消费升级,替代品出现

总之,方便面算是走出了外卖的阴影。但是,2021 年上半年,方便面行业销量同比下降 7.7%,销售额下降 7.3%。又发生了什么呢?

康师傅年报解释,是由于上一年度受新冠疫情影响,方便面的市场规模较大。不过更关键的是,新冠疫情叠加"懒人经济",催生出了一个异常火爆的新概念——预制菜。

以外卖店家常用的料理包为例,10块钱以内,就能够把外卖搬回家。而且除了普通饭菜之外,酸辣粉、螺蛳粉、凉皮、冷面,甚至自热火锅,应有尽有。

随着这些新玩家的入局,消费者的选择越来越多样,方便面再次失去了竞争优势。

如果说,前一轮外卖价格战对方便面行业的打击,只是阶段性的。那么现在,各种替代品的出现,已经导致方便面行业发生了本质的改变。属于方便食品的时代还在,但是属于方便面的时代正在逐渐消失。

资料来源(节选):星空下的锅包肉.方便面涨价:赢了外卖,却输给了预制菜[EB/OL].(2022-03-03)[2024-03-18].https://m.thepaper.cn/baijiahao_16922607.

二、判断竞争者的目标和动机

竞争对手会如何行动和作出反应,在很大程度上取决于他们的战略目标,以及他们从事某种业务的动机。因此,判断竞争者的目标和动机是竞争者分析的基础,这有助于更好地掌握竞争者的行动。每个竞争者都有一组目标,我们应该了解竞争者对盈利的可能性、市场占有率的增长、资金流动、技术服务和其他目标给予的重要性权重。要确定竞争者的目标和动机,应当获取并审查以下信息源:(1)产品或者新闻发布会等;(2)年度财务报告;(3)企业分析报告和重大新闻;(4)主管的报告和演说。了解了竞争者的目标,就能够知道竞争者对当前状况是否满意,以及对不同的竞争性行为作出的反应。例如一个追求成本领先的企业,对竞争者在削减成本的生产技术上取得的突破比广告费用的增加反应更强烈。

企业还必须关注竞争者在不同细分市场的目标。如果企业发现某些竞争者正在开拓一个新的细分市场,这可能就是一个机会;如果发现竞争者有意进军目前由本企业提供服务的细分市场,就必须警觉,提前做好战斗准备。

三、评估竞争者的优势和劣势

分析竞争者时,必不可少的一个环节就是评估竞争者的优势和劣势,做到知己知彼,实现企业营销目标。分析竞争者优势和劣势的关键在于收集竞争者的数据,企业一般通过二手数据、个人经历和口碑进行了解,或者是通过顾客、供应商和经销商进行原始数据的营销调研。

收集到数据后应进行分析,该步骤分为四步:第一,列举出影响企业成功的因素;第二,给这些因素赋予权重,通常用量表来表示,100分为满分,重要性越高,得分越高;第三,对竞争者和本企业按照每个因素进行评分;第四,将上述评分乘以重要性权重,重要性权重显示了优势与劣势。

竞争者分析过程

甲公司对自身和竞争对手进行分析,在表 4-2 中,左侧第一列是影响成企业成功的因素,第二列给出了各因素的权重,然后对企业和竞争者估算出总分。竞争者名声卓越,被认为能生产出高品质的产品,有强大的销售队伍,但在渠道、管理能力等方面有所欠缺。在总体评估中甲公司的分值不如竞争者,所以在竞争时正面进攻不可取,可集中优势力量攻击对手的弱点。

表 4-2　竞争者分析

因素	权重	表现					加权分值	
		1	2	3	4	5	甲公司	竞争者
产品	20				●	◆	80	100
渠道	10		◆	●			30	20
研发能力	10	●			◆		10	40
资金实力	20		◆			●	100	40
管理能力	10	◆	●				20	10
市场营销	20		●		◆		40	80
品牌形象	10			●		◆	30	50
总分							310	340

注:●代表甲公司,◆代表竞争者。

四、判断竞争者的反应模式

完成上述三个步骤后,企业掌握了竞争者的初步信息,对竞争者的情况有了初步的分析,下一步企业需要知道:面对市场竞争,竞争者将要做什么? 竞争者的反应,可能受它的各种假设的影响,也可能受它的经营哲学、企业文化和其主导作用的信念的影响,还可能受其心理状态的影响。不同反应的竞争者主要分为以下四种。

1.迟钝型竞争者

此类竞争者对市场竞争的反应不强烈,行动迟缓。究其原因可能是竞争者受到资金、规模、技术等资源或能力的限制,无法及时作出适当的反应;也可能是竞争者对自身实力过于自信,不屑于采取行动;还可能是竞争者的竞争意识不强,对市场竞争措施重视不够,未能及时捕捉到市场变化的信息。昔日的手机行业老大——诺基亚,面对竞争反应迟钝,过于自信,忽视了竞争者的包围,是其失败的重要原因。

2.选择型竞争者

某些企业对不同的市场竞争措施的反应是有区别的,对某些措施反应强烈,而对有些行动表现迟钝。通常情况下,企业对竞争者的价格变动较为敏感,价格一旦出现变化会立即作出反应,而对改善服务、增加广告、改进产品、强化促销等非价格竞争措施则不大在意,认为不对自己构成直接威胁。

3.强烈反应型竞争者

某些企业对市场竞争因素的变化十分敏感,一旦受到挑战就会迅速作出反应,进行强烈地反击,往往不计后果地打压、报复其他竞争者。这些强烈反应型竞争者通常都是市场上的领先者,具有某些竞争优势。一般企业不敢或不愿轻易挑战其在市场上的权威,尽量避免与其正面交锋。许多快消品行业的小企业都避免与宝洁公司直接竞争,因为他们知道如果宝洁受到挑战,必定会猛烈还击。

4.不规则型竞争者

这类企业对市场竞争作出的反应通常是随机的,往往不按规则出牌,使人感到难以捉摸。不规则型竞争者在某些时候可能会对市场竞争的变化作出反应,也可能不作出反应;他们既可能迅速作出反应,也可能反应迟缓;其反应可能是剧烈的,也可能是柔和的。此类竞争者较难判断,只能分析其以往在市场上的表现以作出评估。

第二节　竞争战略的类型

竞争战略是指企业在竞争上采取进攻或防守的长期行为。在竞争日益激烈的今天,企业为了实现盈利目标,应当了解并制定相关战略,否则将会在市场中处于不利地位,并导致市场占有率低、缺乏资本投资,进而削弱自己的竞争优势。

一、基本竞争战略

(一)成本领先战略

成本领先战略(cost leadership strategy)是指通过一系列措施在行业中实现成本

领先,以此获得比竞争对手更高的市场占有率。在这种战略的指导下,企业应在原材料成本、研发与技术成本、管理运营成本、服务成本、营销成本等方面,力争实现行业中的最低水平,尤其是要低于竞争对手的成本。

1.成本领先战略的优势及潜在风险

成本领先战略,通常要求企业:具有较高的市场份额,能够实现规模经济,有能力进行新产品或新技术的研究与开发,降低投入成本,减少行政等其他费用。但同时实施成本领先战略,企业通常可以:获得高于行业平均水平的利润,保持领先地位,能够设置行业进入壁垒,有能力削弱替代品的威胁,增强与供应商及客户讨价还价的能力。

尽管成本领先战略能使企业获得高于行业平均水平的利润,但同时保持成本领先地位会给企业造成沉重的负担,这意味着企业需要更新设备、引进新技术、实现规模经济等。因此,成本领先战略存在一定程度的风险,具体表现在以下四个方面:第一,新进入者和追随者的学习成本低,企业容易被模仿甚至超越;第二,新技术出现导致企业失去原有技术的投资优势及经验基础;第三,过度关注产品及其成本,势必忽视市场和竞争状况,从而陷入产品导向,忽视客户需要变化;第四,保持低成本和价格差通常很困难。

2.成本领先战略的实现途径

成本领先战略可以概括为以下几种类型:(1)简化产品型成本领先战略;(2)改进设计型成本领先战略;(3)材料节约型成本领先战略;(4)人工费用降低型成本领先战略;(5)生产创新及自动化型成本领先战略。

要想获得成本领先的地位,企业可以从以上五个方面着手制定各职能战略,来实现控制成本的目标。比如企业可以改进产品设计,设计出更精简、更先进、更有利于节约成本的产品,也可以减少各方面开支,避开次要客户,根据经验降低成本。采取成本领先战略,要求企业进行较高的前期投资,购买一流的设备,实施激进的定价策略,并负担开始时的损失,这样才能获取较高的市场份额,之后取得规模效益、降低成本、获得利润。

成本领先战略的实施涉及企业的方方面面,因此不能寄希望于企业的某一个环节或某一个部门,而是要求全员参与成本控制,进而营造一种注重细节、精打细算、讲究节俭、严格管理、以成本领先战略为中心的企业文化,使一切行动措施都围绕这个核心开展。只有真正做到成本领先,才能对消费者实施“天天平价,薄利多销”,博得消费者的高度信任。

(二)差异化战略

差异化战略(differentiation strategy)是指将企业生产的产品或提供的服务明显区别于竞争对手,形成在全行业范围中具有独特性的产品或服务。该战略重点是创造出独特性,使顾客对企业品牌产生忠诚度,甚至愿意支付溢价,使企业能够获得超常收益。差异化战略的形式包括产品及品牌在形象、功能、外观、服务、技术优势、分销渠道等方面的差异。

1.差异化战略的优势及潜在风险

实施差异化战略的企业具有以下三个方面的优势:首先,有利于形成顾客对品牌的忠诚,构筑进入壁垒;其次,差异化的产品和服务是其他竞争对手不能以同等价格提供的,因此削弱了顾客的议价能力;最后,差异化能使企业有效对抗替代品,使企业处于更有利的地位。

尽管差异化战略能够使企业获得超常收益,但该战略通常要求企业放弃获取更大的市场份额,同时存在一定程度的风险,具体表现在以下三个方面:第一,竞争者的模仿使得差异化程度降低;第二,消费者的需求差异化程度降低;第三,过度专注差异化容易使成本提高,最终导致无法留住顾客。

2.差异化战略的实现途径

(1)产品的差异化。实现独家所有,确保市场占有率小而投资回报率高,追求产品可靠性、标准化。如宜家家居注重产品设计,强调低价,在产品展区注重体验和产品搭配,为消费者提供舒适的展区,传达的企业理念是提供更美好的日常生活。

(2)服务的差异化。追求产品周边服务的优异化,创造特性和附属功能。比如海底捞,在餐饮业中以其贴心周到的服务赢得了无数回头客。

(3)形象的差异化。追求品牌的优异化,强调产品的品牌诉求。比如,唯品会的理念是"一家专门做特卖的网站",以金融折扣品牌为主,在消费者心中树立了高端平价的形象,与其他的网购网站有了明显的认知差异。

推行差异化战略,有时会与争取占有更大的市场份额的活动相矛盾。推行差异化战略,往往要求公司对于这一战略的排他性有思想准备。这一战略与提高市场份额两者不可兼顾,在推行差异化战略的活动中总是伴随很高的成本,即便全行业范围的顾客都了解公司的优点,也不是所有顾客都愿意或有能力支付公司要求的高价格。

小案例 4-3

广东 7-ELEVEN 的差异化竞争

记者发现,自年初以来,广东 7-ELEVEN 就开启了变"年轻"的各种举措。店中年轻人喜欢的"网红"产品越来越多,而且几乎每个季度都会推出带有主题性的新品和营销活动,其中不乏与知名快时尚和明星潮牌相关的联名品,就连一些新店的设计,也更加明亮灵动,以此迎合年轻人的喜好。

作为广州市场外资便利店里位居第一的便利店品牌,7-ELEVEN 的低调作风和

2 公里范围内会有十几家店的繁荣似乎并不匹配。不过,今年以来,广东 7-ELEVEN 也正在以其高频率的创新举措吸引着消费者和行业的关注。

今年 1 月份,广东 7-ELEVEN 全新麻辣主题便利店上线,在部分门店,"火红"成为主题色。"辣 More 红火主题活动"也随之开启,配合活动还开发了 20 多款同样以"火红"为主题的美食。

法式费南雪金砖礼盒是广东 7-ELEVEN 在春节期间推出的独家定制新年礼品,将美味的蛋糕放进"金砖"盒子里的创意惹来年轻人的极大好感。"日本潮品 nikoand 联名盲盒"则是广东 7-ELEVEN 在农历新年向消费者抛出的新品,在社交平台上,这款盲盒的拆盒视频很快引爆了网友的关注。

而在 3 月份,由广东 7-ELEVEN 自创的小玩意再次抓住了年轻人的心。只要买一杯自调饮料,就能随机获得一个"杯插"。如果把这些小东西收集起来,就可以拼成一个"梦想岛",让人成就感满满。

值得一提的是,广东 7-ELEVEN 便利店与周杰伦旗下潮牌合作推出的联名产品在 4 月份更是引发"轩然大波":因为不能直接购买,只能换购,一位家在辽宁的粉丝特地为此飞到广州。

资料来源(有删减):销售与市场.锁定年轻群体,广东 7-11 开启创新经营新举措[EB/OL].(2021-09-28)[2024-03-03].https://mp.weixin.qq.com/s/6vNh7PoNP7iryF8d316dAQ.

(三)目标集聚战略

目标集聚战略(concentration strategy)是指企业在详细分析外部环境和内部条件的基础上,针对某个特定的顾客群、产品类别、产业内一种或一组细分市场开展生产经营活动,充分发挥企业的资源效力,为这个市场的消费者提供量体裁衣式的服务,赢得竞争优势。目标集聚战略有两种形式:一种是企业寻求目标市场上的成本领先优势,称为成本集聚战略;另一种是企业寻求目标市场上的差异化优势,称为差异化集聚战略。虽然成本领先战略与差异化战略都是要在行业范围内实现其目标,目标集聚战略的总体却是围绕着为行业内某一特定目标服务而建立的,并以这一目标为中心。

目标集聚战略实现的前提是相对那些实施大布局战略的竞争对手,企业服务较小的、特定的对象,其能力更高,成效更好。企业实施目标集聚战略的关键是选好战略目标,将主要力量集中于业务的某一个或几个方向重点突破。一般原则是,企业要尽可能选择竞争对手最薄弱的环节和最不易受替代品冲击的目标。当企业的资源或能力有限,不允许选定多个细分市场作为目标,企业凭其建立起来的商誉和企业服务来抵御细分市场的竞争者时,可采取目标集聚战略。

二、市场地位与竞争战略

企业是市场经济中的微观个体,根据自身在市场上的地位,为实施竞争战略和适应竞争形势而采取具体行动。图 4-4 反映的是不同市场地位者的市场份额。40% 的市场份额掌握在市场领导者手中。30% 的市场份额掌握在市场挑战者手中,这些挑战者正在为增加自己的市场份额而努力。还有 20% 的市场份额在市场追随者手中,他们试图在现有行业中维持自己的市场份额。剩下 10% 的市场份额由市场补缺者占有,他们服务于那些不被其他企业重视的小型细分市场。因此,市场竞争战略亦可相应划分为市场领导者战略、市场挑战者战略、市场追随者战略、市场补缺者战略。

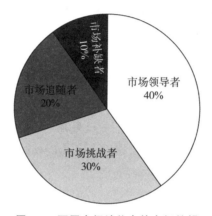

图 4-4 不同市场地位者的市场份额

(一)市场领导者战略

市场领导者(market leader)是指相关产品在市场上占有最大的市场份额或者市场占有率最高的企业。它在价格变化、新产品开发、销售渠道、分销渠道、促销战略等方面起领导作用,为同业者所公认。它是市场竞争的先导者,也是其他企业挑战、效仿或回避的对象,如美国汽车市场的通用、电脑软件市场的微软、软饮料市场的可口可乐以及快餐市场的肯德基等,中国家电市场的格力、手机市场的华为等。这种主导者几乎各行各业都有,他们的地位是在竞争中自然形成的,但不是固定不变的。市场主导者所具备的优势包括:消费者对品牌的忠诚度高,营销渠道的建立及其高效运行,以及营销经验的迅速积累等。

市场主导者如果没有获得法定的垄断地位,必然会面临竞争者的无情挑战。因此,必须保持高度的警惕并采取适当的战略,否则就很可能丧失领先地位。为此,市场主导者通常可采取三种战略:一是扩大市场需求总量,二是保持市场份额,三是提高市场占有率,如表 4-3 所示。

表 4-3　市场领导者战略

扩大市场需求总量	开发新用户,包括吸引未使用者、进入新的细分市场、开发新的地理市场
	寻找新用途,例如凡士林最初是用来做机器润滑油的,之后才发现可以制作润肤霜、药膏等
	增加使用量,通过诱导顾客提高使用率、增加每次使用量、增加使用场所来实现
保持市场份额——防御战略	创新战略,可以进行原始创新或者改进创新,比如由线下经营转为在线电商平台销售
	筑垒战略,有阵地防御和侧翼防御两种形式。阵地防御是指围绕企业目前的主要产品和业务建立牢固的防线。而侧翼防御是在自己主阵地的侧翼建立辅阵地,以保卫自己的周边和前沿,并在必要时作为反攻基地。比如小米手机,面临国内和国外手机品牌的激烈竞争,于是另辟蹊径推出红米手机,主打高性价比,受到市场的欢迎
	正面对抗战略:一是先发制人,指在竞争对手尚未构成严重威胁或向本企业进攻前抢先发起攻击,以削弱或挫败竞争对手;二是反击防御,指市场领导者受到竞争者攻击后采取反击措施
提高市场占有率	加大宣传广告的投入,巩固和提高产品在顾客心目中的地位
	根据顾客的要求,不断完善产品、改进服务
	根据顾客需求的变化和对顾客需求变化趋势的预测,不断推出新产品

(二)市场挑战者战略

市场挑战者(market follower)在行业中占据第二或是更后位次,有能力对市场领导者和其他竞争者进行攻击,希望取得市场领导者地位。市场挑战者可以攻击市场领导者,也可以攻击与自己实力相当者或者攻击地方性小企业。要注重分析竞争对手,正确制定竞争战略。

(1)正面攻击,是指集中全力向对手的主要市场阵地发起进攻,即进攻对手的强项而不是弱项,适合人、财、物等较为充足且有实力的公司。企业可以在产品、广告、价格等方面大大超过对手,也可大量投入研发经费,使产品成本降低。

(2)侧翼进攻,是指集中优势力量攻击对手的弱点。适合资源较少的攻击者。企业可分析各类细分市场,寻找领先企业尚未占据的市场,在这些市场上迅速填补空白。

(3)包围进攻,是一种全方位、大规模的进攻战略。适合细分市场不易找到,与对方相比有绝对的资源优势,确信围堵计划足以打垮对手,可以向市场提供比竞争对手更加优质低廉的产品和服务,或者进行大规模的促销等情形。

(4)迂回进攻,是最间接的进攻战略,完全避开对手的现有阵地而迂回进攻。具体方法有三种:一是发展无关的产品,实行产品多元化;二是以现有产品进入新地区的市场,实施市场多元化;三是发展新技术、新产品,取代现有产品。实现技术飞跃是最有效的迂回进攻战略。

(三)市场追随者战略

市场追随者(market challenger)是指行业中位列第二、第三等次要地位的企业,与市场挑战者的区别在于,市场追随者维持现状,不与市场领导者和其他竞争者发生争端。市场追随者的成功之处在于注重营利性而非市场份额。市场追随者的主要特征是安于次要地位,在和平共处的状态下求得尽可能多的收益。在资本密集的同质产品行业中,如钢铁、原油和化工行业,市场追随者战略是大多数企业的选择,这主要是由行业和产品的特点所决定的。在这些行业中,往往产品和服务的同质程度高,消费者对价格比较敏感。通常有以下三种战略可供选择。

1.紧密追随

紧密追随战略突出"仿效"和"低调"。追随企业在各个细分市场尽可能效仿市场领导者,以至于有时会让人感到这种市场追随者像是市场挑战者,但是它从不冒犯市场领导者的领地,保持低调,避免与市场领导者发生直接冲突,有些市场追随者甚至被看成是靠拾取主导者的残余谋生的寄生者。

2.距离追随

距离追随战略突出"合适地保持距离"。追随企业在目标市场、产品创新与开发、价格水平和分销渠道等方面都追随市场领导者,但仍与市场领导者保持若干差异,已形成明显的距离。对市场领导者既不构成威胁,又因追随者各自占有很小的市场份额,而使市场领导者免受独占之指责。采取距离追随策略的企业,可以通过兼并同行业中的一些小企业来发展自己的实力。

3.选择追随

选择追随战略突出"追随和创新并举"。市场追随者在某些方面紧跟市场领导者,在另一些方面又别出心裁。这类企业不是盲目追随而是择优追随,在对自己有利时追随市场领导者,在追随的同时不断发挥自己的创造性,但一般不与市场领导者直接竞争。在采取这类战略的市场追随者中,有些可能发展成为市场挑战者。

(四)市场补缺者战略

市场补缺者(market nicher)是指精心服务于市场的某些细小部分,而不与主要的企业竞争,只是通过专业化经营来占据有利的市场位置(补缺基点)的企业。这种市场位置不仅对小企业有意义,对某些大企业中的教学部门也有意义,他们也常设法寻找一个或几个这种既安全又有利的补缺基点。

一个良好的补缺基点应具有以下特征:(1)有足够的市场潜力和购买力;(2)利润有增长的潜力;(3)对主要竞争者不具有吸引力;(4)企业具备占有此补缺基点所必要的资金和能力;(5)企业既有的信誉足以对抗竞争者。

市场补缺者战略有:

1.补缺基点的选择

选择市场补缺基点时,多重补缺基点比单一补缺基点更能减少风险,增加保险系数。因此,企业通常选择两个或两个以上的补缺基点,以确保企业的生存和发展。

2.专业化营销

取得补缺基点的主要战略是专业化营销。具体来说就是在市场、顾客、产品或渠道等方面实行专业化。以下是几种可供选择专业化方案:

(1)最终用户专业化。专门致力于为某类最终用户服务,如计算机行业有些小企业专门针对某一类用户(如诊所、银行等)进行营销。

(2)垂直层面专业化。专门致力于分销渠道中的某些层面,如制铝厂专门生产铝锭、铝制品或铝质零部件。

(3)顾客规模专业化。专门为某种规模(大、中、小)的客户服务,如有些小企业专门为那些被大企业忽略的小客户服务。

(4)特定顾客专业化。只对一个或几个主要客户服务,如美国有些企业专门为西尔斯公司或通用汽车公司供货。

(5)地理区域专业化。专为国内外某一地区或地点服务。

(6)产品或产品线专业化。只生产一大类产品,如美国的绿箭公司只生产口香糖一种产品,现已发展成为一家世界著名的跨国公司。

(7)客户订单专业化。专门按客户订单生产产品。

(8)质量和价格专业化。专门生产经营某种质量和价格的产品,如专门生产高质高价产品或低质低价产品。

(9)服务项目专业化。专门提供某一种或几种其他企业没有的服务项目,如美国有一家银行专门承办电话贷款业务,并为客户送款上门。

(10)分销渠道专业化。专门服务于某一类分销渠道,如专门生产适于超级市场销售的产品或专门为航空公司的旅客提供食品。

 小案例 4-4

市场跟随者、市场挑战者不要盲目模仿市场领导者的竞争策略

处于跟随、挑战地位的中小企业,如果盲目模仿市场领导者的竞争策略,不但可能无法获得这些资源,而且可能为市场领导者作嫁衣,更加衬托出市场领导者做法的"英明正确"。同样的手法,人们在心理上往往更信任"第一",更愿意选择市场领导者。比如,市场领导者强调的卖点话术、核心广告语等,其他企业的模仿往往无效。作为跟随者、挑战者的中小企业,此时的合理做法不是强调"相同",也不是强调"更好",而是寻求差异强调"不同"。即使你真的比领导者做得更好,也不适合强调"更

好"，因为基于信息的不对称，此时在受众眼里是无效的。当你说比领导者某某方面更好时，人们就会质疑：既然你做得比领导者更好，为什么你不是领导者？因而会质疑你诉求的真实性。这就是特劳特的定位理论告诫人们的：不要试图用事实去挑战人们的心智认知，最后赢的总是心智认知。

比如，作为矿泉水行业的头部品牌农夫山泉诉求"我们不生产水，我们是大自然的搬运工"，以此强调天然矿泉水的水质好。恒大冰泉作为矿泉水行业的后来者、挑战者，诉求"我们搬运的不是地表水，而是原始森林的深层火山矿泉水"，实质上是在模仿领导者诉求的基础上强调比领导者更好。事实证明是无效的。对于领导品牌，依靠所获得的"信任力"，封杀挑战者、跟随者最有效的策略是"无差异"。所以，千万别模仿领导者的市场策略、竞争策略，如卖点诉求等。定制衣柜的领导者索菲亚诉求"定制衣柜只卖 799 元（每平方）"，有效打击了成品家具、木工现场打造家具等替代品，抢占了替代品大量的市场份额。行业中小企业一时纷纷跟进，"799 元"套餐满天飞，最后反而都成了索菲亚特价策略的陪衬，为索菲亚做了嫁衣。同样的特价，顾客为什么不选择领导者呢？更低的特价，顾客会怀疑你品质不如领导者；更高的特价，顾客又会质问"凭什么"。

总之，无论你如何跟随老大，最后的结果都是无效的。此时最明智的做法是不跟随，换个玩法。定制橱柜及全屋定制行业的领导者欧派的做法则很明智，没有因为是整个全屋定制行业的领导者而轻视定制衣柜细分市场的领导者，更没有直接模仿跟进索菲亚"定制衣柜只需××元/m²"的做法，而是采取了另一种不同于索菲亚的特价策略："全屋定制最低只需 19800 元"的特价套餐策略，效果甚好。此时，众多的行业中小品牌又模仿跟进欧派的全屋定制特价套餐策略，结果又再一次为欧派做了嫁衣，成就了欧派的高速成长。

资料来源（有删减）：汪光武.莫要盲目学"老大"[EB/OL].(2020-05-13)[2024-03-03].https://mp.weixin.qq.com/s/eNFZmEw-BvLi84PuzSZigg.

第三节　数智化趋势：数智化时代的竞争战略

一、数智化时代的环境分析

完整的环境评估包括对外部环境的监测以及对企业内部环境的分析。通常情况下，理解企业内外部影响因素并有效预测未来将要发生的事件、趋势及状况，对建立并推行一个行之有效的战略至关重要。在互联网时代为制定战略进行的环境评估，除了传统上对政治、经济、文化的把握和分析,以及对行业竞争者的分析,更应该从消费者的角度出发,关注企业战略的营销元素,跟上网络时代的新趋势和潮流。

二、竞合与跨界战略

竞合战略(coopetition strategy)是指通过与其他企业合作来获得企业竞争优势或战略价值,以求得双赢、多赢的结果。竞合战略要求竞争中求合作,合作中有竞争。企业在合作中竞争,在竞争中合作,荣辱与共,这是企业竞争的最高境界。竞合的着眼点在于把产业蛋糕做大,在此基础上大家才有可能比以前得到更多,从而使企业在一个风险较小、相对稳定、渐进变化的环境中,获得较为稳定的利润。竞合的实质是实现企业优势互补,增强竞争双方的实力,并且作为竞争战略之一加以实施,从而促使双方建立和巩固各自的市场地位。

拓展阅读 4-1

竞合战略的由来

随着经济的发展,人们对企业组织模式及经济效率等问题的研究更加深入,当再提起竞争战略时,不应只局限于单个企业内,还应考虑到企业与企业之间的关系。在日益重视供应链和价值链的今天,企业的战略应该突破单个企业的界限,实现供应链上下游企业的整合,追求企业联合经济效益最大化,于是竞合战略应运而生。"竞合战略"一词最早出现在 1996 年,博弈理论与实务专家布兰登勃格(Adam M.Brandenburger)和内勒巴夫(Barry J.Nalebuff)出版《合作竞争》一书,立即在实业界和理论界掀起一股讨论的热潮。竞合战略的主要观点是增加互补者,运用互补者的战略可使公司产品或服务变得更有价值。

企业之间可以通过产业集群、战略联盟、企业集团、平台型企业等方式形成网络组织,实施竞合战略。正确恰当地实施竞合战略,可获得以下优势:

(1)规模效应。实施竞合战略可以降低单位成本,提高企业的专业化和分工程度,通过对零部件生产、成品组装、研发和营销等各个环节进行优化组合,扩大规模效应。

(2)成本效益。企业通过相关契约建立起稳定的交易关系,降低因市场不确定和频繁交易而导致的较高交易费用。合作企业间进行的信息交流沟通,缓解了信息不对称的问题,有助于降低内部管理成本,提高组织效率。

(3)协同效应。竞合战略扩大了企业的资源边界,可以充分利用对方的异质性资源提高企业资源的利用率。通过双方资源和能力的互补,产生 $1+1>2$ 的协同效应。

(4)创新效应。竞合战略使企业可以近距离地相互学习,有利于合作企业间传播知识、创新知识和应用知识,同时也有助于企业将自身的能力与合作企业的能力相结合,以创造出新能力。

跨界战略是竞合战略在数智时代的一个创新战略,是指将两个或更多不同领域的产业、品牌、产品或服务结合起来,创造和重构新的价值和体验。这种竞争战略或营销方式旨在打破传统产业或营销模式的限制,通过创新和整合不同的元素来实现企业突破成长以及品牌和市场的扩张。以下是跨界战略的一些关键特点和实践方法:

(1)互补性:跨界营销通常涉及互补性而非竞争性的品牌合作,这意味着它们能够在用户体验上进行补充,而不是直接对抗。

(2)匹配性:成功的跨界需要产业或品牌之间的资源和能力相互匹配,以便有效地整合各自的元素和影响力。

(3)叠加性:通过跨界合作,品牌可以获得额外的曝光度和认知度,增强品牌效应,达到1+1>2的效果。

小案例 4-5

贵州茅台的跨界战略

近段时间,贵州茅台不断地出现在各大平台的热搜头条之中。与以往不同的是,茅台这次不是以大家口中调侃的"理财产品"的身份登上热搜了,而是凭借不断与其他品牌进行产品跨界联名创新爆火出圈的。接下来,就让我们仔细盘点下贵州茅台到底进行了哪些出乎你意料的联名创新。

1.茅台×蒙牛(茅台冰激凌)

茅台冰激凌是由贵州茅台和蒙牛联合推出的联名产品,由蒙牛的马鞍山工厂负责生产,首次亮相是在2022年5月29日。迄今为止共有6种口味,分别为:经典原味、香草口味、青梅煮酒味、酸奶口味、抹茶口味和蓝莓果汁雪泥。

2.茅台×瑞幸(酱香拿铁)

酱香拿铁是贵州茅台与瑞幸咖啡推出的联名咖啡。使用白酒风味厚奶(含53% vol贵州茅台酒),饮品酒精度低于0.5% vol。2023年9月4日,"酱香拿铁"正式上市,首日销量突破542万杯,首日销售额突破1亿元,刷新了瑞幸的单品销售纪录。

3.茅台×德芙(酒心巧克力)

2023年9月16日,贵州茅台在茅台冰激凌和酱香拿铁这两款联名产品取得成功的基础上,紧锣密鼓地与德芙合作推出了茅台酒心巧克力的联名产品。其中经典酒心巧克力礼盒2颗装定价35元/盒、6颗装定价99元/盒、12颗装定价169

元/盒；减糖酒心巧克力礼盒 2 颗装定价 39 元/盒、6 颗装定价 109 元/盒、12 颗装定价 179 元/盒。

资料来源(节选)：买买菌.茅台的奇妙联名之旅：茅台周边大盘点[EB/OL].(2023-09-15)[2024-03-20].https://baijiahao.baidu.com/s? id＝1777091280712049119&wfr＝spider&for＝pc.

三、平台化战略

进入互联网时代，目标客户的需求不断分散，"碎到"无法"集中"，传统的价值创造方式难以应对，企业该怎么办？ 最佳的选择是利用现有资源建设一个平台，把合作者、客户、员工等都集中到平台上，仔细观察、分析、研究、发现客户到底有什么需求，然后通过各种方式(商业模式)满足这些需求，通过另一种形式为客户创造价值，集中化战略也就演变为平台化战略。

(1)把企业做成平台。平台是快速配置资源的架构，企业通过整合全球资源来完成自己的目标。例如海尔过去是管控企业，现在将自身打造成一个供合作伙伴自由创业、供更多用户自由分享的开放平台。

(2)把产品做成平台。贯彻广义的产品经营理念，把"产品只是产品"转换成"产品不是产品"。"产品只是产品"是指产品的初始功能不变，"产品不是产品"是指围绕产品的初始功能边界进行开放，把更多的功能纳入这个产品中来，围绕产品的核心功能进行体系化扩展，围绕用户需求不断升级产品，使产品成为更多功能的平台载体。如苹果手机等智能手机就是典型的例子。

(3)把员工看成平台。充分发掘现代知识型员工的潜力。谷歌、3M 等知识型企业让员工在工作时间内有一定的自由时间来完成自己想做的工作，很多新发明和新技术由此产生。

四、边缘竞争战略

边缘竞争是由美国麦肯锡咨询公司的咨询顾问肖纳·L.布朗和斯坦福大学的凯瑟琳·M.艾森哈特教授首次提出的战略管理理论。这一理论是在 1998 年由两人合著的《边缘竞争》(*Competing on the Edge：Strategy as Structured Chaos*)书中详细阐述的。

边缘竞争理论的基本思想是企业应不断变革管理来构建和调整竞争优势，并根据一系列不相关的竞争力来彻底改造企业优势，保持企业在无序和有序之间的微妙平衡。此外，边缘竞争战略的成功实施需要相应的组织结构的支持，这种组织结构的特点是在固定式结构和松散式结构之间寻求最佳结合方式。

边缘竞争理论的五个基本要素包括:

(1)即兴发挥:强调迅速响应市场变化的能力。

(2)互适应:指组织能够根据外部环境的变化进行自我调整。

(3)再造:涉及组织的根本性改革。

(4)实践及时空节奏:关注时间的敏感性和节奏感。

(5)半固定式战略趋向:这是边缘竞争战略方法与传统战略方法的显著区别之一。

边缘竞争理论鼓励企业不断探索新的领域、尝试新的方法,促进企业的创新发展,并通过这种方式拓宽市场空间、发现新的市场机会,从而提高企业的竞争力。同时,它也强调了通过创新和差异化的战略来建立核心竞争力的重要性,以及在市场变化和竞争对手动态面前及时调整自身策略和战略的重要性。

本章小结

波特五力模型认为行业中存在决定竞争规模和程度的五种力量,这五种力量综合起来影响着产业的吸引力,以及现有企业的竞争战略。他们分别为:同业竞争者的竞争能力、替代品的威胁、新进入者的威胁、供应商的议价能力、买方的议价能力。

从市场角度来看竞争者有以下四类:愿望竞争者、平行竞争者、产品形式竞争者、品牌竞争者。

竞争者的反应模式主要分为以下四种:迟钝型竞争者、选择型竞争者、强烈反应型竞争者、不规则型竞争者。

成本领先战略(cost leadership strategy)是指通过一系列措施在行业中实现成本领先,以此获得比竞争对手更高的市场占有率。在这种战略的指导下,企业应在原材料成本、研发与技术成本、管理运营成本、服务成本、营销成本等方面,力争实现行业中的最低水平,尤其是要低于竞争对手的成本。

差异化战略(differentiation strategy)是指将企业生产的产品或提供的服务明显区别于竞争对手,形成在全行业范围中具有独特性的产品或服务。该战略重点是创造出独特性,使顾客对企业品牌产生忠诚度,甚至愿意支付溢价,使企业能够获得超常收益。差异化战略的形式包括产品及品牌在形象、功能、外观、服务、技术优势、分销渠道等方面的差异。

目标集聚战略(concentration strategy)是指企业在详细分析外部环境和内部条件的基础上,针对某个特定的顾客群、产品类别、产业内一种或一组细分市场开展生产经营活动,充分发挥企业的资源效力,为这个市场的消费者提供量体裁衣式的服务,赢得竞争优势。

竞合战略(coopetition strategy)是指通过与其他企业合作来获得企业竞争优势

或战略价值,以求得双赢、多赢的结果。竞合战略要求竞争中求合作,合作中有竞争。企业在合作中竞争,在竞争中合作,荣辱与共,这是企业竞争的最高境界。

重要名词

波特五力模型　愿望竞争者　平行竞争者　产品形式竞争者　品牌竞争者　成本领先战略　差异化战略　目标集聚战略　市场领导者　市场挑战者　市场追随者　市场补缺者　竞合战略　平台化战略　边缘竞争战略

案例评析

案例评析

思政专题

2021 年 8 月 30 日,习近平总书记在中央全面深化改革委员会第二十一次会议上指出,强化反垄断、深入推进公平竞争政策实施,是完善社会主义市场经济体制的内在要求。要从构建新发展格局、推动高质量发展、促进共同富裕的战略高度出发,促进形成公平竞争的市场环境,为各类市场主体特别是中小企业创造广阔的发展空间,更好保护消费者权益。

2022 年 10 月,党的二十大报告也指出,深化简政放权、放管结合、优化服务改革。构建全国统一大市场,深化要素市场化改革,建设高标准市场体系。完善产权保护、市场准入、公平竞争、社会信用等市场经济基础制度,优化营商环境。

请思考:

1.试从行业的角度思考,公平竞争对行业和市场发展的意义,并举例说明。

2.试从企业的角度思考,公平竞争对企业竞争战略提出了怎样的要求,并举例说明。

AI 实训专题

请选择一个公司的某类产品,试着以该公司"营销总监"的角色,围绕"该产品的主要竞品及竞争策略"的话题与 DeepSeek(Kimi 或豆包,不同小组成员可分别使用不同平台)进行对话,试着挖掘该产品的现有竞争对手、潜在替代威胁、相对优劣势等,请 DeepSeek 评价对手竞争策略并提出公司的竞争对策。小组围绕不同结果进行深度评判并形成专题报告。

课后习题

第五章　营销调研

学习目标

1. 定义市场营销信息系统并掌握营销信息系统的构成；
2. 掌握大数据、大数据营销及其在企业中的应用；
3. 解释企业如何运用市场营销信息系统；
4. 掌握市场调研的内容和一般过程；
5. 了解市场调研的类型；
6. 掌握市场调研的主要方法；
7. 了解基于大数据技术的市场调研方法。

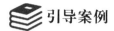引导案例

洞察 2024：中国在线旅游行业竞争格局及市场份额

中国在线旅游行业竞争格局

在线旅游是随着互联网发展而诞生的一种新型旅游商业模式，是指旅游消费者通过网络向旅游服务提供商预订旅游产品或服务，并通过网上支付或线下付费获得旅游资源的一种商业模式。用户可以通过互联网获取与旅游相关的产品或服务，而在线旅游平台将旅游资源整合制作成产品在互联网上进行销售，是在线旅游产业的核心。目前，国内主要在线旅游平台主要有携程旅游、去哪儿网、同程旅行、途牛、飞猪旅行等。

从我国在线旅游行业主要竞争者的布局历程看，携程最早开始布局在线旅游，2003—2006 年，同程旅行、去哪儿网、途牛先后布局在线旅游，市场参与者逐渐增多，大多数互联网巨头开始加入中国在线旅游市场，2014 年，阿里巴巴布局在线旅游板块，创建飞猪旅行 App。

中国在线旅游行业市场排名

据 QuestMobile 数据，以年轻旅游人群为研究对象来看，2023 年 3 月在线旅游服务类 App 月活跃用户规模排名前六的是携程旅行、去哪儿旅行、飞猪旅行、同程旅行、华住会、马蜂窝旅游；以家庭旅游人群为研究对象来看，2023 年 3 月在线旅游服务类 App 月活跃用户规模排名前六的是携程旅行、去哪儿旅行、飞猪旅行、同程旅行、马蜂窝旅行、华住会；以银发旅游人群为研究对象来看，2023 年 3 月在线旅游服务类 App 月活跃用户规模排名前六的是携程旅行、去哪儿旅行、飞猪旅行、蚁丛旅游、华住会、同程旅游。整体来看，携程旅行稳居在线旅游服务类 App 榜首，去哪儿旅行、飞猪旅行位列第二、第三。

中国在线旅游行业竞争梯队

根据 QuestMobile 数据，2023 年 3 月，携程旅行的中国在线旅游平台活跃用户规模达到 8394.1 万人，同比增长 53.4%；去哪儿旅行的中国在线旅游平台活跃用户规模达到 2703.6 万人，同比增长 44.8%，位列第二；飞猪旅行 2023 年 3 月活跃用户规模达到 2120.9 万人，位列第三。

在线旅游网站可分为 3 个梯队，第一梯队由携程、去哪儿、飞猪组成，继续保持高位运行；第二梯队由同程旅行、马蜂窝、华住会、美团、途牛、驴妈妈等组成。第三梯队为其他在线旅游平台。

中国在线旅游行业企业布局

从我国在线旅游行业代表企业的业务布局情况来看，在线旅游企业布局各有侧重。去哪儿与全球超过 100 家航空公司、9000 家旅行代理商达成了深度合作，为用

户提供更低的价格、更全的覆盖以及更好的服务。携程已经开始布局海外,跻身全球性的 OTA(online travel agency,在线旅行社)平台。同程旅行正在布局本地和短途消费市场,并发挥住宿业务的增长潜力,持续为行业伙伴和用户创造新价值。途牛 2023 年成为百度文心一言首批生态合作伙伴,双方将在智慧旅游、产品创新、内容服务提升等多个领域开展深度合作,为用户提供更高品质的线上旅游 AI 解决方案及服务。

中国在线旅游行业竞争状态总结

从五力模型角度分析,由于目前我国在线旅游行业竞争者较多,可分为 3 个梯队。总体来看,企业竞争较为激烈;各平台加强布局,行业新进入者威胁较小;行业上游主要有万达集团、海航旅游等综合类集团以及首旅酒店、锦江之星、国际航空、东方航空、黄山旅游等单品类集团,在线旅游平台对上游议价能力相对较强。下游主要为媒体及营销,主要有抖音、微博、马蜂窝、微信等,在线旅游平台对下游方的议价能力一般。目前来看,在线旅游行业的替代品威胁较小。

资料来源(有删减):前瞻产业研究院.洞察 2024:中国在线旅游行业竞争格局及市场份额[EB/OL].(2024-02-07)[2024-03-15].https://mp.weixin.qq.com/s/Ekz-bElbBDNx0q3F7WdLlw.

思考:

根据案例数据结果思考营销调研对于企业营销工作的重要意义。

第一节 营销调研概述

一、营销调研的含义

在当今激烈的市场竞争中,市场营销者需要基于消费者行为和市场洞察来进行决策。例如小米公司希望知道,有多少人以及什么样的人会购买红米手机;聚美优品希望知道,在自己投放的广告中最有效的诉求是什么;海底捞希望知道,顾客对新推出的火锅底料的口味有何反应。在这些情况下,管理者需要进行有针对性的市场调研。

营销调研(market research)就是运用科学的方法,通过多种渠道,有目的、有计划,系统客观地收集、整理、分析与评估有关市场营销活动的现状,为营销管理人员提供数据依据。更简明的定义是指对营销决策相关数据进行计划、收集、分析和报告信息。

营销调研有 3 个作用:描述功能、诊断功能和预测功能。描述功能是指描述历史事实,比如产品现有市场占有率是多少、上一季度的销售额是多少。诊断功能是指解释数据、诊断现状,比如哪些因素导致这一季度产品的销售量下滑。预测功能是指预测未来市场发展趋势,比如面对不断变化的市场,企业要怎么满足消费者不断变化的需求。

二、市场调研的内容

市场调研涉及营销活动的各个方面,主要有产品调研、顾客调研、销售调研、促销调研等。

(1)产品调研,包括对新产品进行设计、开发和试销,对现有产品进行改良,对目标客户在产品款式、性能、质量、包装等方面的偏好进行预测。

(2)顾客调研,包括对消费者心理、消费者行为的特征进行调查分析,研究社会、经济、文化等因素对购买决策的影响以及这些因素的影响作用到底发生在哪个环节。

(3)销售调研,包括对购买行为的调查以及对企业销售活动的审查。产品的市场潜量与销售潜量以及市场占有率的变化情况,也是销售调研的内容。

(4)促销调研,主要是对企业在产品或服务的促销活动中所采用的各种促销方法的有效性进行测试和评价。

市场调研最主要的活动有:识别潜在的市场,确定市场特性,分析市场占有率、销售、竞争。市场调研技术包括定量研究和定性研究。定量研究一般是为了对特定研究对象的总体得出统计结果而进行的。定性研究具有探索性、诊断性和预测性等特征,它并不追求精确的结论,只是为了解决问题之所在,摸清情况,得到感性认识。

三、市场调研的步骤

市场调研是一个由不同阶段、不同步骤相互联系、相互衔接构成的统一整体。市场调研的过程包括七个步骤:确定问题和研究目标、设计调研方案、选择调研方法、选择抽样方法、搜集信息、分析信息、提出结论(见图 5-1)。市场调研的这七个步骤又可以分为 3 个阶段:准备阶段(包括确定问题和研究目标)、设计阶段(包括设计调研方案、选择调研方法、选择抽样方法)、实施阶段(包括搜集信息、分析信息、提出结论)。

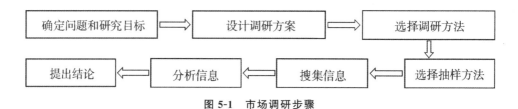

图 5-1 市场调研步骤

(一)准备阶段

这一阶段主要是确定研究目的、要求及范围,并据此制订调研方案。并非每一项调研都有执行的必要,因此市场调研策划的首要环节就是确定调研是否有必要。调研的第一步骤要求研究人员认真确定问题和研究目标。这通常要求与企业进行充分的沟通,同时查阅相关资料。在任何一个问题上都存在许多可以进行调研的因素,因此企业营销管理者必须善于把握,对问题的定义要适度,既不要太宽,也不要太窄。如果定义得太宽则难以操作,有可能会在调查中获得许多不需要的信息,冲淡甚至掩盖真正对企业营销决策有效的信息。如果定义得太窄,会造成研究深度太浅、过于片面,限制研究者的视角,以致不能为决策者提供全面的信息支持,影响决策的质量。在分析调研的必要性之后,要确定调研的问题及主题。

在正式调研之前通常要进行一项非正式调研,称为探索性调研,是一种小规模的调研,其目的是确切地掌握问题的性质和更好地了解问题的背景,以便节省调研费用、缩小调研范围、深入了解调研问题。非正式调研常用的方法是收集二手资料或进行小范围的讨论等,即调研人员尽可能收集企业内外部的各种相关资料,并咨询企业内外部对此问题有丰富经验及深入研究的专家学者,也可从最终消费者或调研对象身上收集相关资料,以便明确调研问题。调研问题的确定是为了形成调研目标,所有为调研项目投入的时间和成本都是为了实现既定的调研目标。调研目标是调研项目进展的指导方针,是评价调研质量的尺度。因此,调研目标必须尽可能准确、具体并切实可行。

(二)设计阶段

1.设计调研方案

调研方案的设计是指为实现调研目标制定调研计划书,它是调研项目实施的行动纲要,为回答具体问题提供了框架结构,保证了调研工作的顺利进行。一份完整的调研方案通常包括以下几方面内容:确定资料来源、设计具体的调研内容、设定调研的时间表、确定调研对象和调研人员、说明调研预算。由于不同类型调研方案的侧重点不同,设计调研方案的首要任务就是确定本项调研是探索性调研、描述性调研还是因果性调研(见表5-1)。

表5-1 三种调研类型方案比较

项目	探索性调研	描述性调研	因果性调研
目的	了解并界定问题 追踪和寻找市场机会	描述特征、功能、属性	研究因果关系
适用	无法确定某一问题 实现问卷的精确、细化	对问题有较多了解 对所需信息有清晰定义	存在某种内在联系 试图寻找解决问题的途径

续表

项目	探索性调研	描述性调研	因果性调研
特征	小样本调研 不具备推断总体的作用 定性分析 处于大规模调查之前	大样本调研 定量分析 结论供决策参考	研究变量间的相关关系 定量分析
方法	专家咨询法 座谈会法 个人访谈	文案法 问卷法 观察法	实验法 统计模型法

(1)探索性调研。这是指没有特定的结构并且采用非正式的方法进行调研,通常用于深入了解并界定问题或寻找市场机会。当人们无法确定某一问题时,往往借助此法来界定问题;或在大规模调查之前,借助此法使问卷更加精确、细化。常用方法有专家咨询法、座谈会法、个人访谈等。

(2)描述性调研。这是指以描述研究对象的特征、功能、属性等为目的进行的调研,调研范围包括:研究对象的态度、行为,以及竞争者的一些基本情况等。这种方法侧重于使用一系列调查问题来描述被调查者的行为及心理特征。描述性调研通常以大样本为基础,同时要求调研人员对所研究的问题有较多的了解,并对所需信息有清晰的定义。常用方法有文案法、问卷法、观察法等。

(3)因果性调研。这是指为了通过对多种因素的研究来确定问题产生的原因所进行的调研。调研人员需要考察一个变量是否影响另一变量,以及变量之间是否存在某种相关关系。例如食品公司进行调研了解产品口味的改变是否会引起销售量的变化。常用方法有实验法、统计模型法等。

这3种调研类型,将在下一节中详细介绍。

2.选择调研方法

营销调研的方法有观察法、实验法、访问法、问卷法、网络调查法、基于大数据技术的市场调研方法等,在第四节将有详细的介绍。

3.选择抽样方法(见表5-2)

(1)概率抽样。又叫随机抽样,概率抽样方法中总体的每个单位被抽中的概率相等。具体包括四种方法:①简单随机抽样,是指以每一个体为抽样单位,并使每一个体被抽中的概率相等;②等距随机抽样,是指将总体中的个体按照某种顺序排列,随机抽出某一位置上的个体,并顺着某个方向等间隔地选取其他个体;③分层随机抽样,是指将总体中的个体按某种特征分为若干类,使得每类内部相差不大,类与类之间差异较大,然后在每一类中随机抽取若干个体构成样本;④分群随机抽样,是指将总体按照地域标志或其他标志分成若干个内部差异很大但相互之间差异很小的群体,然后再随机抽取某一整群构成样本。

(2)非概率抽样。又叫非随机抽样,是指从总体中非随机地选择特定的个体,每一个体被选中的机会未知,也不能用概率表示。具体包括 4 种方法:①任意抽样,是指调研人员随机抽取一些个体作为样本;②雪球抽样,它要求被调研者提供其他可能回答问题的人的名单供调研者使用;③判断抽样,是指调研人员根据对总体及个体情况的了解,凭借主观判断选择有代表性的个体构成样本;④配额抽样,是指调研人员根据一定的标准确定样本个体数的配额,然后按照配额抽出一定数额的个体构成样本。

表 5-2　不同的抽样类型

抽样类型		特征
概率抽样	简单随机抽样	每一个体有已知并相等的机会被选中
	等距随机抽样	个体按照某种顺序排列,随机抽出某一位置上的个体,并顺着某个方向等间隔地选取其他个体
	分层随机抽样	统计总体被分成互不相容的几组(如根据年龄分组),从每个组中抽取随机样本
	分群随机抽样	总体样本被分成相互间差异很小的几组(街区),调研人员从这几组中随机抽取一组来调查
非概率抽样	任意抽样	调研人员选择最容易获得的个体成员,从他们那里获得信息
	雪球抽样	根据名单抽样
	判断抽样	调研人员根据自己的判断,选择有可能提供准确信息的有代表性的个体成员
	配额抽样	调研人员从各类型的人中选取规定的人数进行调查

(三)实施阶段

1.搜集信息

调研计划制订完成后,就要开始搜集信息。信息来源可分为一手资料和二手资料,如表 5-3 所示。一手资料又称为原始资料,是为当前某种特定目的直接从调研对象那里获取信息;二手资料则是由别人搜集、整理且通常是已经发表过的信息,各种公开出版物、各类咨询单位或者信息公司及数据库所提供的信息,还包括企业内部储存的各种数据。研究人员通常从搜集二手资料开始他们的调查工作,搜集这些二手资料比较容易,花费也较少。一般将利用二手资料进行的调研称为案头调研。二手资料为调研提供了一个起点,具有成本较低和容易获得的优点。但是,研究人员也必须搜集一手资料,它们是为某种特定目的而收集的原始资料。这里主要介绍二手资料及其来源。

表 5-3　一手资料和二手资料的搜集方式和优缺点

信息来源	方法	具体方法	优点	缺点
二手资料	案头调研	内部资料查询	费用成本低,快捷方便	缺乏针对性、可靠性、准确性和客观性,需要进一步验证
		外部资料查询		
一手资料	询问法	问卷调查	信息资料准确可靠,针对性、有效性强	费用成本高、周期长
		深度访谈		
		电话调查		
		会议调研		
	观察法	人工、机器观察		
	实验法	无控制、有控制实验		

二手资料是企业开展市场调研的一个重要信息来源,可以说企业开展市场调研几乎离不开二手资料。从事市场调研的工作人员应该对二手资料的来源和种类有清晰的了解,这样可以迅速地查找和获取相关的二手资料提高工作效率。二手资料的来源有以下几种:

(1)互联网。在计算机和互联网普及的今天,通过互联网获取二手资料是最便捷、最经济和最高效的途径,市场调研人员应该十分熟练和高效地运用互联网获取二手资料。在互联网获取资料最常用的工具是搜索引擎。为了提高搜索的效率,确定关键词是非常重要的,可以帮我们迅速找到需要的资料。除此之外,另一个较为便捷的途径是上专业网站。专业网站可以提供企业需要的专业信息,减少企业在搜索引擎上花费时间挑选信息的烦恼。

(2)年鉴。各种各样的年鉴是二手资料的重要来源之一,特别是有关统计方面的年鉴。年鉴可分为两大类,一类是有关国民经济的统计年鉴,如《中国统计年鉴》等,还有各种其他经济年鉴,如《中国第三产业统计年鉴》等;另一类是各种专业年鉴,如汽车工业相关的《中国汽车工业年鉴》《中国交通年鉴》等。研究专业问题一般要大量查询年鉴,通过年鉴可以获取国民经济各行业最基本的统计数据和资料。

(3)专题报告。除年鉴外,各行业协会每年会发布一些该行业的专题报告,包括一些白皮书,如《中国汽车工业发展年度报告》《中国家电行业发展报告》等。这些报告涵盖了大量有用的信息。此外,社会上一些第三方独立调研机构,如研究所、大学的调研机构等也经常开各种专项研究并发布研究报告,这些也同样可以成为资料来源之一。

(4)报纸杂志及相关专业书籍。报纸杂志是一个非常重要的二手资料来源,虽然互联网目前相当普及但仍不能完全替代报纸杂志,特别是有一些报告和研究分析文章不在互联网上发表。调研人员应该更加重视专业杂志。专业杂志虽然在时效性上不如报纸,但往往透露出许多重要的内部信息,如新产品的研制、新技术的开发和应用、企业的发展战略和行动计划等。通过专业杂志搜集相关信息是企业市场调研人员的一项重要工作。

（5）上市公司的年报及相关资料。如果企业要研究的对象为上市公司,上市公司的季报、半年报、年报及公告等则是应重点关注的二手资料。一般来说,上市公司的年报有严格的监管,并通过外部第三方会计师事务所的审计,可信度高。上市公司年报透露的最重要的信息是企业的财务信息,除此之外,还有很多有关生产经营重大决策的信息,特别是公告信息。

（6）企业的内部数据库和相关资料。企业在日常经营中会积累大量的数据和资料,包括一些市场调研报告、专题研究报告等,这些也是二手资料的一个重要来源,并且是最节约时间精力的一个来源。通常企业内部的数据及相关资料是企业调研时首选的资料来源,当内部资料信息不足以满足需要时,再通过其他方式搜集外部二手资料。此外,设计产品的信息,如用户对产品质量的反馈、有关产品改进的建议也非常重要。

2.分析信息

数据收集完后,就需要进行数据分析。由于所搜集的数据大多是分散、零星甚至是不准确的,因此要对所采集的数据进行加工处理,形成系统化、规范化且符合客观规律的资料,具体分为四个步骤:第一步,将数据资料分类,即按数量、时序、地域、质量分组;第二步,编校,即审查、验证数据是否正确,修订或剔除不符合实际的数据;第三步,数据编码及录入,即为每个问题及答案赋予一个数值代码,并将其录入计算机;第四步,编制图表,即列示每一种答案出现的次数,形成所有资料的数据库。

在营销分析系统中,研究人员应采用一些先进的统计技术和决策模型,以期得到更多的调查结果。对数据的分析,包括统计分析和理论分析。统计分析包括两个方面:描述统计、推论统计。描述统计是根据所得信息,找出这些数据的分布特征,是描述调查观察的结果。推论统计是在描述统计的基础上加以推断。理论分析是分析数据的重要环节,是在资料汇总分析的基础上进行思维加工,进而从感性认识上升到理性认识。分析信息的方法有归纳法、类推法、公理法、演绎法等。

3.提出结论

市场调研的最后一个步骤是陈述研究人员对相关问题的研究发现。调研人员不应该让管理人员埋头于大量的数字和复杂的统计技术中,而应该简明扼要地提出与主要营销决策有关的一些调查结果,之后撰写市场调研报告,进行跟踪反馈。

第二节 营销调研的类型

一、营销调研的范围

市场调研活动涉及市场营销管理的整个过程,在各个环节出现的一些特定的营销问题,都可以通过市场调研的方法,提供解决问题的参考。主要的和常见的市场调研活动包括以下九个方面。

(一)市场研究

市场研究主要包括对市场需求规模的分析和预测,即估计某种产品或服务市场的现有规模和潜在规模,预测某产品或服务的不同细分市场的中远期需求;预测某产品或服务的各品牌市场占有率及其动态变化,分析企业与同行竞争者相比的优势和劣势;了解某类产品或服务的市场特点及其变化趋势,掌握消费者购买行为的基本模式及特点,以利于企业把握有利时机、制定最佳的营销组合策略进入有利可图的目标市场。

(二)消费行为研究

消费者行为研究包括顾客的基本人文特征和购买行为两方面的研究。首先,通常需要了解以下 8 个方面的信息,即所谓的 6W 和 2H:购买者是谁(who)、购买什么(what)、为什么购买(why)、何时购买(when)、何地购买(where)、信息来自何处(where)、购买多少(how much)、如何决策购买(how);其次,分析不同消费者群体间购买行为的差异以及生活习惯和生活方式特点。

(三)产品研究

产品研究包括现有产品的改进和新产品研制与开发的研究。对现有产品的改进主要是改进性能、扩大用途和创新市场等;对新产品的研制与开发主要是产品测试研究,涉及消费者对产品概念的理解。对品牌的研究形成一个相对独立的研究领域,主要包括:品牌的知名度、美誉度、忠诚度以及消费者对品牌的认知途径和评价标准等。

(四)价格研究

价格研究主要包括比价研究、差价研究、价格敏感度研究和新产品定价研究等。比价研究要确定同一市场和时间内相互关联产品之间的价格关系,包括原材料和半成品的比价、进口产品与国产产品的比价及原产品与替代产品的比价等;产品差价研究要分析和研究产品的质量差价、地区差价、购销差价、批零差价和数量差价等;价格敏感度研究和新产品定价研究为企业制定和改进价格策略提供依据。

（五）广告研究

广告研究由于其特定内容和相对独立的研究方法,形成了市场调研中一个独立的分支领域,其研究内容主要包括:为广告创作而进行的广告主题和广告方案的预测;为媒体选择而进行的广告媒体调研,如电视收视率、广播收听率、报刊阅读率调查等;为评价广告效果而进行的各类消费者广告前的态度和行为调查、广告中接触效果和接受效果调查、广告态度和行为跟踪调查等;为制定企业的广告策略而进行的消费者媒体行为和习惯的调查。

（六）营销环境研究

企业的营销环境包括微观环境和宏观环境,它们直接或间接地给企业的营销活动带来影响和制约。微观环境包括企业内部、营销渠道、顾客、竞争者和社会公众;宏观环境主要包括人口、经济、自然、技术、政治法律以及社会文化环境等。企业要时刻认识和把握自己所处的环境,不但要适应外部的环境,还要能动地影响环境。

（七）竞争者研究

企业要出色地完成组织目标必须比竞争者更好地满足顾客需求。因此,企业不仅要全面深刻了解顾客需求,还要时刻掌握竞争者的动向,以便制定恰当的竞争战略和策略。竞争者研究的一个基本内容就是利用合法手段技术搜集竞争者的情报和有关信息。

（八）顾客满意度研究

顾客满意度研究越来越受到企业界的重视。企业通过顾客满意度研究了解顾客满意度的决定性因素,测量各因素的满意度水平,从而使企业比竞争者更好地满足顾客的消费需求。

（九）企业责任研究

企业责任研究主要包括消费者权益研究、产品或服务的生态影响和营销道德研究、广告和促销活动的法律研究等。

除了以上列举的市场调研主要范围,市场调查实际可以应用在更广泛的方面。比如美国总统选举,可以通过调查了解民意;国外陪审团成员的选择,很多也是借助市场调研及其他工具来产生的。

二、营销调研的类型

（一）探索性调研

1.探索性调研的作用

调研人员一旦了解了开展调研的动机，通常需要额外的背景信息来全面地理解问题。市场调研人员对包括行业、企业、产品或服务和目标市场在内的营销环境了解得越深，问题就越可能被正确地定义。开展探索性调研可用来获取更多对概念的理解或者有助于问题定义的透明化，也可用来识别重要的研究变量。探索性调研是基础性调研，而不是一系列行动的明确的调研。

探索性调研的作用主要体现在以下四个方面：

（1）发现调研对象存在的问题或者进行问题假设。

（2）为深入全面研究调研对象奠定良好的基础。

（3）有利于调研人员熟悉问题。

（4）澄清相关的模糊概念。

2.探索性调研的形式

探索性调研可以采取以下形式：二手资料调研、经验性调研、案例调研和焦点小组座谈。

（1）二手资料调研

二手资料调研是探索性调研的第一种形式，同时也是一种发现问题最经济、最快捷的形式，其途径是通过文献资料进行研究。这些文献资料包括猜测性文献、贸易文献、统计数据和公司内部资料。

在实际操作中，公司内部资料是文献寻找的重要来源，有些问题通过内部资料查阅可以迅速找到问题所在。在文献查阅中重点是发现尝试性解释而非验证解释是否正确。市场调研人员要独立思考，善于通过查阅资料分析各种文献资料得出可能的假设。

（2）经验性调研

经验性调研是探索性调研的第二种形式。向已经熟悉调研对象的人了解有关问题，即向经验丰富的人收集资料，是寻找问题的一种方法。因此，与公司营销有联系的人都将成为潜在信息来源，如公司高层管理、营销经理、生产部经理、批发商、零售商和消费者。这些人员对公司及公司产品都有一定了解，当公司出现问题时，可以向这些人征询，让他们根据自己的经验作出某种判断，这种经验性调研是探索性调研资料的重要来源之一。经验性调研的一个重要任务是被访者的选择，访问对象是有着丰富的经验且能提供有用资料的人群，同时应选择有不同观点的访问对象，这样有利于收集不同的资料。

（3）案例调研

案例调研是探索性调研的第三种形式。案例调研是指选择某一个案例进行研究分析，并把得到的情况同考虑的具体问题进行比较。期望通过个例的分析来发现问题、总结经验，为目前问题的解决提供决策的依据。

案例调研中的案例选择标准为：①有新的情况发生，特别是一些突发性意外情况；②有极端的行为发生；③事物发展的顺序出现了新的变化。

案例分析能否实现理想的效果，取决于两个主要因素：①调研者的态度。市场调研人员在进行探索性调研时，绝对不能先入为主，要积极寻找可能出现的新假设或新问题。②市场调研人员的综合能力。有时探索性调研需要提出各种假设，要求调研人员具备综合分析的能力，能对零散的信息资料进行分类提炼，形成一个统一的解释。

（4）焦点小组座谈

焦点小组座谈又称为小型调查会，是一种深度讨论得出所需信息的调研方式，同样可用于探索性调研。它与经验性调研的相同点都是向有一定经验的人员做调查，其区别是采取集体访谈的方式。这种方法的操作程序是主持人（市场调查人员）召集内部人员，对调研对象的有关问题通过自由交流、座谈的方式相互影响、相互启发、相互探索使调研的问题更加深入，达到预期的目的。大量实践证明，焦点小组座谈是一种有效的探索性调研形式，有利于产生新的假设，能够产生进行调查问卷设计的相关信息，能够采集到对分类研究有帮助的总结概括性背景信息，互相碰撞能够形成新的概念和新的思维。

（二）描述性调研

描述性调研是指对需求研究的客观事实资料进行收集记录分析的正式研究，它所要了解的是有关问题的相关因素和相关关系，所要回答的是"什么""何时""如何"等问题，而不是回答"为什么"的问题。因此，描述性调研通常只是说明事物的表现特征，而不涉及问题的本质影响事物发展变化的内在原因。

1.描述性调研的作用

第一，描述某一组别的特征。例如：在已获得某一产品的使用者信息资料的基础上，可以总结出一般使用者的收入水平、性别、年龄、教育水平等基本特征。

第二，估计某一消费群体中特定行为者所占比例。例如，通过消费者调查，估计在某一区域内消费者乐意在连锁店购物人数比例，可作为新开设连锁店决策的参考依据。

第三，预测。例如，通过调查了解今后五年内电子计算机在家庭购物中的需求偏好，可以预测今后我国五年内电子计算机的销售量，可以成为发展网上营销的决策依据。

2.描述性调研的构成因素

描述性调研在设计时,必须对所研究的事物有一定程度的了解,所提出的问题都是相互联系的,表述形式都是基于一定的假设。描述性调研具有高度的灵活性。开展描述性调研,首先要明确其构成的六大因素,即向谁提问(who)、问什么(what)、何时问(when)、在什么场合问(where)、为什么问(why)、如何问(how),因此也称为"5W1H"调查。

(三)因果关系调研

因果关系调研是指从已知的相关变量出发,以确定有关事物各变量之间因果关系的一种市场调研方法。因为任何事物的发展都是相关变量之间互相影响的结果,因果关系调研的直接目的主要有两个:一是要搞清楚哪些变量是原因性因素即自变量,哪些变量是结果性因素即因变量;二是确定原因和结果,即自变量和因变量之间的互相联系的特征。原因与结果之间的函数关系为

$$y = f(x_1, x_2, \cdots)$$

上述函数关系表示,导致 y 变化的原因 x,可能是确定某一变量(唯一变量),但更多的情况是 y 的变化受多重因素的影响,如 $x_1, x_2, x_3, \cdots$

1.因果关系推论证据

在进行因果关系调研时,实际上暗示了一种假设,即所考察变数中有一种或几种变数导致了因变量的变化。通常情况下,可采取如下两种证据进行实物间存在因果关系的推断。

(1)伴随变化

伴随变化是指一种因素的变化必然伴随着另一种因素的变化。这种伴随变化表现在质和量两个方面:一是在质的方面,如果要确认"受教育程度的提高等引起吸烟行为的减少"这样的因果关系,调研人员就必须观察到下列现象,即"受教育程度高的人"往往不抽烟,而"受教育程度低的人"常常抽烟;二是在量的方面,如广告费用支出 x 和销售量 y 之间的关系,随着 x 的增加 y 也增加。需要指出的是,无论是在质的方面还是在量的方面,我们仅仅是有这样的推论,但并不一定是导致结果的唯一因素,只是说明暗示着这种情况的一种证据。

(2)顺序关系

变量发生的时间顺序是证明因果关系的第二个证据,即在因果关系分析时,原因性因素在先,结果性因素在后,存在着一定的时间顺序。但在实际分析研究时,常常出现原因和结果之间究竟谁先谁后难以判断的现象,这就需要调研人员具体问题具体分析。

2.因果关系调研的应用

因果关系调研主要用于寻找企业问题的原因,其典型问题如"为什么公司的销售额下降了"等。因果关系调研的技巧是逐步缩小调研范围。一般分为三步进行:

(1)初始调研,找出所有可能的因素。

(2)进行因素分析,减少可能的因素数目。第一步应用二手资料,应用事实和推测删除大部分的可能因素;第二步应用收集到的各种原始资料提供证据。

(3)利用实验法,进一步缩小范围。实验法不是确定因果关系的唯一方法,但是控制有关原因因素的唯一方法。

(四)三种市场调研类型之间的关系

探索性调研、描述性调研和因果关系调研是公司营销调研过程中在不同阶段采用的调研方式,它们之间存在着互相影响、互相依存的关系。如图 5-5 所示。

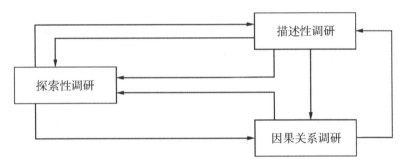

图 5-5 三种营销调研之间的关系

探索性调研是市场调研的第一步,其重点在于对问题进行尝试性解释,这种解释或假设作为描述性调研的指南,如果被描述性调研所证实,就可以利用因果关系调研来确认这一假设的可信性。

公司营销调研一般情况下是按照上述顺序进行的,但并不说明其顺序也是不可变化的。实际上,这三种调研类型在使用时,面对不同问题,其顺序也是变化的,并不是所有调研问题都是从探索性调研开始。模糊性问题从探索性调研开始,如存在明显的因果关系,则应从因果关系调研。

在调研过程中,也可以单独使用某一种调研类型。如某公司在进行了探索性调研后,不再进行后续调研,可能认为没有继续调研的必要,或者把调研结果保存下来供以后使用,或者不具备继续调研的条件。同时,如果公司积累了许多基础资料或相关资料,也可不进行探索性调研,而直接进行描述性调研,或者进行因果关系调研。

第三节 营销调研的主要方法

想要更好地实现调查目的,必须有科学合适的营销调研方法。只有调研手段恰当、调查方法科学,搜集来的资料才能及时、准确和全面。要搞好市场调研,就必须根据调查的目的、任务、被调查对象的特点,选择合适的调查方法。

常见的市场调查方法有访问法、观察法、实验法、网络调查法和基于大数据技术的市场调研方法。

一、访问法

访问法是用来收集原始资料的基本手段,是一种最常用的实地调研方法。根据调查访问形式的不同,访问法可以有四种主要类型。

(一)面谈访问法

面谈访问法是指调查人员面对面地向被调查者询问有关问题,以获取相关信息资料,包括个人访谈、小组访谈等多种形式。其中,个人访谈包括入户访问、拦截访问及经理访谈等,小组访谈包括焦点小组访谈、深层访谈、德尔菲法访谈及头脑风暴法访谈等。其优点在于:简单、灵活,可随机提问;调查人员可边询问边观察,有助于提高调研质量;提问的弹性大(就某问题深入详细地交谈),被调查者可充分发表意见,有助于获取有价值的信息;所提问题的回答率高。缺点是:费用高、时间长,只适合小规模的调研;对调查人员素质要求较高;调研效果在很大程度上取决于被调查者的配合情况,被调查者易受调查人员主观意识的影响,使信息失真。

面谈访问法要求调查人员做到以下几点才能获得成效:

(1)熟悉调查的问题,明确问题的核心、重点和实质。

(2)事先设计好问卷或者调查提纲。

(3)掌握人际沟通的技巧和方法,最好安排交谈预演。

(二)电话询问法

电话询问法是指调查人员根据抽样的要求,在样本范围内,通过电话询问的形式向被调查对象询问事先拟定的内容来获得信息资料。其优点在于:经济、快速、易于控制;访问对象样本大、范围广;受调研人员影响小,交谈自由,能畅所欲言;对调研人员的管理方便;尤其适合热点问题或突发问题的快速调查。缺点是:无法进行产品的有形展示;不适合较长时间的访问;不适合深度访谈或开放式问题的访谈;容易遭到拒绝,被调查者易产生抗拒心理。

电话询问法要求组织者做好以下几点:

(1)设计电话问卷调查表。注意通话时间、记忆规律的约束。

(2)挑选和培训调查执行人员。

(3)选择样本方案、调查对象、访问时间段。

电话询问法可应用于用户调查、回访、访问分销商、服务投诉和质量投诉的应答、价格行情意见的询问等。

(三)邮寄询问法

邮寄询问法又称通信询问法,它是将事先设计好的问卷或调查表通过邮件的形式寄给被调查对象,他们填好以后在规定的时间内寄回来。其优点在于:高效、便捷、费用低,样本量大、调查范围广,减少了对调研人员的监督,被调查者思考的时间充裕,尤其适用于较敏感或涉及隐私的问题。缺点是:问卷或调查表的回收率低,信息反馈时间长、时效性差,对被调查者素质要求较高,对调查内容要求较高(问卷设计清晰无歧义,能够引起被调查者的兴趣)。

(四)焦点小组访谈法

焦点小组多由8~12人组成,在一名主持人的领导下,对某一主题或观念进行深入讨论,其目的在于了解人们的想法及原因,了解人们对一种产品、观念、想法或组织的看法,了解所调研的事物与人们生活的契合程度和感情的融合程度。

焦点小组访谈法不是一问一答式的面谈,他们之间的区别也是群体互动和群体访谈之间的区别。群体互动所提供的互动作用是焦点小组访谈法成功的关键,正是因为互动作用才组织一个小组,而不是个人进行面谈。使用群体会议的一个关键假设是,个人的反应会成为对其他人的刺激,这样可以观察到受试者的相互作用,这种作用能够比同样数量的人做单独陈述时得到更多的信息。

焦点小组访谈法的优点在于参与者之间的互动可以激发新的思考和想法,这是一对一面谈实现不了的,而且群体的压力可以使激进者更现实一些。参与者之间的积极互动,对委托方而言,还意味着通过观察焦点小组获得的一手资料比一对一面谈来得更为快捷和有趣。同时,这个方法也便于操作,容易得到所需要的结论。焦点小组访谈法的缺点在于容易受主持人的水平或研究者认识的影响,可能会产生误导性而非指导性的结论。此外,如果选择的参与者与目标市场有一定的偏差,造成的负面影响也较大。

二、观察法

调研人员在现场观察,记录行为者的过程和行为结果的方法叫观察法,这是市场调查中常用的方法,主要用来收集原始资料。

观察法的基本要求是避免被调查者看出或感觉到正在被调查。其目的是防止干扰被调查者的正常行为,以便取得真实、可靠、贴近实际的行为表现数据。

观察法的优点是它属于非介入式的资料收集行为。相比调查法,观察法可以避免人际沟通、语言交流、情感摇摆、态度变动、文化差异等障碍,避免交流中出现暗示、人工环境等倾向,因此所获资料真实、具体、客观、可靠。此外,实施起来简单、灵活,便于调研人员短时间内掌握基本方法。它的缺点是只取得表象信息,无法深入探究原因、态度、心理、动机等深层信息。

观察法常见的应用有:神秘顾客、单向镜观察法、审计。

(一)神秘顾客

神秘顾客常用于收集有关商店的观察数据,以及顾客和雇员互动的数据。当然,在后一种情况下,神秘顾客和雇员间要进行交流。神秘顾客可能会提问:"这个产品多少钱?""这种款式有蓝色的吗?"或者"星期五之前能送货吗?"这种互相交流不是为了访谈,只是为了观察雇员的行动和评论。因此,虽然观察人员经常卷入彼此的交流,但神秘顾客仍然被看成是一种观察调研法。据估计,70%的美国零售商店使用这种方法,诸如沃尔玛、麦当劳、星巴克、Blockbuster等餐厅和全食超市都是神秘顾客调查员的大客户。

神秘顾客概念有四种基本形式,每一种形式在深度和收集的信息类型上有所不同。

形式1:神秘顾客拨打神秘电话。在这种方法中,神秘顾客给其客户打电话,并根据电话内容评估所接受的服务水平,继而与其进行一番照本宣科式的谈话。

形式2:神秘顾客参观某个展览并快速地购买一些产品,不需要过多或者完全不需要与雇员沟通。例如,神秘顾客购买了一些商品(如汽油、汉堡或一张电影票),并对其交易能力和场所的形象进行评估。

形式3:神秘顾客造访某企业,用事先准备好的手稿或方案与服务员或销售代表谈话。这种神秘顾客通常并不包含真正的购买行为,类似例子包括与销售代表讨论手提电话的不同包装,事后评价一下所提供的服务,等等。

形式4:神秘顾客进行一次需要具备良好的沟通技巧以及对相关产品拥有丰富知识的访问。这样的例子包括讨论家庭贷款、购买新车的过程或是参观公寓群等。

星巴克的 AI for Humanity（以人为本的人工智能）：
传统"神秘顾客"依然在发挥作用

星巴克源源不断的一手数据为人工智能计划提供动力，促使数据转化为洞察力。人工智能使得咖啡师工作中不涉及与顾客接触的部分工作逐渐变得自动化，咖啡师们能够专注于与顾客的联系和互动。星巴克称这种方法为"AI for Humanity"。这种方法让星巴克与一些竞争对手（如麦当劳）有了显著的区别，而后者正在使用自动售货机来逐步取代收银员的工作。

通过使用人工智能来解放人类的时间，星巴克进一步在自己与那些不优先考虑客户体验的竞争对手之间划出了一条界线。

星巴克的另一项关键能力是强大的客户服务能力。

每个季度，星巴克都会向每个门店派出一名"神秘顾客"，他们会对门店的服务进行评分。利用"神秘顾客"乔装访查获得的分数，星巴克可以了解到其品牌形象的一个重要方面——是否能够提供出色的顾客体验。

星巴克在人工智能战略方面，有 3 个主要举措：

1.数字飞轮

数字飞轮指的是星巴克通过将人工智能和其他数字技术应用于其移动应用，来整合和优化其数字和实体体验的举措。飞轮的 4 个支柱分别是：星巴克奖励计划、应用程序的个性化、购买体验、支付流程。

2.深酿

深酿指的是星巴克的数据科学和 AI/ML 应用套件，用于优化各部分的业务。深酿主要用于提高客户体验。作为一家以提供卓越的客户服务为荣的公司，但凡被认为是能够增强客户体验的举措，星巴克都会采纳。他们在这一领域的一些措施是直接触达客户的。

例如，他们用人工智能来实现盘点订单、人员安排和供应链物流的自动化。所有这些优化都不必与顾客直接接触，但星巴克实施这些优化的目的是把他们的咖啡师解放出来，以便有更多的时间来与顾客互动。

3.BrewKit

BrewKit 是星巴克的数据基础设施，所有的数据科学和 AI/ML 能力都是基于它建立的。BrewKit 建立在微软 Azure 和 DataBricks 之上，它可以快速训练和服务模型、分析数据、访问数据、创建数据审计跟踪等等。BrewKit 的高度发达使得星巴克可以整合分析不同的数据流，近乎实时地处理来自门店的数据，部署一个 ML 模型只需要 15 分钟。以星巴克的规模体量,它确实需要像 BrewKit 这样复杂的基础设施来有效地利用收集到的海量数据。强大的实时处理能力尤其重要,这意味着门店可以实时监测一天中各时段不同种类饮料的需求波动,并及时作出调整。任何希望以数据驱动为导向的企业都需要 BrewKit 提供的这种基础设施,否则他们的数据科学团队将举步维艰,而不会像星巴克那样能够快速采取行动。

资料来源(内容重新整理):张茉茉.星巴克的 AI for Humanity(以人为本的人工智能)| 传统"神秘顾客"依然在发挥作用[EB/OL].(2022-06-07)[2024-01-09]. https://www.sohu.com/a/554880290_121124717.

(二)单向镜观察法

在前面提到的焦点小组座谈中几乎总是包含单向镜。当进行单向镜观察法时,客户就可以观察到焦点小组座谈的情况。例如,新产品开发经理可以在主持人展示不同类型的包装时观察消费者的反应。另外,当消费者说话时,调研人员能观察到他们流露出来的感情色彩。单向镜有时候也被儿童心理学家和玩具设计师用来观察玩耍中的儿童。费雪玩具实验室每年迎接大约 3500 名儿童。这个实验室设计得像幼儿园的教室,在产品开发的过程中,几乎所有的费雪玩具都先拿到这个实验室内进行测试。

为了恰当地使用观察室,其光线必须比焦点小组座谈房间的光线要暗。否则,焦点小组座谈的参与者就可以看到观察室内的情况。近几年,将单向镜告诉参与者并向他们解释谁在另外一间房间观看以及观看的原因已经成为一种趋势。

(三)审计

审计是另一种人员观察调研方法。审计是指对产品销售情况进行检验与核实。审计通常分为两类:检查与核实对最终消费者的销售量的零售审计;检查产品从仓库流向零售商的数量的批发审计。批发商和零售商允许审计人员进入他们的商店和货栈,并检查公司的销售情况的订货记录,以核实产品的流动。作为回报,批发商和零售商将从审计公司得到现金补偿以及有关他们经营状况的基本报告。

三、实验法

实验方法主要用于判断营销中的因果关系,或者某一产品大规模进入所有目标市场之前,在一个有代表性的区域内试销产品,以观察市场的反应。

实验法有非正规实验与正规实验之分,下面主要介绍在实际操作中应用较多、较容易执行的非正规实验。其基本特点是实验对象选择不是按严格的随机设计抽取的,可分为以下 4 种。

（一）无控制组事后设计

这种方法既无对照组可供比较,也无事前测量可供参照,只能算作"探测性"实验。例如,某产品降价 10％后,获得销售额增长 20％的结果。其中除降价外,还有其他因素影响销售额增长,但没有办法从中剔除。

（二）有控制组事后设计

这种方法对比实验组和控制组的事后测量值进行判断。其显著优点是突显实验变量的调控效果,是常用的方法之一。

例如,安排一次促销,同样是发放 20％折扣的优惠券买同一商品,赠送小包样品与不赠送样品有无销售差异? 假设统计结果如表 5-4 所示。

表 5-4　统计结果

组别	发送数量/户	条件 1	条件 2	事后回收/张
实验组	1000	20％折扣券(红)	赠小样品	560
控制组	1000	20％折扣券(白)	不赠送	389

（三）无控制组事前事后设计

这种方法先对正在经营的情况进行测量,改变条件后再测量,最后对两者进行对比以确定条件投放是否有效。

例如,节日期间所有商品一律享受 10％折扣。假设统计结果如表 5-5 所示。

表 5-5　统计结果

商品品种	事前销售/元	事后销售/元	增减额/元
A	800	1500	700
B	3100	4500	1400
C	8200	9100	900
合计	12100	15100	3000

实验结果表明,节日中比节日前销售量普遍都有明显增长,但这是节日及降价两个因素共同推动的,在此实验中难以分清各因素对贡献的大小。这是无控制实验的局限。

（四）有控制组事前事后设计

这种方法先对实验组事前事后做测量;控制组事先事后做测量值;然后观察试验

组事前事后变动值、控制组事前事后变动值;最后对比两组变动值差异,判断条件的影响。其目的是有利于分离非实验影响,提高试验数据准确性。

例如,对同一商品,春节期间分两组,分别采取折扣和不折扣方式销售,假设统计结果如表5-6所示。

表5-6　统计结果

组别	事先月销/元	条件1	条件2:春节月销/元	增减/元
A组	16000	折扣10%	21000	5000
B组	16000	不折扣	18000	2000

实验结果表明,A组比B组多3000元/月,这是折扣影响的结果。因此,春节期间该商品会增加销售,而打折、降价会促使销售额进一步提高。

实验法的优点在于:方法较为科学、实用,实验结果具有较强的说服力、价值高,能够排除人们的主观偏差,可探索不明确的因果关系。缺点在于:耗时长、成本高;保密性差,易暴露营销计划的关键部分;样本或实验区域的选择较为困难;在操作、管理、控制等方面较为困难。

小案例 5-2

<h2 align="center">家庭主妇对即溶咖啡的印象</h2>

选择一些家庭主妇,将她们分成实验组和控制组,要求每一位家庭主妇阅读一份购物清单后,说出自己对这份清单使用者的印象。购物清单分为两份:一份包括雀巢(Nescafe)牌速溶咖啡,让实验组的家庭主妇阅读;另一份包括麦斯威尔(Maxwell House)牌速溶咖啡,让控制组的家庭主妇阅读。除了咖啡不同外,两份清单其他方面都相同,实验结果如下:

实验变量(购物清单):　　　雀巢　　　　　麦斯威尔

实验后测量(对购物者的描述):懒惰18%　　　懒惰10%

节省36%　　　节省55%

浪费23%　　　浪费5%

坏主妇18%　　坏主妇5%

实验变数的效果可由实验组及控制组的百分比差异求得:

懒惰(18%−10%)=8%

节省(36%−55%)=−19%

浪费(23%−5%)=18%

坏主妇(18%−5%)=13%

四、网络调查法

互联网时代,网络调查成为市场营销信息调研的利器。网络调查法是指企业利用互联网了解和掌握市场信息的方法,具有自愿性、定向性、及时性、互动性、经济性与匿名性的特点。网络调查法的优点在于:不受时空的限制,节省了人力、物力,节省了成本和时间,省略了印刷、邮寄等过程,问卷回收效率高,还可以增加调查的信息量。其缺点在于:上网的人群不一定代表被研究的对象,针对性不强,无法深入调查,真实性不高,这些都是制约网上调研的重要因素。网络调查法包括以下几种方法。

(一)网络问卷调查法

网络问卷调查法是在网上发布问卷,被调查对象通过网络填写问卷完成调查。这要求在问卷的设计上尽量做到简明易懂,尽可能立即显示调查结果。

1.站点法

站点法是将问卷放在网络站点上,由访问者自愿填写、提交问卷,经调查者统计分析后再在网上公布结果的调查方法,是网络调查的主要方法。大学生常用的问卷调查网站有问卷星(见图 5-6)、一调网(见图 5-7)等,这些调查网站为了鼓励用户使用,设有金币或者积分奖励,可以帮助更好地达到调研目的。此外随着通信工具的发展,微信调查也越来越普及。制作好调查问卷后,利用朋友圈转发、公众号推送等方式让用户填写问卷,是大学生进行调查时最常用的方法之一。站点法的优点是答题者是自愿的,且传播途径广,目前被广泛应用;不足之处是难以选择和控制被调查对象,有时甚至可能出现样本重复、数据不真实等情况。

图 5-6 问卷星网站

图 5-7　一调网网站

2.E-mail 问卷法

E-mail 问卷法是指通过邮件群发的方式将问卷发送给答题者,答题者通过点击问卷链接的方式答题。这种方式的优点是可以有针对性地选择答题者,使用简便,投递迅速,收费低,问卷易于保存,被广泛应用;缺点是回收率低,容易遭到答题者的反感,有侵犯个人隐私之嫌。因此,使用该方法时应得到答题者的同意,并向答题者提供一定补偿,如赠送小礼品等,以消除答题者的敌意。

问卷邀请要选择合适的时机

根据伦敦的光速公司(Lightspeed Research)的研究,尽管在线问卷的应答者可以自由选择完成问卷时间,发送问卷的时间对问卷完成的情况有很大影响。

公司在一周内的不同时间向其在英国的小组成员发出共 7440 份在线问卷。总的来说,周一下午发出的问卷回复率最高,可以达到 39%。周五下午 5∶30 发出的问卷回复率最低,其中女性的回复率是 28%,男性的回复率是 29%。另外,研究表明外部事件对在线问卷的回复率有很大影响。周三晚上有较大的足球赛事,对问卷的回复率,特别是男性的回复率造成影响。周三下午 5∶30 收到邀请的男性中仅 11% 完成了问卷,同时女性的回复率为 31%。

研究结果还显示大多数问卷调研是在 24 小时之内完成的,仅有约 1/3 的问卷是在此之后完成的。换句话说,如果 24 小时之内的问卷回复率很低的话,在随后的日子里也很难提高。周一下午 5:30 发出的问卷在 24 小时内的回复率是 26%,6 天之后最终的回复率是 38%。另外,周三下午 5:30 发出的问卷在 24 小时内的回复率仅有 14%,6 天后总的回复率为 22%。

(二)网上讨论法

网上讨论法不需要面对面的交流,而是借助互联网平台实现交流。它有多种途径,如 BBS(电子公告牌系统)、IRC(网络实时交谈)、Netmeeting(网络会议)、Newsgroup(新闻组)等,从本质上讲就是互联网集体访谈法。此方法被广泛应用于企业间网络会议、网络投票、网上焦点小组访谈等。

(三)网上测验法

网上测验法是指测验者利用网站或 E-mail 等途径,向网民或受测者发出有测验内容的问卷或信件,网友或受测者作出回答后反馈给测验者,测验者对反馈信息进行统计分析并得出结论。比如,公司可以通过在不同的网页或不同时间提供不同的价格、标题或某种产品属性,来比较自己的营销变量效果,或者可以创造虚拟的购物环境,测试新产品和市场营销方案。

(四)网上观察法

网上观察法是指观察者进入聊天室观察聊天的情况,或利用网络技术对网站接受访问的情况以及网民的网上行为、言论,按事先设计的项目、要求做观察、记录或自动监测,然后进行定量分析研究并得出结论。与线下的观察法类似但又有所不同,网上观察法不能直接观察被观察者的神情姿态,但可以对呈现在网络上的行为进行观测,不受空间限制,节省人力成本。比如,公司可以通过跟踪点击率了解网上顾客的行为,包括他们如何访问网站、如何跳转到其他网站。

五、基于大数据技术的市场调研方法

(一)数据搜集技术及应用

数据搜集是进行数据挖掘的第一步,也是最重要的一步,适当充分的数据源可为后续的挖掘工作提供最好的原材料。获取数据目前主要有通过网络爬虫和通过数据交易市场购买数据两个途径。

（1）网络爬虫，又称网络蜘蛛、网络机器人，是一种按一定规则自动抓取万维网的信息程序或脚本，已在互联网领域得到广泛应用。网络爬虫是一个可以自动提取网页的程序。这是用户从万维网上下载数据的第一步。聚焦爬虫的工作流程比较复杂，它需要根据一定的网页分析算法对相关链接进行过滤，并保留有用的链接，并将其放入待抓取的 URL 队列中。然后，它会选择下一步抓取的网页 URL，从队列中根据一定的搜索策略，并重复该过程，直到它达到一定的条件为止。

（2）通过公开数据交易市场获取数据。目前公开数据交易市场主要有三种体系，分别是：官方数据体系、企业数据体系、个人数据体系。

（二）机器学习技术及应用

机器学习是一门交叉学科，涉及概率统计、逼近理论、凸分析、复杂性理论等学科。具体来说，是研究计算机如何模拟或实施人类的学习行为，获得新的知识或技能，并重组现有的知识结构，以不断提高他们的表现。它是人工智能的核心，是使计算机智能化的根本途径，可应用于人工智能的各个领域，主要用于归纳、综合而非演绎。

近年来随着大数据的快速发展，机器学习也取得了长足的进步，在应用方面发展出了许多类型，主要有：

（1）分类预测。分类预测具有广泛的应用，包括欺诈检测、性能预测、制造和诊断。分类预测的核心是要依据历史数据建立一个分类模型，目前主要的分类模型算法有决策树、逻辑回归、朴素贝叶斯、自组织树（SOTA）、支持向量机（SVM）、K 最近邻（KNN）、神经网络、概率神经网络、模糊规则、线性回归、多项式回归等。

（2）聚类分析。聚类分析是指计算机自己将一组未经人为分类的对象依据其相似点分到一起的过程。聚类分析是非常重要的人类推理行为。聚类不同于分类，最大的区别在于聚类分析之前所需的类是未知的。聚类分析的目的是基于对象在向量空间中的相似程度，判断对象的不同，进而对对象进行不同归属的判断。聚类分析在数学、统计学、生物学、经济学和计算机科学等的应用过程中，已经开发了大量针对特定领域的聚类分析技术，主要是用于表述数据的异同性，并将数据源里纷繁复杂的数据归集到不同的类，便于进一步分析。目前常见的聚类算法有 k-Means 算法、c 均值和期望最大化算法。

（3）关联规则。关联规则挖掘是数据挖掘中最活跃的研究方法之一，可以用来发现事物之间的关系。关联规则学习是通过发现规则来发现数据变量之间的关系，在大量的多元数据集中找到最有用的关联规则。关联规则的常见算法包括 Apriori 算法和 Eclat 算法等。

（三）文本挖掘技术及应用

文本挖掘主要是针对自然语言文件，从文件中提取满足特定需求信息，便于计算机分析处理,进而获取需求信息的过程。文本挖掘是图像、语言、自然语言理解和知识挖掘的重要组成部分。

文本挖掘,又称为自然语言处理(NLP),是信息挖掘技术的一个子类。文本挖掘有许多分析算法,比较常用的有神经网络学习、基于已有模式的逻辑推理、概率推理、非结构化的文本源分析、文字之间关联关系分析、文本分类等。其目的是让计算机从自然语言中获取有用的知识和信息,进而应用于商业领域,帮助企业进行决策制定、执行跟踪等方面,提升企业效益。

从目前文本挖掘技术的研究和应用状况来看,从语义的角度来实现文本挖掘的还很少,目前研究和应用最多的几种文本挖掘技术包括文档聚类、文档分类、摘要抽取和情感分析。

(四)社交网络分析技术及应用

社交网络是由社会成员组成的网络系统。个体也被称为一个节点,它可以是一个实体或一个具有不同含义的虚拟实体,如组织、个人、网络 ID 等。个体之间的关系可以是亲戚朋友、行动行为、发送和接收消息等。社交网络分析是指在信息科学、数学、社会学、管理心理学和其他学科的融合理论与方法的基础上形成的人的社会关系的行为特点的理解和信息的传播规律分析的计算分析方法。

六、调研问卷

调研人员在收集资料时可以选择两种主要的调研工具:调查问卷、测量设备。以下将主要介绍在调研中应用最广泛的调查工具——调查问卷。

调查问卷由被调查者需要回答的一组问题所构成。调查问卷由于其灵活性,成为迄今为止收集一手资料最通用的工具。在大规模使用调查问卷进行调查之前,调研人员需要认真仔细设计问卷,并对问卷中的问题进行测试和调整。问卷中的问题的格式、词序和问题的顺序都能影响问卷的填答效果。封闭式问题给出了所有可能的答案,提供的答案易于理解。开放式问题允许被调查人用自己的话来回答问题,通过这种形式经常能获得人们更多的想法。开放式问题在探索性调研中特别有用,在这个阶段研究人员期望更深入了解人们的想法,而不是测量多少人有相同的想法。表 5-7 提供了这两种问题的表达形式。

表 5-7 两种问题的表达形式

类型	名称	描述	例子
封闭式问题	判断题	只有 2 种答案的问题。	安排此次旅行时,是您亲自打电话给美国航空的吗? 是　否
	多项选择	有 3 个或 3 个以上答案的问题	这次飞行,您与谁同行? A.没有　B.小孩　C.配偶　D.朋友或亲戚 E.配偶和孩子　F.旅行团
	李克特量表	请受访者对于一个描述表示其同意与不同意的程度	小型航空公司的服务通常比大型公司好。 A.非常同意　B.发现不同意　C.没意见 D.不同意　E.非常不同意
	语义差异量表	在两个极端语义间赋予尺度。请受访者根据自己的看法选择最合适的位置	美国航空是 大型公司——小型公司 有经验的——没有经验的 现代的——老式的
	评分量表	对某项属性从"差"到"极好"给予评分	美国航空的餐饮服务 A.极好　B.很好　C.好　D.普通　E.差
	购买意向图量表	描述受访者购买意愿的量表	如果长途飞行中提供空中电话服务,我将 A.一定购买　B.可能购买　C.不确定 D.可能不购买　E.不回购买
开放式问题	完全无结构	受访者的问答方式几乎完全不受限制	您对美国航空有何看法? _____
	词语联想	每次向受访者提供几个词语,请受访者给出看到这些词语后最先联想到的词	当您听到下列事物时,您最先联想到的词是 飞机_____ 美国_____ 旅行_____
	完成图画/句子	请受访者将一个未完成的句子/图画填完整	当我选择航空公司时,我最先考虑的是 _____
	故事补充	请受访者将一个未完成的故事补充完整	"前几天我乘坐美国航空公司的班级,我注意到飞机里外均是亮色,这使我感到……"请将故事补充完整

第四节 营销信息系统

一、营销信息系统

(一)营销信息

信息普遍存在于自然界和人类社会活动中,它的表现形式远比物质和能量复杂。信息是人们在适应外部世界并使这种适应反作用于外部世界的过程中,与外部世界交换的内容和名称。信息是一个发展中的动态范畴,它随人类社会的演变而相应扩大或收缩,总的来看,信息所涵盖的范围是不断扩大的,可以断定随着人类社会的发展,信息范畴将进一步扩大。对人类社会来说,信息有三个基本功能:一是中介功能,二是联结功能,三是放大功能。从认识论的角度来说,信息是事物运动状态以及运动方式的表象。广义的信息由文本、数据、图像、声音这几种形态组成,主要与视觉和听觉相关。

市场营销已从注重内部管理的时代发展到致力于应对外部环境的时代。为此,营销信息至关重要,企业要及时掌握营销信息并建立起营销信息系统。市场营销就是通过了解市场环境的变化和预测未来的状况来应对顾客的需求变化。营销信息是一定时间和条件下,与企业的市场营销有关的各种事物的存在方式、运动状态及其对接收者效用的综合反映。所有的市场营销活动都以信息为基础展开,经营者制定的决策也是基于各种信息,经营决策水平越高,外部信息和用于预测的信息就越重要。

营销信息除具有一般信息的特征外,还有一些特殊性。

1.社会性

营销信息反映的是人类社会的市场经济活动,是营销活动中人与人之间传递的社会信息,是信息传递双方能共同理解的数据、文字和符号。

2.目的性

在产出大于投入的前提下,营销信息为营销决策提供必要的、及时的和准确的信息。

3.系统性

营销信息不是零星的、个别的信息汇集,而是若干具有特定内容的同质信息在一定时间和空间范围内形成的集合。

营销信息对企业的重要性不言而喻。营销信息是企业经营决策的前提和基础,也是制订企业营销计划的依据。掌握了信息,才能保证决策的科学性和正确性,否则企业采取的战略和策略将会成为无源之水、无本之木。同时,市场营销信息是实现营销控制的必要条件,管理者只有根据反馈的信息进行调整和协调,才能有效地开展下一轮经营活动。由于营销信息的重要性及其在企业营销活动中的作用,企业需要及时的市场营销信息,并采用专业科学的收集系统和分析方法。

(二)营销信息系统

为了针对瞬息万变的环境作出科学的决策,企业必须及时地收集信息、准确地分析信息、迅速地使用信息,营销信息系统对企业营销的作用不容忽视,世界上众多成功的企业都有科学的营销信息系统。在现代营销活动中,营销范围已经从区域市场扩展到全国乃至国际市场,营销者与消费者之间的距离不断拉大;人们的生活水平以及消费理性程度日益提高,市场需求更加多样化复杂化。复杂的市场状况必然形成日趋激烈的市场竞争。企业的营销决策要以市场需求为核心,就必须保持对市场变化的高度敏锐。实践证明,要提高营销决策的正确性,企业必须充分了解市场,确切掌握相关营销信息。而现代科学技术的发展,为企业建立科学的营销信息系统提供了良好的条件。

营销信息系统(marketing information system,MIS)由人、设备和操作过程组成,用以收集、分析、评估和向营销决策制定者提供所需的及时、准确的信息,它能广泛、迅速地为企业收集相关营销信息,科学地分析、评估相关营销信息,并能让这些营销信息为营销活动获得成功发挥最大作用。

营销信息系统由内部报告系统、营销情报系统、营销调研系统和营销分析系统这4个子系统构成(见图5-8),它们各司其职,共同完成企业内外部环境的沟通,形成完整的营销信息流循环过程。市场营销信息系统处于营销环境与信息使用者之间。首先从市场营销环境中获取数据再将信息传输给市场营销信息系统,后者将数据加以转换,最后传导给信息使用者,营销管理人员根据得到的信息制订计划、确定方案。而在此过程中形成的各种信息又流到市场营销环境中。

1.内部报告系统

人们习惯上把内部报告系统看作内部会计系统。严格上说,内部报告系统是以内部会计系统为主,以销售信息系统为辅组成的。内部报告系统由订单、销售额、存货水平、价格、应付账款等组成,其核心是"订单—发货—账单"的循环。它是企业营销信息系统中最基本的子系统。

内部报告系统的功能是向营销管理人员及时提供有关企业各类产品的开发及销售额、存货量、现金余额、应收应付账款等方面的信息,以反映企业内部目前的营销活动状况,通过对这些信息的分析,营销管理人员能够发现管理中的问题,为企业进行科学的销售管理、存货管理,降低销售成本,提高销售服务水平。同时还可以比较实际情况与预期情况之间的差异。

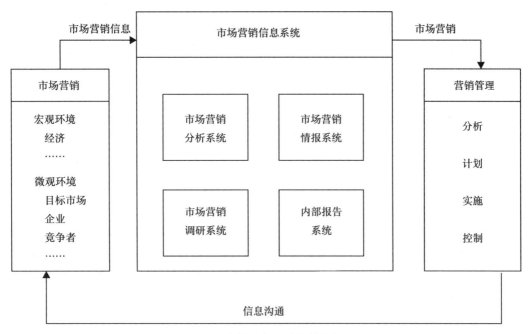

图 5-8 营销信息系统的基本框架

营销人员经常需要并使用的企业内部信息有:销售活动相关的信息,比如当前销售额、市场份额;产品存货量有关的信息,准确的存货信息对企业销售和生产都是很有帮助的;利润报告和产品成本有关的信息。

一个有效的内部报告系统,首先需要的是规范化的运作。规范的运作是企业内部报告系统数据稳定性的基础,是信息数据的准确性的保证。缺少规范化运作会导致最后作出的市场策略没有针对性。其次,还需要注意信息提供的及时性。由于市场是不断变化的,在激烈的市场竞争中,如果竞争者不能及时有效地运用营销策略,往往会导致企业丧失市场机会和丢失市场份额。

企业在设计本系统时,要注意具有针对性,应避免目标数据的非相关性,即要求收集到的数据精简且准确。能够在公司堆积如山的信息中充分整合信息,减少信息使用者处理信息资料的繁琐程度,以便于管理者在需要的时候能够快速找到并使用,从而有更多的精力投入后续的营销策略的制定和实施。与其他信息来源相比,公司的内部报告系统通常可以更加迅速和便宜地获取信息,但是也存在一些问题。由于企业的内部信息常常是出于不同目的而收集的,信息收集的部门也不同,根据这些数据制定市场营销决策也可能会不完整或者不正确,因此要求营销管理者具有甄别信息偏向性的能力,且能够合理地利用收集到的信息为企业的营销决策提供准确的数据参数。

2.市场营销情报系统

市场营销情报系统是系统地搜集和分析关于消费者、竞争对手和市场发展趋势的可公开获得的信息的一整套程序。它的主要作用是向营销部门及时提供外部环境变化的有关信息。营销情报系统与内部报告系统的主要区别是后者为营销管理者提供内部运营的"结果资料",而前者是为营销管理者提供正在发生和变化的"变化资料"。

企业营销情报可以从许多渠道获得：

（1）大量的情报可以由本公司的员工提供,他们可以通过阅读书籍、杂志等出版物获取情报,还可以从与公司本部人员或者顾客、供应商等人员的交谈中获取情报。但因为员工经常很忙,不能及时转告重要情报,这样容易导致信息滞后。所以要想掌握市场主动权,公司必须向员工宣传收集信息的重要性,训练员工发现新情况的能力并鼓励及时向公司汇报。

（2）鼓励供应商、分销商、零售商和其他合作者及时传达重要情报。有些零售商会雇用神秘顾客来评估员工对待顾客的态度,零售商通过这些报告可以了解业务员的工作态度,能及时获得情报,发现不合格且影响公司形象的员工。而与竞争对手的供应商、经销商、分销商交谈也可以获取到竞争者的情报。

（3）积极监控竞争者的行动,及时了解竞争对手的产品和销售情况。例如,一家公司定期检查竞争对手的停车场,如果车位全满表明业务繁忙,反之则表明公司生意不好。还可以运用互联网搜索竞争对手的年报和出版物、浏览竞争对手网站,或者参加公开的商场活动来获取重要情报。

（4）充分利用外界的情报供应商。如果企业规模较小,自己收集情报比较困难、耗时,可以聘请专业的调研公司,他们的调研方法较为专业、数据信息较为全面,比自己收集情报所花费的边际成本要小得多。

营销情报获取的渠道很多,这也带来了一些道德问题。有一些公司虽然没有违反法律,但还是会引发道德争议。因此,竞争情报从业者需要更多的道德教育,要注意情报应该是从合法渠道获得的,并且得到的情报应该是符合公认的道德准则的。

（三）市场营销调研系统

市场营销调研系统是指针对组织面对的特定营销问题系统地搜集有关信息、分析和评价,以及报告信息研究结果的系统。

内部报告系统和市场营销调研系统的主要功能就是为企业提供日常的、市场变化中的情报信息。与前两个系统不同,市场营销调研系统主要是针对企业营销活动中面临的明确具体的问题,进行信息的收集整理,最后解决特定问题或得到解决特定问题的方法。市场调研经常研究以下几个方面,比如,估算潜在的细分市场,分析市场占有率,品牌的新产品测试,广告、价格研究和营销活动等方面的问题,都需要以市场调研为基础。公司可以自己设立调研部门进行市场调研,也可以借助企业外的公司进行调研活动。大型公司一般是设立自己的营销调研部门从事调研活动,小型公司一般请企业外的专门的人员和机构来从事调研活动,因为所需成本会比较小。

(四)市场营销分析系统

市场营销分析系统是由先进的统计步骤和模型构成,利用先进的技术,通过软件和硬件分析市场营销信息,使企业得到企业所需要的内部和外部环境的信息,以帮助更好地进行营销决策,是市场营销信息系统中的高级处理系统。例如,利用营销分析系统中先进的统计方法来研究所得到的数据的信度和效度。这些分析可以使营销管理人员克服数据中的偏差,使得所搜集到的信息是有效可靠的。

营销分析系统有两个组成部分,一个是统计库,另一个是模型库。在统计工具库方面,它是通过采用各种各样的统计分析技术和方法从堆积如山的信息中搜集有价值的信息,深入地分析各信息之间的关系和信息统计的可靠性。而模型库则包含了解决各种营销问题的先进的数学模型,帮助营销管理人员制定最佳的市场营销策略。一般情况下,模型库包含了新产品的销售预测模型、产品定价模型、厂址选择模型、广告媒体组合模型以及最佳营销组合模型。这些模型可以帮助解决"如果……会怎么样"和"哪一个最好"这一类的问题。

使用营销分析系统有很多优点:第一,它可以从先进的统计库中获取大量的信息。第二,能使用广泛的统计方法,在很短的时间内对搜集到的大量的数据进行整合并评估。第三,结果立即得到,因为分析系统中的数据和分析方法都是储存在计算机里的,在处理信息时能立即提取。

综上所述,建立较完善的市场营销信息系统对企业的发展具有重要作用。一个好的市场营销信息系统一般具有以下功能:

(1)信息处理功能,将信息收集整理整合;

(2)事务处理功能,可以帮助营销人员完成一些日常繁杂的重复性的工作,节省时间,将有限的时间用在更重要的市场决策制定等方面工作;

(3)预测功能,比如利用市场营销信息系统中的调研信息系统,通过市场调研来了解不断变化的市场,预测未来发展趋势;

(4)计划功能,可以合理安排不同部分的计划,向不同部门、不同层级的管理人员提供相应的数据资料;

(5)控制功能,可以及时连续地跟踪信息,及时发现问题,分析原因,保证营销活动的有序和稳定;

(6)辅助决策和决策优化功能,比如市场营销信息系统中的营销分析系统,能利用数学模型进行数据处理,帮助管理人员更好地进行营销决策。

第五节　数智化趋势：营销调研的数智化手段

一、大数据与大数据营销

（一）大数据

大数据是继云计算、物联网之后，IT产业又一次颠覆性的技术变革，将对社会管理、国家安全与国家战略决策、企业与组织的管理决策、企业的业务流程以及个人生活方式产生巨大影响。麦肯锡曾评价大数据能使欧洲发达国家政府节省至少1000亿欧元的运作成本，能使美国医疗保健行业降低8％的成本，能使大多数零售商的营业利润率提高60％以上。

大数据的重要性

2015年9月，国务院印发《促进大数据发展行动纲要》（以下简称《纲要》），系统部署大数据发展工作。《纲要》明确，推动大数据发展和应用，在未来5至10年打造精准治理、多方协作的社会治理新模式，建立运行平稳、安全高效的经济运行新机制，构建以人为本、惠及全民的民生服务新体系，开启大众创业、万众创新的创新驱动新格局，培育高端智能、新兴繁荣的产业发展新生态。

《纲要》部署三方面主要任务。一要加快政府数据开放共享，推动资源整合，提升治理能力。二要推动大数据发展与科研创新有机结合，推进基础研究和核心技术攻关，形成大数据产品体系，完善大数据产业链。三要健全大数据安全保障体系，强化安全支撑。

大数据作为互联网时代的产物，已经成为经济社会升级发展的必然趋势。

大数据，是指无法在一定时间范围内用常规软件工具进行捕捉、管理和处理的数据集合，是需要新处理模式才能具有更强决策力、洞察力和流程优化能力来适应高增长率和多样化的信息资产。自2012年以来，"大数据"一词被越来越多地提及，人们用它来定义和描述信息爆炸时代产生的海量数据，并命名与之相关的技术发展与创新。大数据技术的战略意义不在于掌握庞大的数据信息，而在于对这些含有意义的数据进行专业化处理。换言之,如果把大数据比作一种产业,那么这种产业实现盈利的关键在于提高对数据的"加工能力",通过"加工"实现数据的增值。

 拓展阅读 5-3

大数据到底有多大

大数据到底有多大?一组名为"互联网的一天"的数据告诉我们,一天当中,互联网产生的全部内容可以刻满 1.68 亿张 DVD;发出的邮件有 2940 亿封之多(相当于美国两年的纸质信件数量);发出的社区帖子达 200 万个(相当于《时代》杂志 770 年的文字量);卖出的手机为 37.8 万部,高于全球每天出生的婴儿数量 37.1 万……在各行各业均存在大数据,但众多的信息是纷繁复杂的,需要搜索、处理、分析、归纳,总结其深层次的规律。

资料来(节选):大数据时代来临了,你准备好了吗?[EB/OL].(2018-10-31)[2024-02-09].https://zhuanlan.zhihu.com/p/48122335.

大数据大致分为 3 种类型:(1)传统企业数据;(2)机器和传感器数据;(3)社交数据。大数据的特点被概括为 5V(IBM 提出):volume(大量)、velocity(高速)、variety(多样)、value(低价值密度)、veracity(真实性)。

 小案例 5-3

瑞幸咖啡的数字化革命:颠覆传统、引领未来

在如今快速发展的数字时代,创新和技术的力量正重新定义着各个行业的游戏规则,咖啡行业也不例外。

2023 年 5 月,瑞幸咖啡顺利跻身"万店连锁俱乐部",继正新鸡排、华莱士、绝味鸭脖和蜜雪冰城之后,成为中国第 5 个加入这一盛大行列的餐饮品牌。

数字化转型浪潮正席卷企业界,让人们目睹了从能源革命到信息时代再到人工智能时代的巨变,这一趋势正在重新塑造产业价值链和行业竞争格局。对于瑞幸咖啡而言,其应用数字化转型技术,以数据为基础,实现了多个关键方面的创新。

在了解顾客消费偏好方面,瑞幸咖啡运用了先进的移动应用后台,收集和分析消费相关数据。这些数据不仅包括消费行为,还包括市场竞品和流行元素的研究,以制订新品研发计划。此外,依赖原材料供应数据,他们能够提供决策参考建议,有效降低物料浪费。通过广泛而精准的"大数据"分析,瑞幸咖啡能够根据不同时间、不同折扣力度和不同品类的数据,有针对性地分发优惠券或抵扣券,以实现用户规模的快速扩张。

　　在门店开设方面,瑞幸咖啡借助后台大数据,跟踪和监测各门店的外卖订单量等数据,精准分析潜在用户所在的密集区域,以决定是否在该地区开设新门店。门店的消费场景也变得更加多元化,包括快速自取店、休闲享用咖啡店以及提供送货上门的外卖厨房店。这些开店决策都是经过数据分析得出的最佳选择。

　　在门店管理运营方面,所有订货、盘点、咖啡制作和员工排班都经过了高度自动化和规范化的数据处理流程。员工熟悉一整套标准操作流程,并在几乎全自动的咖啡机的辅助下,能够确保全国门店的咖啡口感一致。

　　瑞幸的店长能够通过后台大数据实时了解自己的排名、出杯数量、出杯效率以及顾客反馈等一系列情况,并及时作出相应反馈。未来,数字化将继续主导咖啡行业,而创新将是竞争的关键。各个品牌必须不断推陈出新,适应市场的变化,满足不断变化的消费者需求。瑞幸咖啡已经开始布局全球市场,逐步提升品牌影响力,其成功经验在国际市场同样具有潜力。随着全球咖啡市场的增长,瑞幸咖啡有机会扩展其业务,成为国际领先的咖啡品牌之一。

　　资料来源(节选):天峰.瑞幸咖啡的数字化革命:颠覆传统、引领未来[EB/OL].(2023-11-06)[2024-02-09].https://baijiahao.baidu.com/s? id=1781789778014899639&wfr=spider&for=pc.

(二)大数据营销

1.大数据营销的作用

　　利用大数据不但可以使企业实现精准营销,使传统企业实现在互联网时代的转型,更可以让企业发现新市场与新趋势,进行市场预测与决策分析,实现创新发展。大数据营销是基于多平台的大量数据,依托大数据技术,应用于互联网广告行业的营销方式。大数据营销衍生于互联网行业,又作用于互联网行业。依托多平台的大数据采集,以及大数据技术的分析与预测能力,能够使广告更加精准有效,给品牌企业带来更高的投资回报率。大数据营销的核心在于让网络广告在合适的时间,通过合适的载体,以合适的方式投放给合适的人。如购物网站可通过分析客户以往购买的商品来判断个人所需产品、购买习惯等,有针对性地推送消息。例如,百事可乐公司为了更加精准地投放广告,购买了社交信息优化推广公司 Social Flow 的服务,对数据进行分析,从而知道何种营销活动的传播效果更好。

　　大数据营销在互联网时代发挥着越来越重要的作用,正确有效地运用大数据可以使企业获得以下竞争优势:

　　(1)有助于分析用户行为与特征,使产品及营销活动投用户所好。只有收集大量用户数据,才能了解用户的喜好与习惯,以及他们对产品的期待,从而做到投其所好。大数据营销是建立一个数据模型,让营销更加精准、有效,让企业做到比用户还要了解他自己,以此留住用户。

（2）有利于品牌危机监测及管理支持。大数据可以使企业提前洞悉自己品牌的所有问题，避免因为品牌效应给企业造成不必要的损失。大数据可以采集相关信息，及时启动危机跟踪和报警，分析人群的社会属性，聚类事件过程中的观点，识别关键人物及传播路径，进而保护企业、产品的声誉，抓住源头和关键节点，从而快速有效地处理危机。

（3）有助于提升用户体验和客户分级管理支持。用户的体验直接反映出对企业的好评程度。要改善用户体验，关键在于真正了解用户及他们使用产品的状况，给予及时的提醒。面对日新月异的新媒体，许多企业通过对粉丝的公开内容和互动记录的分析，将粉丝转化为潜在用户，激活社会化资产价值，并对潜在用户进行多个维度的描述。

小案例 5-4

数智化社会供应链：从制造大国到制造强国

中国供应链目前存在两大核心问题：第一，供应链效率较低；第二，供应链成本不断上升，中国的物流总费用高达美国的两倍。商务部数据显示，2020年中国全社会物流总费用，也就是物流总费用与GDP的比值，已经下降到14.7%。而美国物流年报数据显示，2020年美国物流总费用只占GDP的7.4%。

数字经济时代也孕育了新的产业和工业制造模式，中国是世界上最大的电商市场，在重塑数智化社会供应链价值上，数字技术将起到关键作用。

京东拥有世界上最快的4分钟送达时间和31天最短库存周转周期。这一世界级成果要归功于其业务全线上云。每年的"6·18"，京东都会产生万亿级的数据洪峰，这样的数据量达到了一秒钟能让数百个鸟巢体育场坐满人的级别。京东云不仅能安全、稳定地应对这些数据挑战，同时也有力支持了世界最快送达、最短库存周转周期的实现。

除了原本基于互联网的智能零售业务（如"6·18"购物节）之外，京东更进一步拓展反向定制模式（customer-to-manufacturer），从消费端需求侧的大数据，反推产品设计、产能投放、产品流通等各个环节，让制造者精准对话消费者，重塑最大数智化社会供应链。

借助数字化力量，中国社会物流的GDP占比从18%左右降到14%左右，这意味着每年可以节约数万亿元人民币的成本。京东提出一个目标——未来10年，通过数智化社会供应链的构建，与合作伙伴一起把这个数字进一步降到10%以内，接近发达国家的7%～9%。

全渠道零售行业具有数字化的领先优势。以京东为代表的智能零售巨头，转型跃迁成为以供应链为基础，并具有反哺、重塑整个中国数智化社会供应链能力的技术与服务企业。

"京东是一家智能零售企业，在线上零售的企业。作为智能零售企业，我们的使命就是高效率地把商品交到消费者的手上。如果能把这件事情做成，我们就是管理了中国最大的数智化社会供应链。"京东集团副总裁、京东科技京东云事业群总裁高礼强说。

京东不再只是实体经济与消费者之间的桥梁，而是根植于实体经济，成长于实体经济，服务于实体经济，也为数字产业化和产业数字化的相辅相成提供范本。

资料来源（节选）：36 氪.数字变革：工业经济转型的 4 个样本[EB/OL].（2021-11-08）[2024-02-10]. https://baijiahao. baidu. com/s? id＝1715755802693179909&wfr＝spider&for＝pc.

2.大数据营销的特点

大数据营销有其独有的特点，企业在进行大数据营销时，应当关注这些特点，更好地利用海量数据进行营销。

（1）关联性。大众关注的广告与广告之间的关联性是大数据营销的一个重要特性。在大数据的采集过程中，企业会快速了解到大众对产品的喜爱程度以及地域之间的差异，哪些地域的大众喜欢哪些产品更多一点。这些有价值的信息可以与广告的投放效果产生前所未有的关联性。

（2）时效性。大众往往会在某一段时间内特别喜欢某一种产品，把握住大众的喜好才能获取更多的市场，大数据的出现给企业创造了黄金时间。时效性不仅体现在流行上，还表现为大众接受企业广告的重要时机。通过大数据，企业可以更好地选择合适的时间投放广告，满足各类人群的需求，这大大节省了企业不必要的广告投放。

（3）个性化。网络时代，企业的营销理念从"媒体导向"向"受众导向"转变。以往营销活动以媒体为导向，企业通常选择知名度高、浏览量大的媒体投放广告。如今企业完全以受众为导向进行广告营销，因为大数据技术可以让他们知晓目标受众身处何方、关注什么位置的屏幕。大数据技术可以做到当不同用户关注同一媒体的相同界面时，广告内容有所不同，实现对消费者的个性化营销。

（4）性价比高。大数据营销是依托海量数据的采集，以及大数据技术的分析与预测能力，实现广告的精准投放。相较于传统营销方式的"广而告之"，大数据营销可以大幅提高广告的转投入转化率，降低单位广告的成本，提高企业产品的性价比，并根据实时的效果反馈及时进行调整。

（5）非单一化的数据采集。大数据营销并非"量"的存在，而是"智慧的数字生态"。大数据的采集是多样化的、多平台的，这样能更好地满足用户的真实需求。多平台包括互联网、移动互联网、广电网、智能电视，未来还有户外智能屏等。

二、基于大数据技术的营销调研方法

(一)数据收集技术及应用

数据收集是进行数据挖掘的第一步,也是最紧要的一步,适当充分的数据源可为后续的挖掘工作提供最好的原材料。获取数据目前主要可通过网络爬虫和数据交易市场购买数据两个途径。

1.网络爬虫

网络爬虫(又称网络蜘蛛、网络机器人)是按一定规则,自动抓取万维网的信息程序或脚本,已在互联网领域得到广泛应用。它需要根据一定的网页分析算法对相关链接进行过滤,保留有用的链接,并将其放入待抓取的 URL 队列中。然后,它会选择下一步抓取的网页 URL,从队列中根据一定的搜索策略,并重复该过程,直到它达到一定的条件为止。

2.通过公开数据交易市场获取数据

目前公开数据交易市场主要分为三种体系,分别是:官方数据系统、企业数据体系、个人数据体系。

(二)机器学习技术及应用

机器学习是一门交叉学科,涉及概率统计、逼近理论、凸分析、复杂性理论等学科。具体来说,是研究计算机如何模拟或实施人类的学习行为,获得新的知识或技能,并重组现有的知识结构,以不断提高他们的表现。它是人工智能的核心,是使计算机智能化的根本途径,应用于人工智能的各个领域,主要用于归纳、综合而非演绎。

随着近年来大数据的快速发展,机器学习也取得了长足进步,在应用方面发展出了许多类型,主要有以下几类。

1.分类预测

分类和预测具有广泛的应用,包括欺诈检测、性能预测、制造和诊断。分类预测的核心是要依据历史数据建立一个分类模型,目前主要的分类模型算法有决策树、逻辑回归、朴素贝叶斯、自组织树(SOTA)、支持向量机(SVM)、K 最近邻(KNN)、神经网络、概率神经网络、模糊规则、线性回归、多项式回归等。

2.聚类分析

聚类分析是指计算机自己将一组未经人为分类的对象,依据其相似点分到一起的过程。聚类分析是非常重要的人类推理行为。聚类不同于分类,其最大的区别是聚类分类之前所需的类是未知的。聚类分析的目的是基于对象在向量空间中的相似程度,判断对象的不同,进而对对象进行不同归属的判断。

聚类分析在数学、统计学、生物学、经济学和计算机科学等的应用过程中,已经开发了大量针对特定领域的聚类分析技术,主要是用于表述数据的异同性,从而将数据源里纷繁复杂的数据归集到不同的类,便于进一步分析。目前常见的聚类算法有 k-Means算法、c 均值和期望最大化算法(expectation maximization,EM)。

3.关联规则

关联规则挖掘是数据挖掘中最活跃的研究方法之一,它可以用来发现事物之间的关系。关联规则学习是通过发现规则来发现数据变量之间的关系,在大量的多元数据集中找到最有用的关联规则。常见算法包括 Apriori 算法和 Eclat 算法等。

(三)文本挖掘技术及应用

文本挖掘主要是针对自然语言文件,从文件中提取满足特定需求信息,便于计算机分析处理,进而获取需求信息的过程。文本挖掘是图像、语言、自然语言理解和知识挖掘的重要组成部分。

文本挖掘,又称为自然语言处理(NLP),是信息挖掘技术的一个子类。文本挖掘有许多分析算法,比较常用的有神经网络学习,基于已有模式的逻辑推理、概率推理、非结构化的文本源分析、文字之间关联关系分析,文本分类等,目的是让计算机从自然语言中获取有用的知识和信息,进而应用于商业领域,可帮助企业进行决策制定、执行跟踪等,进而提升企业效益。

从目前文本挖掘技术的研究和应用状况来看,从语义的角度来实现文本挖掘的还很少,目前研究和应用最多的几种文本挖掘技术有文档聚类、文档分类、摘要抽取和情感分析。

(四)社交网络分析技术及应用

社会网络是由社会成员组成的网络系统。个体也被称为一个节点,它可以是一个实体或一个具有不同含义的虚拟实体,如组织、个人、网络 ID 等。个体之间的关系可以是亲戚朋友、行动行为、发送和接收消息等。社交网络分析(社会网络分析)是指在信息科学、数学、社会学、管理心理学和其他学科的融合理论与方法的基础上形成的人的社会关系的行为特点的理解和信息的传播规律分析的计算分析方法。

拓展阅读 5-4

开展调查研究要用好数字化新手段

日前,中办印发《关于在全党大兴调查研究的工作方案》(以下简称《方案》),强调"要坚持因地制宜,综合运用座谈访谈、随机走访、问卷调查、专家调查、抽样调查、统计分析等方式,充分运用互联网、大数据等现代信息技术开展调查研究,提高科学性和实效性"。在全党范围内广泛开展调查研究为推动全面建设社会主义现代化国家迈出了坚实一步。

数字化手段为开展调查研究提供支持

数字技术提高调研科学性。随着社会的发展,传统调查研究手段面临诸多挑战,需要依托算法、算力等精确性强、操作简便的数字化辅助决策工具用于调查研究。大数据和人工智能为数字化时代开展调查研究提供技术支持,在资料筛选、案例分析、工具使用和成果共享等多方面发挥积极作用。

数字技术节约调研成本。《方案》提出"实行问题大梳理、难题大排查,着力打通贯彻执行中的堵点淤点难点",明确了12个主要方面的调研内容,涉及推动高质量发展、全面深化改革开放、维护社会稳定等方方面面工作。既有"贯彻落实党中央决策部署"的战略要求,也有"本地区、本部门、本单位长期未解决的老大难问题"的微观事务。传统调研手段不能满足事物发展的新需求,利用数字技术手段,如远程会议、"云"参观、虚拟现实展示等方式,在节约资金和时间成本的同时,还能实时获取一手资料,极大地提高调查研究的时效性。

数字技术也是调查研究的内容之一。大数据、人工智能等数字技术既是调查研究的手段,也是调查研究的对象,《方案》除了把"推进高水平科技自立自强""网络综合治理"这些与技术直接相关的内容作为调研内容外,还强调了"深化研究"与"解决问题"两个方法步骤。由于数字技术的发展使社会治理和社会实践呈现新特点,比如基层治理就呈现出一种技术嵌入型治理的新样态等,必须深度挖掘技术与治理融合的新规律。研究探索多措并举、综合施策解决"数字化"问题的新方法,在具体实践中边使用边研究,提升对数字技术规律的了解。

开展调查研究要找准数字技术的结合点

在调查研究中通过数字技术提高效率,切实发挥数字技术的实际功效,防止出现数字形式主义等现象。既要注重用数据说话,还要强调听真话、察实情,处理好传统方法与技术辅助方式的关系,以包容审慎的态度接受新事物,循序渐进使用新技术。

确定数字技术的适用范围,找准对象与对策的结合点。从以往调查研究的情况来看,要真正做到"掌握实情、把脉问诊",仅靠座谈交流、问卷调查是不够的,应积极运用大数据监测、智能决策等新方法。调研之前要有详细的任务清单,区分调研内容并进行精准匹配,在调研的不同阶段使用不同的技术手段。比如,在新一轮经济普查工作中,可以借助大数据平台、在线智能问答系统提前收集数据,后期用可信区块链等管理数据,提高数据的真实性和准确性。新一代人工智能等技术可以实现"问题导向"的任务精准匹配,有条件的地方可以预先开发调研任务分配系统,或用大数据分析方法确定调研项目清单等,把调查研究计划做实做细。

解决数字技术的普及问题,找准安全与发展的结合点。通过降低数字技术本身的风险,去应对数字时代更加复杂的挑战,在熟知技术特性的前提下去了解数字时代的新变化,这是运用数字技术开展调查研究的初衷。为此,要把数字技术是什么、怎么用放在第一位,用群众语言讲好数字技术,注重数据安全和隐私保护,防止信息泄露,降低新技术用于调查研究的安全风险;同时抓好数字素养提升和数据相关标准建设,通过对个人数字素养和数字技术规范化要求,解决数字技术运用的前端问题,尽快破除调查研究的技术壁垒与数字鸿沟;创新运用数字技术开展调研的方式方法,善于利用短视频、新媒体了解民情;鼓励用"网民"身份深入实际、深入基层、深入群众调查了解情况,走好网上群众路线,真正把网络上的情况摸清,把数字化时代的问题找准,把精准透彻的对策提好。

确保调研结果的真实可信,找准人工与智能的结合点。调查研究不仅要开展调研、深化研究,要解决问题、督查回访,也要加强对调研课题完成情况、问题解决情况的督查督办和跟踪问效。以往对于基层经验和典型案例的现场调研,大多采取手工填写、逐级上报等线性方式收集结果,时效性、便利性和传播性略显不足,借助大数据和人工智能技术便可远程操作、全程管理。比如,知识图谱就可以自动绘出不同区域或不同领域基层经验的动态情况,实时提供案例分布、热度响应等横向纵向的比对信息。由于调查研究不只是对典型案例的解剖式调研,还包括事关全局的战略性调研、破解复杂难题的对策性调研等重大问题,调研结果的真实性和可靠度尤为重要。为此,要建立"人工+智能"的人机协同机制,增加专家审核与第三方评估的核验环节;根据数据流转路径构建全过程监管体系,更加全面、客观地反映调研结果,实现"让事实说话"与"用数据说话"双轮驱动。

资料来源:刘海军.开展调查研究要用好数字化新手段[EB/OL].(2023-04-16)[2024-02-09].https://baijiahao.baidu.com/s? id = 1763330345257889392&wfr = spider&for=pc.

三、人工智能技术与营销调研

(一)人工智能技术营销调研的操作步骤

运用人工智能技术进行营销分析能简化整个工作流程,并改进传统的调研工作,具体操作步骤如下所述。

1.明确目标

明确企业营销调研的目的,具有针对性地制订调研计划与方案。在人工智能工具中输入思路参考,例如,从企业角度、上游企业角度、投资企业角度分析等,所得结果可以发现,由于角度不同,最终的目的也存在很大的区别。

2.搜集数据与信息

结合调研的目标要求与范围,借助人工智能工具进行数据搜集。在信息资料搜集时,需尽量保证信息来源,以提高所搜集的信息质量。

中国主要人工智能大模型

1.DeepSeek(深度求索)

DeepSeek凭借强化学习和模型蒸馏技术,以较小的参数规模实现了与GPT-4 Turbo相当的数学推理能力,其训练成本较低,具有高性价比的显著优势。DeepSeek在理科和文科任务中表现均衡,尤其在文科任务中展现了较强的语言理解和生成能力。

2.文心一言(百度)

文心一言在中文场景下的知识问答和多模态生成能力(文本、图像、语音)方面表现出色,尤其在金融与教育领域的应用成熟度较高。其多模态能力和中文优化能力使其在内容创作、智能客服等领域具有显著优势。

3.Kimi(月之暗面)

Kimi在长文本处理和网页搜索方面具有独特优势,其支持20万个汉字的上下文输入,适合学术分析和实时联网检索。Kimi的架构设计优化了处理效率,使其适用于需要处理大量文本的场景。

4.豆包(字节跳动)

豆包大模型的多模态交互功能丰富,支持文本、图像、视频脚本生成,适合日常场景应用。其在知识运用和数学能力方面表现突出,尤其在客观评测中得分较高。

5.通义(阿里云)

通义在信息检索和多语言翻译能力方面领先,性价比高。其Qwen系列模型在国际评测中也展现了较强的竞争力。

6.讯飞星火(科大讯飞)

讯飞星火在语音交互和教育领域表现出色,具备强大的文本生成、语言理解和多模态交互能力。其在教育辅助和医疗问诊等垂直领域有大量实践经验。

7.日日新(商汤科技)

商汤的日日新大模型在长文本生成、角色扮演和安全能力方面处于全球领先位置,其采用混合专家架构,支持200K的上下文窗口。

8.其他(略)

这些大模型在技术能力、应用场景和性价比方面各有优势。文心一言、DeepSeek和 Kimi 在综合性能和特定场景优化方面表现突出,而豆包、通义和讯飞星火则在多模态交互和垂直领域应用中展现了强大的潜力。随着技术的不断迭代和开源策略的推进,这些模型将在更多行业中发挥重要作用。

3.整理与分析数据,制定调研报告

根据各模块所搜集到的数据,运用人工智能工具进行数据分析、处理,并总结所需信息内容,逐步以模块化方式完成调研报告。通过人工智能工具分析数据中的趋势和模式,为品牌开辟全新市场机遇,预测消费者的购买行为与其对不同营销策略的反应优化重塑营销策略,提升品牌的营销投资回报率。

小案例 5-5

用 AI 虚拟人补足元宇宙营销服务的最后一公里

元宇宙,曾只是科幻小说中出现的概念,如今已成为各行各业的热门话题。元宇宙不仅为用户带来全新的娱乐和社交方式,也为企业和品牌提供了更多的创新方式和新的商业价值。越来越多的品牌和企业开始"元宇宙营销",以虚实结合的方式实现数字化市场营销和品牌建设,打造出更具现代化、个性化和创新性的数字营销策略。

在元宇宙营销中,虚拟人作为元宇宙的原住民扮演着非常重要的角色。虚拟偶像和虚拟代言人成为市场营销的新宠。在线上流量红利逐渐消失、产品同质化严重的今天,众多品牌纷纷尝试打造品牌虚拟偶像或者找受欢迎的虚拟偶像担任代言人,让真实场景与虚拟事物相结合,可以为品牌 IP 发展赢得更多"Z 世代"的青睐。比如,网易新闻的首席创造官"EASSY",花西子推出首个品牌虚拟形象"花西子",屈臣氏推出首位虚拟偶像代言人屈晨曦 Wilson,等等。

虚拟人代言是品牌形象的升级,也助力了企业自身 IP 的养成。品牌方可以为虚拟品牌代言人设置独特的外貌、人设、风格和声音,用以吸引目标消费者的注意力和兴趣,更好地传递品牌的理念和价值,增强品牌的影响力和认知度。

如何让虚拟代言人"活"起来,真正为企业带来价值,是目前广告营销虚拟人的重要课题。要解决这个问题,就需要借助 AI 技术来赋能虚拟偶像或者虚拟代言人,让其具备更高级别的智能程度、认知程度和交互能力。通过 AI 技术驱动的虚拟代言人,可以实现自然语言理解、语音合成、图像生成、情感分析等功能,可以与消费者进行自然、流畅、实时的对话和交互。

营销不断在进步,AI 技术为想象提供了无穷的发展空间,以虚拟人和 AI 技术为支撑,元宇宙营销可以带给广告营销行业更多突破想象的创新、更多具有时代感召力的潮流文化畅想,从而打破次元壁,为元宇宙时代的全面降临提供动力和引领。

资料来源(部分删减):刘博士.用 AI 虚拟人补足元宇宙营销服务的最后一公里[EB/OL].(2023-08-10)[2024-02-20].https://zhuanlan.zhihu.com/p/649190326.

本章小结

市场调研是运用科学的方法,通过多种渠道,有目的、有计划,系统客观地收集、整理、分析与评估有关市场营销活动的现状,为营销管理人员提供数据依据。简明的定义是指对营销决策相关数据进行计划、收集、分析和报告信息。

市场调研有三个作用:描述功能、诊断功能和预测功能。

市场调研的一般流程是:确定问题和研究目标、设计调研方案、选择调研方法、选择抽样方法、搜集信息、分析信息、提出结论。市场调研的这五个步骤又可以分为三个阶段:准备阶段(包括确定问题和研究目标)、设计阶段(包括设计调研方案、选择调研方法、选择抽样方法)、实施阶段(包括收集信息、分析信息、提出结论)。

常见的市场调查方法有访问法、观察法、实验法、网络调查法和基于大数据技术的市场调研方法。

营销信息系统是由人员、设备和计算机程序所构成的持续的、彼此关联的综合系统。它连续有序地收集、分类、分析、评价和分配适当、及时和准确的营销信息,并将实现这些处理过程的手段和方法结合起来,以供营销决策者运用。它由内部报告系统、市场营销情报系统、市场调研系统和市场营销分析系统四个子系统构成。

建立营销信息系统的要求有:企业管理人员的大力支持、有一定的硬件和软件、外部条件的允许。

营销信息系统的功能:信息处理功能、预测功能、计划功能、控制功能、辅助决策和决策优化功能。

大数据,是指无法在一定时间范围内用常规软件工具进行捕捉、管理和处理的数据集合,是需要新处理模式才能具有更强决策力、洞察力和流程优化能力来适应高增长率和多样化的信息资产。

大数据大致分为三种类型:(1)传统企业数据;(2)机器和传感器数据;(3)社交数据。

大数据的特点被概括为 5V(IBM 提出):volume(大量)、velocity(高速)、variety(多样)、value(低价值密度)、veracity(真实性)。

大数据营销在互联网时代发挥着越来越重要的作用,正确有效地运用大数据可以使企业获得以下竞争优势:(1)有助于分析用户行为与特征,使产品及营销活动投用户所好;(2)有利于品牌危机监测及管理支持;(3)有助于提升用户体验和客户分级管理支持。

大数据营销的特点:(1)关联性;(2)时效性;(3)个性化;(4)性价比高;(5)非单一化的数据采集。

运用人工智能技术进行营销分析能够简化整个流程,操作步骤包括:明确目标、搜集数据、整理和分析数据并制定调研报告。

重要名词

营销信息系统　大数据　营销调研　简单随机抽样　等距随机抽样　分层随机抽样
分群随机抽样　非概率抽样　任意抽样　雪球抽样　判断抽样　配额抽样　一手数据
二手数据　探索性调研　因果性调研　描述性调研　访问法　观察法　实验法
网络调查法　焦点小组访谈法　网络爬虫　聚类分析　文本数据挖掘

案例评析

案例评析

思政专题

2023年3月19日,中共中央办公厅印发了《关于在全党大兴调查研究的工作方案》,指出"调查研究是我们党的传家宝。党的十八大以来,以习近平同志为核心的党中央高度重视调查研究工作,习近平总书记强调指出,调查研究是谋事之基、成事之道,没有调查就没有发言权,没有调查就没有决策权;正确的决策离不开调查研究,正确的贯彻落实同样也离不开调查研究;调查研究是获得真知灼见的源头活水,是做好工作的基本功;要在全党大兴调查研究之风"。

该方案也对调研方法作出指示,"要坚持因地制宜,综合运用座谈访谈、随机走访、问卷调查、专家调查、抽样调查、统计分析等方式,充分运用互联网、大数据等现代信息技术开展调查研究,提高科学性和实效性"。

请思考:

1.请从营销调研的角度谈谈这段话的指导意义,以及如何求真务实地做好营销调研。

2.在数字化、智能化时代,企业的调研有哪些新的手段和路径,请举例说明。

AI 实训专题

请选择一类产品,试着以"市场调研员"的角色,请 DeepSeek(Kimi 或豆包)设计一份关于该产品消费行为的调研问卷。结合消费行为相关知识评价该问卷的合理性和全面性,并对问卷进行优化。通过问卷星等平台生成问卷、投放和分析问卷。

课后习题

第六章　目标市场营销战略

学习目标

1. 理解掌握市场细分的含义、前提和作用,掌握市场细分的程序;

2. 熟悉消费者、生产者市场细分的标准,掌握有效市场细分的要求;

3. 掌握细分市场评价的内容;

4. 理解和掌握目标市场选择的四个策略,并能够分析各种策略的优缺点;

5. 理解和掌握价值主张和市场定位的含义;

6. 掌握市场定位的步骤;

7. 掌握数智化时代对市场细分、市场选择和市场定位的影响。

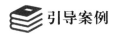 **引导案例**

衣中茅台:比音勒芬

比音勒芬是一个有点神秘感的品牌。在淘宝旗舰店,比音勒芬的一件T恤,单价从700~2000元不等。在社交平台上搜索"比音勒芬",被问及最多的是:这个品牌是什么定位?为什么这么贵?究竟谁在穿?有人嫌它设计不好看,有人觉得价格太贵,也有人是其忠诚粉丝。

一位河北的年轻消费者告诉《21世纪商业评论》记者,对该品牌的感受是设计老土、价格昂贵,"年轻人买不起"。而来自湖北、40岁的陈杰表示,自己购买比音勒芬很多年了,"版型和面料都很好,穿着舒服,选一些好看的款式就行"。高尔夫球爱好者刘宁告诉记者,"在高尔夫圈子里,穿比音勒芬的人不少",因为高尔夫着装需要舒适简洁、不妨碍挥杆和推杆动作,所以要求衣服面料得柔软、吸汗、透气。

不论对它的印象如何,都不妨碍这个服装品牌的营收在过去十年里一路增长,一年的销售额达到了29亿元。品牌拥有者谢秉政,更是凭借63亿元的财富首次进入《2022年胡润全球富豪榜》。上市7年,比音勒芬股价翻了6倍。2023年6月14日收盘时,比音勒芬的股价达到34.02元,其市值约194亿元。

比音勒芬品牌早年由一名香港商人经营。2000年,温州富商谢秉政收购了这个品牌。谢秉政对品牌提出了"高品质、高品位、高科技含量"的要求,亲自参与研发设计以及面料开发,其妻子冯玲玲担任研发中心负责人。最近3年,其累计研发投入约2.5亿元,年增长率保持在20%~30%,占营收比重约3%。重金下注,比音勒芬一直卖得不便宜。

"比音勒芬的价格,差不多是Ralph Lauren的紫标和黑标的档次。"刘宁说。比音勒芬比肩始祖鸟,深受中年男士喜爱。就像穿始祖鸟的不一定玩户外,很多穿比音勒芬的人,也不玩高尔夫。陈杰就是一位购买比音勒芬的非高尔夫爱好者,他的要求很简单,满足基本商务通勤需求,不用太年轻时尚,版型面料好是关键。"我会去奥莱看看打折款,有时候在机场候机时逛逛,折扣率不高,T恤要2000多元,外套得好几千,一件上衣、一条裤子,打完折3900多元。"陈杰感叹比音勒芬的价格有点高。

比音勒芬目前有3个品牌,分别是聚焦高端运动休闲的主品牌、比音勒芬高尔夫品牌以及威尼斯狂欢节品牌。比音勒芬最初的种子用户来自高尔夫球爱好者,但谢秉政很早就意识到,光盯着高尔夫球爱好者群体,受众面太窄了。2013年,谢秉政在中产、中年的高尔夫球爱好者群体之上,以商务休闲产品进军大众男装,从T恤品类切入。谢秉政想做的T恤,是专门针对亚洲人脖颈弧度的小领T恤,面料上延续高尔夫衣料的舒适,即使有啤酒肚也不会紧绷。这两个特点吸引了不少粉丝。

近两年,由于环境变化,不少服饰品牌业绩下滑,增长疲软。比音勒芬与始祖鸟一样,借力户外风与奢侈品消费增长,销售基本未受影响。从 2019 年到 2022 年,其营收从 18.26 亿元增长至 28.85 亿元。除了 2022 年外,其营收增幅均为两位数。2023 年一季度的表现也不错,营收 10.79 亿元,净利润 3.01 亿元,同比增长 41.36%。

谢秉政对于服装行业的眼光,来源于其早年的代理生意。出生于 1969 年的谢秉政,是个典型的温州商人,曾经的温州十万购销大军之一。1997 年,他进入服装行业,做起国外高端男装的代理,华伦天奴、圣保罗都是其客户。在从事服装代理时,他不断琢磨市场需求和审美,逐渐摸到了门道:"做服装,一要眼光准,二要反应快,如果不能做到'稳准狠',很快就会死掉。"

2023 年 4 月,谢秉政斥资 7 亿元收购了高端男装品牌 Cerruti 1881 和 Kent & Curwen 的全球商标所有权。这两个都是海外男士正装品牌,价位有近千元的 T 恤,也有上万元的风衣,但近年来经营不善,被山东如意集团收购后一直没有起色。因如意集团债务缠身,谢秉政将它们收购。比音勒芬在公告中表示,收购资金来源于公司自有资金,不会对财务和经营造成重大不利影响。2016 年 12 月,比音勒芬在深交所上市,成为中国高尔夫服饰第一股后,加速渠道开拓。截至 2022 年末,公司在全国拥有 1191 个终端销售门店,其中直营店有 579 家、加盟店 612 家,在一、二线城市的机场,都能看到比音勒芬的店铺,精准定位商务人士。

引导问题:比音勒芬能够取得成功的原因是什么?

资料来源(有删减):韩璐.温州老板卖 T 恤,一年进账 29 亿[EB/OL].(2023-06-14)[2024-02-25].https://baijiahao.baidu.com/s? id=1768687145878723231&wfr=spider&for=pc.

任何一个企业都会面对数以千计万计甚至更多的消费者,顾客人数多,分布广,需求差异大,因此,任何一个企业都无法满足整个市场的全部需求。企业要进行市场细分,选择合适的目标市场,并进行有效的市场定位,才能在市场竞争中确立起自己的竞争优势。

目标市场营销战略由细分市场、选择目标市场和市场定位三个部分组成,简称 STP 营销。营销大师菲利普·科特勒曾说:"现代战略营销的中心,可定义为 STP 市场营销,即市场细分(segmentation)、选择目标市场(targeting)和市场定位(positioning)。"

为了更有效地开展竞争,许多企业现在都在积极尝试目标市场营销战略。企业专注于为目标顾客创造价值。有效的目标市场选择要求营销者:(1)细分市场——识别具有不同需要和欲望的购买者群体;(2)目标市场选择——选择并进入一个或多个细分市场;(3)市场定位——为每个目标细分市场确立并传达企业价值主张。

第一节 市场细分理论

市场细分是美国市场营销学家温德尔·R.史密斯（Wendell.R.Smith）于 1956 年在美国的《市场营销杂志》发表的文章中首先提出的。这一理论的提出，使传统的营销理念发生深刻变化，被誉为一场"市场营销革命"。

一、市场细分的含义与前提

（一）市场细分的含义

所谓市场细分是指根据消费者的不同需求、特征和行为，将一个市场分为几个有明显区别的消费群体的过程。每一个消费群体就是一个细分市场，也叫"子市场"或"亚市场"；每一个细分市场都是由需求倾向相似的消费者群体构成的。不同细分市场的消费者对同一产品的需求与欲望存在着明显的差别，而属于同一细分市场的消费者，他们的需求与欲望则极为相似。

（二）市场细分的前提

消费者对商品需求的差异性，是市场细分的前提。就是说，消费者对绝大部分产品的需求是多元化的，是具有不同的要求的。只有少数商品的市场，消费者对产品的需求大致相同，如消费者对食盐、自来水等需求差异极小，这类市场称为同质市场。大多数商品的市场是消费者对其产品的要求不尽相同的市场，即异质市场，这是消费者对商品需求的千差万别所决定的。千差万别的需求就要求有多种多样的产品给予满足。而且随着科学技术和社会经济的发展，市场的供给越充足，人们的生活水平越高，需求的差异性就越大，市场细分的必要性也就越大。

二、市场细分的作用与程序

（一）市场细分的作用

（1）有利于企业发现最好的市场机会。通过细分划分出不同的细分市场，对各细分市场进行需求满足度评估，从中识别那些需求尚未得到满足或低满足度的子市场，这便是最好的市场机会，作为市场机会的实质就是未满足或未完全满足的市场需求。

如脑白金就是通过市场细分发现了当时保健品需求尚未被满足、但规模发展潜力大的老年人保健品市场。

（2）有利于掌握目标市场的特征。企业营销策略的选择，营销方法和手段的运用，都要依据目标市场的特征来决定。而目标市场的特殊性只有通过市场细分，才能充分暴露和被企业发现。

（3）有利于提高企业的竞争能力。无论企业大小都有优势和劣势。成功经营的关键是扬长避短，即充分发挥优势、有效避开劣势。市场细分为企业提供了这一可能。在市场细分的基础上，企业可根据自己的条件，选择最合适的目标市场，就能做到扬长避短，在竞争中赢得优势。

（4）有利于提高企业经济效益。在市场细分的基础上，企业可以把有限的资源集中使用于一个或几个细分市场上，开展有针对性的营销，达到事半功倍之效。这一点对中小企业尤为重要。中小企业实力薄弱，无法与大企业进行全方位竞争，但可以通过集中全部资源服务于一个较小的目标市场，把整体劣势变成局部优势，充分发挥资源的潜力，提高资源的使用效率。

（二）市场细分程序

美国市场营销学家麦卡锡（E.J.McCarthy）提出市场细分的一整套程序，这一程序包括 7 个步骤：

（1）选定产品市场范围，即确定进入什么行业，生产什么产品。产品市场范围应以消费者的需求而不是产品本身特性来确定。

（2）列举潜在消费者的基本需求。

（3）了解不同潜在消费者的不同需求。对于列举出来的基本需求，不同消费者强调的侧重点可能会存在差异。

（4）抽掉潜在消费者的共同需求，以特殊需求作为细分标准。

（5）根据潜在消费者基本需求上的差异性，将其划分为不同的群体或细分市场，并赋予每一个细分市场一定的名称。

（6）进一步分析每一细分市场需求与购买行为特征，并分析形成差异的原因，以便在此基础上决定是否可以对这些细分市场进行合并，或做进一步细分。

（7）估计每一细分市场的规模，即在市场调研的基础上，估计每一细分市场的消费者数量、购买频率、平均每次的购买数量等，并对细分市场上产品竞争状况及发展趋势作出分析。

反市场细分策略

实行市场细分是必要的,但不是分得越细越好。科学合理的市场细分不是以细分为目的,而是以发掘市场机会为目的。西方企业曾实行"超细分战略",许多市场被过分地细分,导致产品价格不断增加,影响产销数量和利润,于是,"反细分战略"应运而生。反细分战略并不反对市场细分,而是"异中求同"地将许多过于狭小的市场组合起来,以便能以较低的成本和价格去满足这一市场的需求。反市场细分策略就是在满足大多数消费者共同需求的基础上,将过分狭小的市场合并起来,以便能以规模营销优势达到用较低的价格去满足较大市场的消费需求。

反市场细分的成因:市场细分过细,有可能带来增加生产成本和推销费用的问题;从规模经济角度,也不应对市场过细划分,因为细分化造成市场需求的多样性、产品的复杂性,差异性产品的增多,导致小批量、多品种生产,这不符合规模效益的要求;消费者或用户的价值观、态度的变化。

反市场细分策略的形式:通过缩小产品线来减少细分市场;将几个较小的细分市场集合起来,形成较大的细分市场。这是一个基于成本考虑的策略,当你的利基市场设置原子市场的成本太高或者别的原因时,就需要反市场细分,就是市场整合策略。

三、市场细分的变量

细分市场是目标市场选择的基础,因而,有效的目标市场营销必须要求市场细分有效,而市场细分的依据是细分变量,因而,细分变量选择至关重要。何为细分变量?既然细分变量是细分市场的基础,而细分市场就是划分出不同需求的顾客群体,那么,细分变量就是指影响需求差异的那些变量。

(一)消费者市场细分变量

作为企业的营销人员,要准确找到能够考察市场需求差异的变量。一般而言,对消费者市场细分标准有地理细分变量、人口细分变量、心理细分变量和行为细分变量4种,如表6-1所示。

表 6-1　消费者市场细分变量

第一层	第二层	第三层
消费者人文特征变量	地理变量	国家、地区、城市、农村、人口密度、气候条件、地形、交通运输等
	人口变量	年龄、性别、收入、职业、受教育水平、家庭规模、家庭生命周期阶段、宗教信仰、民族、国籍等
	心理变量	个性、生活方式、社会阶层、购买动机、购买习惯、价值观、审美观等
消费者行为特征变量	行为变量	追求的利益、使用者情况、使用频率、品牌忠诚度、消费者所处待购阶段等

1.地理细分变量

地理细分变量是将市场根据消费者所处的地理位置、自然环境等变量来细分消费者市场。这些具体变量有国家、地区、城市、农村、人口密度、气候条件、地形、交通运输等。

市场营销把地理因素作为细分市场的重要标准。处于不同地理位置的消费者，由于受当地地理环境、气候条件、社会风俗、传统习惯的影响，各有不同的需要和偏好，他们对同一企业产品的价格、销售渠道、广告宣传等营销策略的反应也不同。因此，企业在选择目标市场时，必须认真研究地理因素，力争把自己的产品投到对自己最有利的地区市场中去。地理因素相对地说是一种静止因素，比较容易辨别和分析。但是，处于同一地理位置的消费者在需求上也有差异。因此，企业在选择目标市场时还要考虑其他因素。

小案例 6-1

中国白酒地图

2021 年 9 月，腾讯、益普索和暗中观察局联名发布《2021 年中国白酒消费洞察报告》，此报告覆盖全国 31 个省份（不包括港澳台）的一线城市到四线城市，从白酒饮用者的地理位置，对中国的白酒消费人群进行了全方位的洞察调研。

1.中国十大最爱喝酒的省份

根据《2021 年中国白酒消费洞察报告》，最爱喝酒的三个省份别是河南、云南、四川。这三个省的整体平均渗透率都高达 35％以上，通俗地理解，就是 10 个河南（云南、四川）人中，至少有 3.5 个人是喝酒的。其次是黑龙江、山东、安徽、湖北、广西、北京，平均渗透率（最爱喝）在 30％～35％。最后是河北省，平均渗透率（最爱喝）在 25％～29％。

2.中国十大最常喝酒的省份

最爱喝酒的人不见得最常喝酒，毕竟酒在我们的生活中不仅仅是用于自饮那么简单,各种商务宴请、人情往来都少不了酒的存在。有的人爱喝酒,但是一个月也喝不了几次;有的人不爱喝酒,但是迫于人情往来,每个月都要喝不少场。从数据直观来看,辽宁、广西、福建、湖北、安徽的人最常喝酒,平均每个月他们都要喝4～5次;其次是浙江省、四川省、云南省、陕西省,平均每个月他们都要喝3.5～4次。

3.中国十大最能喝酒的省份

《2021白酒消费中国白酒消费洞察报告》中"中国十大最能喝酒的省份"为:四川(5.8两/人)、云南(5.7两/人)、安徽(5.6两/人)、湖北(5.5两/人)、黑龙江(5两/人)、河南(4.9两/人)、河北(4.7两/人)、山东(4.4两/人)、江苏(4.4两/人)、贵州(4.4两/人)。

资料来源:重磅!2021中国白酒消费洞察白皮书发布[EB/OL].(2021-09-16)[2024-02-25].https://new.qq.com/rain/a/20210916A03RZG00.

2.人口细分变量

人口细分变量是将市场按年龄、性别、收入、职业、受教育水平、家庭规模、家庭生命周期阶段、宗教信仰、民族、国籍等人口变量来细分消费者市场。由于人口变量比其他变量容易测量,所以人口变量一直是细分消费者市场的重要变量。

(1)年龄和家庭生命周期。消费者的需求和购买行为是随年龄的不同而变化的。同时家庭的不同生命周期阶段也导致消费者需求的差异。

小案例 6-2

足力健老人鞋:扎根老年用品市场,坚持以用户为中心

老年人多层次、多样化、个性化的消费需求促进了我国老年用品产业的发展,据统计,2023年我国老年用品市场的规模达到了5万亿,产品种类和数量也具备了一定的规模。足力健老人鞋作为老年用品市场中的佼佼者,自成立以来,深入研究分析老人脚型变化,围绕老人穿鞋需求,坚持以用户为中心,研发专业老人鞋鞋楦,多年来获得消费者和行业的广泛好评。

工业和信息化部指导广大生产企业深入实施消费品工业"三品战略",下大力气提升老年用品的品种丰富度、品质满意度和品牌认可度,努力让老年人买得放心、吃得安心、用得舒心。

为落实《关于促进老年用品产业发展的指导意见》,促进优质老年用品产品推广应用,工信部自2022年开始,便开展了《老年用品产品推广目录》申报工作,足力健老人鞋产品连续两年成功入选,这不仅是对足力健品牌影响力的肯定,也是其在老年用品产业中地位的明确体现。

老年用品需求旺盛，银发经济迎风发展

根据国家统计局最新报告，截至 2023 年底，中国 60 岁及以上人口约 2.97 亿，其中 65 岁及以上人口近 2.17 亿，成为世界上老年人口最多的国家。如此大的老年人口基数，使老年用品需求旺盛，特别是日常生活必需品，如老人鞋等。

足力健老人鞋正是基于对这一群体生活需求的深入洞察，不断推出符合老年人生理特点和穿着习惯的产品。目前，我国银发经济总量约 7 万亿，占 GDP 比重 6%，预计到 2035 年将增长至 30 万亿元，占比达到 GDP 的 10%。老年用品产业的未来发展潜力巨大，足力健老人鞋在其中扮演着重要角色。

顺应趋势变化，足力健老人鞋助力老年用品市场发展

面对广阔的市场前景，足力健老人鞋将继续坚持以用户为中心的研发理念，积极响应国家关于促进老年用品产业发展的各项指导意见，不断创新产品，提升用户体验。

据了解，足力健已主导和参与 24 项相关标准的起草工作，包含 1 项国家标准、2 项轻工行业适老化行业标准、12 项老人鞋行业团体标准、9 项企业标准。其中以第一起草单位的身份，参与老人鞋国家标准建设，为行业高质量发展助力。

经过多年发展，足力健已成为老人鞋行业领导者。深入研究老人脚型变化，足力健老人鞋在产品外观、鞋底、鞋垫等方面，先后荣获发明专利、实用新型、外观设计等 383 项老人鞋专利，专业的成果背后，是足力健持之以恒的坚持付出。

当然，随着市场竞争的加剧和消费者需求的升级，足力健亦需面对新的挑战，比如如何进一步提高产品的科技含量、如何拓宽销售渠道以及如何增强品牌的市场竞争力等。在未来，足力健将继续推动老年用品产业的创新发展，满足亿万老年人的美好生活需要，助力银发经济的蓬勃与繁荣。

资料来源：足力健老人鞋：扎根老年用品市场，坚持以用户为中心［EB/OL］.（2024-03-12）［2024-03-18］.https://www.cet.com.cn/wzsy/cyzx/10024795.shtml.

（2）性别。性别的差异也是导致男女在很多产品的需求上存在很大的差异，所以性别也是常用的一种变量。在服装、美发、化妆品和杂志的营销中，人们很早就使用性别来细分市场，随着职业女性的日益增多，更多的企业在使用性别变数对市场进行细分。

（3）收入。消费者的收入直接影响消费者的购买力，因此收入不同经常导致消费者的需求存在很大的差异。在汽车、服装、化妆品和旅游等产品或服务的营销中广泛使用收入变数。用人口变量细分市场也存在局限性。这是因为消费者的需求不仅受人口变量的影响，有时还要受心理变量、行为变量等其他因素的影响，因此，如果单纯使用人口变量，即使是"多变量细分"也不一定完全准确可靠。

3.心理细分变量

心理因素是按消费者的个性、生活方式、社会阶层、购买动机、购买习惯、价值观、审美观等心理变量来细分消费者市场。

（1）社会阶层

由于人们所处的社会阶层不同,购买行为有很大差异。社会阶层对人们在购买住房、汽车、家用电器、家具、服装、休闲方式等方面的偏好有较强的影响,一些企业根据社会阶层进行市场细分,如为高收入阶层设计的豪华住宅小区、豪华汽车,为低收入阶层设计的经济适用房等。

（2）生活方式

现在有越来越多的企业按照消费者生活方式的不同来细分市场,并据此设计出不同产品和市场营销细分策略。如服装企业把女子分为"朴素型女子"、"时髦型女子"和"具有男子气的女子",并据此设计出不同款式的服装,"具有男子气的女子"服装是以上衣和长裤搭配为主、线条简洁明快、色彩深沉,而"时髦型女子"服装时尚性强、色彩缤纷、款式繁多,"朴素型女子"服装强调质量和品牌、色彩较深沉。

（3）个性

有的企业使用个性因素来细分市场,设计出产品的品牌个性,以吸引那些相应个性的消费者。当企业品牌产品和其他竞争品牌的产品显而易见地相似,而其他因素又不能细分市场时,消费者个性细分市场便非常有效。

（4）购买动机

购买动机是一种引起购买行为的内心推动力。在购买动机中普遍存在的心理现象主要有:求实心理、求安心理、喜新心理、爱美心理、地位心理、名牌心理等。企业针对不同购买动机的顾客,在产品中突出能满足他们某种心理需要的特征或特性,并相应设计不同的营销组合方案,往往能取得良好的经营效果。

（5）态度

企业可以按照消费者对产品的购买态度来细分消费者市场。消费者对企业产品的态度有五种:热爱、肯定、不感兴趣、否定和敌对。企业对持不同态度的消费者群,应当酌情分别采取不同的市场营销组合策略。对那些不感兴趣的消费者,企业要通过适当的广告媒体,大力宣传介绍企业的产品,使他们转变为兴趣的消费者。

4.行为细分变量

行为细分是指根据消费者的购买时机和使用某种产品的时间、追求的利益目标、使用者情况、对某产品使用频率、品牌忠诚度、消费者所处待购阶段等行为变量细分消费者市场。

（1）时机细分

由于消费者购买时机或消费时机的不同导致消费者对产品的需求存在差异,因此企业可以根据消费者购买动机和使用某种产品时间细分市场,扩大消费者使用本企业产品的范围。如"情人节"促进玫瑰花、巧克力的销售,中秋节、元宵节扩大月饼、元宵的销售。针对消费者的购买动机和使用本产品的时间,乳制品厂分别设计出适合老人、学生、青年人、中年人在早、中、晚饮用的牛奶制品,以扩大产品销量。

（2）利益细分

不同的消费者所追求的产品利益存在差异，从而导致消费者利益细分，企业可以根据消费者追求利益不同来细分市场。

（3）使用者细分

许多市场可以按消费者使用产品情况进行细分。使用者按使用产品情况分为非使用者、潜在使用者、初次使用者、曾经使用者和经常使用者。不同的使用者情况对产品的需求存在一定的差异，比如家具市场。那些准备结婚的年轻人作为家具的潜在使用者，那些新婚夫妇则是初次使用者，而乔迁市场是曾经使用者，不同的使用者对产品的需求是不同的。

（4）使用率细分

使用率细分，也称"数量细分"，是按照消费者购买产品的频率把消费者分为少量使用者、中量使用者和大量使用者。使用率的差异，导致消费需求存在很大差异。按照帕累托分布，大量使用者数量少，但其所消费产品数量在商品消费总量中所占的比重却很大，因此可以依此来细分市场，并制定相应的营销策略。比如电信行业经常按服务套餐分类，如 28 元、38 元、48 元，直到 188 元、288 元等，其服务内容各不相同。

（5）品牌忠诚度细分

品牌忠诚度是指由于价格、质量、功能等诸多因素，使消费者对某一品牌情有独钟，形成偏爱并长期购买这一品牌产品的行为。由于忠诚度的不同，消费者的消费行为存在差异，企业可以根据消费者对产品的忠诚程度细分市场，包括完全品牌忠诚者、中度品牌忠诚者、低度品牌忠诚者、无品牌忠诚者，如表 6-2 所示。有些消费者经常变换品牌，另外一些消费者则在较长时期内专注于单一或少数几个品牌。

表 6-2 消费者忠诚度细分

忠诚度类型	购买特征
完全品牌忠诚者	始终购买同一品牌
中度品牌忠诚者	偏好某一品牌，偶尔购买其他品牌
低度品牌忠诚者	同时忠诚于两三个品牌
无品牌忠诚者	不忠于品牌

消费者市场细分虽然有上述 4 种基本变量，但这并不意味着企业应当一一单独地加以应用。在实际的营销活动中，用作细分市场的变量往往是上述各类因素中一连串具体变量的组合。一个企业究竟该选用哪些变量作为细分市场的依据，应当仔细分析，匠心独运，视具体情况而定，切忌生搬硬套、人云亦云。用作市场细分的变量也要适时调整，不能一成不变，以便寻找新的、能够提供更好机会的细分市场。

(二)产业市场细分标准

许多用来细分消费者市场的标准,同样可以用于细分产业市场。如根据地理、追求的利益和使用频率等变量加以细分。不过,由于产业市场的购买者与消费者在购买动机与行为上存在着差别,所以,除了运用前述消费者市场细分标准外,还可用一些新的标准来细分生产者市场。

(1)用户规模。用户或客户的规模也是细分产业市场的重要依据。在产业市场中,大量用户、中量用户、少量用户的区别,要比消费者市场更为明显。大客户虽少,但采购额很大,他们的采购额往往会占到产业销售方的销售额的30%~50%,有的甚至高达80%以上;小客户则相反,客户数量较多,采购额并不大。用户或客户的规模不同,企业的营销组合方案也应不同。例如,对于最终用户中的大客户,宜直接联系、直接供应,销售经理亲自负责;对于最终用户中的众多小客户,则宜使产品进入商业渠道由批发商或者组织供应;如此等等。这样的思路,对于生产企业、商业企业都是适用的。

(2)用户性质。产业市场的购买者是许多用户构成的,每个用户由于行业性质不同就会有不同的要求,例如交通工具安装玻璃,不同的交通工具对玻璃的要求差异很大,如汽车玻璃、火车玻璃、飞机玻璃对产品要求明显不同。明确用户性质,可以使目标市场更加集中,容易研究掌握市场变化、发展动态、研制新产品,更好地满足用户的需求。最终用户所处的行业不同,对产品需求有明显的差异性。

(3)用户要求。工业品用户购买产品,一般都是供再加工之用,对所购产品通常都有特定的要求。比如,同是钢材用户,有的需要圆钢,有的需要带钢;有的需要普通钢材,有的需要硅钢、钨钢或其他特种钢。企业此时可根据用户要求,将要求大体相同的用户集合成群,并据此设计出不同的营销策略组合。再如尼龙,美国杜邦公司在第二次世界大战中的主要用户是军队,要求结实、颜色单调为主,而战后转入民用袜子与服装市场,要求轻薄透气、色彩鲜艳,随后又进入包装材料、轮胎市场。由于杜邦公司紧随市场的用户要求,销量一直很好。

(4)用户地点。一个国家或地区由于自然资源、气候条件、社会环境、历史继承等方面的原因,以及生产的相关性和连续性,都会形成若干产业区。如我国鞋业有四大产业集群。一是以广州、东莞等地为代表的广东鞋业基地,主要生产中高档鞋;二是以温州、台州等地为代表的浙江鞋业基地,主要是生产中档鞋;三是以成都、重庆为代表的西部鞋业基地,主要生产女鞋;四是以福建泉州、晋江等地为代表的鞋业生产基地,主要生产运动鞋。这就决定了生产者市场比消费者市场更为集中。企业按用户的地理位置来细分市场,选择用户较为集中的地区作为自己的目标市场,不仅联系方便,信息反馈较快,而且可以更有效地规划运输路线,节省运力与运费,同时,也能更加充分地利用销售力量,降低推销成本。

四、有效市场细分的要求

在市场细分之后,企业必须收集细分市场的顾客资料,以便进一步了解细分市场的顾客需求特征,为后续目标市场选择提供良好的前提。

(一)界定细分市场顾客概貌

针对每一个细分市场,企业要通过收集的资料,将可观察到的顾客特征与他们想要满足的需要联系,来明确针对这一细分市场的有效方法。这些可观察的因素就是细分市场顾客概貌,它包括人口、地理、行为和心理统计描述。

人口因素包括年龄、性别、收入、职业、受教育水平、宗教、民族、国籍、就业状况、人口密度(城市或农村)、社会阶层、家庭规模以及所处的生命周期阶段。如果企业的顾客不是个人,而是其他企业,则应当用企业统计学的因素进行识别,如企业规模、用户性质、用户要求、用户地点等。

地理因素反映了细分市场顾客的物理位置。与描述细分市场顾客是谁的人口统计数据不同,地理数据描述了顾客所处的位置。一些地理因素可以是相对持久的(如顾客的永久住址),而其他一些地理因素是动态的、经常变化的(例如,顾客在某个特定时间的实时位置),用于识别个人顾客的移动设备无处不在,利用它们能实时确定顾客的确切位置,从而极大提高了地理因素在目标市场选择过程中的重要性。

行为因素描述了细分市场顾客的行为。这些因素包括现有顾客、竞品顾客或新顾客等不同类型顾客对于该类产品已有的体验。行为因素还可以根据消费者购买该类产品的频率、数量、价格敏感度和对企业的促销活动的敏感度、忠诚度、线上线下购买偏好,以及他们经常光顾的零售店来进行分类。其他值得注意的行为因素包括顾客在决策过程中的角色(例如,作为发起者、影响者、决定者、购买者或使用者),以及他们处于消费者决策过程的哪个阶段。行为因素也可以包括顾客了解新产品的方式、社交方式,以及打发空闲时间的方式。

心理统计学因素涉及细分市场顾客的个性,如态度、价值体系、兴趣和生活方式等。心理统计学将目标顾客的可观察和不可观察的特征联系起来,这也是与人口因素、地理因素和行为因素不同的地方。价值观、态度、兴趣和生活方式可以通过直接询问顾客来确定,而心理统计学因素往往不容易辨别,必须从顾客的可观察特征和行为中推断出来。顾客对体育的兴趣是一项心理统计学因素,可以通过其订阅体育杂志、观看体育节目、加入网球俱乐部、购买体育器材和体育赛事门票等行为来加以证实。

在线通信和电子商务的大量使用,使顾客的道德价值观、态度、兴趣和生活方式对企业来说更加透明,心理统计学因素的重要性,就像地理因素一样,变得更加突出。小红书、百度、抖音和微信等社交媒体企业可以从其顾客的人口、地理和行为数据中构建可操作的顾客心理统计学概貌。传统调研企业、在线支付企业和在线零售商也可以通过积累数据,将个人的人口统计、地理位置行为特征与顾客的价值体系、态度、兴趣和生活方式联系起来。

(二)确定细分市场顾客价值

企业选择目标市场的一个基本要素是确定具有战略意义的顾客群的特征,细分市场顾客概貌通过确定细分市场的人口、地理心理统计和行为特征,以便企业能够触达他们。但是目标市场选择的重点是能否创造相应市场价值,这对企业产品的成功至关重要。因此,界定细分市场顾客概貌与确定细分市场顾客价值相辅相成、不可分割。

细分市场顾客价值是细分市场的市场规模足以使企业有利可图。赚取利润是企业追求的目标之一,也是发展的基础。因而,当企业具备进入某细分市场后,必须能够在该细分市场取得至少是正常的利润,这就对细分市场的顾客数量及其购买力提出要求;同时,企业要在该细分市场取得可持续发展,还必须要求该细分市场具有发展空间和获利潜力。如果细分市场顾客价值狭小,企业进入之后却无获利机会,这样的细分市场对企业而言是没有吸引力的。

(三)利用消费者画像明确细分市场顾客概貌

为了进一步明确细分市场的顾客特征,一些研究人员开发了消费者画像。消费者画像是对一个或几个假设的细分市场顾客的详细描述,从人口学、心理统计学、地理学或其他描述性态度或行为信息的维度展开。照片、图像、名字或简短的个人介绍有助于表现细分市场顾客的外貌、行为和感觉,这样营销者就能够在营销决策中加入一个明确的目标顾客视角。许多软件企业已经使用消费者画像来帮助改善用户界面和体验,而营销者也扩大了这种应用。

消费者画像提供的生动信息可以辅助营销决策,但是画像不能过于笼统。任何一个细分市场都可能有一系列在一些关键维度上有所不同的消费者,所以营销者通常通过开发多个画像来反映这些差异,每个画像也都反映了特定消费者群体的特征。消费者画像并不代表所有的细分市场顾客。然而,用一个有代表性的个体来描述细分市场顾客群,可以使企业的目标顾客更直观,并让企业更好地了解顾客可能对产品作出的反应。

小案例 6-3

消费者画像:买预制菜的都是什么人?

艾媒咨询公司在《2023—2025 年中国预制菜行业运行及投资决策分析报告》分

析了中国预制菜行业链人下游——消费者。艾媒咨询数据显示,购买预制菜最多的消费者处于一、二线城市,以已婚人士和中青年消费者为主,且女性消费者较多。在这份 2022 年 7 月的调研中,预制菜消费者中,女性消费者占比达 62.1％,男性消费者占比为 37.9％(见图 6-1)。

一二线城市消费者居多
预制菜消费者中,24.5%的消费者分布于一线城市,24.9%的消费者分布于新一线城市,28.7%的消费者分布于二线城市。

已婚人群居多
预制菜消费者中,80.6%的消费者已婚,其中已婚已育的消费者占68.8%。

中青年为主
预制菜消费者中,20～40岁消费者占比达85.2%,其中31～40岁消费者占比为46.9%。

女性消费者居多
预制菜消费者中,女性消费者占比达62.1%,男性消费者占比为37.9%。

数据来源:艾媒数据中心(data.iimedia.cn)

样本来源:草莓派数据调查与计算系统(survey.iimedia.cn)
样本量:N=1457;调研时间:2022年5月

艾媒报告中心:report.iimedia.cn ©2023 iiMedia Research Inc

图 6-1 预制菜消费者画像

预制菜可以节省时间,味道种类较多,与外卖相比方便快捷,尤其在快节奏的一二线城市中,职场人员对预制菜的需求上升。目前,快捷方便又美味的预制菜产品受到了年轻消费者的喜爱。首先是由于家庭小型化趋势,年轻人做饭技能退化与精力减少;其次,虽然我国外卖产业在不断发展,餐饮行业增速高,但对于一个家庭来说,不可能每顿都吃外卖或者外出就餐。日常居家也有制作大菜仪式感的需求,如逢年过节、日常招待宴请好友等。随着新零售商超等新渠道的逐渐兴起,预制菜有更多的方式可以触达消费者。

预制菜企业在选择 B 端或 C 端渠道时,发力点也不同。面向 C 端的产品通常以小包装为主,C 端消费者对于预制食材的价格敏感性弱于专业性较强的 B 端客户,因此 C 端产品的盈利空间较大。目前 C 端渗透率低,前期需要投入较多费用以培育消费者对产品的认知,后期消费者购买预制菜的需求将持续增多。

资料来源(节选):艾媒咨询.2023—2025 年中国预制菜行业运行及投资决策分析报告[EB/OL].(2023-07-17)[2024-08-09].https://baijiahao.baidu.com/s?id=1771656281447812027&wfr=spider&for=pc.

第二节　目标市场选择

　　所谓目标市场,就是企业营销活动所要满足的市场,是企业实现预期目标而要进入的市场,即企业有针对性地选择一定的消费者群,为实现预期目的,有重点地投入经营资源,开展市场营销活动的市场。企业一旦确定了目标市场,其资源的积累以及一切营销活动都要围绕目标市场来进行。目此,目标市场的选择是企业制定营销策略的基础,对企业的生存与发展具有重要意义。

　　有效的目标市场选择要求企业进行重要且艰难的权衡:企业深思熟虑后,故意放弃一部分潜在顾客以便更有效地满足其他顾客的需要。一些企业之所以失败,是因为它们不愿意牺牲市场的广度,不愿意只专注于能使企业产品创造卓越价值的顾客。目标市场选择不仅基于识别企业打算服务的细分市场的顾客,还必须对决定不服务的细分市场顾客进行有意义的评估。没有这样的评估,就不可能有可行的目标市场营销战略。

一、细分市场的评价

　　管理者在评估某一细分市场顾客群的可行性时,必须解决两个关键问题:企业能否为这些顾客创造卓越价值、这些顾客能否为企业创造卓越价值。

　　第一个问题的答案取决于企业资源与细分市场顾客需要的匹配程度,企业在设计能创造顾客价值的产品时需要有相应的资产和能力。第二个问题的答案取决于细分市场顾客的吸引力,也就是说,这些顾客能否为企业创造价值。

(一)细分市场的兼容性

　　细分市场兼容性反映了企业在满足细分市场顾客需要方面有超越竞争对手的能力。换句话说,就是创造卓越的顾客价值。细分市场兼容性取决于企业的资源及其通过这些资源为该细分市场顾客创造价值的能力。合适的资源对企业来说很重要,企业可以通过有效且具备成本效益的方式,利用这些资源创造能够为顾客提供卓越价值的产品。

　　以下这些企业资源对细分市场的兼容性的评估非常重要。

　　企业业务基础设施包括存放企业生产设施和设备的基础设施、呼叫中心和顾客关系管理解决方案等服务基础设施,包括采购基础设施和工艺流程的供应链基础设施,以及包含企业业务管理文化的管理基础设施。

　　稀缺资源的获取给予了企业显著的竞争优势,因为它限制了竞争对手的战略选择。例如,获得独特的自然资源、重要的制造和零售地点,以及一个令人难忘的网络域名,都对企业非常有利。

　　熟练员工具有技术、运营和商业专长,特别是那些研发、教育和咨询方面的员工,是企业的主要战略资产。

　　技术专长,即开发满足特定顾客需要的产品所需的专长,包括企业的特有工艺、技术流程和知识产权,如专利和商业机密。

　　强大的品牌能够通过赋予产品独特的识别性和有意义的联想提升价值,联想创造的价值超过了产品本身创造的价值。品牌在商品化行业中特别重要,因为在这些行业中,存在竞争关系的产品和服务之间只有微小的差异。

　　合作者网络包括纵向合作者网络和横向合作者网络,前者是指企业供应链上的合作者(供应商和分销商),后者是指研发、制造和推广上的合作者,他们帮助企业创造产品并告知顾客。

　　评估企业资源的一个重要方面是确定其核心能力。核心能力有 3 个特点:(1)它是竞争优势的来源,对感知顾客利益有重大影响;(2)它适用于多种市场;(3)它很难被竞争对手模仿。

(二)细分市场吸引力

　　尽管企业为细分市场顾客创造价值的能力是企业本质的重要组成部分,但成功的目标市场选择必须结合另一个重要标准:细分市场顾客也必须能够为企业创造价值,也就是说,细分市场顾客必须对企业有吸引力。细分市场吸引力反映了细分市场为企业创造卓越价值的能力。因此,企业必须谨慎地选择顾客,根据他们为企业贡献价值和帮助企业实现目标的程度,为他们量身定制产品。

　　细分市场顾客可以为企业创造两种类型的价值:货币价值和战略价值。

　　货币价值由顾客为企业创造利润的能力构成。货币价值包括一个特定顾客群产生的收入和为这些顾客提供服务的成本。顾客收入包括企业从顾客那里收到的为拥有或使用企业产品而支付的货币。许多市场和顾客因素都会影响收入。这些因素包括市场规模,增长率,顾客购买力,品牌忠诚度,价格敏感度,企业定价权,市场竞争强度,以及经济、政府法规和物理环境等情境因素。

　　为细分市场顾客提供服务的成本包括根据细分市场顾客的需要定制产品,以及向他们宣传和交付产品的费用。此外,服务细分市场顾客的成本还包括获得和留住顾客的支出,为他们提供售后支持和提供奖励,以及维护其忠诚度的费用。

　　许多企业几乎只关注细分市场顾客创造的货币价值,因为顾客的收入和成本更容易被量化。正是这种狭隘的观点让企业忽略了一个事实,即细分市场顾客创造的战略价值同样会影响他们为企业带来的价值。

战略价值是指细分市场顾客给企业带来的非货币利益。战略价值的 3 个主要类型是社会价值、规模价值和信息价值。

社会价值反映了细分市场顾客对其他潜在购买者的影响。顾客对企业的吸引力可能来自顾客在社交网络上的影响力，以及他们影响其他购买者意见的能力，这些都可以被视为他们为企业带来的收入。企业通常以意见领袖、潮流引领者和专家为目标顾客，因为他们可以通过社交网络进行推广，并为企业的产品背书。

规模价值指的是企业运营规模带来的好处。商业模式的经济性可能导致企业将低利润有时甚至是无利可图的细分市场顾客作为目标顾客。如航空企业、酒店和邮轮企业，这些企业的固定成本较高，但可变成本较低。一家处于早期增长阶段的企业可能会决定以低利润顾客为目标顾客，以此建立产品和用户基础，作为未来增长的平台。滴滴、携程、美团、拼多多和极兔的快速增长说明了建立大规模用户网络的优势。

信息价值是指顾客提供的信息的价值。企业之所以对顾客进行目标市场选择，是因为顾客可以向企业提供大量关于他们的需要和概貌的数据。这些信息可以帮助企业设计、沟通并向其他有类似需要的顾客提供价值。一家企业也可以在产品大规模推向市场前，锁定那些可能成为企业产品早期使用者的用户，将他们作为目标顾客。这些"领先用户"帮助企业收集反馈信息，了解如何改进和提升产品以吸引更多的购买者。

评估不同细分市场顾客群的战略价值比评估其货币价值更具挑战性。战略价值不是那么容易就能够观察到的，而且可能很难被量化。顾客影响他人的能力往往无法直接辨别，即使可以通过评估顾客在社交媒体上的粉丝数量来加以量化，顾客对他人喜好的影响程度也很难被衡量。尽管确定战略价值存在难度，但在评估细分市场顾客时，仍然不能忽视战略价值。它可以作为货币价值的补充，也可以作为企业价值的重要组成部分。某些具有极大影响力的顾客可能从未直接为企业创造过一分钱，但却会对决定购买企业产品的更广泛和更有利可图的细分市场产生重大影响。

二、目标市场的选择

选择目标市场，明确企业应为哪一类用户服务，并满足他们的哪些需求，是企业在营销活动中的一项重要策略。目标市场选择就是根据细分市场评估的结果，选择最适合自己进入的市场。在选择了目标市场后，接着就要确定目标市场的营销活动如何组织和开展。目标市场选择的方式有四种，分别为无差异营销、差异化营销、集中化营销和微市场营销，如图 6-2 所示。

图6-2 目标市场选择的方式

（一）无差异营销

无差异营销又叫大众营销，就是企业不考虑细分市场的差异性，把整体市场作为目标市场，对所有的消费者只提供一种产品，采用单一市场营销组合的目标市场策略，如图6-3所示。

图6-3 无差异营销模型

采用无差异营销的企业一般具有大规模、单一、连续的生产线，拥有广泛或大众化的分销渠道，并能开展强有力的促销活动，投放大量的广告和进行统一的宣传。无差异营销适用于大多数消费者需求同质的产品。此外，消费者需求虽然存在较大的差异，但若企业专注于寻找消费者需求的共性，忽略他们需求的差异，采用无差异营销也能满足消费者的最低需求。

无差异营销的最大的优点是有利于标准化和大规模生产，有利于降低单位产品的成本费用，获得较好的规模效益。因为只设计一种产品，产品容易标准化，能够大批量地生产和储运，可以节省产品生产、储存、运输、广告宣传等费用；不搞市场细分，也相应减少了市场调研、制定多种市场营销组合策略所需要的费用。无差异营销的缺点是不能满足消费者需求的多样性，不能满足其他较小的细分市场的消费者需求，不能适应多变的市场形势。因此，在现代市场营销实践中，无差异营销只有少数企业采用，而且对于一个企业来说，一般也不宜长期采用。

全球营销

全球营销指企业通过全球性布局与协调，使其在世界各地的营销活动一体化，以便获取全球性竞争优势。全球营销有三个重要特征：全球运作、全球协调和全球竞争。因此，开展全球营销的企业在评估市场机会和制定营销战略时，不能以国界为限，而应该放眼于全球，是在全球采用统一的标准化营销策略，应用前提是各国市场的相似性，具有规模经济性等优点。

全球营销可细分为初级阶段和高级阶段。初级阶段的全球营销往往只在个别职能,如采购或生产等方面实现了全球化;而高级阶段的全球营销则几乎在所有可能产生竞争优势的环节都实现了全球化,建立了全球网络,在全世界范围内进行采购、生产、研究开发、信息扫描、人力资源等重要职能的分工,各自相对专业化,但彼此之间又相互高度依赖。

全球营销中最常面对的问题之一是在多大程度上选择标准化和差异化政策。毕竟,各国消费者需求之间虽有很多共同点,但也存在着不小的差异。全球营销者通常都更重视各国消费者需求的共性,而非差异性。

资料来源:许宏.科特勒的营销思维[M].北京:群言出版社,2018.

(二)差异化营销

差异化营销是在市场细分的基础上,企业以两个以上乃至全部细分市场为目标市场,分别为之设计不同产品,采取不同的市场营销组合,满足不同消费者需求的目标市场策略,如图 6-4 所示。以多个顾客群为目标的一个直接后果是需要开发独特的产品来满足每个顾客群的不同要求。实际上,由于不同顾客群的需要不同,以及他们为企业创造的价值存在差异,企业必须开发一个产品组合,以满足不同顾客群的需要,同时使自己获利。

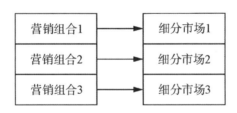

图 6-4 差异化营销模型

差异化营销适用于大多数消费者需求异质的企业。采用差异化营销的企业一般是大企业,有雄厚的财力、较强的技术力量和较高素质的管理人员,是实行差异化营销的必要条件。

差异化营销优点是能扩大销售,降低经营风险,提高市场占有率。因为针对不同需求的消费者提供不同的营销组合,能够更好地满足消费者的需求,以此可进一步扩大产品销售。如果企业在数个细分市场都有能取得的较好的经营效果,就能树立企业良好的市场形象,提高市场占有率。但是,随着产品品种的增加,分销渠道的多样化,以及市场调研和广告宣传活动的增加,生产成本和各种费用必然大幅度增加。

(三)集中化营销

集中化营销是企业以一个细分市场或少数几个细分市场作为目标市场,集中力量,实行专业化生产和经营的目标市场策略,如图 6-5 所示。

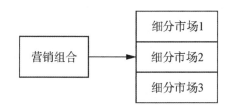

图 6-5 集中化营销模型

集中化营销主要适用于资源有限的中小企业和初次进入新市场的大企业。中小企业由于资源有限,无力在整体市场或多个细分市场上与大企业展开竞争,而在大企业无暇顾及而自己又力所能及的某个或少数几个细分市场上全力以赴,反倒容易取得成功。实行集中化营销是中小企业变劣势为优势的最佳选择。

户外运动:"玩"出来的万亿级产业

户外运动一头连着民生,一头连着经济。近年来,随着经济社会发展和生活水平提高,人们日益注重健康和生活质量,青睐贴近自然的休闲和运动方式,中国户外运动发展迎来春天:冰雪、路跑、骑行、越野、露营等呈现爆发式增长;"90后"、女性、亲子家庭成为消费主力军;专业化、轻便化、可玩性引领消费新趋势。

从小众到大众

2023 年 10 月出炉的《中国户外运动产业发展报告(2022—2023)》显示,2023 年上半年,与户外运动相关的订单量较 2022 年同期增长 79%,较 2019 年同期增长了 221%。

小红书发布的《2023 户外生活趋势报告》显示,2023 年,户外运动已逐步走向生活化、全民化,1 月至 10 月,户外用户日活环比增长超 100%,徒步、骑行、露营、钓鱼、潜水冲浪、滑雪等成为新生活方式。

花样多 玩法多

2022 年至 2023 年,中国户外运动产业不仅迎来历史性发展机遇,也呈现出不少新趋势和亮点。2022 年,露营、漂流、滑雪、徒步等一直稳居户外运动搜索热度榜前列,航空运动、冲浪、潜水、登山、攀岩、骑行、路跑、垂钓、定向运动方兴未艾。飞盘、桨板、陆冲、腰旗橄榄球、匹克球等新兴项目正逐步成为年轻群体"新城市运动"潮流的代表。

"90后"与女性户外运动主力军。"90后"已成为户外运动最大消费群体,占比36.1%;女性已打破男性主导户外运动的格局,参与者占比达 59.9%。

此外,专业化、功能性、轻便化和设计感正成为消费新趋势。公路车人群趋近专业化,开始关注车圈材质和车架材质;徒步人群选择服饰更在意设计感和"百搭性",露营风、山系、工装风等个性化设计走热。

除了市场拉动外,户外运动产业的快速发展也得到了多层次政策支持。2022—2023年,国家体育总局、国家发展改革委等部门出台了《户外运动产业发展规划(2022—2025年)》《关于恢复和扩大体育消费的工作方案》《促进户外运动设施建设与服务提升行动方案(2023—2025年)》。

《促进户外运动设施建设与服务提升行动方案(2023—2025年)》提出,到2025年,推动户外运动产业总规模达到3万亿元。这个"玩"出来的万亿级产业,反映了民众不断增长的对美好生活的需求,也体现了中国经济高质量发展进程中的新变化。

资料来源(节选):岳冉冉,林德韧.户外运动:"玩"出来的万亿级产业[EB/OL].(2023-12-18)[2024-03-01].https://baijiahao.baidu.com/s? id=1785577443545937196&wfr=spider&for=pc.

集中营销的优点是目标市场集中,有助于企业更深入地注意、认识目标市场的消费者需求,使产品能够更好地满足消费者的需求,有助于提高企业和产品在市场上的知名度。集中营销还有利于企业集中资源,节约生产成本和各种费用,增加盈利,取得良好的经济效益。集中营销的缺点是企业潜伏着较大的经营风险。由于目标市场集中,一旦市场出现诸如较强大的竞争者加入、消费者需求的突然变化等,企业就有可能因承受不了短时间的竞争压力而立即陷入困境。因此,采用集中营销的企业要随时密切关注市场动向,充分考虑企业在未来可能的意外情况下的各种对策和应急措施。

(四)微市场营销

目标市场策略的最后一个类型是微市场营销。微市场营销将市场细分到个人或细分到特定区域,企业根据特定个人或特定地区的特殊需求调整自己的营销策略。微市场营销针对的特定个人或特定地区的特殊需求,因此微市场营销包括当地营销和个人营销两种。

当地营销是指企业根据当地顾客群的特殊需求,调整企业的营销策略,迎合当地的特殊需求。企业的当地营销迎合当地消费者的特殊需求,肯定受到当地消费者的欢迎。但是由于市场区域的限制,导致其市场规模较小,产品的批量较小,从而导致其成本较高。

微市场营销的另一种方式是个人营销,又叫定制营销或一对一营销,即可以根据单个消费者的个性化需求进行调整企业的产品。现在的各种新技术和信息工具,如互联网、移动互联网的发展,可以使公司针对个人开展营销,定制个人所要求的商品。在个人营销中,企业要与顾客进行一对一的沟通,并且让顾客参与生产完全符合自己需求的商品,创造出独特的顾客价值的过程。比如顾客可以在耐克的官方网站定制鞋的颜色以及在鞋舌上绣上几个自己选择的词语来获得自己的个性化定制运动鞋,雀巢巧克力可以通过定制包装图案等实现个性化定制。

在服务行业,个性化的定制更为普遍。比如金融服务业提供定制化金融服务,保险行业提供个性化的保险服务等,旅游服务、家装服务等也都是如此。

总之,虽然微市场营销使得企业的营销成本进一步上升,但是顾客的满足度也在上升,而且随着技术的发展和生活水平的提高,定制越来越受到欢迎,也促使越来越多的公司将转向顾客化定制营销。

定制消费推动定制经济

近年来,"90后""00后"逐渐成为消费主力。在消费倾向上,他们更加重视个性化,更加重视消费对精神需求的满足。因此定制消费开始走俏,成为一种新消费趋势。大到房屋设计、出国旅行,小到茶杯、袜子、手提袋,年轻人都喜欢根据自己的喜好单独定制。很多企业顺势推出定制消费服务,纺织服装类企业、新型建筑企业、文旅企业较早开始推行定制服务,其后各类企业纷纷抓住数字化转型契机,深入挖掘消费者需求,使得精准需求引导下的定制化供给服务越来越火热。

定制消费日益走俏,消费场景更加多元,市场规模不断扩大,这反映出消费升级浪潮下,人们的消费需求日趋个性化、多样化、品质化,也折射出生产与流通企业正加快数字化转型,创新商业模式,让供需匹配更精准。虽然从事定制服务的企业较多,但客观上还存在单打独斗、链条不完整的短板,因此也限制了规模化、集群化发展。部分企业刚刚涉足定制服务领域,还存在急功近利的思想,在产品质量、售后服务等方面存在不少问题。比如,一些商家只把心思用在揣摩消费者心理上,质量把关却不够用心,产品出了问题也不予解决,影响消费者体验。

"私人定制"作为一种新型消费形式,体现了顾客对于企业生产的影响力与主导性。让定制消费健康发展,有关部门应配合消费者协会等行业组织,共同完善定制消费中服务、规则、标准等问题,帮助企业回归本源,以质量取胜、以服务取信。同时,要想把定制经济的"蛋糕"做大,还必须加强供应链上下游企业的数字化改造,不断完善大数据、云计算、物联网及智能终端等新型基础设施,围绕采购、生产、流通等各个环节加强信息共享与资源互通,形成贯通消费者、产品、服务、营销、渠道、物流的数字化体系。只有这样,才能让定制经济跑出"加速度"。

资料来源(节选):更好激发"私人定制"强动能[EB/OL].(2023-06-07)[2024-02-26].https://www.sohu.com/a/682768499_12145564.

第三节 制定价值主张与市场定位

没有企业可以在其产品和服务与其他企业相似的情况下胜出。作为目标市场营销战略管理过程的一部分,每件产品都必须在目标消费群体的心智中代表恰到好处的主张。目标市场营销战略的一个关键方面是制定价值主张,并针对目标顾客对企业的产品进行定位。企业应识别市场上不同的需要和消费者群体,并瞄准那些能以卓越的方式满足的消费者,然后制定价值主张并定位产品,让目标顾客认识到产品的独特优势。通过阐明价值主张和定位,企业可以提高顾客价值和满意度,促成高复购率,并最终提升企业的盈利能力。

拓展阅读 6-3

成功的营销战略关键在于定位

成功的营销战略关键在于:聚焦、定位和差异化。企业必须仔细地界定其目标市场;建立独特的产品定位并将其有效地通过沟通传达给消费者;制定差异化市场供给品,使竞争对手很难完全模仿。在科特勒看来,在这三点之中,定位是很关键的一环。营销定位需要解决三个问题:满足谁的需要? 满足什么样的需要? 怎样满足这些需要? 这可以归纳为三步定位法。

第一步,找位,也就是解决"满足谁的需要"这一问题。这相当于对目标市场的聚焦。在市场分化的今天,任何一家公司和任何一种产品的目标顾客都不可能是所有的人,同时也不是每位顾客都能给他带来正价值。事实上,有一部分企业的营销成本并没有花在能带来最大价值的顾客身上,大量的资金和人力被浪费了。因此,企业有必要对顾客进行甄别,理清楚到底为谁服务、要满足谁的需要这样一个大问题。

第二步,定位,也就是解决"满足什么样的需要"这一问题。产品定位过程是细分目标市场并进行子市场选择的过程。这里的细分目标市场与选择目标市场之前的细分市场不同,后者是细分整体市场,选择目标市场的过程;前者是对选择后的目标市场进行细分,再选择一个或几个目标子市场的过程。

对目标市场的再细分,不是根据产品的类别进行,也不是根据顾客的表面特性来进行,而是根据顾客的价值来细分。顾客在购买产品时,总是为了满足自己某方面的需求,获取某种产品的价值。产品价值组合是由产品功能组合实现的,不同的顾客对产品有着不同的价值诉求,这就要求企业搞清楚自己应该"满足什么样的需要",进而提供不同诉求的产品。

第三步,到位,也就是解决"怎样满足需要"这一问题,执行并落实既定定位的过程,差异化是其中一个有效的手段。在确定满足目标顾客的需要之后,企业需要设计一个营销组合方案并实施这个方案,将定位落实到位。这不仅仅是品牌推广的过程,也是产品价格、渠道策略和沟通策略有机组合的过程。整个定位过程就是一个找位—定位—到位的过程。

一、制定价值主张

顾客最终会如何作出选择?他们往往会基于搜索成本、有限知识、移动性和收入作出价值最大化的选择。无论出于何种原因,顾客都会选择那些他们认为能提供最高价值的产品,并依此行事。产品是否达到预期效果会影响顾客的满意度和复购的可能性。根据顾客的需要,产品可以在三个领域创造价值:功能、心理和货币。

(一)功能价值

功能价值反映了与产品性能直接相关的利益和成本。创造功能价值的产品属性包括性能、可靠性、耐用性、兼容性、易用性、定制化、形式、风格和包装。对于那些被认为是满足实用性的产品,如办公用品和工业设备,功能价值往往是顾客的首要考虑因素。

(二)心理价值

心理价值包含了与产品相关的心理利益和成本。心理价值超越了功能利益,为目标顾客创造了情感利益。例如,顾客可能会重视他们从一辆汽车中获取的情感利益(如驾驶高性能汽车的乐趣,以及拥有这辆汽车传达出的社会地位和生活方式)。心理价值在奢侈品和时尚品类中是最重要的。在这些产品品类中,顾客积极寻求情感和自我表达的利益。

(三)货币价值

货币价值包括与产品相关的财务利益和成本。创造货币价值的产品属性包括价格、费用、折扣和返利,以及与使用和处置产品相关的各种货币成本。虽然货币价值在通常情况下与成本相关,但产品也可以包含货币红利、现金回馈、现金奖励、财务奖励和低息融资等货币利益。货币价值往往是商品化类别中无差异产品的主要选择标准。

在功能、心理和货币三个方面,顾客价值是指潜在顾客对产品的所有利益和成本评价与他们对所感知的替代产品的成本和利益评价之间的差异。顾客总收益是顾客因产品、服务和形象而期望从某一市场产品中获得的功能、心理和货币利益的整体感知价值。顾客总成本是顾客在评估、获取、使用和处置某一市场产品时所产生的功能、心理和货币成本。

顾客价值主张的基础是顾客获得的利益与他为作出不同选择所承担的成本之间的差异。营销者可以通过提高产品的功能、心理和货币利益或降低相应的成本来加产品的价值。

价值主张包括企业承诺提供的全部利益,这比产品的核心定位更重要。例如,沃尔沃的核心定位是"安全",但它向买家承诺的不仅仅是一辆安全的汽车,还包括良好的性能、优质的设计,以及对环境的关注等其他利益。因此,价值主张是一种承诺,向顾客保证了他们将从企业的市场产品及与供应商的关系中获得怎样的体验。承诺能否兑现,取决于企业管理其价值传递系统的能力。

二、确定市场定位

市场定位是指设计企业的产品和形象,以在目标市场顾客的心智中占据独特的位置。其目的是将品牌植入消费者的脑海,使企业的潜在利益最大化。价值主张阐述的是产品的所有利益和成本。定位与价值主张不同,定位瞄准的是消费者为什么选择该企业产品的关键优势。

许多营销专家认为,市场定位应该同时具有理性和情感的成分。换句话说,它应该同时吸引人们的头脑和心灵。企业经常寻求在业绩优势的基础上引起顾客的情感共鸣。宝洁公司关于洗发水的市场定位除了强调实用信息之外,还增加了情感信息:"头屑去无踪,秀发更出众"(海飞丝)、"飘柔,就是这么自信"(飘柔)、"潘婷,让你的头发更健康,更美丽"(潘婷),用感性为理性做补充。

衡量市场定位有效性的一个实用方法是品牌替代测试。在诸如广告策划、社交媒体沟通、新产品发布这样的营销活动中,如果品牌被竞争品牌(甚至被其他品类的品牌)取代,那么该市场定位在市场上的收效应该不会太好。举个例子,"爱生活,爱拉芳"(拉芳洗发水)、"大家好才是真的好"(好迪洗发水),这些洗发水在市场上并没有找到独特的定位。

好的市场定位要一只脚立足现在,一只脚立足未来。这需要一定的进取心,品牌才有成长和改进的空间,基于市场现状的定位缺乏足够的前瞻性,但与此同时,市场定位也不能脱离现实,以防根本无法实现。真正的市场定位诀窍是在品牌是什么和可以成为什么之间取得恰当平衡。

三、市场定位的步骤

市场定位要求营销者定义并传达其品牌与竞争对手之间的相似性和差异性。具体来说,定位的过程包括以下两步:第一,通过识别目标市场和相关竞争者来选定一个参照系;第二,在该参照系下,确定最优的共同点和差异点。

(一)选择一个参照系

消费者会选择一个参考点以评估产品的利益和成本,从而确定产品的价值。与略逊一筹的产品相比,当前的产品就显得更具吸引力;但与更加优质的产品相比,同样的产品可能就不再具有吸引力。因此,参照系可以作为一个基准,顾客据此评估企业产品的利益。

鉴于消费者会自然地构建参照系来评估现有选择,一个经验丰富的营销者能够采用突出产品价值的方式来设计参照系。参照系的决策与目标市场的决策紧密相关。决定以某类型的消费者为目标确定了竞争的性质,这是因为某些企业过去已经决定以该细分市场为目标(或计划在未来这样做),或者是因为该细分市场的消费者已经看中某些产品或品牌。

要定义市场定位的竞争参照系,一个很好的出发点是品类成员。品类成员包括竞争品牌旗下的,且在功能方面完全可以作为该品牌产品替代品的产品或产品集。对一家企业来说,识别其竞争对手似乎是一项简单的任务。大众汽车知道丰田汽车是其汽车的主要竞争对手;苹果手机的主要竞争对手是三星、华为、小米等。

然而,一家企业的实际和潜在竞争对手的范围可能远比那些显而易见的竞争对手广泛。为了进入新的市场,一个有着增长企图的品牌可能需要一个更广泛的——甚至可能是一个更有野心的——竞争框架。此外,品牌可能更容易受到新兴竞争对手或新技术的威胁,而不是来自现有竞争对手的伤害。如汽车产业已经被分割各种子品类,包括电动汽车、燃油车、油电混合、氢能源等,各子品类之间也展开激烈的竞争。

在短期变化不大的稳定市场中,明确一个、两个或三个主要竞争对手可能是相当容易的。在动态品类中,竞争可能以各种不同的形式存在或出现,那么可能存在多个参照系。

(二)识别潜在的差异点和共同点

一旦营销者明确了目标市场顾客和竞争性质,就可以明确市场定位的参照系,就可以定义恰当的差异点(企业产品特有的属性或利益)和共同点(企业产品与竞争者共有的属性或利益)。

1.识别差异点

差异点是将企业的产品与竞争对手的产品区别开来的属性或利益。消费者将这些属性或利益与品牌紧密地联系在一起,并给予积极评价,认为竞争品牌难出其右。

差异点几乎可以建构在任何类型的属性或利益之上。理想汽车基于汽车的舒适度寻求差异点,南孚电池基于其电量最持久的电池寻求差异点,成功建立有意义的差异点,可以带来财务上的回报。

强势品牌往往具有多个差异点。例如,华为的差异点在于科技、易用性和不羁的态度,耐克的差异点在于性能、创新技术和取胜,而滴滴打车的差异点在于价值、可靠和便利性。

创建强大、有利、独特的联想具有很大的挑战性,但这对有竞争力的市场定位至关重要。尽管在一个成熟的市场中成功定位一个新产品看起来十分困难,但理想汽车的例子表明,这并非不可能。三个标准决定了一个品牌联想能否真正发挥其作为差异点的作用:合意性、传达力和区分度。以下是一些关键的考虑。

(1)对消费者而言的合意性。消费者必须将品牌联想视为与他们个人相关。比亚迪"仰望"汽车凭借汽车原地掉头技术取得轰动,它允许消费者通过简单的数字指令来调整汽车高度,从而使得该汽车的涉水深度可以达到1米。差异点必须给消费者一个令人信服且可以理解的理由来阐释为什么该品牌能够提供合乎消费者期望的利益。乌江榨菜声称自己比其他榨菜更"鲜脆、爽口",并通过"三清、三洗、三腌、三榨"来支持这个说法。

(2)企业的传达力。企业必须具备内部资源和承诺,以可行且盈利的方式创建并维持消费者心中的品牌联想。产品的设计和营销方式必须支持合乎期望的联想。传达这种合乎期望的联想是需要改变产品本身,还是仅需改变消费者对产品或品牌的观念?后者通常更加容易。像回力、鸿星尔克等一些运动鞋品牌曾经被公众认为是老旧、过时的品牌,但企业努力扭转了这样的认知,并通过大胆的设计、扎实的工艺和公益宣传活动,使其重新成为公众心目中一个年轻、现代的品牌。

(3)与竞争对手的区分度。最终,消费者必须看到品牌联想是与众不同的,并且优于相关的竞争者。舒肤佳香皂凭借"长效抑菌(12小时)"与竞争对手区分开来,成为该品类的领导者;而东鹏特饮("累了困了喝东鹏特饮")凭借更广泛的产品线、更低的价格,从众多能量饮料中脱颖而出,成长为年营业额近110亿元的品牌,并对该品类的领导者红牛("困了累了喝红牛")构成了威胁。

2.识别共同点

共同点指的是非品牌独有,而是与其他品牌共享的属性或利益联想。这类联想有三种基本形式:品类、相关性和竞争性。

品类共同点是那些消费者认为在某一特定的产品或服务品类中合理且可信的产品不可或缺的属性或利益。换句话说,它们是品牌选择的必要非充分条件。作为一家旅行社必须能够预订机票和酒店、提供休闲套餐建议、提供多种票务支付及送达选择，否则消费者不会认为这是一家真正的旅行社。品类共同点会随着科技进步、法律完善或消费趋势的变化而变化。

相关性共同点是那些伴随着品牌的正面联想而产生的潜在负面联想。营销者面临的一个挑战是，构成其产品的共同点或差异点的许多属性或利益是负相关的。换句话说，如果你的品牌在某一方面有优势，比如蔚来汽车采用换电技术，消费者就不会认为它在其他方面也有优势，比如"价格便宜"。与消费者在购买决策中的权衡相关的消费者研究可以提供例证。

竞争性共同点是指根据竞争对手的差异点，为克服品牌的感知弱点而设计的联想。发现关键竞争性共同点的一个方法是站在竞争对手的立场上，推断出它们打算构建的差异点。这样竞争对手的差异点反过来可以暗示品牌的共同点。

无论感知到的弱点源自何方，如果在消费者眼里，一个品牌能够在劣势领域与竞争对手"势均力敌"，并在其他领域占据优势，那么这个品牌就会处于一个强势的（甚至可能是无懈可击的）竞争定位。

一个产品要想在某一特定属性或利益上实现共同点，必须有足够多的消费者相信品牌在该维度上是"足够"好的。共同点有一个可以容忍或可被接受的区域、范围。在共同点上，品牌不需要与竞争对手比肩，但消费者必须觉得它在这些属性或利益上做得不错。只有做到这一点，消费者才有可能愿意根据品牌那些更出色的维度对其进行评价和决策。一般来讲，电动车的充电速度肯定比不上燃油车的加油速度，然而它可以通过提高续航里程，或者尽量提升充电速度来影响消费者的选择。

3.调整参照系、共同点和差异点

如果竞争范围扩大或企业计划延伸到新的品类，那么品牌确定多个实际或潜在的竞争性参照系的情况并不罕见。例如，可口可乐可以定义非常不同的几类竞争对手（百事可乐、王老吉、康师傅、元气森林等），并由此提出不同的可能共同点和差异点。需要注意的是，某些潜在共同点和差异点是各个竞争者共有的，而其他的则是某一竞争者独有的。

在这种情况下，营销者必须决定应该做什么。营销者在面临多种参照系时，主要有两种选择。一是首先为每种类型或层次的竞争者确定最好的定位，然后看看是否可以创建一个足够强大的组合定位来有效应对所有竞争者。二是如果竞争过于多样化，可能需要根据竞争对手的优先级进行排序，然后选择最重要的一组竞争者作为竞争参照系。一个重要的考虑因素是不要试图满足所有人的所有联想，这通常导致无效的"最小公分母"定位。

最后，如果在不同品类或子品类中有许多竞争者，那么可以在品类层面上为所有相关品类定位，或参照每个品类的典型代表进行定位。

有时，一家企业可以用一组差异点和共同点横跨两个竞争参照系。在这些案例中,一个品类的差异点成为另一个品类的共同点,反之亦然。塔斯汀餐厅的定位是"就是中国胃,就爱中国堡"。这种定位使得该品牌与麦当劳和肯德基等快餐店建立了共同点,又以"劲韧鲜香的中式堡胚与链接国民记忆的国味内馅"加以创新,在汉堡上建立了差异点;同时与中式餐饮建立了共同点,在食物上建立了差异点。

通常,一个优秀的企业可以找到多个共同点和差异点。其中的两三个通常能够真正定义竞争的市场,因此应该加以仔细分析和发掘。一个好的市场定位还应遵循"80/20"原则,对该品牌80%的产品高度适用。而尝试依据一个品牌内全部的产品进行定位,往往会得到一个令人失望的"最小公分母"的结果。余下20%与定位不那么契合的产品应予以复查,以确保有适合它们的品牌策略,并看看如何改变它们以更好地反映品牌定位。

知觉地图也称定位地图,有利于品牌选择特定的利益作为共同点和差异点来定位品牌。知觉地图是消费者感知和偏好的可视化表现形式,提供了市场情况的量化图形,以及消费者在不同维度看待不同产品、服务和品牌的方式。通过同时展现品牌认知和消费者偏好,营销者可以看到"漏洞"或"空缺",这提示了未被满足的消费者需要和潜在的营销机会。

四、创造可持续的竞争优势

产品的竞争优势反映了它在满足顾客需要方面的能力优于竞品。因此,创造竞争优势能够给顾客一个理由去选择某产品而不是一个可用的替代品。

(一)可持续竞争优势的含义

为了建立一个强大的品牌并避免商品陷阱,营销者必须从抱有这个信念开始:通过创造可持续的竞争优势可以使产品脱颖而出。竞争优势是指企业在一个或多个方面表现出的竞争对手无法匹敌或不愿比较的能力。

本质上可持续的竞争优势是很少见的。从长远来看,竞争优势往往会被竞争对手复制,但是竞争优势或许可以成为杠杆。杠杆优势可以用作企业获取新优势的跳板,就像华为手机的卫星通信技术这一优势那样。总的来说,一家想要持续经营的企业必须不断发掘新的优势,并使其成为差异点的基础。

任何产品或服务的利益,只要足够有吸引力、可交付且具有区分度,就可以作为品牌的差异点。对消费者来说,明显且最具说服力的差异化手段是与性能相关的利益。例如,南孚电池"聚能环锁住更多能量,一节强于六节",从而"电力强劲更持久"。

有时,市场环境的变化可以为创造差异化的手段带来新的机会。农夫山泉东方树叶茶饮料在2011年上市,主打无糖和0卡路里,一直不瘟不火。从2022年起,这一饮料就在市场热销。

(二)创造可持续竞争优势的策略

在设计一个可以使产品在竞争中脱颖而出的价值主张时,有三个核心战略不可或缺,即在现有属性上实现差异化、引入新属性,以及构建强大的品牌。

1.在现有属性上实现差异化

这是创造超越竞争对手优势的典型策略。小米手机通过手机摄像头达到一亿像素将自己与竞争对手区别开来。宝马将其车辆的驾驶体验作为竞争中的一个差异点,沃尔沃通过专注于安全来实现差异化,而劳斯莱斯则通过凸显豪华来彰显自己的与众不同。

在对顾客有意义的属性上实现差异化,是创造竞争优势最直观的方式。然而,这通常很难实现,因为一个产品类别中的产品会随着品类整体的性能提高变得越发相似。电动汽车就是一个很好的例子:技术进步使得汽车的续航能力提高了,对消费者来说,可供选择的产品之间的差异不再那么明显。

2.引入新属性

与加强产品在现有属性上的表现不同,企业可以通过引入一个新的属性,一个竞争对手没有的属性——使产品与众不同。这样的例子比比皆是。电动汽车在智能上开发出越来越多的新属性:自动泊车、自动防追尾、沉浸式导航、车载娱乐、按摩椅等。

值得注意的是,引入新属性并不一定必须发明全新的属性,也可以是调整某个或多或少被竞争对手忽视的现有属性,并将其转化为一个差异点。尽管引入新属性可以为企业带来强大的优势,但这种做法很少是可持续的。竞争对手会争分夺秒地复制受顾客重视的新属性,从而大大削弱首创者的竞争优势。创造一个可持续的竞争优势需要企业不断寻找新鲜和独特的方式来创造顾客价值。

3.构建强大的品牌

可持续竞争优势的一个重要来源是强大的品牌,这是让顾客选择某企业产品的原因。格力就是品牌力的一个典范。它的成功可能不仅归功于其空调的质量,也归功于其品牌力。可口可乐有别于其他可乐饮料的不是味道,而是可口可乐的品牌形象,它跨越了国界和文化的障碍,成为地球上几乎尽人皆知的品牌。

品牌不仅是产品的一个属性,还在创造竞争优势方面有一个独特的作用:它影响着人们对产品在质量、可靠性和耐用性等方面的感知。这些方面对顾客来说并不容易看到。因此,品牌可以为企业的产品注入独特且有意义的信息,引起超越企业产品和服务的实际特点的共鸣。换句话说,顾客购买的不仅仅是茅台的产品,还是这些品牌所蕴含的意义。

除了影响顾客对产品的看法,当一个品牌成为顾客脑海中满足特定需要的首选时,这个强大的品牌实际上可以直接驱动顾客的购买行为。例如,统一一直在宣传自己的产品,因此当顾客想买茶饮料时,第一个想到的就是它。成为消费者脑海中第一个想到的品牌能创造一种竞争优势,因为最先被想到的品牌通常会成为消费者的参考点,即评估其他品牌的默认选项。这是一个重要优势,除非消费者有强有力的理由来选择其他选项,否则就很可能会选择默认选项。

五、沟通企业的市场定位

一旦确定了目标市场定位策略,营销者就应该让组织中的每个人都理解这一策略,并用这一策略来规范和指导每个人的言行。

(一)拟定市场定位声明

定位声明清楚地阐明了产品的目标顾客和关键利益,这将为顾客提供选择该企业产品的理由。"怕上火,喝王老吉"(饮料)、"头皮护理选滋源"(洗发水)、"霸王防脱发"(洗发水)这些都是不错的定位声明。

拟定市场定位声明时的一个重要问题在于,是应该着重描述企业产品的特定属性本身,还是应该聚焦于这些属性所带来的利益。许多营销者倾向于关注利益,并将其作为产品定位的核心。这是因为消费者通常对产品提供的利益以及他们究竟能从产品中得到什么更感兴趣。

(二)沟通品类成员属性

品类成员属性有时候可能是显而易见的。目标顾客能意识到 TCL 是电视机行业中的领导品牌,格力是空调行业中的领导品牌,茅台是白酒行业的领导者,等等。但是,当推出某一种新产品时,营销者必须告知消费者该品牌的品类成员属性。

有时,消费者可能知道相应的品类成员,但并不相信该品牌是相应品类的有效成员。例如,消费者可能知道格力生产冰箱,但他们并不确定格力冰箱是否与海尔冰箱、美的冰箱同属一个品类。在这种情况下,格力可能会发现强调它的品类成员属性是有益的。

一种典型的定位方法是在说明品牌的差异点之前向消费者介绍品牌相关的品类成员。从逻辑上可以假定,消费者在判断产品是否优于相关的竞争品牌之前,需要先知道产品是什么、有什么功能。对新产品来说,最初的广告通常着重于创建品牌意识,而后续的广告则致力于塑造品牌形象。

传达品牌品类成员的主要方式有以下 3 种。

(1)宣传品类利益。为了让消费者相信品牌会履行使用该品类的基本承诺,营销者经常通过利益来宣传品牌属于哪一品类。比如,洗发水可能宣传其去屑、防脱发、柔顺的利益等。比如红牛饮料宣传"渴了、累了喝红牛"将自身划入功能饮料,并通过其所含优质成分(性能)或展现人们消费该产品时的具体场景来支持上述说法。

（2）与品类中的典型成员进行比较。利用一个品类中知名的、广受关注的品牌也可以帮助品牌明确其品类成员的地位。当农夫山泉还是个无名小卒的时候，就通过广告告知消费者"从不使用自来水"，从而与竞争对手（使用自来水的企业）区别，宣告了他作为天然饮用水领域的领先地位。

（3）依靠产品描述词。品牌名称后面的产品描述词往往可以简明地传达品类来源。利郎男装在其品牌名称后面加上"商务休闲男装"，主打既商务又休闲的男装，从而达到了其独特的品类定位阐述。

（三）沟通有冲突的利益点

正如前文所述，定位中一个常见的挑战是构成共同点和差异点的许多利益是负向相关的。比如安井必须让消费者相信冷冻食品既美味又有益于健康。想想以下这些负向相关的属性和利益的例子：低价与优质、美味与低卡、强壮与优雅、营养与好吃、流行与独特、有效与温和、多样与简单。

此外，每一个属性或利益自身往往也兼具积极和消极的方面。例如，电动汽车的续航能力越强意味着电池的容量越大，也就意味着充电需要花费更长的时间。

挑战在于，消费者总是希望两种负向相关的属性或利益都能达到最大值。营销艺术和科学的很大一部分都在处理权衡问题，定位也不例外。最好的方法当然是开发一种在两个维度上都表现良好的产品或服务。例如，蔚来汽车直接建立换电站解决续航和充电的矛盾；腾势汽车推出"双充技术"，实现双枪充电。

此外，还有一些其他的方法可以用于处理权衡问题，如发起两场不同的营销战役，每场战役分别致力于表现其中一种品牌属性或利益：一场战役致力于在品牌与合适的人、地方或事物之间建立联系，由此建立属性或利益的共同点或差异点；另一场战役致力于说服消费者。如果换个角度来看，属性和利益之间看似是负向相关，但实际上是正向相关。

（四）市场定位就是讲故事

有些营销专家认为市场定位是叙述或讲故事，而不是列举具体的属性或利益。消费者喜欢思考产品或服务的故事，从中获取丰富的内涵和想象。这种方法使该企业能够构想一个引人入胜的故事，阐明其顾客价值主张。

一些研究者认为，叙事品牌化的基础是与人们的记忆、联想和故事相联系的深层隐喻。他们确定了叙事品牌化的五个要素：（1）用文字和隐喻表达的品牌故事；（2）消费者旅程或消费者与品牌长期接触的方式，以及他们与品牌的接触点；（3）品牌的视觉语言或表达；（4）叙事的体验性表达方式或品牌如何吸引感官的参与；（5）品牌在消费者生活中的作用。基于文学惯例和品牌体验，他们还确定了品牌故事的四个关键方面：（1）环境（时间、地点和背景）；（2）演员（品牌作为一个角色，包括它在受众生活中的角色、它的关系和责任,以及它的历史或创立神话);(3)叙事弧(叙事逻辑随时间展开的方式,包括行动、期望的体验、决定性事件和顿悟时刻);(4)语言(真实的声音、隐喻、象征、主题和主基调)。

第四节　数智化趋势:数智化与目标市场营销战略

一、数智化对市场细分理论的影响

STP是经典营销战略的核心,这里的S指市场细分,是营销战略的前提,是解构市场最重要的利器,是寻找市场机会、寻求营销增长的基础点。市场细分有四个主要维度,分别是地理维度、人口统计维度、心理维度和行为维度,而每个维度下又有若干参数。

营销学大师菲利普・科特勒在《营销革命3.0》中就提出了在互联网时代对于消费者的"人本化"的营销。在数智化时代,原来的地理边界、人群边界正在被逐渐打破,因此在大数据下的消费者画像中,人口统计维度和地理维度的重要性在大幅度下降,而心理维度和行为维度的重要性在上升。

我们的细分市场正在变成一个个围绕价值观组成的社群集合,用户的兴趣爱好、成就动机、理想信仰、互动偏好等深层次心理和行为,正起着决定性市场作用。基于价值观区隔的小众市场正在变成市场的真正主流,互动和共鸣已经成为营销的主旋律。

二、数智化对目标市场营销战略的影响

在营销学大师菲利普科特勒所阐述的目标市场营销战略中,企业面临四种选择模式:无差异性营销、差异化营销、集中营销和微市场营销。每一种目标市场营销模式都有各自的优缺点和前提条件。数智化的发展,信息沟通更加便捷、支付更加便利以及物流更加快捷等等,对企业的目标市场营销的战略选择产生了巨大的影响。

(一)数智化对无差异性营销的影响

无差异营销一般要求企业规模较大,因为需要面对广大的市场。但是在互联网时代,企业可以利用网络的平台面对全国的消费者,因此即使企业规模较小,也可以

选择无差异营销。同样的理由,一些初创型企业也可以采用无差异营销来面对全国的消费者,以期在短期内取得快速发展。

(二)数智化对微市场营销的影响

微市场营销一般要求对当地市场或单个消费者实现定制的产品或服务。微市场营销的难度在于,一方面要及时准确了解当地或某个消费者的个性化的需求信息,另一方面才能根据其个性化的需求信息进行定制。在数智化时代,快速的信息沟通,可以让企业迅速了解消费者的个性化需求,从而实现为消费者的量身定做。在现在数智化时代,微市场营销策略越来越容易实现了。

小案例 6-6

问界M9:定义智能汽车新标准

在汽车"新四化"的影响下,汽车正由单一交通工具向智能生活载体转变,不断融入人们的生活,成为集多种功能和科技于一身的移动智能空间。在2023年12月26日举行的问界M9及华为冬季全场景发布会上,问界M9正式发布,共推出4款车型,售价46.98万~56.98万元。

发布会现场,华为常务董事、终端BG CEO、智能汽车解决方案BU董事长余承东表示:"问界M9是智能化时代的里程碑式产品,我们把最好的华为智能汽车黑科技全部带上车,在用户想得到和想不到的方方面面,都带来了领先一代的卓越体验,它将定义智能汽车的新标准,是当之无愧的豪华科技旗舰SUV。"

余承东透露说,作为鸿蒙智行旗下年度最重要的产品,问界M9搭载了华为智能汽车全栈技术解决方案,不仅搭载了华为十大智能汽车黑科技,还带来了全新家族化设计、百变空间、智能座舱、智能驾控、智能驾驶、智能安全等众多领先的产品亮点。

据了解,问界M9搭载全新HarmonyOS 4与全新HUAWEI SOUND卓越系列,全车满配可达10块屏幕,随时满足用户驾驶、娱乐、工作的全场景需求。

在搭载多项智能化舒适配置的同时,问界M9还在整车驾控上融入了智能元素。新车搭载领先一代的途灵智能底盘,采用前双叉臂后多连杆独立悬架,全系标配智能闭式空气悬架和CDC可变阻尼减震器,车身高度5档智慧调节,让舒适性与操控性兼顾。

"基于 HUAWEI iDVP 智能汽车数字平台,通过多模态融合感知系统、HUAWEI DATS动态自适应扭矩系统和HUAWEI xMotion智能车身协同控制系统,问界M9可以用AI与软件能力将机械素质最大程度发挥出来,带来更好开、安全、舒适的驾乘体验。"余承东说。

值得注意的是,问界M9全面升级HUAWEI ADS 2.0高阶智能驾驶系统,搭载全新设计的 192 线激光雷达,拥有更强大的精准探测和快速响应能力。通过 GOD (general obstacle detection,通用障碍物检测)网络 2.0 和 RCR(road cognition & reasoning,道路拓扑推理网络)网络 2.0,问界 M9 具备强大的全场景和全天候感知能力。余承东介绍说,在上述技术的加持下,问界 M9 能够精准识别车辆、行人、交通设施与标识、桩筒等。未来,通过不断的 OTA 升级,最终将实现不依赖高精地图且"全国都能开、越开越好开"的高阶智驾体验。

基于 HUAWEI ADS 2.0 的强大能力,问界 M9 前向 AEB 能力再进一步,前向静止车 AEB 主动刹停时速最高支持 120 km/h,覆盖人驾、智驾场景。侧向支持 40~120 km/h 主动避障,后向支持 1~12 km/h 的主动刹停,可大幅降低事故发生概率。

"此外,问界 M9 还首发搭载 ESA 紧急转向辅助系统,当车辆与前方目标存在碰撞风险时,可自动控制转向辅助驾驶员避免碰撞,为用户带来更安全的智能避险能力。"余承东表示。

"与传统的燃油车相比,新能源汽车普遍拥有更多的科技元素。随着技术的不断升级,新能源汽车越来越趋向于消费电子化。"乘联会秘书长崔东树分析说,随着华为等科技公司在汽车智能化转型中的参与度逐渐提升,大家的用车习惯或将发生转变。与此同时,考虑到中国汽车市场已进入存量竞争时代,增换购用户的比例大幅增长,智能化技术也有望成为推动汽车销量增长的重要动力。

资料来源(有删减):张真齐.余承东:问界 M9 要定义智能汽车的新标准[EB/OL].(2023-12-28)[2024-02-26].https://baijiahao.baidu.com/s? id＝1786476153940557485＆wfr＝spider＆for＝pc.

三、数智化对市场定位的影响

艾·里斯在《21 世纪的定位》一书中,围绕数智化时代对市场定位提出新的一些定位法则。

(一)全球化法则

全球化是推动当今企业业务背后的推手。在 21 世纪的数智化时代,你的业务可以通过互联网走向全球化的,否则,你就错失很多机会。美国是怎么致富的呢? 是通过打造全球化的品牌来致富,全球最有价值的品牌中有一半是美国的品牌。中国的出口占全球 GDP 的比例是 19％,但世界上没有一个国家仅通过简单的相互贸易就能致富——中国多数的出口是商品的出口,而不是品牌的出口。很多中国品牌在全球市场上违反了最重要的定位法则:聚焦定律。随着目标市场越来越大,你的品牌所代表的产品线应该越来越窄才对。

（二）品类法则

在 20 世纪,品牌是市场营销计划中最重要的因素。而数智化时代,品类才是消费者在互联网时代最先搜索的是品类,然后是品牌!中国的品牌全球化,要打造非常强有力的拉丁文字名称,这样才能让品牌在国际市场体现其所代表的品类,品牌名称一定要强烈地支撑你的品类,把所属的品类传达给受众。

（三）数智化品牌法则

目前企业的业务在全面往线上发展。例如,现在每一个大的零售商都有自己的网站,但还是用它们线下的品牌名,没有一家这样做的网站在财务方面是成功的。我们要告诉大家的是,你进入互联网的业务已经是一个新的品类。而新的品类必须用新的品牌名,而不是把现有品牌名简单地做延伸。

（四）视觉锤法则

在互联网时代,因为视觉形象马上会引起人们的注意,看看市面上主要的品牌,都有它自己的一些视觉形象,视觉形象要比文字更有传播力量。从解剖学原理来说,视觉信息要用右脑处理,而右脑主要与情感相关联,但是左脑处理的文字没有这样的情感色彩。如果用文字写 baby,并没有感情色彩,但如放上婴儿的视觉形象,马上就完全不一样。怎样打造品牌的视觉锤?从八个角度给大家参考:形状、颜色、产品、动作、创始人、符号、明星、动物。我们可以挑选一种方法来用,打造自己的视觉锤。

在 21 世纪的定位理论里,消费者心智依然是决战战场,但更新的四个定位法则,则可以帮助你来打赢 21 世纪的营销战役。

本章小结

企业应在分解出不同需求的群体的基础上,决定企业能有效服务的需求群体,并设计和提供对顾客有价值的、能在顾客心目中留下鲜明印象的产品。因此目标市场营销战略的核心是市场细分、目标市场选择、市场定位。

市场细分指采用恰当的细分变量将整体市场划分为若干能相互区分的细分市场,同一细分市场具有类似需求,不同细分市场具有相异需求。消费者细分参数包括地理、人口统计特征、心理、行为四个因素,生产者细分参数除了可以应用消费者细分参数外还可以根据用户地点、用户规模、用户性质和用户要求等参数来细分。

目标市场选择时,首先要对细分市场进行评估。目标市场选择策略包括无差异营销、差异化营销、集中营销和微市场营销。无差异营销是指企业对整个市场只采取一种营销策略;差异化营销指企业对不同细分市场,分别使用不同的营销组合策略,它适用于企业实力强、产品差异性强、顾客需求差异明显的市场;集中营销指企业将所有营销努力集中于某个单一或几个经过缜密定义的细分市场;微市场营销是指企业针对当地客户或个别客户分别使用不同的营销策略。

数智化时代对市场细分、目标市场的选择和市场定位的法则提出了一些新的要求。

重要名词

目标市场营销战略　STP　市场细分　细分变量　地理变量　人口变量　心理变量
行为变量　无差异营销　差异营销　集中营销　微市场营销　价值主张
可持续竞争优势　定位图　数智化品牌法则　视觉锤

案例评析

案例评析

思政专题

2017年10月18日,习近平总书记在党的十九大报告中明确指出:"中国特色社会主义进入新时代,我国社会主要矛盾已经转化为人民日益增长的美好生活需要和不平衡不充分的发展之间的矛盾。我国稳定解决了十几亿人的温饱问题,总体上实现小康,不久将全面建成小康社会,人民美好生活需要日益广泛,不仅对物质文化生活提出了更高要求,而且在民主、法治、公平、正义、安全、环境等方面的要求日益增长。同时,我国社会生产力水平总体上显著提高,社会生产能力在很多方面进入世界前列,更加突出的问题是发展不平衡不充分,这已经成为满足人民日益增长的美好生活需要的主要制约因素。"

请思考：

1.以上论断对企业STP营销战略具有怎样的重要指导意义。

2.选择一个行业或市场深入剖析中国社会发展的不平衡不充分为企业带来的潜在市场机会。

AI 实训专题

请选择两个竞争品牌的某类竞争产品，以"市场研究员"的角色，请 DeepSeek（Kimi 或豆包）对这两个品牌产品的目标市场和定位进行对比分析，并探寻这类产品是否有潜在的细分市场机会。请小组结合所学理论方法和相关资料评价该 AI 平台产出内容的合理性，并提出关于这类产品在 STP 营销战略上的思考。

课后习题

第七章 产品策略

学习目标

1. 理解和掌握产品的概念和整体产品的概念，能够理解与掌握核心产品、形式产品和延伸产品的含义及其内容；

2. 了解消费品和工业品的分类，了解产品概念的延伸：组织、人员、地点和创意；

3. 理解和掌握单个产品决策的内容和流程；

4. 理解和掌握产品线决策中的向下延伸、向上延伸和双向延伸的内容；

5. 理解和掌握产品组合的宽度、长度、深度和关联度的概念，并掌握产品组合决策的内容；

6. 理解和掌握品牌的概念和品牌的构成，理解品牌与商标、品牌资产的关系；

7. 理解和掌握品牌营销决策的内容和步骤；

8. 理解和掌握服务的概念和服务的四大特征；

9. 理解和掌握服务营销的内容，包括内部营销、外部营销和互动营销的具体内容；

10. 理解和掌握产品生命周期的含义及其构成；

11. 理解和掌握产品生命周期各阶段的特征及其相应的营销对策；

12. 理解和掌握新产品的含义以及新产品开发的重要性；

13. 理解和掌握新产品开发的程序和新产品在消费人群中的扩散；

14. 数智化对产品、包装、设计及生命周期的影响。

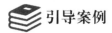 **引导案例**

国货之光！比亚迪仰望 U8 上市，智能无止

2023 年 9 月 20 日，比亚迪举办了国产电动车的豪华集大成之作——仰望 U8 豪华版的上市发布会。作为比亚迪旗下的豪华汽车产品系列，仰望 U8 豪华版的上市再一次刷新了我对国产新能源技术发展的认知，它从动力、美学、智能交互等引领业界。从立项之初到仰望 U8 豪华版的上市，这期间比亚迪在仰望系列大动作不断，带来了不少令我耳目一新的技术，此次最新的仰望 U8 豪华版的上市将重新定义豪华汽车，展现比亚迪的核心技术！

作为一款专业的越野级车型，它在外形设计上拿捏得十分稳，融入"时空之门"设计语言，沉稳、奢华、运动的气息迎面扑来，前脸采用了独特的点阵式进气格栅设计，搭配点阵式光源布局、"星际穿越大灯"设计，辨识度特别高。在美学潮流设计上，仰望 U8 丝毫不输传统的奢华汽车品牌，其审美走在了行业的前列。

从仰望 U8 豪华版的空间上可以看出，它定位的是大型 SUV，光轴距就达到了 3050mm，就具体参数来说，机身长、宽、高尺寸分别为 5319、2050、1930mm，容量体验丝毫不输 AMG（德国汽车制造公司）之类的竞品。整体观感十分霸气和威武，运动和越野感十足，搭配机梯形设计的轮眉、银色的装饰条等，精致度达到了极高的水准，让人沉浸其中。

内饰是仰望 U8 豪华版最突出的亮点之一，车内凡是我们肉眼能看到的几乎都采用了真皮材质，高端气息浓厚。走进车内就仿佛置身于奢华的"殿堂"，很容易让人陷进去。整个车内呈现给我的感觉就是细节感满满，可以看出仰望非常重视视觉、触觉体验，为此投入了巨大的心血。

仰望 U8 豪华版的中控屏幕体现出仰望自身独特的风格，不同于贯穿式的中控屏设计，仰望则是将其分隔成了三块独立的中控屏，这样一方面显得"分工明确"，让每一块中控屏发挥出应有的作用，娱乐、商务两不误；另一方面从美学角度来看，这样更凸显出对称美，没有贯穿式中控屏的那种突兀感，我个人非常喜欢仰望的这种的中控屏设计分布风格。此外，它的后排区域还加入了两块 12.8 英寸的悬浮式多媒体屏，从前到后都提供了极致的娱乐、商务等体验，科技体验感爆棚。

在仰望 U8 豪华版上，比亚迪和高通在车机芯片领域进行了深度合作，将体验提升至新的高点。它内置了仰望 Link 智能车机系统，交互、智能性特别强！例如它所搭载的"仰望"语音助手，每次唤醒发布指令后，语音助手可以做到"随叫随执行"，动口就能搞定很多汽车使用操作，大大解放了用户的双手。此外，它还配备了百万级别的丹拿音响、香氛系统、车载冰箱等等。

安全和动力是比亚迪在这款汽车上非常重视的一点，为此它采用了比亚迪自研

的"易四方"电机技术,给到了插电式混合动力系统,这套动力系统的表现相当亮眼,使得仰望 U8 豪华版的最大功率达到了 880kW,单电机最大功率 220～240kW,最大扭矩 320～420N·m,总功率 1197 马力,0～100km/h 仅需要 3.9s。新车配备了 2.0 升涡轮增压增程发电机,CLTC 工况下可达 1000km 的综合续航。此外,越野玩家版拥有多达 17＋1 种驾驶模式,还拥有原地掉头、红外热成像、车载卫星电话等硬核功能,百公里加速取得的成绩更是达到了 3.6s,综合动力表现比不少传统的油车豪华品牌还要强!

其次得益于"易四方"电机技术的加持,仰望 U8 豪华版在涉水表现上毫无悬念地优于传统燃油车,在汽车涉水或者浮水的状态下,它的电机能够根据汽车实际的情况给予相应的扭矩,使得汽车可以快速脱困。除此之外,在雪天等极端路况下,易四方技术能够实现快速响应,给予车轮最佳作用力。综上所述,"易四方"电机发挥的技术优势可谓是遥遥领先!

值得一提的是,仰望 U8 豪华版还采用了 CTC 电池底盘一体化以及前后双叉臂式独立悬架,配合云辇-P 智能液压车身控制系统,可以带来不错的整体刚性和稳定性。此外在云辇-P 技术加持下,仰望 U8 豪华版对各种路况的识别能力强,针对车身悬架和姿态有了非常迅速和精确的调整,拥有 150mm 的超高悬架总调节行程、三级刚度和连续自适应阻尼调节以及 15＋1 种越野模式,大幅度适应增强汽车在各种复杂环境中的使用体验。安全方面更是经受住了 28 小时三电超长水下验证、1.5 米超高跌落冲击等各种严苛的测试考验,远超行业标准,可见比亚迪一直都极其重视安全性能。

仰望 U8 豪华版在智能驾驶方面搭载了天神之眼高阶智能驾驶辅助系统,车身涵盖多种不同的雷达以及海量的摄像头,可以轻松了解周围的各种环境。哨兵模式、自动泊车等功能更是将这些硬件优势发挥得淋漓尽致,智能性、可靠性都表现得可圈可点。

毫无疑问,仰望 U8 豪华版的上市充分展现了这么多年来比亚迪在尖端新能源技术方面的技术积淀。让国产豪华越野汽车的体验不输国外品牌,甚至在某些技术方面遥遥领先,我想这就是比亚迪所呈现出的"老黄牛"精神,在汽车尖端技术领域的探索上从未停止脚步,为推动国产豪华汽车的发展贡献出强大的力量。价格方面,仰望 U8 豪华版做到了 109.8 万元,就这个堆料和先进技术体验,我个人觉得非常值!

资料来源:国货之光!比亚迪仰望 U8 上市,用技术赋能体验,售价仅为 109.8 万[EB/OL].(2023-09-20)[2024-03-08].https://baijiahao.baidu.com/s? id=17776239659 93305327&wfr=spider&for=pc.

引导问题:请结合案例谈谈对产品策略的感悟。

产品是市场营销组合策略中的首要因素,因为市场营销的其他策略,如定价、促销和分销都是以产品策略为基础,因此从产品策略开始研究最为恰当。首先我们提出什么是产品,然后阐释了企业的产品决策,并讨论了产品组合策略。最后我们研究了一些重要决策,包括产品品牌营销策略、服务营销策略、产品生命周期各阶段的营销策略和新产品开发策略。

第一节 企业产品策略概述

一、产品的概念

在现代营销学中,产品概念具有宽广的外延和丰富的内涵,美国著名营销学家菲利浦·科特勒认为:"产品是指能提供给市场以引起人们注意、获取、使用或消费,从而满足某种欲望或需要的一切东西。"这是目前运用得比较广泛的一个定义。产品在市场上包括实体商品、服务、经验、事件、人、地点、财产、组织、信息和创意等或者上述的组合。

产品的外在形式包括有形的实体产品、无形的服务和有形加无形的形式,它们之间并没有明显的界线,而是形成了连续的谱系图,如图 7-1 所示。

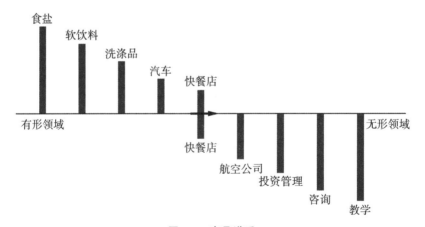

图 7-1 产品谱系

二、产品的整体概念

企业和消费者往往从自己的角度出发来看待产品,他们都把产品视作一种载体。企业要获得利润必须为顾客创造价值,这个价值的载体就是产品。消费者希望通过消费产品来收获价值,从而满足自己的某种需求。因此顾客真正购买的不仅仅是单纯的产品,他们购买的产品给他们带来的利益。美国著名营销学家菲利浦·科特勒提出的产品整体概念,本质上是将产品的利益分为 3 个层次,即核心产品、实体产品和扩展产品,如图 7-2 所示。

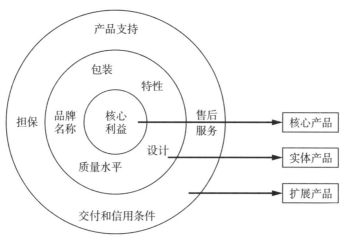

图 7-2　整体产品的 3 个层次

(一)核心产品

核心产品是产品整体概念中最基本和最实质的层次,是指产品给顾客提供的基本效用和利益,是顾客需求的中心内容。顾客购买某种产品,并不是为了得到产品实体本身,而是为了满足某种特定的需求。人们购买化妆品,并不是为了获得它的某些化学成分,而是要获得"美"。同样,人们买空调是为了"凉爽"。因此在产品决策中必须以核心产品的核心利益为出发点和归宿来设计真正满足消费者需要的产品。

(二)实体产品

实体产品是核心产品借以实现的形式或目标市场对某一需求的特定满足形式。它包含 5 个要素:包装、品牌、质量、款式、特性。例如购买洗衣机,不仅考虑其洗衣功能,还会考虑其洗衣功能得以实现的载体,即它的品牌、能效等级、款式、独特卖点等。由此可知,实体产品是顾客在市场直观可以看到的,也是顾客在选择商品时的主要依据。不同企业设计的形式产品给予消费者的利益是不同的,因此企业进行产品设计时除了要重视顾客所追求的核心利益外,还要重视如何在形式上给予顾客真正需要的利益。

(三)扩展产品

扩展产品又称延伸产品,是指顾客因购买产品所得到的全部附加服务与利益,包括保证、咨询、送货、安装、维修等,它是产品的延伸或附加,能够给顾客带来更多的利益和更大的满足。如家用空调生产者,不仅销售空调,而且还提供送货上门、安装维护、产品保证等一系列服务项目。随着科学技术的发展以及企业生产和管理水平的提高,不同企业提供的同类产品在核心产品和实体产品所提供的利益会越来越接近,而扩展产品则会强化产品的优点和增加对顾客的吸引力。美国市场营销学家里维特教授断言:"未来竞争的关键,不在于工厂能生产什么产品,而在于其产品所提供的附加利益。"因此,企业要取得竞争优势,就应向顾客提供比竞争对手更多的附加利益。

小案例 7-1

劲仔食品将一包小鱼干做成 10 亿大单品

最近,"鱼类零食第一股"劲仔食品发布的 2023 年度业绩预告显示,报告期内公司预计实现净利润 2.01 亿~2.13 亿元,同比增长 61.00%~71.00%。公告中还表示,2023 年公司营业收入突破 20 亿元。其中,小鱼干作为核心产品,在业绩中占据六成以上的份额。这意味着,劲仔的小鱼干已经成长为十亿级别的大单品。

将一包小鱼干做成 10 亿大单品,劲仔食品凭什么?

2010 年,周劲松在老家岳阳创办了劲仔食品。身处洞庭湖畔,除了有历史悠久的酱干豆制品制作外,岳阳作为鱼米之乡,其鱼类资源也十分丰富,有银鱼、鳜鱼、胖头鱼等湖南特色鱼类,也不乏草鱼、鲤鱼、鲫鱼等。因此,在周劲松辗转回到岳阳时,当地已经有不少工厂做起了鱼仔生意,但由于品质参差不齐,始终未形成规模。

在此基础上,返乡的周劲松也顺势将目光从酱干转移到了鱼仔,并以家乡菜火焙鱼为灵感,开启了劲仔小鱼的制作。不过,对经商多年、眼光独到的周劲松而言,他对鱼仔的规划绝不止于小作坊。因此从一开始,劲仔的经营模式就与本地 20 多家小作坊有所区别。

首先在鱼的种类上,周劲松舍近求远,选择了远在泰国、越南等东南亚国家的鳀鱼作为原料。

作为小型海洋鱼类,鳀鱼资源较为丰富,生长在太平洋、印度洋等全球各大洋,生长周期在 1 年左右,肉质鲜美耐嚼,且富含高蛋白。据了解,鳀鱼每百克可食部分含蛋白质 18～20.1g,脂肪 5.0g,矿物质 2.0～2.5g,且矿物质和维生素 A、维生素 E 等含量也远远高于等量湖鱼。

另外,鳀鱼的价格也相对较便宜。与此同时,通过自建海鱼生产基地、原产地直采,以及和不同海域供应商建立稳定的合作关系等,同样能够减少劲仔食品的价格波动,并降低采购成本。一般来说,劲仔鳀鱼干的平均采购价格为每公斤 16 元左右,在主营业务成本中仅占 30%～40%,和包装材料成本相差不大。

其次在制作方式上,虽然之前制作酱干的经验让劲仔拥有了独特的工艺和配方,并能够如法炮制到鱼干生产制作上,但在原料处理上,鱼明显比豆制品复杂得多。

据了解,鱼制品的生产需要经过原料筛选、浸泡、洗鱼、高温油炸、卤制、拌料、包装、过水等多个环节。为此,自 2016 年获得联想控股佳沃集团 3 亿元投资后,劲仔当即便投入了小鱼自动化生产基地建设。通过自动化升级,劲仔鱼制品标准化得以提高,同时效率和产能也大幅提升。

据《湖南日报》报道,目前从原料鱼加工到半成品,再到最后杀菌完成,全程大约需要耗费两个小时。2022 年,劲仔食品鱼制品年产能已经达到 22500 吨。自 2014 年以来,仅平江生产基地平均每天生产的鱼干就有大约 1000 万包。同时,劲仔食品还率先突破传统限制和工艺瓶颈,开发了零防腐剂添加工艺,开创了鱼类零食行业的先河。当然,这期间劲仔食品也陆续开发了素肉、魔芋、鹌鹑蛋、凤爪等多款产品,但鱼干始终是劲仔营收的主要来源。2022 年,劲仔鱼制品实现营业收入 10.26 亿,占总营收的 70.15%。

资料来源(节选):沐九九.1 块钱的小鱼,干出 10 个亿[EB/OL].(2024-01-22)[2024-10-05].http://user.guancha.cn/main/content? id=1169942.

三、产品的分类

产品按用途可分为消费品和工业品两大类。

(一)消费品

消费品按消费者的购买习惯,又可分为便利品、选购品、特殊品和非渴求品。

1.便利品

便利品是指消费者通常购买频繁或在需要时随时购买,并且只花最少精力和最少时间去比较品牌、价格的消费品,如肥皂、雨伞等。便利品可进一步分为常用品、冲动品和救急品。常用品是顾客经常购买的产品,如油盐酱醋、牙膏、洗衣粉等,一般不需要复杂的购买决策过程,多是习惯性购买,随买随用,随用随买。冲动品是顾客没有经过计划或搜寻而临时、非计划性购买的产品,如在心理冲动下购买的旅游纪念品等。对于这类产品,在卖场中应摆放在容易看得到的位置。救急品是当顾客的需求十分紧急时购买的产品,如雨伞、药品等。救急品的地点效用也很重要,一口顾客需要能够迅速实现购买。

2.选购品

选购品是指顾客在选购过程中,对适用性、质量、价格和式样、颜色等基本方面要做认真权衡比较后才会作出购买决定的产品,例如家具、服装和大型家电等。其购买行为特征包括选择性强、耐用程度较高、不经常购买、单位金额较高等。选购品又可划分成同质品和异质品。同质品,是指在多方面的特征上具有较高相似性的产品,如彩电、洗衣机、空调等。对于这类产品来说,同质化程度较高,竞争比较激烈,实行品牌营销战略有助于提高消费者的认知度和忠诚度。异质品,是指在多方面的特征上有显著差异的产品,如服装、发型设计等。对顾客来说,在选购服装、家具和其他异质选购品时,产品特色通常比价格更重要。异质选购品的经营者必须备有大量各种花色的产品,以满足不同消费者的偏好。他们还必须有受过良好训练的推销人员,为顾客提供信息和咨询服务。

3.特殊品

特殊品是指消费者能识别的独特产品或名牌产品,而且习惯上愿意多花时间和精力去购买的消费品。例如,特殊品牌和造型的奢侈品、供收藏的特殊邮票和钱币等。消费者在购买前对要物色的特殊品的特点、品牌等均有充分认识,这一点同便利品相似;但是,消费者只愿购买特定品牌的某种商品,而不愿购买其他品牌的某种特殊品,这又与便利品不同。

4.非渴求品

非渴求品是指消费者不了解或即便了解也不想购买的产品。这类产品在消费者的日常生活中一般是可有可无、非必需的商品。传统的非渴求品有:人寿保险、基地、墓碑以及百科全书等。对非渴求品,需要付出诸如广告和人员推销等大量营销努力,以促使潜在顾客认识到需要并激发其购买欲望。一些最复杂的人员推销技巧就是在推销非渴求品的竞争中发展起来的。

(二)工业品

工业品是指企业购买后,用于制造其他产品或者满足业务活动需要的物品或服务。通常可以把产业用品分成三类:材料和零部件、资本项目、供应品和商业服务。

材料和部件是指完全转化为制造商产成品的一类产品,包括原材料、半制成品和零部件,如奶粉公司生产罐装奶粉所需要的包装和鲜牛奶等。由于材料和零部件都是完全转化成产品的组成部分,因此材料和零部件的价格和质量直接影响到产成品的成本和质量,意味着价格和供应商的可信性是影响购买的重要因素。

资本项目是指部分进入产成品中的商品,包括装备和附属设备两个部分。装备包括建筑物(如厂房)与固定设备(如生产设备、运输设备等)。由于该类产品的价格一般较为昂贵,企业在购买时特别慎重,因此在售前需要经过长时间的谈判。制造商的销售队伍需要有很强的沟通能力,同时要针对各类顾客的实际需求设计各种规格的产品和提供售后服务。附属设备包括轻型制造设备和办公设备等。这种设备不会成为最终产品的组成部分,它们在生产过程中仅仅起辅助作用。这种产品的市场地理位置分散、用户众多、订购数量少,质量、特色、价格和服务是用户选择中间商时所要考虑的主要因素,促销时人员推销比广告重要得多。

供应品和商业服务是指不构成最终产品的那类产品,如打字纸、铅笔等。供应品可以分为两类:操作用品(如润滑油、打字纸)和维修用品(如油漆、钉子)。供应品相当于工业领域内的方便品。商业服务则包括维修或修理服务(如清洗窗户、修理打字机)和商业咨询服务(如法律咨询、广告设计)等。供应品的顾客人数众多、区域分散且产品单价低,一般都是通过中间商销售。

拓展阅读 7-1

组织、人员、地点和创意

营销学上的产品在外延上可以扩展到组织、人员、地点和观念上。

1.组织营销。营利性组织和非营利性组织也经常将自己的组织当作产品来营销。营利性组织通过公关活动、企业形象战略活动以美化组织的形象,取得顾客对组织的信任。非营利性组织则将组织向公众推广,希望公众能够加入组织或者给组织捐款等。

2.人员营销。体育明星、娱乐明星和一些专业人士如医生、律师等经常将自己当作产品来营销。明星通过自我营销来取得更多粉丝的支持,而专业人士则通过提高自身能力来获得更多影响力。

3.地点营销。国家、地区、城市等则把特定地点当作产品来营销。国家之间、地区之间、城市之间往往在吸引游客、吸引投资、吸引新居民产生相互竞争。

4.观念营销。一些非政府组织把观念当产品来做营销,比如保护野生动物、低碳出行、反对吸烟、酗酒、吸毒等。非政府组织希望通过观念营销去影响公众的行为。

第二节　企业产品决策

企业的营销人员在产品上的决策可以按照 3 个层次来推进,分别是单个产品决策、产品线决策和产品组合决策。

一、单个产品决策

单个产品的决策要结合整体产品概念中的 3 个层次来进行,其中核心产品在本质上都是一样的,因此决策的重点在形式产品和延伸产品上,如图 7-3 所示。

图 7-3　单个产品和服务决策

(一)产品属性

产品属性决策是指在产品或服务的自身上的相关属性的选择,包括产品质量、产品特性和产品风格和设计。

(1)产品质量。质量是产品的生命线,与消费者需求的满足密切相关。美国质量管理协会的定义是与满足现实或潜在的顾客需要的能力相关的产品和服务的特征。产品质量包括四个维度:性能、一致性、耐用性、可靠性。性能质量是指产品主要特性运行水平的好坏。企业应当设定一个适合目标市场和竞争形势的性能质量水平,而并不一定是企业能达到的最高水平。企业还必须随着时间的推移来管理性能质量水平。一致性质量是指所有单位产品都有相同的、符合承诺规格的质量水平。假设比亚迪仰望 U9 有着在 10 秒内加速到 100 km/h 的时速设计,如果每一辆在装配线上生产出来的比亚迪仰望 U9 都能做到这一点,那么就可以说这款车型具有高度的一致性质量。耐用性质量衡量产品在自然或压力情境下的预期使用寿命,是车辆、厨房用具和其他耐用品的重要属性。可靠性衡量产品在规定时间内不发生故障的概率,例如格力在生产可靠的空调方面享有卓越的声誉,顾客通常会为更可靠的产品支付溢价。

(2)产品特性。在形式产品中,可以给产品增加各种各样的特性,为顾客提供更多的利益。如在汽车中增加影像导航、坐垫加热等特性。产品特性也是企业与竞争对手产品时实现差异化的手段之一。当然很重要的一点就是成为第一个提供该产品特性的企业。

(3)产品设计。在日益激烈的竞争中,设计为企业的产品和服务提供了一种有效的差异化和定位方式。设计指的是影响消费者对感知产品外观、感觉和功能的所有特征的总和。设计提供了功能和审美上的价值,需要同时打动我们理性的头脑和感性的心灵。

在以视觉为导向的文化中,通过设计来传递品牌意义和定位是至关重要的。吸引眼球的形式、颜色和图形可以帮助产品从竞品中脱颖而出。对汽车等耐用品来说，设计尤为重要。设计可以改变消费者的感知，让品牌体验更有价值。小米汽车通过智能座椅、隔音、行李箱空间等汽车设计让小米苏7汽车看起来更宽敞、更舒适。产品设计在营销中正发挥着越来越大的影响力，在服装、家具、电器等产品中，消费者越来越追求产品的设计感，如戴森的产品设计在我国就很受消费者喜爱。

拓展阅读 7-2

营销是基于产品质量的活动

"营销是基于产品质量的活动。"对于企业来说，营销固然重要，却不是最关键的。再好的营销，要想取得预期的收益，都必须建立在过硬的产品质量上。如果没有值得信赖的品质，再好的营销方式也会沦为空谈。一个质量不过关的产品，可以蒙骗顾客于一时，却不可能永远蒙骗所有顾客，一个不被顾客看好、不被顾客信任的产品是没法在市场中立足的。所以说，产品品质才是最基础的，营销只是更快获得利益、使产品更加畅销的一种附加手段，是建立在品质基础上的。

有的企业会说：我们有抓产品质量啊，我们把确保质量写进了企业战略，写进了企业制度，写进了广告宣传，打出了宣传口号……实际一点地说，这些都是流于形式、泛于表面的。产品质量不是说出来的，更不是吹出来的，关键是要坚持不懈地把质量安全贯彻到企业运作的全程，用实际行动，踏踏实实生产出高质量的产品。而且，产品质量的好坏并不是由企业自己说了算的，而是由消费者用购买行为来投票的，消费者对产品质量的好坏有自己的判断，并由此决定是否购买该产品。所以，企业要想生产出高质量的产品，关键是要深入质量管理的核心，一步一个脚印，把质量作为生产、销售的头等大事、企业运营的源头和基础。

还有的企业寄希望于走捷径，"短平快"地打造出品牌，比如通过铺天盖地的广告宣传砸出品牌。这样做的确能在一段时间内提高企业知名度，但是，却难以保持下去。从来没有企业在缺乏稳定质量的条件下，能够在市场中建立起自己的品牌。逐本溯源，质量是根本，稳定的产品质量是营销的关键。就拿国内的很多老字号来说，它们能够经受住市场考验，能够屹立数百年而不倒，与它们注重产品的质量是分不开的。

品牌不可能一蹴而就，产品具有卓越的性能和超群的品质才能赢得消费者的认同。做营销、树品牌，都得从产品的品质开始。没有这个基础，品牌就是无源之水、无根之本。

资料来源：许宏.科特勒的营销思维[M].北京：群言出版社，2018.

(二)品牌

品牌也是形式产品上的一个要素,是企业与顾客之间的重要联系纽带。品牌就是用于识别一种产品或服务的生产者或销售者的名称、术语、标记符号、设计或者上述的组合。品牌是从消费者识别角度来定义的,基本可以分为语言上的识别和视觉上的识别,因此品牌的构成包括品牌名称和品牌标志。由于消费者赋予品牌特定的含义,并建立品牌联系,因此企业要重视品牌的创建和管理工作。我们将在后面具体讨论品牌营销策略。

(三)包装

包装指为一种产品设计和生产容器或包装材料的所有活动。包装的主要功能是容纳商品并保护商品,但是在零售商的货架上,包装有着"无声的推销员"的称号。销售包装吸引顾客吸引力,描述产品,最后可能促成产品的销售。包装必须实现几个目标:用于识别品牌,传达描述性和有说服力的信息,方便产品运输、保护和储存,并有助于消费。为了实现这些目标,满足消费者的愿望,营销者必须确保包装的功能和美学部分协调配合,同时实现最优化,为顾客和企业创造价值。在功能上,结构设计是至关重要的。包装要素之间必须和谐一致,并与价格、广告等其他部分的营销计划相协调。美学部分的考虑包括包装的大小、形状、材料、颜色、文字和图形等。

食品饮料的"买椟还珠"

不知从何时起,咖啡茶饮的包装越来越下血本。现制咖啡用椰壳、竹筒当容器,喝完还能留着做摆设;茶饮开始随单附送装饰品、植物种子,尤其到了春天,"买奶茶就送花式发卡"(见图 7-4),甚至在品牌间刮起了一股风潮。

"赠品＋产品"的组合,为包装的视觉效果提供了加成。如今,一些门店现制、线上销售的食品饮料虽然与传统超市货架渐行渐远,但颜值高的产品,在社交网络中也更具话题流量。如挪瓦咖啡,推出买现制咖啡送植物种子的活动(见图 7-5)。

产品包装是品牌触达消费者的媒介,赠品可以从包装上让产品变得丰富有趣,同时传达品牌理念,与消费者实现交流互动。说起企业利用包装做公益,则不得不提果汁品牌 innocent 的"帽子"。从 2003 年起,每年冬天 innocent 都会为旗下果汁产品的瓶盖戴上毛线帽(见图 7-6)。这些毛线帽由志愿者手工编织成。在英国,每卖出这样一瓶产品,innocent 就会向专为老人服务的慈善机构 Age UK 捐出 0.25 英镑(约合人民币 2.2 元)。

图 7-4 奶茶们刮起了"送发卡"风潮

图片来源:小红书@知岫、@didi 妙妙屋、@CoCo 都可合肥

图 7-5 野生植物×挪瓦咖啡,买现制咖啡送植物种子

图片来源:微博@野生植物

图 7-6 戴上毛线帽的 innocent 果汁

图片来源:innocent 官网

资料来源(有删减):Nana Yanyan.仪器饮料的"买椟还珠"[EB/OL].(2022-06-27)[2024-06-07].微信公众号:FBIF 食品饮料创新.

(四)标签

标签指附着在产品上对产品进行简单说明的签条,也包括销售包装上的文字、图形及印制的说明。标签有 4 个功能:其一,它可以用于识别产品或品牌,比如纯牛奶、鲜牛奶、复原奶产品名称便于消费者识别;其二,标签可以对产品进行分级,比如桃子罐头可以依据标签分成 A 级、B 级和 C 级;其三,标签可以描述产品信息:谁生产的,何时何地生产的,包含什么,如何使用,以及如何安全使用;其四,标签可以通过有吸引力的图形来宣传产品。

(五)担保和保修服务

所有卖方在法律上都有责任满足买方的正常或合理期望。担保和保修是卖方明示或暗示的承诺,即产品将按说明实现功能,或者卖方将在规定期限内修理产品或退款。在担保或保修期内的产品可以退到制造商或指定的维修中心进行维修、更换或退款。无论是明示还是暗示,担保或保修都具有法律效力。

担保是指如果产品未能如企业所承诺的或顾客所期望的那样发挥作用,企业将向购买者提供某种形式的补偿。详细说明解决潜在产品故障的过程,可以增加企业声明的可信度,减少与产品使用相关的功能风险和货币风险,让顾客安心。除了为顾客创造价值,担保对企业也有益处。担保加强了企业对顾客体验的关注,建立了问责制,加快了绩效标准的制定,并为企业从失败中恢复提供了指导方针。

保修为顾客和企业提供了与担保大致相同的利益。然而,保修在两个关键方面和担保有所不同。其一,保修一般包括修理或更换所购买的物品,通常不允许顾客退回产品并退款,而担保则都允许。其二,担保总是免费的,不需要顾客额外付费,而保修时限可以在免费时限的基础上延长。延长保修时限需要在购买产品时或购买产品后额外付费。延长保修期和服务合同对制造商和零售商来说是非常有利可图的。担保和保修减少了买方的感知风险。它们表明产品是高质量的,企业和企业的服务表现是可靠的。当企业或产品不为人所知,或者当产品的质量优于竞争对手时,担保和保修尤其有用。

二、产品线决策

在企业做好单个产品的决策后,还要考虑建立产品线。所谓产品线是指产品的大类,一组具有密切联系的产品,比如,以类似的方式发挥功能、售给相同的顾客群、通过同样的销售渠道出售、属于同样的价格范畴等。作为企业的营销人员在产品线上的决策主要是产品线延伸策略。产品线延伸策略指全部或部分地改变原有产品的市场定位,具体有向下延伸、向上延伸和双向延伸3种实现方式。

(一)向下延伸

向下延伸是在原有的产品线中增加低档产品项目。向下延伸指企业原来生产高档产品,后来决定增加中低档产品的生产。这种策略通常适合于下列几种情况:利用高档名牌产品的声誉,吸引购买力水平较低的顾客慕名购买产品大类中的低档廉价产品;高档产品的销售增长速度下降;企业最初进入高档产品市场的目的是建立品牌声誉,树立企业形象,然后再进入中低档产品市场,以扩大销售增长率和市场份额;补充企业的产品大类空白,以防止新的竞争者涉足。

当然,企业在采取向下延伸策略时也会遇到一些风险:增加低档产品的生产可能使名牌产品的形象受损;可能迫使竞争者转向高档产品的开发;企业的经销商可能不愿经营低档产品。因此,采用向下延伸决策的企业必须充分考虑到延伸的利弊及风险。

产品地图的应用

产品线经理需要了解产品线中每个产品项目的销量和利润,以决定哪些产品项目需要创建、维护、收获利润或放弃。他们还需要了解每条产品线的市场概貌。企业应该认识到,不同的产品项目会带来不同的利润,而通过制定相应策略能使整个产品线的利润最大化。

产品线经理必须仔细研究,相对其竞争对手的产品线,本企业的产品线是如何作出定位的。举个例子,假设某纸业企业有一条纸板生产线。纸板的两个属性分别是重量和成品质量。纸板通常有90、120、150和180四个标准重量水平,成品质量有低、中、高三个级别。

产品地图通过确定产品的重要属性,将企业产品线的不同产品和竞争对手的产品呈现在同一平面图上。产品地图让产品线经理不仅可以一目了然地识别其主要竞争对手,还有助于确定细分市场并发现新的市场机会。

(二)向上延伸

向上延伸指企业原来生产低档产品,后来决定生产中、高档产品。这种策略通常适合于下列几种情况:高档产品畅销,销售增长快、利润高;企业的技术设备和营销能力已具备进入高档产品市场的条件;使产品大类完整。

向上延伸策略也要冒一定风险:可能引起生产高档产品的竞争者进入低档产品市场进行反攻;潜在的顾客可能不相信企业能生产高档产品;企业的销售代理商和经销商可能没有能力经营高档产品,企业需培训或物色新的销售代理商和经销商。

(三)双向延伸

双向延伸,即原定位于中档产品市场的企业掌握了市场优势以后,向产品线的上下两个方向延伸。这种策略在一定条件下有利于扩大市场占有率,增强自己的竞争能力,但是同时也需要企业有较强的实力。

三、产品组合决策

作为企业的营销人员在做产品决策时不能仅仅考虑单个产品或单个产品线,要站在整个公司的高度对企业所有的产品进行综合决策,这就是产品组合决策。产品组合也叫产品集,是指一个企业生产销售的各种产品线及其产品品种、规格的组合成相互搭配。产品组合一般是由若干条产品线组成的,每条产品线又是由若干个产品项目构成。产品线又叫产品大类,是指密切相关的满足同类需求的一组产品。产品项目是指产品线中不同品种、规格、质量和价格的特定产品。例如顶新国际集团旗下有方便面、糕饼、饮料、快餐等多条产品线,其中方便面是一条产品线或一个产品大类,在这条产品线中,红烧牛肉面便是产品项目。

对于企业产品组合的衡量一般可从 4 个方面予以反映,即产品组合的宽度、长度、深度和关联度。

宽度指企业的产品线总数。对于一个家电生产企业来说,可以有电视机生产线、电冰箱生产线。产品组合的宽度说明了企业的经营范围大小、跨行业经营,甚至实行多角化经营程度。增加产品组合的宽度,可以充分发挥企业的特长,使企业的资源得到充分利用,提高经营效益。此外,多角化经营还可以降低风险。

长度指一个企业的产品项目总数。产品项目指列入企业产品线中具有不同规格、型号、式样或价格的最基本产品单位。通常,每一产品线中包括多个产品项目,企业各产品线的产品项目总数就是企业产品组合长度。

深度是指产品线中每一类产品可供选择的变体的数量。如,M 牙膏产品线下的产品项目有 3 种,a 牙膏是其中一种,而 a 牙膏有 3 种规格和 2 种配方,则 a 牙膏的深度是 6。产品组合的长度和深度反映了企业满足各个不同细分子市场的程度。增加产品项目,增加产品的规格、型号、式样、花色,可以迎合不同细分市场消费者的不同需要和爱好,招徕、吸引更多顾客。

关联度指一个企业的各产品线在最终用途、生产条件、分销渠道等方面的相关联程度。较高的产品的关联性能带来企业的规模效益和企业的范围效益,提高企业在某一地区、行业的声誉。

在了解产品组合的基本知识后。企业需要对本企业的产品组合作出相应的决策。产品组合决策也就是企业根据市场需求和自身实力,对产品组合的宽度、长度、深度和关联度进行选择和调整。

(一)扩大产品组合策略

当企业预测到现有产品组合的销售额和盈利率在未来可能下降时,就需要考虑扩大产品组合策略。该策略可从拓展产品组合的宽度和加强产品组合的深度两方面入手,前者指在现有产品组合中增加新的产品线,扩大经营范围;后者指在原有产品线内增加新的产品项目。

(1)增加产品线。增加产品线可以发挥企业在设备、技术和劳动力方面的优势,提高企业效益;还可以分散经营风险,提高企业的竞争力和应变力。这种新增加的产品线可以与原产品线高度相关,也可以与原产品线低度相关。

(2)增加产品项目。企业增加产品项目的目的是开拓新的市场,增加消费者,或是适应消费者需求的变化,配备更多的花色品种。增加产品项目可以采取产品线延伸和产品线填补两大策略。

(二)缩减产品组合策略

市场繁荣时期,较长较宽的产品组合会为企业带来更多的盈利机会。但是在市场不景气或原料、能源供应紧张时期,缩减产品组合反而能使总利润上升,因为剔除那些获利甚小甚至亏损的产品线或产品项目,企业可集中力量发展获利多的产品线和产品项目。具体来说,缩减产品组合策略可采取以下两种方式。

(1)缩减产品线。缩减产品线的优点是通过剔除获利甚微甚至亏损的产品线,提高了企业的生产效率和产品质量,降低了营销运作的成本,从而可以保证获得稳固的利润。例如日本尼西奇公司原来是生产雨衣、游泳装、尿垫等橡胶制品的小型企业,后来公司经营者策划缩减表现不佳的雨衣和游泳装生产线,专注于婴儿尿垫这一条产品线,结果在激烈的市场竞争中脱颖而出,成为此行业的"尿布大王"。

(2)缩减产品项目。企业推出的众多产品项目,不可能个个成功,也可能会出现某个产品项目市场表现没有达到预期;再就是某个产品项目进入成熟衰退期,这时候有必要将上述产品项目从原产品线中剔除出来,将资源投入更有成长力的产品项目中。

第三节　品牌营销策略

一、品牌的基本概念

(一)品牌的定义

品牌(brand)是一种名称、术语、标记、符号或设计,或是它们的组合运用,其目的是借以辨认某个销售者,或某群销售者的产品和服务,并使之同竞争者的产品和服务区别开来。

品牌具有广泛的含义,它包括品牌名称、品牌标志。

(1)品牌名称,是品牌中可以被念出来的那一部分,如华为(HUAWEI)、格力(GREE)、海尔(Haier)以及麦当劳(McDonald's)。

(2)品牌标志,是品牌中可以识别但不可念出声来的那一部分,如符号、图案、独具一格的色彩或字母,如麦当劳的大 M 标志、海尔的海尔兄弟等。

(二)品牌的作用

1.品牌对消费者的作用

品牌是企业对消费者的承诺,是一种设定消费者期望并降低风险的手段。作为对顾客忠诚度的回报,企业承诺其产品或服务将可靠地传递可预期的积极体验和一系列值得拥有的利益。如果符合消费者的期望,品牌甚至可能是"可预期的不可预测",但关键是它在满足消费者需要和欲望方面达到或超过了他们的期望。

消费者可能会依据品牌对同一产品作出不同的评价。例如,消费者可能愿意为普通(无品牌)手提包支付 100 元,但购买带有路易威登、爱马仕或古驰品牌的同一款手提包则要花 10 倍以上的价钱。当消费者的生活变得越来越繁忙和复杂,品牌简化决策和降低风险的能力就变得非常宝贵。

品牌也可以对消费者具有个人意义,并成为其身份的重要组成部分。它们可以表达消费者是谁或想成为谁。对一些消费者而言,品牌甚至具备拟人化的特点。与任何关系一样,品牌关系不是一成不变的,营销者必须对可能加强或削弱消费者与品牌关系的所有言行保持敏感。

2.品牌对企业的作用

对企业来说,品牌也有诸多有价值的功能。品牌有助于整理库存和会计记录,从而简化产品处理。品牌忠诚度为企业提供了需求的可预测性和安全性,忠诚度还可以转化为顾客支付更高价格的意愿——通常比竞争品牌的价格高出 20%～25%。

虽然竞争对手可能会复制生产流程和产品设计,但它们无法轻易取代多年来良好的产品体验和营销活动在个人与组织的心智中留下的持久印象。从这个意义上说,品牌可以成为确保竞争优势的有力手段。对企业而言,品牌代表了极其宝贵的合法产权,可以影响消费者行为,能够为其所有者提供未来持续收入的保障。企业会在并购中为品牌支付高昂的价格,其溢价通常以预期额外利润,以及重新创建类似品牌的难度和费用来衡量。

小案例 **7-3**

小米申请"米家"商标被驳回,状告知识产权局

近年来,小米在市场上越发凶猛,除了手机之外,在智能家居领域也备受欢迎,甚至很多小米用户都是被家居类产品吸引而来的。小米为自有产品命名"米家",英文 Logo 为"MIJIA",但申请"米家 MIJIA"商标却两次被驳回。

小米起诉国家知识产权局

根据小米的官方资料,米家(MIJIA)品牌成立于 2016 年 3 月 29 日,专门承载小

米智能家居供应链产品,其凭借优价优质的特性深受"米粉"青睐。近年来,米家逐渐在市场上站稳脚跟,但其商标成为让人头疼的问题。小米的"米家 MIJIA"商标是在2018年1月10日才申请注册的,而在小米申请之前,已经有多家公司使用了"米家"中文商标。例如:2011年10月,杭州联安安防工程有限公司(以下简称"杭州联安")申请注册了"MIKA米家"商标;2015年1月,江苏好太太家居建材有限公司申请注册了"MIJIA米家 米家天下"商标;2015年12月,深圳市米家互动网络有限公司申请注册了"米家互动"商标。

一审判决显示,北京知识产权法院认为"米家 MIJIA"商标与部分引证商标在文字构成、呼叫等方面相近,构成近似标识。且"米家 MIJIA"与引证商标使用在同一种类似商品上,公众容易产生混淆。因此,驳回了小米科技的诉讼请求。

2020年9月,小米起诉国家知识产权局,"MIKA米家""米家互动"等均为小米在此次诉讼中提供的引证商标。小米请求法院撤销被诉决定,并责令知识产权局重新作出决定。然而,终审判决结果为:驳回上诉,维持原判。

10月8日,小米公司与国家知识产权局二审行政判决书公开。最终判决结果如文章开头所述,驳回上诉维持原判。

资料来源:小米申请"米家"商标被驳回,状告知识产权局又败诉,还能继续用么?[EB/OL].(2021-10-11)[2024-01-08].https://www.tmtpost.com/5758989.html.

(三)品牌资产和品牌力

品牌创造的价值体现在两个关键概念上:品牌资产和品牌力。接下来将讨论这两个概念以及它们之间的关系。

品牌资产是品牌的货币价值,反映了品牌所有权为企业带来的估值溢价。品牌资产包括品牌在生命周期内产生的总财务回报的净现值。品牌资产是企业多年积累的成果,品牌价值在企业账簿中并不反映,但却有可能超过有形资产,因此对品牌进行合理的估值至关重要。

品牌力也被称为基于顾客的品牌资产,是品牌为产品或服务贡献的辅助性价值。品牌力反映了品牌影响消费者关于品牌的思考、感受和行为方式的程度。因此,品牌力是品牌知识对于消费者对品牌营销的反应所产生的差别效应。当品牌被认同时,如果消费者对产品及其营销方式的反应更加积极,则该品牌具有正面品牌力。在相同情况下,如果顾客对该品牌的营销活动反应更加消极,则该品牌具有负面品牌力。

品牌力的主要利益包括提高消费者对产品性能的认知和忠诚度,减少面对竞争性营销行动和营销危机的脆弱性,扩大利润,降低消费者对价格上涨的反应弹性,降低消费者对价格上涨的敏感性和提高消费者对价格下降的敏感性,增强贸易合作和支持,提高营销沟通的有效性,扩大授权经营机会,获得额外的品牌延伸机会,改善员工招聘和留存,以及提高金融市场回报。

二、品牌营销策略

企业从事品牌营销,科学而合理地制定品牌策略是其核心内容。依品牌营销的主要作业环节,品牌营销策略主要包括品牌定位决策、品牌设计决策、品牌持有决策、品牌组合决策和品牌发展决策等需抉择的内容,如图 7-7 所示。

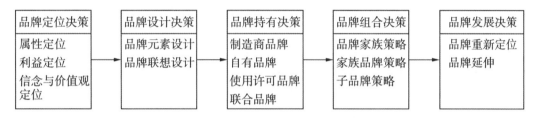

图 7-7 品牌营销策略的主要内容

(一)品牌定位决策

品牌定位是品牌营销的基础,是品牌经营成功的前提。品牌定位在品牌营销和市场营销中有着不可估量的作用。良好的品牌定位是品牌经营成功的前提,为企业进入市场,拓展市场起到导航作用。如若不能有效地对品牌进行定位,以树立独特的消费者可认同的品牌个性与形象,必然会使产品淹没在众多产品质量、性能及服务雷同的商品中。可以说,今后的市场竞争将是品牌与品牌之间的竞争。

所谓品牌定位是指为企业建立一个与满足目标市场需要有关的独特品牌形象的过程,从而在目标消费者心目中留下深刻的印象,使消费者以此来区别其他品牌。换言之,即指为某个特定品牌确定一个适合的心理位置,使其在消费者的心中占领一个特殊的位置。

市场实践证明,品牌定位的对象就是目标消费者。唯有明确的定位,目标消费者才会感到商品有特色、有别于同类产品,形成稳定的消费群体。唯有定位明确的品牌,才会形成一定的品位,成为这一层次消费者文化品位的象征,从而得到该目标消费者的认可,让顾客得到情感和地位的满足感,品牌定位也是品牌差异化最有效的手段之一。

1.属性定位

根据品牌产品的某个属性来定位,使其在消费者心目中形成突出形象。例如,OPPO 手机的"充电 5 分钟,通话两小时"的属性;VIVO 手机的"柔光双摄"属性;美的空调的"每晚只需 1 度";农夫山泉则突出"农夫山泉有点甜"的产品特性。品牌的属性定位属于最低层次的定位,竞争者很容易复制属性。

2.利益定位

顾客购买产品,是因为该品牌产品能满足其某些需求,带来某种利益。顾客利益定位就是将产品的某些功能特点和顾客的关注点联系起来,向顾客承诺利益点上的诉求,以突出品牌个性,获得成功定位。例如高露洁"没有蛀牙",红牛饮料提供"累了困了喝红牛",强调其功能是迅速补充能量,消除疲劳。海飞丝洗发水的"去屑",霸王洗发水"防脱发"。利益定位能够很好地将品牌定位与消费者需求结合,当消费者有某种利益需求时就能想到该品牌,因此属于较高层次的品牌定位。

3.信念与价值观定位

更高层次的品牌定位是将品牌与相关的信念或价值观相联系,从而对消费者的情感产生冲击,从感性的层面吸引顾客。安踏的口号"我选择,我喜欢"(1999)、"永不止步"(2005)、"越磨砺,越光芒"(2010),李宁的口号"一切皆有可能",耐克的口号"JUST DO IT",阿迪达斯的口号"Impossible is nothing"等,都是从信念和价值观层面来对品牌进行定位的。从长远来看,属性定位和利益定位都不可能长久,因为属性定位可能被复制,消费者的利益追求可能发生变化,因此信念和价值观定位是可以持久的。

(二)品牌设计决策

1.品牌元素设计

品牌元素是用于识别并区分品牌的工具。大多数强势品牌都采用多种品牌元素,这些元素可以注册商标。耐克拥有独特的钩形标志和充满力量的"Just Do It"口号,以及源于希腊神话中长着翅膀的胜利女神的名字"Nike"。设计品牌元素时需要考虑几个因素,品牌元素应当令人难忘、富有意义、讨人喜欢,且能够转移、适应性强和可以保护,前3个因素是"品牌建设性"因素,后3个因素是"品牌防御性"因素,它们都有助于保持品牌资产的杠杆率并保护品牌资产以应对挑战。

令人难忘——消费者回忆和识别品牌元素的难易程度如何,以及何时回忆,在购买和消费的时候能否让人回忆起来。娃哈哈、老干妈、康师傅和喜之郎等名称都是令人难忘的品牌元素。

富有意义——该品牌元素是否能激发(品牌的)特定含义。考虑一下豆本豆豆奶、飘柔洗发水和立白洗衣粉名称的内在含义。

讨人喜欢——品牌元素在美学上的吸引力如何。最近的一个趋势是提供一个有趣的名称,如旺旺、喜茶、吉利、瑞幸等,小米、小鹏、小茗同学、小红书等。

能够转移——品牌元素能否推出相同或不同类别的新产品,是否增加了跨地域和细分市场的品牌资产。

适应性强——品牌元素的适应性如何、是否可以不断更新,标志可以轻松更新。苹果公司成立至今,其品牌标识更换了6次。

可以保护——品牌元素具有怎样的法律保护力,竞争性保护程度如。应着力保护其商标权,不能让品牌变得太普通。

品牌名称和品牌标识可以通过注册商标来保护,制造工艺可以通过专利来保护,包装可以通过版权和外观专利设计来保护。这些知识产权确保企业可以安全地投资于品牌并获得宝贵的资产收益。

2.品牌联想设计

为了建设强势品牌,营销者将品牌与消费者记忆中其他有意义的信息联系起来。这些信息成为品牌联想的来源(见图 7-8)。

图 7-8 品牌联想的来源

这些品牌联想信息可以将品牌和企业本身(通过品牌化战略)国家或其他地理区域(通过识别产品原产地)和分销渠道(通过渠道战略),以及和其他品牌(通过成分品牌或合作品牌)品牌形象代表(通过授权)、代言人(通过背书)文体活动或事件(通过赞助)及其他第三方来源(通过奖励或评论)等联系起来。

设计品牌联想是强化品牌的一种有效途径,但是将品牌与某人或某物联系起来可能是有风险的,因为发生在其他主体身上的任何不好的事情也可能与该品牌相关联,比如有些代言人陷入丑闻时,许多请他们推广品牌的企业都选择了与其终止合作。

品牌的联想必须与品牌的个性保持一致,品牌个性是特定品牌拟人特征的特定组合。定义品牌个性很重要,因为消费者往往倾向于选择个性与自己相匹配的品牌,研究人员已经发现以下品牌个性特质:真诚(脚踏实地的、诚实的、健康的和快乐的)、刺激(大胆的、充满活力的、富有想象力的以及紧随潮流的)、能力(可靠的、智慧的和成功的)、优雅(上流社会的和有魅力的)和粗犷(常在户外运动的和坚韧的）。一个品牌个性可能有多个属性，如李维斯暗示了一种年轻的、叛逆的、真实的和美式的个性。

（三）品牌持有决策

企业在决定使用品牌后，应对使用谁的品牌问题作出决策。在品牌的选择与使用上可以有 4 种选择。

1.制造商品牌

制造商品牌也叫工业品牌。使用制造商品牌是品牌策略中应用最广泛的一种选择，制造商品牌一直在零售行业中占统治地位，绝大多数制造商都创立了自己的品牌。制造商采用自己的品牌出售产品，可建立企业的信誉和实施名牌战略，销售者使用制造商的品牌可节省宣传费用，便利地为消费者提供售后服务和保障。

2.自有品牌

自有品牌是指产品在销售过程中不使用制造商的品牌，而采用批发商或零售商自有的品牌。自有品牌也叫经销商品牌、商业品牌、私人品牌等。在目前的国际市场上，一些实力超群的中间商都建立了自己的品牌，以树立良好的企业形象，利用消费者的信任和良好的商誉，增强对供货企业的控制，从而降低进货成本，提高市场竞争能力。目前沃尔玛在中国已经开发了 13 个系列的自有品牌，最主打的 3 个品牌分别是"Great Value"（惠宜），主要覆盖食品和非食品；"Mainstays"（明庭），主要覆盖家居用品；"Simply Basic"（简适），主要覆盖服装产品。

3.使用许可品牌

对于实力较弱、产品的市场占有率较低和企业声誉尚待建立的生产企业来说，可以考虑利用特许形式使用其他生产者的品牌，以促进企业的产品销售，提高市场占有率。生产者同其他品牌制造商签订品牌使用许可协议，在一定期限内支付给对方使用许可费，在自己生产的产品上使用对方已经创立的品牌名称或符号。特许产品的年销售量在全世界约为 1020 亿美元，如华纳兄弟公司已将唐老鸭等角色转变成世界上最受人喜爱的卡通品牌，特许多个国家和地区的生产者使用该品牌。

4.联合品牌

联合品牌指营销者经常将他们的品牌与其他企业的品牌联合起来，以创造卓越的市场价值。联合品牌也被称为双重品牌，涉及两个或多个品牌的共同营销。一种形式的联合品牌是合资企业的联合品牌，例如通用五菱、广汽丰田等；还有多个赞助商共同发起的联合品牌，例如宁德时代、华为和长安汽车的阿维塔汽车。

联合品牌的主要优点是可以利用多个品牌的长处来定位同一个产品，令人信服。联合品牌可以从现有市场获得更大的销售额，并打开吸引新消费者和渠道的机会；还可以降低产品的市场导入成本，因为它联合了两个知名的品牌形象，加快了市场接纳的速度。联合品牌的潜在缺点是在消费者心目中与另一个品牌联合所涉及的风险和控制缺失。消费者对联合品牌的期望可能很高,因此令人不满意的表现可能会对两个品牌都产生负面影响。如果其中一个品牌达成多项联合品牌安排,过度的曝光可能会削弱任何有意义的品牌联想的传播。

成分品牌是联合品牌的一个特例。它是为包含在品牌产品中必需的材料、组件或零件创建品牌资产。对于品牌不那么强大的主产品,成分品牌可以实现差异化并提供重要的质量信号。戴尔、惠普、联想都花高价从英特尔购买芯片,然后使用"Intel Inside"标识的品牌。如何成功塑造成分品牌?其一,消费者必须相信成分对最终产品的质量表现和成功很重要。其二,消费者必须确信该成分是优质的。其三,必须有一个独特的符号或标志清楚地表明主产品包含该成分。在理想情况下,这个符号或标志的功能就像一个"印章",简单但通用,可靠地传递质量和信心。

(四)品牌组合决策

品牌组合是特定企业在特定品类或细分市场中提供的所有品牌与品牌系列的集合。最优品牌组合的标志是其包含的每个品牌在与其他品牌的组合过程中能够实现品牌资产最大化。营销者通常需要在市场覆盖面与成本及盈利能力之间进行权衡。如果削减品牌能增加利润,那么当前的品牌组合就太大了;如果可以通过增加品牌来增加利润,则当前的品牌组合还不够大。

设计品牌组合的基本原则是最大限度地扩大市场覆盖面,从而避免忽略任何目标顾客,同时尽量减少品牌重叠,使企业的品牌之间不会为争夺顾客的认可而竞争。每个品牌都应该具有明显的差异化,并吸引足够大的细分市场,以证明其营销和生产成本是合理的。

1.品牌家族策略

品牌家族策略是指企业围绕不同产品采用个别或独立的家族品牌名称。消费品企业以不同的名称为不同的产品贴上商标的传统由来已久。宝洁公司主要使用个别品牌名称,例如,佳洁士牙膏、舒肤佳香皂、飘柔洗发水、帮宝适纸尿裤等等。如果一家企业提供多种差异很大的服务,那么一个通用的名称通常是不可取的。比如阿里巴巴电子商务、天猫、淘宝采用不同品牌体现服务差异化。企业也经常为同一产品类别中的不同质量的产品使用不同的品牌名称。独立家族品牌名称的主要优点是,如果产品失败或质量低劣,消费者不会将其他产品的声誉与该产品联系起来。

2.家族品牌策略

家族品牌策略是指企业采用企业品牌伞或企业统一的品牌名称。许多企业,如飞利浦、三菱等,将其企业品牌名称像雨伞一样覆盖其全部产品线。品牌伞策略的开发成本较低,因为无须研究品牌名称或花费大量的广告费用来建立认知度。思念、安井以极其简单的品牌名称推出新的冷冻食品,并即刻被消费者认知。如果制造商的名字很好,那么可能会促进新产品的销售。创新、专业和可信的企业形象联想已被证明能够直接影响消费者的评价。最后,企业品牌化战略可以为企业带来更大的无形价值。不利的一面是,如果消费者对一种产品的不良体验影响了他们对同一品牌其他产品的看法,则会产生负面溢出效应。

3.子品牌策略

子品牌策略是指企业拥有两个或多个企业品牌、家族品牌或个别产品品牌名称的结合。海尔、美的和长虹等许多耐用品制造商在其产品中也会使用子品牌策略。企业或企业名称使新产品合法化,子品牌名称使其个性化。

品牌家族策略和家族品牌策略代表了连续体的两端,而子品牌策略介于两者之间,其位置取决于子品牌的哪个组成部分受到更多重视。

许多企业正在引入品牌变体,即提供给特定零售商或分销渠道的特定品牌系列。它们是零售商向制造商施压要求提供独特供货的结果。比如一家护肤品企业可能会针对某个线上零售商提供特供品牌的产品。

(五)品牌发展决策

品牌不会一成不变,它们会随着时间的推移而演进。品牌演进的两种最常见的方式是通过品牌重新定位和品牌延伸。

1.品牌重新定位

品牌重新定位就是企业经过市场的磨炼之后,对原有品牌战略的一次扬弃,旨在摆脱困境、使品牌获得新的增长与活力。已经在市场上有了市场定位的产品,公司有可能重新进行定位,主要原因包括竞争者有可能推出类似产品,以相似的定位挤入市场;消费者也可能不再喜欢原来的品牌,而要追求新的品牌。市场营销人员打算推出新品牌前,应该首先考虑对原有品牌重新定位,这样公司可以利用过去品牌的知名度和消费者美誉度。

2.品牌延伸

一家企业利用已建立的品牌推出不同品类或价格等级的新产品,由此产生的市场产品被称为品牌延伸。雕牌品牌名称涵盖了洗衣粉、洗衣液、洗手液、洗洁精、肥皂等产品。产生品牌延伸或子品牌的现有品牌叫母品牌。如果母品牌已经通过品牌延伸与多个产品相关联,则它也可以被称为主品牌或家族品牌。

品牌延伸不同于产品线延伸。在品牌延伸中,企业将其品牌延伸到与当前不相关的品类;在产品线延伸中,新产品被涵盖在母品牌当前服务的产品品类之中。许多企业都会通过在原来强势品牌下导入系列新产品来发挥它们最有价值资产的杠杆优势。如白酒品牌茅台将品牌延伸到葡萄酒、啤酒领域。

营销者必须通过评估母品牌现有品牌资产的有效程度以及对母品牌资产贡献的有效程度来判断每个潜在的品牌延伸行为。如佳洁士牙膏延伸到佳洁士牙刷,舒肤佳香皂延伸到舒肤佳沐浴露都是比较成功的品牌延伸。在衡量品牌延伸能否成功时,营销者应该问一些问题:母品牌是否具有强大的品牌力？是否有很强的匹配基础？该延伸是否有最佳的共同点和差异点？营销方案如何才能强化延伸资产？延伸将对母品牌资产和盈利能力产生什么影响？

消费者根据对母品牌的了解以及他们对这些信息的相关程度的感觉,形成关于新产品的期望。通过建立积极的期望,品牌延伸的风险可以被降低。因此,品牌延伸可以降低上市成本。品牌延伸还可以避免引进新名称的困难和费用,从而提高包装和标签的使用效率。相似或相同的包装和标签可以降低延伸产品的生产成本。除了使消费者更容易接受新产品,品牌延伸还有助于阐明品牌的意义及其核心价值,或提高消费者忠诚度。一个成功的品牌延伸不仅可以巩固母品牌、开拓新市场,还可以促进更多新品类的延伸。

不利的一面是,产品线延伸可能会导致品牌名称对其中任一产品的识别度降低。当消费者不再将品牌与特定产品或高度相似的产品集合联系起来,并开始越来越少地想起该品牌时,品牌稀释就发生了。即使品牌延伸的销售额很高并满足目标市场的需要,收入也可能来自消费者从现有的母品牌产品到延伸产品的转向——实际上是在蚕食母品牌。品牌延伸最容易被忽视的一个缺点是,企业放弃了创立一个具有独特形象和资产的新品牌的机遇。

第四节　服务营销策略

一、服务的含义与特点

(一)服务的含义

服务是具有无形特征却可满足消费者需求和欲望的可供有偿转让的一种或一系列活动。从服务的含义中可以看出,服务提供的基本上是无形的活动,可以是纯粹的服务,也可以是与有形产品相关联的活动。

(二)服务的特点

对于服务的特点,不同的学者都发表了不同的观点,但是将无形性、异质性、不可分离性和易逝性作为服务的特征,已经获得国内外学者的广泛认可。事实上正是由于服务的无形性,才导致服务中生产与消费的不可分离性,而异质性和易逝性很大程度上是由无形性和不可分离性这两大特征所决定的。

（1）无形性。无形性又称不可感知性，这是服务最基本的特征。服务的无形性是指服务在购买之前是看不见、摸不着的，没有具体的量化指标可供评价参考。这是服务与有形产品间主要的差别。无形性意味着与有形产品相比，服务的若干组成元素很多时候是无形无质的，服务的利益也难以觉察，或者在一段时间后顾客才能感觉到利益的存在。

（2）不可分离性。不可分离性是服务的又一本质特征，也是商品营销与服务营销的最大区别所在。由于服务本身不是一个具体的物品，而是一系列的活动，所以在服务过程中，消费者和生产者必须直接发生联系，从而生产的过程也就是消费的过程。服务的这种特征表明，顾客只有而且必须加入服务的生产过程中，才能最终消费到服务。顾客不仅是服务的消费者，还是服务的协作生产人。他们参加服务生产过程并且能观察服务生产过程，因此他们可能会影响服务交易的结果。例如，只有当病人向医生讲明病情，医生才能够作出诊断。

（3）异质性。异质性是指服务是由服务人员表现出来的一系列行为，而这种行为的效果会因时、因人、因地而异，它们无法像制造有形商品做到标准化生产，这也就使得服务质量水平经常变化。服务行业是以"人"为中心的产业，人的个性的存在使得服务很难采用同一种标准服务是一系列活动的整合流程，其中的顾客、员工、管理人员以及环境等任何一个要素发生了变化，都会对服务流程和服务结果产生影响。所以，服务供应商每次提供的服务可能都会有所不同，无论是两个完全不同的企业所提供的同种服务，还是同一企业、同一员工在不同时间内提供的服务，即使提供的服务完全相同，不同的接受者对其评价结果也会存在差异。例如，同样是去一个旅游景点，有些人会流连忘返，而有些人则会失望而归。

（4）易逝性。服务无法像有形产品那样可以储存，服务的不可存储性导致了服务的易逝性。因为服务不可感知且生产和消费同时进行，使得服务不可能储存起来以备未来出售。例如，对于公交服务而言，非高峰期的流量是无法储存用来缓冲高峰期的拥挤状态。又如，即使公共汽车上只有一名乘客也必须按时出发，该班次的其他座位是无法为下一班次预留的。由于易逝性，当服务供不应求时会使得前来消费的顾客失望而归，因此如何妥善处理供需矛盾，是服务营销中面临的一个重要难题。

我国服务业从高速度发展向高质量发展稳步迈进

国家统计局发布的党的十八大以来经济社会发展成就系列报告显示，10 年来，我国服务业规模持续扩张，结构不断优化，新兴动能亮点纷呈，幸福产业普惠民生，从高速度发展向高质量发展稳步迈进。

总量稳步增长,擎稳国民经济"半边天"

报告指出,党的十八大以来,服务业呈现稳步扩张的良好态势,逐步擎起国民经济的"半壁江山",成为支撑和拉动经济发展的主动力。

推动增长"主动力"格局巩固。2012—2021 年,我国服务业增加值从 244856 亿元增长至 609680 亿元,按不变价计算,2013—2021 年年均增长 7.4%,分别高于国内生产总值(GDP)和第二产业增加值年均增速 0.8 和 1.4 个百分点。

吸纳就业"主渠道"作用凸显。2013—2021 年,服务业就业人员累计增加 8375 万人,年均增长 3.0%,平均每年增加就业人员 931 万人。2021 年,服务业就业人员 35868 万人,占全国就业人员总数的 48.0%,比 2012 年提高 11.9 个百分点。

扩大投资"主平台"地位增强。2012—2021 年,服务业固定资产投资(不含农户,下同)从 167781 亿元增长至 362877 亿元,2013—2021 年年均增长 8.9%,占全部固定资产投资的比重连续 10 年保持在 60% 以上,2021 年达 66.6%。

结构持续优化,奏响协调发展"新乐章"

报告指出,党的十八大以来,我国服务业高质量发展蹄疾步稳,带动行业结构、产业结构、区域结构等日趋协调优化,在稳增长、调结构、惠民生、促发展等方面发挥了积极作用。

现代服务业蓬勃发展。2021 年,信息传输、软件和信息技术服务业,金融业,租赁和商务服务业增加值占服务业增加值比重分别为 7.2%、15.0% 和 5.8%,比 2012 年提高 2.3%、0.6% 和 1.4%。

产业融合持续加深。2021 年,规模以上供应链管理服务企业营业收入为 1324 亿元,是 2018 年营业收入的 3.0 倍。

生产性和生活性服务业健康成长。2020 年,我国规模以上生产性服务业企业 29 万家,从业人员 2688 万人,资产总计 110 万亿元,营业收入 84 万亿元。

中西部地区加快发展。2021 年,31 个省(自治区、直辖市)中服务业增加值占地区生产总值比重超过 50% 的地区共有 21 个,数量大大高于 2012 年的有 4 个地区。

新动能亮点纷呈,激活经济增长"新引擎"

报告指出,党的十八大以来,服务业新主体活力迸发,新动能茁壮成长,新消费引领消费升级,对外开放深度扩展,服务业成为中国经济长期持续健康发展与优化升级的新引擎。

服务业新主体活力迸发。2012—2020 年,我国服务业法人单位数从 723 万个增至 2166 万个,2013—2020 年年均增长 14.7%,分别高于全部法人单位和第二产业年均增速 1.1 和 5.6 个百分点。

"互联网+"激发服务业新动能。2021 年,移动互联网接入流量达 2216 亿 GB(千兆字节),是 2012 年的 252 倍;互联网普及率由 42.1% 提高到 73.0%。截至 2021 年底,我国累计建成并开通 5G 基站 142.5 万个,建成全球最大 5G 网,5G 基站总量占全球60％以上。

新消费助力消费提档升级。2015—2021年，实物商品网上零售额年均增长25.4％，高出社会消费品零售总额年均增速17.5个百分点；有关数据显示，近5年中国品牌搜索热度占比从45％提升至75％，是海外品牌的3倍。

服务业对外开放深入扩展。2012—2021年，我国服务进出口总额从30422亿元增长到52983亿元，2013—2021年年均增长6.4％。2021年，知识密集型服务进出口23259亿元，2013—2021年年均增长9.3％。

幸福产业加速发展，绘就人民美好生活"新画卷"

报告指出，党的十八大以来，我国幸福产业加速发展，民生福祉取得巨大进步，联合国发布的"人类发展指数"显示，我国从2012年的0.699跃升到2020年的0.761，从"中等人类发展指数国家"发展至"高人类发展指数国家"。

"数字＋文化"协同发展。2020年全国文化及相关产业增加值为44945亿元，占GDP比重为4.4％，比2014年提高0.6个百分点；其中，文化服务业增加值为28874亿元，占文化及相关产业增加值的比重为64.2％，比2014年提高15.6个百分点。

养老服务体系加快建设。截至2021年底，各类养老机构和设施总数达34万个，床位总数比2012年增长了一倍；2021年末，全国基本养老保险覆盖超10亿人。

体育强国加速推进。2013—2021年，规模以上体育企业营业收入年均增长8.4％；2021年末，全国体育场地达到397万个，人均体育场地面积达到2.4平方米。

公共服务不断加强。2021年，九年义务教育巩固率和高中阶段毛入学率分别为95.4％和91.4％，比2012年提高3.6和6.4个百分点；2021年末，我国公共图书馆、博物馆分别达到3215个、5772个，比2012年末增加139个、2703个。2021年末，全国基本医疗保险覆盖超13亿人。

资料来源：杨曦.十年来，我国服务业从高速度发展向高质量发展稳步迈进[EB/OL].(2022-09-21)[2024-02-18].http://m.people.cn/n4/2022/0921/c125-20279935.html.

二、服务企业的营销策略

服务营销远比有形产品的营销要复杂。在服务开始前，企业无法预知顾客的需要与期望，在服务流程中，各类人员对服务都会产生影响，使得服务结果多种多样，服务结束后，企业也无法准确了解顾客的服务感知质量和感知价值。面对这一系列的不可控因素，格鲁斯将员工、技术、知识、顾客时间和顾客作为企业的资源纳入服务营销体系中，形成服务营销三角形。它由外部市场营销、内部市场营销和互动市场营销三个核心部分组成，如图7-9所示。服务营销三角形显示了服务营销的关键组合要素：企业、一线员工与顾客之间的关系，它们必须紧密联系，为促进服务的生产和交付而协同运作。其共同目的就是建立企业与顾客间的长期关系和提升顾客忠诚度。

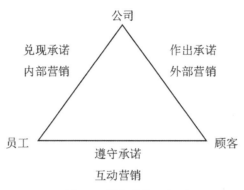

图 7-9 服务营销三角形

(一)外部市场营销:建立关系

外部市场营销是企业根据顾客期望向顾客作出承诺的流程。外部市场营销的内容包括传统的 4P 的市场营销活动,也就是产品策略、定价策略、渠道策略和促销策略。在外部市场营销流程中,企业要作出一致且能够兑现的承诺。

(1)产品策略(product)。在服务产品策略中企业必须考虑提供服务的范围、服务质量及服务的品牌等因素。

(2)定价策略(price)。企业应该为满足顾客需求的服务制定具有竞争力的价格。在服务营销中,价格不仅与顾客的支付能力相关,而且也是顾客判断服务质量的依据,他们依据自己的认知价值来判断服务的价值。因此,服务的价格策略更应该注重灵活性、价格与服务定位的匹配性以及服务产品的区别定价。

(3)渠道策略(place)。对于服务营销的渠道策略而言,服务场所的店面位置、仓储及运输的便利性及其覆盖的地理范围等因素显得非常重要。当今许多服务产品特别是对于新兴的网络通信服务来说,互联网已成为重要的渠道之一。

(4)促销策略(promotion)。在服务营销中,促销注重向不同的顾客传递不同的信息。企业往往会为顾客提供个性化的信息和服务以提升顾客忠诚度。因此,不同需求的顾客往往要求企业传递不同的服务信息,采取不同的促销策略。

(二)互动市场营销:维持关系

互动市场营销就是在服务人员接触顾客的流程中,将顾客、员工和设备都视为营销资源,让他们都参与到市场营销活动中来,以便实现承诺的一种手段。在服务营销三角形中,企业的员工都是市场营销人员,专职的和兼职的市场营销人员通过与顾客接触获得更多的顾客信息,为顾客提供个性化的服务。因此,互动市场营销不仅仅是企业遵守承诺的流程,也是企业保持与顾客的持久关系、保留忠诚顾客的关系点。在互动营销中,服务人员、服务场景和服务流程都对顾客的服务体验产生重要影响。因此,在服务营销增加了3个策略人员策略(personnel)、服务有形展示策略(physical evidence)和服务流程策略(process),简称3P策略。

1.人员策略

人员是指参与到服务流程中并对服务结果产生影响的所有人员,包括企业员工、顾客和处于服务环境中的其他人员。企业员工的着装、仪表、态度和行为等因素都会影响到顾客对服务的感知。同时,由于服务的不可分离性,顾客自身也会参与到服务中来,他们也会对服务感知和服务质量产生重要影响,甚至会影响到其他顾客的感知。此外,处于服务环境中的其他人员也影响着服务的生产和消费流程。例如,持有银行贵宾卡的顾客往往会因为其他人的羡慕而提高对服务质量的感知和对服务价值的认同。

2.服务有形展示策略

服务的有形展示包括服务环境(如装潢、音乐和员工服饰等)、服务流程中的实物设施以及其他有助于服务的生产、消费和沟通的有形要素。值得关注的是,有形展示的存在一定要使服务变得更加便利或提高服务的质量和生产效率。例如,服务场所应该有便利的交通、醒目的店面标志以及令人感到舒适的外部环境;内部设施对于连锁服务机构来说应该拥有一致的装修,如色调、外观、照明等。

3.服务流程策略

服务流程要素指的是服务交付的流程和运营系统。服务流程也是顾客对服务质量进行评价的流程。其中包括服务任务流程、服务时间进度、标准化和定制化等因素。服务在给顾客提供之前一般都是一样的。不同的人在不同的时间、不同的地点的参与才使服务流程呈现不同结果。因此服务的设计要考虑到服务的生产与交付的流程及顾客的真正需求。值得指出的是,具有不同市场定位的企业,往往在服务流程的设计上呈现较大的差异,并不能简单地判断孰优孰劣。例如,有的企业以提供高度标准化的服务流程为主,如麦当劳、肯德基;有的企业则以提供个性化的服务流程为主,如美容店。

(三)内部市场营销:支持关系

企业的一切活动都需要通过员工来实现,企业要兑现对顾客的承诺,就必须利用一切资源和沟通方式,使员工能够利用企业资源和信息来建立、维持与顾客间的关系。因此成功的服务企业既要关注其顾客,又要关注员工。1994年由詹姆斯·赫斯克特教授等五位哈佛商学院教授组成的服务管理课题组提出的"服务价值链"模型(见图7-10),揭示员工的满意度与服务企业利润之间的关系。通过模型我们可以看到,企业的获利能力强弱由顾客忠诚决定,顾客忠诚来源于顾客满意,顾客满意由顾客所感知的服务价值大小决定,服务价值大小最终由生产效率高、对企业忠诚的员工来创造,员工的效率和忠诚又取决于员工的满意,同时员工的满意程度高低又取决于企业的内部服务质量。服务价值链将内、外营销相结合,从顾客角度重新审视企业的长期获利能力,它代表了一种以顾客为中心的服务管理模式。服务利润链一扣一环,前后环节相互影响,每一环节的实施都影响着下一环节的质量,其最终目标是使企业盈利。该理论揭示了顾客忠诚与企业盈利间的强相关关系,并强调了顾客感知的服务价值与内部服务质量对于培育顾客忠诚的重要性,指出了企业实现顾客满意与顾客忠诚的思路和途径,即改进产品、服务及企业形象来提高产品总价值和降低生产与销售成本,减少顾客购买时间、精力与体力,从而降低顾客的货币与非货币成本。

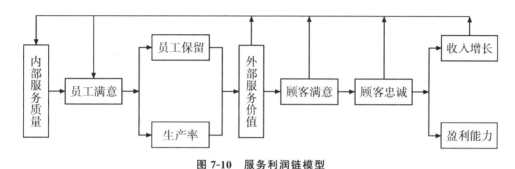

图 7-10 服务利润链模型

小案例 7-4

京东 4 款物流智能机器人亮相 2023 世界机器人大会

2023 年 8 月 16 日至 22 日,2023 年世界机器人大会在北京举行。今年京东物流展台重点展示了 4 款机器人,分别是天狼穿梭车、地狼机器人、智能快递车和室内配送机器人。这些均是近年来京东物流打造的明星产品,吸引了众多参会观众驻足围观。

天狼系统是以周转箱或原包进行存储、货到人拣选的箱式立体库系统,硬件部分由穿梭车、提升机、工作站、货架、输送系统以及供电、网络、安全等系统组成,能够实现高密度存储、高流量出入库等仓储作业,是目前以箱式存储效率最高的自动化系统。而地狼机器人,顾名思义,主要承担仓内地面搬运工作,其最高承重达 500～1000 千克,可以实现较高速运行和毫米级精度定位,适用于仓储物流拣选作业环节中"货架到工作站"的搬运以及制造业中物料的柔性搬运,相比于传统人工拣选,效率提升 3～5 倍。

智能快递车则是京东物流为"最后一公里"基础运力服务打造的智能机器人,目前已迭代至第五代,最大可载重可达 200 千克,续航超过 100 千米,集成了高精定位、融合感知、行为预测、仿真、智能网联等十大核心技术,可以实现 L4 级别自动驾驶。室内配送机器人能够智能规划路径,自主完成过门禁、上电梯、自动避障等动作,最大载重达 30 千克,可以在楼内配送或揽收快递、配送外卖等,广泛应用于商场、写字楼等智能楼宇场景。

实际上,如今京东物流的机器人已广泛应用于 3C 电子、工业、服饰、医药、汽车等行业户,是京东物流持续开放赋能的最佳写照。例如,在消费品行业,京东物流为飞鹤乳业打造了现代化全国中央物流配送中心,满足了飞鹤 9 个奶粉生产基地集中存储与配送全国的业务,同时仓内作业效率提高 40%,成本降低了 25%;在工业电子行业,为中电港旗下亿安仓打造了一座高达 21 米的三代天狼立体仓库,采用双伸位堆垛机和多层料箱的密集存储,实现托盘货位、箱式货位存储容量的最大化;而在服饰行业,为男装品牌与狼共舞量身定制了自动分播墙解决方案,在不到 100 平方米的空间内,首次实现单小时分拣 1800 件,扫码准确率高达 99.99%,极大地提升了作业坪效和周转效率。

京东物流相关负责人表示,事实上,物流以及供应链管理拥有极高专业度的场景,不同行业、不同企业之间的管理方式存在巨大的跨度与迥异的需求,难以用一套标准化的通用方案来服务所有企业,必须将技术产品与客户需求、行业 know-how 结合紧密结合才能更好地解决实际问题。

资料来源:温婧.京东 4 款物流智能机器人亮相 2023 世界机器人大会[N].北京青年报,2023-08-18.

第五节　产品生命周期理论

产品生命周期理论是美国哈佛大学教授费农 1966 年在其《产品周期中的国际投资与国际贸易》一文中首次提出的。人们通过市场活动的长期观察,逐步认识到一种产品在市场上的销售情况和获利能力并不是固定不变的,而是随着时间的推移不断发生变化,且任何产品都是有生命周期的,没有什么产品能长盛不衰。

一、产品生命周期的含义

产品生命周期是指产品从投入市场到被市场淘汰所经历的全部运动过程,亦即要经历一个开发、引进、成长、成熟、衰退的阶段,是产品的市场寿命周期或经济寿命周期。产品生命周期是相对于产品的物质生命或使用生命而言的。物质生命反映商品物质形态消耗的变化过程,市场生命则反映商品的经济价值在市场的变化过程。产品物质生命的长短,取决于消费过程的方式(如使用频率、使用强度、维修保养状况等)和时间以及自然力的作用等因素。产品的市场生命是指产品在市场上的延续时间。产品市场生命的长短,取决于产品的性质和用途、消费习惯和民族特点、科技进步速度、市场竞争情况、国民收入水平等。

市场上的每一种产品都要经历从产生、发展直至消亡的过程,但实际上不同产品种类、品类和具体品牌之间,其生命周期大不相同。产品生命周期是一个很重要的概念,它和企业制定产品策略以及营销策略有着直接的联系。管理者要想使他的产品有一个较长的销售周期,以便赚到足够的利润来补偿在推出该产品时所作出的一切努力和经受的一切风险,就必须认真研究和运用产品的生命周期理论,此外,产品生命周期也是营销人员用来描述产品和市场运作方法的有力工具。

美国营销专家菲利普·科特勒在《营销管理》中把产品的生命周期划分为四个阶段,并描绘不同生命阶段的产品销售和利润的变换过程,如图7-11所示。

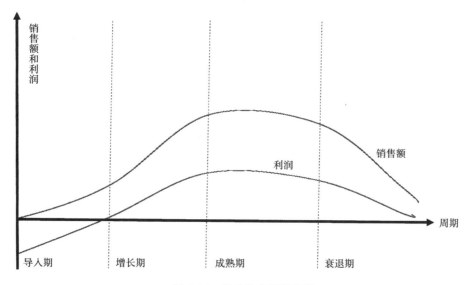

图 7-11 产品生命周期曲线

(1)导入期。产品进入市场,销售量缓慢增长时期。由于产品导入费用很高,这个时期还没有出现利润。

(2)增长期。市场快速接受和利润快速增长时期。

(3)成熟期。由于产品已被绝大多数潜在购买者接受,所以销售量增长速度开始减慢。为了在竞争中保护产品,市场营销支出增加,利润因此持平或下降。

(4)衰退期。销售急剧下降,利润跌落。

当然并非所有的产品都有这种S形的产品生命周期。一些产品进入市场便很快消失;另外一些产品则有很长的成熟期。还有一些产品在进入衰退期后能通过大量促销或产品重新定位返回到增长期等。

小案例 7-5

扫地机器人行业格局正在重塑

过去几年,扫地机器人在中国市场的零售量增长呈现一条陡峭的曲线。

2018—2020年,扫地机器人行业迈入快速成长周期,分别卖出了613万台、628万台、654万台,做个对比,2016年中国市场不过卖出了174万台、2017年不过卖出了422万台。但自2021年以来,扫地机器人行业面临更多的不确定性,销量骤然下滑。尤其是在2022年,扫地机器人销量同比减少了24%。过去的2023年,行业也没能等到预期中的大幅复苏,基本维持在与2022年同一水平。

奥维云网判断,预计2024年扫地机器人在销售额上会同比增长8%,在销售量上会同比增长13%。从供需两端来看,这一回暖趋势,主要集中在以下两点原因:

其一,在需求侧,扫地机器人在国内依然是增量市场,中国城镇居民2022年的扫地机器人渗透率仅为5.6%,远低于其他发达国家(同时期,美国市场的渗透率是15%)。

其二,在供给侧,科沃斯之外,石头科技、云鲸智能、追觅科技、美的集团、小米等,都在加速追赶,这带来的是更丰富的产品、更成熟的产品功能和体验,以及蓄势待发的价格战。

随着行业的进一步分化,可以预见,2024年,对这条赛道内的玩家是一个关键年份——事实上,更多玩家在发力,让扫地机器人市场变得越加热闹。一个较为明显的趋势是,在中国市场,"以价换量",也就是价格战,已经陆续打响。回顾过去几年,中国扫地机器人的行业均价一直在上升,奥维云网数据显示,2020年、2021年和2022年,扫地机器人的行业均价分别为1687元、2424元和3175元。

不过自2022年下半年以来,行业均价开始波动,整体趋势是"稳中有降"。2022年8月,科沃斯率先大幅降价,其在国内市场的主销产品T10 OMNI降价800元至3999元。随后,追觅、小米等跟进降价。

再到2023年,行业全能款产品的价格由5076元下探至4084元,"6·18"期间,头部品牌把价格下调到3000元上下,自清洁款价格也从3618元降到3124元,双十一期间,科沃斯T10 OMNI再降价到2699元,石头科技P10也从高于3000元降至2799元。

总结来看,在"以价换量"的整体趋势下,对扫地机器人赛道内的玩家们来说压力无疑会更大。一方面,行业内卷还在加剧,除了价格战,大家的出海速度都在加快,产品线都在进一步丰富,但行业的复苏还较为缓慢,要想抢到更高的市场份额并不容易。另一方面,在降价常态下,如何提升经营效率,也是一大挑战。在降价的同时,它们也要思考,投入渠道、营销等多个层面的资源,如何能够带来更高的销量转化率,进而赚到更多的钱,反哺到产品和品牌建设中去。

资料来源(节选):陈锋.抢份额、拼价格、谋出海,扫地机器人行业格局正在重塑[EB/OL].（2024-03-12）[2024-05-19]. https://t. cj. sina. com. cn/articles/view/6192937794/17120bb420200261in.

二、产品生命周期各阶段特征及其营销对策

产品生命周期理论使企业营销面临两个主要问题:一是因为所有产品最终都会衰亡,企业必须开发新的产品来代替衰老的产品,即产品生命周期的第一个阶段;二是当产品投入市场后各周期阶段产品的销售额、成本水平、利润水平及价格都呈现出不同的变化,具有不同的特点,而企业则要积极调整市场营销战略适应产品生命周期的变化趋势。

(一)导入期的特点与营销策略

1.导入期的特点

产品的导入期,是指从新产品试制成功到进入市场试销的阶段。新产品初次进入市场,产品导入需要时间,销售量增长往往比较缓慢。这一阶段的主要特征如下:

(1)只有少数企业生产,市场上竞争者较少;

(2)消费者对新产品尚未接受,销售量增长缓慢;

(3)企业生产批量小,试制费用大,产品成本高;

(4)产品获利较少或无利可图,甚至亏损。但这个阶段市场竞争者较少,只要具备有效的营销系统,即可以将新产品快速推进导入阶段,进入市场发展阶段。

2.导入期的营销策略

由于推出新产品、解决技术问题、建起分销商渠道及获得消费者的认可都需要时间,所以在导入期销售增长往往是缓慢的。利润通常为负或很低,促销费用占销售额的比例是最高的,这是因为需要:(1)告知潜在的消费者;(2)诱导新产品试用;(3)分销渠道畅通。由于成本高,价格往往较高,而且企业聚焦于那些准备要购买的客户。

(二)增长期的特点及营销对策

1.增长期的特点

增长期是指产品经过试销取得成功后,转入批量生产和扩大销售的阶段。这一阶段的特征是:

(1)消费者对产品已经熟悉并接受,销售量迅速上升,一般来说,销售增长率超过 10%。

（2）产品已基本定型，生产规模扩大，产品成本下降，企业利润不断增加。

（3）同行业竞争者纷纷介入，竞争趋向激烈。

2.增长期的营销策略

增长期营销策略的核心是尽可能抓住销售的快速成长期，使得企业也可以获得快速的成长，具体可以采取以下策略：

（1）根据客户需求和市场信息，不断提高产品质量，努力发展产品的新款式、新型号，增加产品的新用途。

（2）加强促销环节，树立强有力的产品形象。促销策略的重心应从建立产品知名度转移到树立产品形象上面；主要目标是建立品牌偏好，争取新的顾客。

（3）重新评价渠道选择决策，巩固原有渠道，增加新的销售渠道，开拓新的市场。

（4）选择适当的时机调整价格，以争取更多的顾客。

企业采用上述部分或全部市场扩张策略，会加强产品的竞争能力，但也会相应加大营销成本。因此，在增长期面临着"高市场占有率"或"高利润率"的选择。一般来说，实施市场扩张策略会减少眼前利润，但加强了企业市场地位和竞争能力，有利于维持和扩大企业的市场占有率，从长期利润观点看，高市场占有率更有利于企业发展。

（三）成熟期的特点与营销对策

这一时期在整个产品生命周期中持续时间最长，其特点是：成熟期早期销售增长开始放缓，没有新的分销渠道来填补，竞争开始激烈；成熟期中期市场饱和，人均销售额趋于平稳，未来的销售量取决于人口增长和替代需求；成熟期后期，成熟度衰减，绝对销售额水平开始下降，竞争加剧，实力弱小企业退出，少数巨头占据主导地位——可能是质量领先者、服务领先者和成本领先者，它们主要通过高销量和低成本获利。

针对上述特点，企业在产品成熟期营销的主要目的是千方百计维持甚至扩大原有的市场份额，尽量延长产品的市场寿命，因此，其市场策略的重点是要突出一个"改"字，即对原有的产品市场和营销组合进行改进，具体有3种基本策略可供选择。

1.市场改良策略

企业通过寻找新的使用者和细分市场，努力增加现有产品的消费量。市场改良可以通过下述几种方式实现：一是开发产品的新用途，寻求新的细分市场。例如，美国杜邦公司生产的尼龙产品，最初只用于军用市场，如降落伞、绳索等。第二次世界大战后，产品转入民用市场，企业开发生产尼龙衣料、窗纱、蚊帐等日用消费品，以后又继续扩展到轮胎、地毯等市场，使尼龙产品系列进入多循环周期，为企业赢得了长期稳定的利润。二是刺激现有顾客，增加使用频率。例如，食品厂商可以在包装上加印多种烹调方法介绍来扩大消费者对此食品的购买数量。三是重新为产品定位，寻求新的买主。例如,美国的化妆品公司追随处于后生育高峰的一代人的成长过程,先专门生产婴儿洗发膏,在市场上颇为畅销,而后重新树立该产品形象,进入青年妇女市场,使销售量出现再循环。

2.产品改良策略

这也称为"产品再推出",即改变产品特征,如质量、特色或式样,来吸引新的使用者或引发更大量的使用。企业可改进产品的质量和性能,如耐用性、可靠性、速度、味道等。企业还可以增加新特色,用来扩展产品的有用性、安全性或便利性。实现产品再推出的具体策略有:一是品质改进策略。主要侧重于增加产品的功能,如汽车制造商不断改进小型轿车性能;洗衣机厂商把普通洗衣机改为漂洗、甩干多功能的自动、半自动洗衣机等。二是特性改进策略。主要侧重于增加产品的新特性,尤其是扩大产品的高效性、安全性或方便性。如某动力机械厂将动力机引入割草机,提高了割草速度;而后又进行操作方面的改进,使之更加便于操作;最后,还使它既能割草又能铲雪。三是式样改进策略。这主要是基于人们美学欣赏观念而进行款式、外观的改变。四是服务改进策略。对于许多耐用消费品和产业用品来说,良好的服务(如为用户提供运输、开展技术咨询、上门维修等等)会大大促进消费者的购买。

3.营销组合改良策略

这是指通过改变定价、销售渠道及促销方式来延长产品的市场成长期和成熟期。一般是通过改变一个因素或几个因素的配套关系来刺激或扩大消费者的购买。例如,产品品质不变,降价可从竞争者那里吸引一部分顾客;扩大销售渠道,增加销售网点,调整广告媒体等多种措施,也都可以达到同样目的。但这种改进一般很容易为竞争者所模仿。

 拓展阅读 7-5

在许多高潜力的成熟市场,老产品仍会有潜力

科特勒强调,营销人员不能盲目地按照产品生命周期传统的各个阶段来经营产品。很多营销人员习惯于本能地遵循旧的生命周期模式让产品沿着曲线到达成熟和衰退阶段。而与此相反的是,一些具有创新精神和变革勇气的营销人员,却会尝试去打破生命周期规则,在产品成熟期去挽救成品,使之重回成长阶段。他们还能越过重重障碍,将新产品迅速地由导入期推向成长期。

要实现老产品的复苏,企业需要注意这样几点:

第一,理清优势,清除产品复苏的阻力。老产品以全新姿态进入市场,会遭遇来自竞争品牌、渠道和消费者认知等多方面的阻力。但是老产品在过去的经营过程中所累积起来的成功经验以及在消费者头脑中留下的良好印象也是那些刚进入或即将

进入的新产品所无法比肩的。企业首先就要理清楚老产品的这些优势以及可能遇到的阻力。

第二，正视竞争环境，摆对自身位置。对于许多老产品而言，即便是"老名牌"，虽然曾经风光无限，但毕竟时过境迁，在市场上的表现大不如前，而且市场环境也发生了很大的变化，所以老产品的复兴是任重道远的。企业要正视竞争环境，摆对自身位置，通过生产、技术、供应、财务、行政、营销等部门的通力合作来改变产品的生命周期轨道。

第三，新老产品的相辅相成。老产品总会存在一定的局限与缺陷，而消费者却需要有新鲜的产品进入他们的生活。所以，在老产品的照应下，企业应及时开发新产品，用新产品来拱卫并带动老产品。这对于产品复苏以及防止品牌形象老化能起到至关重要的作用。

第四，重振老品牌的市场优势。很多情况下，企业之所以要坚守一个日趋没落的老产品，而不是另起炉灶，其中很大的一个原因就是想利用老品牌的"余热"。老产品的渠道通达力较强，具备一定的消费者基础和市场基础，而且，在老产品的背后，往往还有一支高水平的技术、研发、生产、营销人员队伍，他们对老产品有很深感情，而这些都是老产品"翻本"的资本。

第五，采取创新的宣传推广模式。老产品复苏行动需要根据企业的实际情况采用不同的营销策略，要以创新的宣传推广来形成视觉、感觉上的冲击，给消费者带来全新的感受。老产品的亮相频率增加，可以造成一种"王者归来"一般的气势，唤醒老品牌在消费者心目中曾经的记忆，从而树立起鲜活的形象。

资料来源：许宏.科特勒的营销思维[M].北京：群言出版社，2018.

（四）衰退期的特点与营销对策

大部分产品形式和品牌的销售量最终都会下降，有些产品的销售是慢慢衰退的，有些产品的销售量会急剧下跌。销售量可能下降到零，或者下降到某个水准之后再在那儿持续多年。

1.衰退期的特点

（1）产品销售量由缓慢下降变为迅速下降，消费者的兴趣已经完全转移。

（2）价格下降到最低水平。

（3）多数企业无利可图，被迫退出市场。

（4）留在市场上的企业逐渐减少产品的附带服务，削减促销预算，以维持最低水平的经营。

2.衰退期的营销策略

（1）收割策略，即在维持销售额的同时逐步降低产品或业务的成本。实施该策略的企业首先要削减研发成本以及工厂和设备投资，也可能降低产品质量、缩减销售规模、减少附加服务和广告支出。理想的情况是不要让消费者、竞争对手和员工知道正在发生什么。收割是很难实施的,但许多成熟产品有必要采用这种战略,而且它可以大幅提高企业当前的现金流。

(2)剥离策略,即如果衰退期的产品还具有强大分销能力和残留商誉,企业可以将其卖给另一家企业。有些企业专注于收购和重新激活那些大企业想要出售或已经遭遇破产的"孤儿"或"幽灵"品牌,这些品牌的拥有者试图在市场上重新投资残留的品牌声誉,来实施品牌复兴战略。企业如果找不到买家,就必须决定是快速还是暂缓清算该品牌,还要决定为过去的客户保留多少库存和服务。

(3)淘汰策略。如果衰退期产品无利可图,还耗费了管理层大量的时间,需要频繁地调整价格和库存,并且承担小批量生产的昂贵运行费用,分散广告和销售人员的注意力——这些注意力原本可以更好地让健康的产品获得更多的利润——并且给企业形象造成负面影响。保留这些弱势产品意味着会推迟对替代产品的积极探求,进而产生不平衡的产品组合,企业应该立即淘汰这些弱势产品。

以上分析的是产品生命周期各阶段的特点及营销策略,事实上,在某一阶段中最好的营销策略不一定是理论分析中规定的某一个策略,每个企业在其具体条件下都有可能创造性地发展出独特有效的营销策略。

第六节 新产品开发

随着科学技术、社会经济的迅速发展以及人们消费需求的不断变化,产品的更新换代越来越快,产品市场寿命周期越来越短。有限的产品,无限的市场竞争,迫使企业不断地开发研制新产品以谋求发展。正如德鲁克所说:"任何企业只有两个(也只有两个)基本的功能,那就是贯彻市场营销观念和创新,因为它们能够创造顾客。"

一、新产品开发的含义

从企业营销角度来说,新产品与因科学技术在某一领域的重大突破所推出的新产品在概念上不同,它是指在某个市场上首次出现的或者是企业首次向市场提供的,能满足某种消费需求的整体产品。产品整体概念中任何一部分的创新、变革和改良,都可视为新产品。据此,新产品可划分为以下几类:

(1)全新产品,是指应用科技新成果,运用新原理、新技术、新工艺和新材料制造的市场上前所未有的产品。全新产品的开发难度大,开发时间长,需大量投入,成功率低。一旦成功,用户和消费者也还需要一个适应接受和普及推广的过程。

（2）换代产品，也称为革新产品，是指部分改变市场上已经出现的原有产品的结构和性能而形成的产品，它使原有产品的性能得到改善和提高，具有较大的可见价值。对于此类产品，使用者也需要有接受和普及的过程，但时间比较短。

（3）改进产品，是指对现有产品的质量、特点、外观款式或包装加以全面或局部改进的产品。这类产品与原有产品差别不大，易于为使用者接受。市场上销售的大部分新产品均属于这种类型。

（4）仿制新产品，是指企业模仿市场上已有产品的性能、工艺而制造的产品。企业仿制新产品，能缩短开发时间，减少研制费用，提高产品质量，并能缩小产品总体水平的差距，体现特色。在仿制新产品时应注意要符合专利法及相关法律的规定和要求。

小案例 7-6

500 亿泡沫破裂，"独角兽"柔宇之殇

2023 年末，深圳龙岗柔宇科技显示基地，聚集了一批讨薪的员工。这家红极一时的独角兽企业，再度被推上了风口浪尖。据悉，这并非该企业第一次陷入欠薪漩涡。早在 2022 年，曾经红极一时柔性屏领导企业，情况开始急转直下，从拟上市到欠薪，仅仅不到一年时间。

在折叠屏大火的当下，柔宇并非生不逢时，也并非运气之差。手握 3000 多项专利，却未能转化成收入，作为全球柔性科技行业的先驱，柔宇科技的"衰落"更像是一场自身准备不足而引发的悲剧。作为一家创业企业，疯狂烧钱的背后更像是一场没有系安全带的豪赌，由于自身缺乏"造血"能力，柔宇科技已经徘徊在了危险的边缘。这是技术与商业之间的博弈，同时也提醒着创业者，企业的核心是拥有"造血"能力，而盈利的尽头才是梦想。

有人曾评价，柔宇科技之所以能走到今天，与创始人刘自鸿个性中的执拗是脱不开关系的，正是因为他的执拗，才让柔宇与机遇屡屡擦肩而过。创始人也必须学会克制权力带来的幻觉，学会让更专业的人做更专业的事情，否则那些看似繁荣的泡沫，最终会在扩张之中化为齑粉。

1983 年出生的刘自鸿，17 岁时作为江西省抚州市理科高考状元考入了清华大学电子工程系。本科毕业之后，他选择了留学美国。26 岁获得了美国斯坦福大学电子工程博士学位。与大部分前辈的人生路径一样，国内名校毕业、留学然后进入全球知名公司、回国创业；走上这条路，对于大多数人来说是一种幸运。博士毕业之后，刘自鸿进入 IBM，成为该公司全球研发中心的顾问级工程师及研究科学家。工作三年多后，刘自鸿选择了自主创业。

2012年,刘自鸿在多地同步创立跨国公司柔宇科技。由于本身起点较高,且拥有国际视野,柔宇科技很快获得了一众资本的青睐。就连真格基金的徐小平,也为错失柔宇科技而扼腕叹息,他说,"每次看到它的好消息,我都心如刀绞,作为天使投资人的骄傲,被碾压得粉碎"。开局的顺利,让这家企业熠熠生辉。仅用两年时间,柔宇科技便发布了全球最薄、厚度仅有0.01毫米的全彩AMOLED柔性显示屏,卷曲半径小至1毫米。这项技术在当时绝对领先,这家企业的"光环"也越发闪耀。

仅2017年至2019年三年时间,柔宇科技就获得了7轮融资,参与投资的企业包括IDG、深创投、松禾资本等。到2020年,柔宇科技的估值达到了60亿美元;资本的加持加上自身烧钱的速度越来越快,柔宇科技启动了上市计划。起初,柔宇科技选择赴美上市,但是很快这项计划就搁浅了。于是,柔宇科技开始谋求A股上市。在2020年的最后一天,独角兽企业提交了科创板IPO申请,拟募资144.43亿元,整体估值为577亿元。招股说明书披露之后,柔宇的资金困境一下就被曝光在大众视野当中,自此,柔宇科技的情况急转直下。

翻阅其招股书,2017—2019年及2020年上半年,柔宇科技营业收入分别为6472.67万元、1.1亿元、2.3亿元和1.2亿元;净利润则为-3.6亿元、-8亿元、-10.7亿元和-9.6亿元。不断扩大的亏损,导致柔宇的现金流岌岌可危。但当时刘自鸿认为券商给的估值不够,撤回了上市申请。从结果来看,如果当时选择上市,柔宇可能就不会走到今天这个局面。上市未果的柔宇逐渐让投资人失去了耐心。

这是柔宇科技噩梦的开始,在招股书中,面对巨额的亏损,柔宇科技解释称,产品仍在市场拓展阶段,销售规模较小且研发需要投入大量资金。但自其成立以来,柔宇屏幕并未出现在任何一家主流手机厂商的产品中,自有品牌在公开渠道更是难觅踪影。一时间,质疑之声"淹没"了柔宇,也基本堵死了其融资渠道。

有消息称,2021年,柔宇曾找来了联想集团前副总裁赵泓紧急救火,赵泓也不负期望签下了6亿元订单的大合同。《中国企业家》杂志采访了柔宇科技的一位供应商,他表示,"那笔合同据说对方给了预付款,但是刘自鸿没有用来投产,而是用来还债,资金没能及时滚动起来,人脉也伤了,赵泓待了几个月就走了。"

现在,柔宇已经走到了一个死胡同当中,尽管刘自鸿后来也向投资人妥协了,但是因为错过了最佳时期,最终没能为企业找来救命钱。目前,柔宇科技仅靠自身的确已经难以解决问题了,且在一轮又一轮的资金困境下,其员工也只剩下了二三百人。如果欠薪问题没能得到妥善的解决,后续其处境只会更加恶劣。

从当下的环境来看,留给刘自鸿以及柔宇科技的时间,的确不太多了。

资料来源:500亿泡沫破裂,"独角兽"柔宇之殇[EB/OL].(2024-01-16)[2024-03-02].https://baijiahao.baidu.com/s? id=1788207238795768033&wfr=spider&for=pc.

二、新产品开发的程序

新产品开发一般采用门径管理法,也就是新产品开发通常体现为一系列行动(径),由新产品必须克服的障碍(门)来分隔开。门径管理方法把创新过程划分为几个阶段,在每个阶段结束时都设置一道"门"或者一个检查点。使用门径管理方法进行新产品开发的最终目标是以最小化风险和优化企业资源配置的方式确保市场成功。

新产品开发的程序可以提炼成一个全局性的门径管理框架,用于管理开发新产品的过程。该框架提供了门径管理方法的简化版本,其中包括五个关键阶段:创意产生、概念开发、商业模式设计、产品开发和商业部署,这五个阶段由旨在验证前一步行动的障碍分隔开来。图 7-13 描述了这个用于开发新产品的门径管理框架。

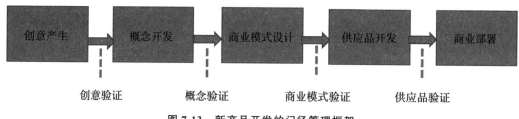

图 7-13　新产品开发的门径管理框架

门径管理方法包括三个目标:开发目标客户认为有吸引力并希望得到的产品,开发企业认为在技术上可行并有可操作性的产品,以及开发在商业上能生存并为企业及其合作者创造价值的产品。客户吸引力、技术可行性和商业生命力在开发产品的过程中均不可或缺。在产品开发的创意产生阶段,产品的吸引力通常是最重要的。吸引力和技术可行性都是概念开发过程中的重点。商业模式的设计旨在确保产品的最终版本在被付诸实施并推向市场之前,所有这三个目标都要被满足。

(一)创意产生与验证

1.创意产生

寻找有商业生命力的创意是新产品开发的起点。企业通过发现并更好地完成未被满足的客户需要,可以为新产品找到最大的机遇和影响力。成功的创意源于找到一种新的方法来解决未被满足的市场需要。创意将客户需要与满足这一需要的创意结合在一起。根据创新的推动力,产生创意的方法有两种:一是市场驱动的创意,二是发明驱动的创意。

市场驱动的创意始于识别市场机会,然后开发专门用于应对这一机会的产品。市场机会必须解决潜在客户所面临的一个重要问题,且它可以比现有的替代品更好地解决这个问题。因此,市场驱动的创意产生始于市场分析,旨在确定企业能够以优于竞争对手的方式满足重要且未被满足的需要。

发明驱动的创意是从一项发明开始,然后寻求未被满足的市场需要。发明是由技术创新驱动的,而不是由市场需要驱动的。因为植根于技术,发明驱动的方法更有可能被负责研究的科学家采用,而是营销管理者。

2.创意验证

创意验证通过检查创意的关键假设以确定其合理性。这个过程涉及评估产品的吸引力和商业生命力,其依据是产品是否有可能成功地解决重要的未被满足的客户需要(创意的吸引力),同时使企业受益(创意的商业生命力)。企业在评估新产品的创意时容易出现两种类型的错误:第一种错误是未能拒绝一个没有或似没有价值的想法,这很可能导致一个失败的市场产品;第二种错误是基于一个正好相反的错误估计——拒绝了一个好创意。

探索性研究通常用于新产品开发的初始阶段,旨在对现有市场机会进行总体了解,而不是对所获得的见解进行量化或建立因果关系。用于创意产生和验证的常见市场研究工具包括观察和采访消费者、采访员工和专家、分析竞争情况和众包。

(1)观察消费者。观察人们在自然环境中的行为可能是深入了解客户需要并确定如何最好地满足这些需要的有效方法。这可以包括观察线下和线上行为,例如客户评估、购买和消费他们使用的产品和服务的方式、他们访问的网站、他们最关注的内容以及他们线上共享的信息。

(2)采访消费者。通过询问客户来发现他们未被满足的需要,并收集关于满足这些需要的新方法的见解,这是开始寻找新创意的一个合乎逻辑的方式。毕竟,消费者接受度是新产品成功的关键因素。

(3)采访员工。员工可以成为开发新产品和服务的灵感来源。

(4)采访专家。在开放式创新运动的鼓舞下,许多企业突破了自己的边界,从外部挖掘新想法的来源,包括科学家、工程师、专利代理律师、大学和商业实验室、行业顾问和出版物、渠道成员、营销和广告机构,甚至竞争对手。

(5)分析竞争情况。企业可以通过研究其他企业的产品和服务,发现客户喜欢和不喜欢这些产品的原因,从而找到好的创意。此外,它们可以收购竞争对手的产品,对其进行逆向工程,并设计出更好的产品。了解竞争对手的优势和劣势,可以帮助企业为新产品确定最佳的品牌定位。

(6)众包。传统的企业驱动的产品创新方法正在逐步转化为企业众包以产生新创意,并与消费者共同创造产品。众包让企业能够以丰富而有意义的方式让外部人员参与新产品的开发过程,并获得独特的专业知识或原本可能会被忽视的对问题的不同看法。

(二)概念开发与验证

概念开发通过创建企业产品的初始版本或原型来体现有潜在商业生命力的想法。原型是产品的工作模型,旨在充实原始想法,并在创建实际产品之前消除潜在问题。概念开发通过评估消费者对产品核心利益的反应来提高市场成功的机会,从而创造出具有最大市场潜力的产品。

1.概念开发

概念开发通常从对产品核心功能的描述演变为按比例缩小的原型,将产品的核心概念介绍给目标消费者。原型不一定是功能性的,相反,它们可能只是粗糙的模型,用于初步了解设想中的产品将如何满足已确定的市场需求,企业将它们放在一起,只是用来衡量潜在客户的反应。因此,原型仅体现可能具有商业生命力的产品或服务的最重要方面。

2.概念验证

概念验证通常通过解决产品的技术可行性和目标客户对其吸引力的看法来评估所提议产品的核心概念的合理性。因此,为了验证某个概念,管理者应该回答两个关键问题:是否可以构建功能原型以及随后的完整功能版本的产品? 它是否能比其他选择更好地满足已确定的客户需要?

企业为测试其生产的原型而开展实验性研究,并以此为概念开发和验证提供指导。为此,一项研究可能涉及改变原型的一个或多个方面,并观察这些变化对客户反应的影响,这一过程也称为 A/B 测试。根据实验结果,企业要么继续为产品开发商业模式,要么回到绘图板上制定新的创意和概念,并将从测试中获得的知识融入其中。另一种常用的方法是联合分析,它要求受访者评估产品属性的一系列不同组合,以确定消费者对该产品特定属性的价值评估。

(三)商业模式设计与验证

到目前为止,产品仅以描述、图纸或原型的形式存在。下一步代表着投资的飞跃,使迄今为止产生的成本相形见绌,它要求企业确定产品创意是否可以转化为有商业生命力的产品。概念开发聚焦于产品的技术可行性和吸引力,除此之外,商业模式设计还要考虑产品的商业生命力,即它的价值创造能力。如果商业模式得到验证,这个概念就可以进入开发阶段。如果商业模式分析表明,产品不可能为企业及其客户创造市场价值,那么产品概念(有时是基本创意)就必须进行修改和重新评估。

1.商业模式设计

商业模式设计涉及三个关键组成部分:识别目标市场、阐明产品在该市场中的价值主张以及描述市场产品的关键属性。

(1)目标市场包括企业已确定为产品潜在购买者的目标客户,争夺目标客户的竞争者,帮助企业分销产品并为目标客户服务的合作者,企业本身,以及企业经营所在的市场环境。

(2)价值主张详细说明了企业计划为其目标客户和市场合作者创造的价值类型,以及企业计划为自己获取部分价值的方式。

市场产品描述了企业将如何为其目标客户、合作者和企业利益相关者创造、沟通和交付价值。这涉及企业的产品、服务、品牌、价格、激励、沟通和分销方面。创造市场价值是商业模式的终极目标。相应地,产品的成功与否取决于它为目标客户、合作者和企业创造价值的程度。因此,新产品的商业模式设计以三个关键问题为指导:产品是否为目标客户创造价值?产品是否为企业合作者创造价值?产品是否为企业创造价值?

2.商业模式验证

商业模式验证旨在评估产品在三个关键方面创造市场价值的能力:吸引力、技术可行性和商业生命力。

(1)吸引力指目标客户认为产品吸引自己的程度。产品的吸引力取决于其以合理的金钱、时间和精力支出提供客户所寻求的利益的能力。无法实现收益和成本的最佳平衡可能会阻碍产品的吸引力。

(2)技术可行性指企业可以在多大程度上创建提供客户所需功能的产品。可行性取决于当前技术以及企业在使用这些技术方面的专业知识。例如,一台在没有能源的情况下无限运行的永动机就不是一个可行的概念。

(3)商业生命力指产品可以为企业创造价值的程度。对大多数企业来说,有商业生命力的产品是指能够产生利润的产品。因此,产品的生存能力通常是一个预期收入和产品成本结构的函数,无法平衡收入和成本往往预示着市场即将失灵。

产品的吸引力、技术可行性和商业生命力是相互关联的。客户不喜欢的产品可能也不具备商业生命力,因为它不会创造足够的客户需求来为企业创造价值。技术上不可行的产品可能会被证明是不具备吸引力的,因为它无法满足客户的需要。总的来说,验证企业商业模式,特别是产品的商业生命力的一个重要方面,是确保产品满足客户的重要需要,并足以为企业创造价值。

(四)产品开发与验证

产品实施将概念变为现实,涉及两个关键方面:(1)开发必要的资源,将商业模式付诸实践;(2)开发市场产品。

1.开发核心资源

为了取得成功,企业必须获得必要的资源来实施其商业模式。通常,在开发产品概念并设计其商业模式时,企业并没有创建和推出市场产品所需的所有资源。因此,在设计了商业模式之后,合乎逻辑的下一步是通过构建、外包或收购来开发必要的资源。

为了获得成功推出新产品所需的资源,企业可能会采用两种不同的策略。其一,企业可以通过内部开发其资产和能力或从第三方获取必要的资源来建立自己的资源。其二,企业可能会选择与拥有帮助开发、制造、分销和推广产品所需资源的其他实体合作,利用这些资源而不获得这些资源的所有权。

2.开发产品与测试营销

开发市场产品涉及将原型转变为可上市的商品。这不仅包括创造最终产品和服务,还包括建立品牌,设定零售和批发价格,确定要使用的促销方式,以及制订计划以有效地沟通产品的优点,并将其提供给目标客户。新产品的开发通常涉及先进的原型设计和市场测试,以确保产品能够成功创造市场价值。

测试营销中涉及的一个重要决策是确定产品应该在哪些市场和哪些客户中进行测试。作出这个决策涉及许多考虑因素。例如,古驰就在中国测试了许多奢侈品,因为这里的消费者偏好预示着奢侈品市场的发展方向。尽管测试营销有好处,但许多企业都跳过了测试营销这一步,而是在上市后针对市场反应进行纠正性的微调。在开发新产品时,企业可以在产品投放市场之前创造一个功能齐全的完整版本。或者,企业也可能会开发一个简化版本,该版本仅包含满足客户需要所必需的功能。产品的简化版本(又称最小可行性产品)的开发使企业能够在继续全面开发产品之前测试产品的市场表现。

(五)商业部署

商业化(commercialization)是将企业的产品告知目标客户,并将产品提供给这些客户。由于大规模推出会带来更大的不确定性和更高的成本,企业通常会选择在几个特定的市场推出该产品,然后再将其提供给所有目标客户。此处概述了商业化的关键方面——选择性市场部署和随后的市场扩张。

1.选择性市场部署

商业化过程中的一个关键决策,是企业应该面向其商业模式中描述的所有目标客户推出新产品,还是仅在最初选定的市场部署其产品,然后逐步扩大市场直到产品充分发挥其市场潜力。许多企业采用了选择性市场部署方法,这使得它们能够在自然环境中进行测试并观察目标客户、竞争对手和企业合作者对产品的反应。

选择性市场部署的规模较小,可以为企业提供更大的灵活性来调整产品的各种特性,以最大限度地扩大其在市场上的影响。除了提高灵活性,选择性市场部署需要更少的企业资源来推出产品,并有潜力带来收入,以帮助支付后续市场扩张的成本。

2.市场扩张

将市场扩大到所有客户,并为其创造价值,是企业产品在其主要目标市场成功推出后的下一个合乎逻辑的步骤。市场扩张通常涉及三项关键活动:增加产品生产所需的设施、向所有目标客户推广产品,以及确保产品可用于整个目标市场。在市场扩张期间,企业通常会沿着阻力最小的路径和资源最少的路径向上游移动,以吸引更难触达且不太可能认识到企业产品价值的客户。因此,与初始市场部署相比,企业在市场扩张期间可能会花费更多的时间、精力和资源。

更广泛的市场通常涉及更广泛的客户,这往往需要引入产品的变体来适应所有目标客户的不同需求和偏好。因此,当一家企业在进入市场时,可能会以单一产品吸引其最有可能的采用者,然后在扩张的目标市场中引入变体,以迎合更广泛的客户需要。与市场扩张相关的企业产品种类的增加反过来又需要额外的资源,以确保这些产品在市场上取得成功。

解码新产品开发失败的原因

新产品的开发往往伴随极大风险,其失败率一直很高。而新产品失败的原因,科特勒将其大致归纳为六大类:

一是营销失败,比方说企业对市场规模的估计过高,对消费者需求缺乏准确的了解和把握;或者定位错误,没有体现出产品的差异性,或者定价不合理,宣传推广以及促销的力度不够,等等。

二是财务失败,例如新产品的投资回报率低;或者资金短缺,企业无法承担创新研究和产品推广所需要的资金。

三是时机失败,上市时间太早或太晚都会影响到产品的成功率,上市太早,市场尚未得到开发和培育;上市太晚,市场已经被竞争者瓜分,并且有了森严的竞争壁垒。

四是技术失败,比方说,产品设计差劲;或者生产过程中把控不严,频频出现质量问题,等等。

五是组织失败,一个成功的产品背后,必然有一个强有力的团队,如果企业内部各个部门之间缺乏协调合作精神,或者管理层决策失误等,产品在市场中很难有上佳表现。

六是环境失败,比如政府管制、宏观经济因素发生变化,社会舆论与道德的制约,或者竞争对手反击激烈,等等。

要尽可能地保障新产品的成功,企业需要注意这样一些方面:在新产品开发前做好扎实的产品设计和项目准备工作;从创意搜寻到产品上市的整个新产品开发过程中,要认真倾听顾客的声音以顾客和市场为导向,而不是以企业的意愿为导向;产品要打造出特色,能给顾客带来与众不同的利益和价值;在正式进入开发流程前,对新产品进行严格的价值和功能定位,定位准确的新产品生存率能大大提升;产品上市应制订周密的上市计划,确保所需资源,并有效地执行;在整个新产品开发过程中的各个阶段,要果断地对项目进行生/杀决策;在企业内部要打造一支专注而又负责任的、能得到充分支持的、具有强有力的领导的全员营销团队。

并不是说,企业做到了这几点,就一定能取得新产品开发的成功,但是。抓住了这几个关键的成功要素,能让产品更具有成功的可能性。企业面临的两难问题是,它必须开发新产品,但高失败率又令其望而却步。总之,要创造一个成功的新产品,企业就必须理解它的消费者、市场和竞争对手,并且开发能够向消费者传递优异价值的产品。在寻求和发展新产品的过程中,企业必须制订强有力的新产品开发计划,并建立一个系统的、顾客导向的新产品开发流程。

资料来源:许宏.科特勒的营销思维[M].北京:群言出版社,2018.

三、新产品的市场扩散

新产品的市场扩散过程是指新产品在市场上取代老产品的过程,或者是指新产品逐步被广大消费者接受的过程。很明显,新产品的市场扩散强调的是企业在产品生命周期中的引入期和快速成长期的对策,其要点是根据新产品的特点和不同消费者的心理因素,以及消费者接受新产品的一般规律,有效地运用市场营销组合,加速新产品的市场扩散。

(一)新产品特征

具体说来,新产品对其本身的市场扩散具有重大影响的特征主要表现在以下几个方面:

(1)新产品的相对优点。新产品相对优点越多,即在诸如功能性、可靠性、便利性、新颖性等方面比原有产品的优越性越大,市场接受得就越快。为此,新产品应力求具有独创性,具有新特性、新用途,尽可能多地采用新技术、新材料。

(2)新产品的适应性。新产品必须与目标市场的消费习惯以及人们的价值观相吻合。

(3)新产品的简易性。这是要求新产品设计、整体结构、使用维修、保养方法必须与目标市场的认知程度相适应。

(4)新产品的可传播性。这是指新产品的性质或优点是否容易被人们观察和描述,是否容易被说明和示范。凡信息传播较便捷、易于认知的产品,其采用速度一般比较快。

新产品的上述特征往往并不能一目了然地为消费者或用户所察觉。为此,企业应当认真做好各种营销工作。

（二）新产品的扩散过程

在实际生活中,不同顾客对新产品的反映有很大的差异。由于社会地位、消费心理、收入水平、个人性格等多种因素的影响和制约,消费者按上述模式接受新产品的过程,并不是同时进行的,而是有先有后,即不同消费者的知晓、兴趣、评价、试用到接受都是有先有后的。这就是所谓新产品的市场扩散过程。

新产品在同一目标市场的扩散过程规律是:开始仅被极少数消费者接受,然后逐步再被多数消费者接受。在时间坐标上,不同类型的消费者接受的时间顺序是:创新采用者—早期采用者—早期大众—晚期采用者—落后采用者,如图 7-14 所示。

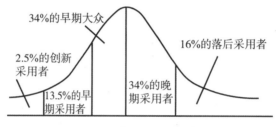

图 7-14　新产品扩散的用户分布

（1）创新采用者。任何新产品都是极少数创新采用者率先采用,这是一些敢于冒险的少数人,他们对新鲜事物有浓厚的兴趣,所以新产品一上市,他们就会积极购买和使用。这部分人只占全部采用者的 2.5％。当创新采用者感到新产品效果好时,他们的宣传就会使新产品被一批早期采用者接受。

（2）早期采用者。早期采用者往往是某些领域中的舆论领袖,他们总是在很多事情上有领先的想法。他们很容易接受创新者的影响,往往在新产品的引入期和成长期内采用新产品。这批人约占全部采用者的 13.5％。

（3）早期大众。新产品经过早期采用者的使用,被他们认可后,他们的宣传会影响到一大批能顺应社会潮流但又比较慎重的"追求时尚者",即早期大众。这部分人占全部采用者的 34％左右。

（4）晚期采用者。新产品被早期大众采用后,新产品的目标市场接受率已达到 50％左右,这时新产品已开始影响一批多疑型消费者,即晚期采用者。这批人的特点是:他们从不主动采用或接受新产品,一定要到多数人都使用并且反映良好时才行动。这部分人占全部采用者的 34％左右。

（5）落后采用者。新产品已被绝大多数人采用,逐步变为市场上的老产品。这时部分落后采用者才顺应社会潮流而采用这种产品。这部分人占全部采用者的 16％左右。

上述新产品被消费者采用的过程和新产品的市场扩散过程表明,要使新产品尽快地被消费者接受、采用而达到市场扩散,并有较高的接受率;或者要使新产品的引入期缩短,尽快进入增长期;或者要使新产品消除进入市场后的种种障碍,就必须在新产品的研究开发中采取一系列措施,包括有关产品本身方面的措施,还包括有关包装、商标、说明书、广告、销售渠道、服务等方面的措施,以有利于加速消费者接受新产品。

第七节 数智化趋势:数智化对企业产品策略的影响

一、数智化对企业产品概念的影响

数智化时代的产品,主要体现在产品具有人工智能的概念。人工智能产品即指运用人工智能的理论、方法和技术处理的产品或系统。人工智能产品具备信息采集和处理以及网络连接能力,并可实现智能感交互、大数据服务等功能,是人工智能的重要载体。一些文献中则进一步描述了人工产品所呈现出的具体能力,包括感知能力、认知能力、学习能力。

人工智能产品的产生和制造需要技术的支撑。技术只有被转化为产品,才能为人的生活创造价值。人工智能产品正在经历从算法支撑到以人为本的转换过程,这个转换过程需要综合考虑技术、人类生活、文化和商业等要素,共同构成设计的过程。若是说不恰当,通常会导致技术的转化无法实现,如反应迟钝的智能冰箱会给人们的生活带来困扰。因此,随着技术的不断推陈出新,设计师在设计的过程中要综合考虑各要素,引领产品发展多样化,创造具有特色的产品。

(一)技术要素

技术要素是一个技术能否转化为产品的关键。产品设计、制造的过程都离不开技术的支撑。同时,技术要素也是产品在市场中保持竞争优势的关键。尽管在互联网时代,获取知识的门槛越来越低,但技术构成仍然是创新设计的最本质特征之一,也是创新创业对象。例如,技术壁垒等都在强调技术对产品的重要性,强调技术的构成在产品体系中的决定性作用。相比于其他构成要素,好的技术要素往往无法被抄袭。技术要素是创新的保障,很多公司在发展后期会向技术驱动转型,体现了技术要素的不可忽略性。

(二)人类生活要素

产品的产生是为了满足人类的生活需求,为人类社会创造价值。如果最后不应用于人类身上,那么产品即使被制造出来,价值也微乎其微。设计的本身是创造,是人的生命力的体现。设计的目的就是满足人们的需求,研究设计也就是要研究人的需求,并将需求转化为产品。例如,人机工程学研究的核心问题是不同作业中的人、机器及环境三者间的协调,以使得作业在效率、安全、健康、舒适等几个方面的特性得以提高。例如,过去绿皮车厢的火车座椅,坐垫与靠背呈 90 度,长时间坐会导致背部不适,因此在设计的时候需要考虑人类的背部生理构造。经过设计的演化,现在的火车座椅已经是可调节的。

(三)文化要素

设计中考虑文化要素,主要是考虑如何使产品的形式与文化相结合。文化的三个层次是物质、制度、精神,应用于设计中,对应的是材质、功能和服务。在智能产品设计领域有一个典型的问题,就是对用户文化层面的理解。传统设计方法会通过市场细分将消费者划分为不同群体,但智能产品的消费者往往不容易被划分,所以需要一个新的标准去理解用户。现在,新文化的出现很快。例如,抖音、快手等短视频平台,让有着"新文化理念"的人群出现在大众面前,他们就是值得关注的目标用户和新市场。对于设计而言,理解新文化很重要。

(四)商业要素

考虑商业要素,主要是为了更好地销售产品,构建和发展合理的商业模式。在智能商品中,很多软件经常会提供免费或者会员的服务。在游戏或者视频页面,用户可以通过购买会员的方式享受不同的游戏体验或提前观影的服务。从目前人工智能技术的发展趋势来看,未来人工智能产品的商业模式将会有以下几种:(1)个性化的产品和服务;(2)技术服务提供商;(3)快速占据市场地位,同时寻求新的商业模式。

二、数智化对企业包装策略的影响

智能包装技术主要是指以反映包装内容物及其内在品质和运输、销售过程信息为主的新型技术。这项技术包括两方面:其一,商品在仓储、运输、销售期间,周围环境对其内在质量影响的信息记录与表现;其二,商品生产信息和销售分布信息的记录。记录和反映这些信息的技术涉及化学、微生物、动力学和电子技术。信息型智能包装技术是最有发展活力和前景的包装技术之一。

反映商品质量的信息型智能包装技术主要是利用化学、微生物和动力学的方法,记录包装商品在生命周期内商品质量的改变。一般来说,由于商品仓储环境和包装内在环境的改变引起商品变质的信息多采用化学和微生物的方法来记录,而运输过程中的严重跌落、倾倒的信息可通过动力学的计算来记录、用化学的方法来显示。在记录包装内环境的变化方面,芬兰的 VTT 生物技术实验室研制的智能包装指示剂已经取得实质性的成果。这种指示剂的关键意义在于具有直接给出有关食品质量、包装和预留空间气体、包装的贮藏条件等信息的能力。保鲜指示剂通过对微生物生长期间新陈代谢的反应直接指示出食品的微生物质量。它包括渗漏指示剂和保鲜指示剂。

该机构研究的渗漏指示剂专为 MAP(气调包装)的 O_2 渗漏检测设计。该指示剂以氧敏性染料为基础,适用 MAP 食品质量控制。该剂中还含有吸氧成分,可延长食品的货架寿命,并能防止指示剂与 MAP 中残留的 O_2 发生反应。指示剂装入合成薄膜内,进一步防止包装过程中指示剂发生氧化。O_2 指示剂的优势在于其不可逆性。VTT 也利用漆酶催化促酶反应形成有色产物,研究渗漏指示剂的构成。在有氧条件下,漆酶可氧化多种基质。可视指示剂的构成要求生成有色产物,如从 ABTS 可生成从浅绿到深绿的有色产物。这种指示剂遇氧发生反应,出现快速明显的颜色变化,从而显示包装体破损信息。

保鲜指示剂是针对肉、禽类产品在包装体内产生的挥发性气体,如 H_2S 的含量变化来显示产品新鲜程度。H_2S 与肌红蛋白形成绿色颜料硫化肌红蛋白。利用肌红蛋白保鲜指示剂中硫化肌红蛋白的形成,对 MAP 禽肉进行质量控制。这些可视觉探测颜色变化的以肌红蛋白为主要成分的指示剂贴在内装新鲜禽肉的包装浅盘的封盖材料内表面,其颜色变化与禽肉质量相互关联,即 H_2S 气体一经产生,指示剂随即发生颜色变化。

许多精密贵重的商品对运输条件有着极其严格的要求。因此,为了避免纠纷,需要一种记录动力学信息的装置,记录在运输过程中对商品可能造成损坏的动力学行为(如跌落、倾倒等)信息。这种记录动力学信息的装置,往往由被隔离的两种化学粉末组成,一旦被严禁的动力学行为发生,则隔离被解除,两种化学成分就会发生反应,显示出第三种颜色。收货方在未开启商品包装的情况下,通过这种记录显示装置,便可以了解商品在运输过程是否安全。

能显示商品生产和销售信息的智能包装对于用户掌握商品的使用性能和自动物流管理有着积极的作用。这种智能包装一般由记录信息的电子芯片、软件和条形码组成,也称为电子信息组合包装。

由美国 RUTGERS 大学开发的智能化微波加热包装,就是这种包装的实例。这种智能型微波加热包装是一个良好的信息载体,它将食品加工的信息编入包装的信息码,由微波炉上配备的条码扫描仪和微处理器来获得这些加工信息,控制微波炉的加热效果。这样就建立起食品、包装和微波炉之间的信息通道。

将商品的所有信息,如名称、成分、功能、产地、保质期、重量、价格、使用指南、警告等,以数码形式贮存于包装上的微芯片中,消费者可以很方便地读取这些信息。带有电子数据信息的包装涵盖面很广,可以运用在包括食品在内的几乎所有产品上。

现代物流的信息化发展对包装的智能化提出了更高的要求,因为物流信息化发展和管理的一个基本物质基础就是包装的智能化。物流管理所需要的信息,大部分应该由包装来携带。也就是说,如果包装上的信息量不足或错误,将会直接影响物流管理中各活动的进行,如果没有包装智能化的配合,现代物流管理所配备的扫描设备、计算机管理都将无用武之地。可跟踪性运输包装的目标就是开发一种有利于自动化管理的运输包装技术形式,使运输容器在流通路线上能被全程跟踪,方便控制中心完成对运输路线和在线商品的调整和管理,达到商品流通运输的快捷化、最佳路径化和低运输成本的目的,借助信息网络和卫星定位系统构筑一个智能型物流体系。宝洁公司正在研制的智能包装技术能够预测顾客购物的情况,从而最优地管理库存。这里所说的智能包装技术是嵌入汰渍洗衣粉包装或品客卡通包装内部的低成本微处理器,以此最终建立无缝的、整合的供应链管理。公司可借此跟踪每件产品从生产到售出的全过程,最终使高度复杂的数据共享成为现实。根据这些信息,实现工厂、卡车、货架、购物车、商品和银行等彼此无缝地传送信息,而无须人工扫描输入。对于宝洁公司而言,供应链周期缩短 2 天,意味着可减少 15 亿美元的经营成本。

信息智能包装技术能反映包装物的质量信息和商品流通信息,这给物流管理和消费者带来了许多方便。这种技术是随着其他领域技术的发展而发展起来的。开发各种信息智能包装能带来经济效益。

三、数智化对产品设计的影响

智能产品设计是一个创造性的综合信息处理过程,是一个通过多种设计元素的组合将人的某种目的或需要转化为物质创造的过程,当然也是提出问题、分析问题、解决问题的过程,再通过具体的设计,以优化的形式表达出来。

(一)视觉元素

智能产品设计中的视觉元素包括形态、大小、色彩等。在诸多视觉元素中,形态是塑造产品形象的一个重要方面,因为形态是与消费者进行交流的最直接、最重要的信息载体,色彩是产品设计中是最直接、最富情感的视觉元素,用于传递给用户重要的信息。在智能产品设计中,色彩直接体现了产品设计表达的情感。从设计师到受众人群,产生丰富且统一的涉及情感辅助的产品设计,才能使产品更具生命力。视觉元素是最直接快速的信息传达形式,这种设计形式是人类接受外部信息的本能反应。

(二)文化元素

社会文化的发展促进了设计的发展进步,二者都是具有连续性和历史继承性的,无论是传统文化元素还是现代文化审美,都对设计有潜移默化的影响。设计的文化元素亦是造物的文化,在设计师的再造和创新中展现不同的风貌,从中反映不同的价值观和审美观。产品设计从一开始就不得不包含文化元素,以用户为中心的、为生活而设计的产品不能是空洞的冰冷物件。任何产品的形成都是文化积累的产物,量变引起质变。设计师一步步创造出符合这个时代的、用以便捷人们生活的产品,这个设计行为本身就是一种文化的缩影。可以说设计意识、设计行为乃至物质生活方式,都是文化的一种表达和传播。强调文化元素是为了统一清晰的审美哲学和审美情趣,用以向用户传达设计方式。将文化元素渗透在设计的方方面面,并合理地进行添加与装饰,这才是好的设计所应具备的。

(三)情感元素

智能产品设计是以客户为中心的。现如今的设计不仅仅满足于丰富的使用功能,而是更加倾向于人与物的情感交流。设计师使用不同的色彩、材质、形态等设计整合形式,使设计可以通过声音、喻义、外观形象等各方面影响人的听觉、视觉、触觉,从而产生联想,达到与用户心灵沟通而产生共鸣的目的。以情动人,让用户感受到设计的意境之美,唤起真情实感。

四、数智化产品的生命周期理论

对于数智化产品来说,生命周期的理论是一样的逻辑。为了稍稍区别于一般产品生命周期包含的"引进""成长""成熟""衰退"四个阶段,这里把数智化产品的生命周期分为以下四个阶段。

(一)启动阶段

对于数智化产品来说,启动阶段数智化产品需要迅速从理论变成实际,从用户痛点需求和商业目标出发,迅速将产品上线并测试,然后寻求种子用户进行快速验证!

在这个阶段,用户对产品还不了解,产品也是处于探索当中,市场前景并不明朗,因此我们一般考虑的是"我们的产品是否能够解决用户的痛点"以及"我们的产品用户体验到底如何"等问题。

(二)成长阶段

在成长阶段,产品已经度过了种子用户期,并且也获得了种子用户的认可,那么这时候就需要通过营销手段迅速提升产品的流量(销量)和品牌知名度!在这个阶段,用户逐渐熟悉产品,产品得到验证,市场前景也比较明朗,那么我们一般考虑的是"我们应该如何运营产品才能快速提升流量和品牌知名度"以及"我们在获取流量之后应该如何转化或者如何变现"等问题。

（三）成熟阶段

在成熟阶段,产品已经趋于稳定,很难再有突破性的增长,那么这时候主要就是做好用户的工作,通过运营手段活跃并留存老用户,同时保持新用户的稳定增长! 在这个阶段,市场趋向饱和,用户趋于稳定,我们一般考虑的是"我们应该如何活跃我们的老用户和尽最大能力保持新用户的稳定增长"以及"如何稳定的将用户变现从而实现盈利"等问题。

（四）衰落阶段

在衰落阶段,产品正在走下坡路,已经逐渐失去了竞争力,产品的销量和利润持续下降,不能适应市场的需求,更好的竞品也已经出现,自身的用户流失率也在不断提升,那么这时候首先就是要通过运营手段做好用户回流工作,并且积极创新和寻求转型的新机会。

小案例 7-7

老板电器数字厨电 i7：技术革新引领智能化新浪潮

作为业内首个搭载 AI 自动烹饪科技的厨电品牌,老板电器推出了数字烹饪新旗舰产品——老板数字厨电 i7。数字厨电 i7 全系由双超薄吸油烟机、AI 烹饪燃气灶、智瞳蒸烤炸一体机、自动开关排汽洗碗机、低温快消消毒柜、至薄嵌入式冰箱、明火自动翻炒锅、智能烹饪音响 8 款产品组成,贯穿烹饪全链路的数字化产品解决方案,打造进一步闭环的数字烹饪生态。

如果将数字厨电 i7 全系视作一个团结协作、高效运转的精英团队,那么智屏中控双超薄油烟机 5068S 与 ROKI 先生智能烹饪音响 KM310 无疑是这支团队中承担核心职能的实干派大脑。通过自身的 AI 技术与智能助手 ROKI 先生,解决人们下厨房的痛点——没时间、不会做、学不会、做不好等一系列烹饪问题。

它不仅能接受消费者的语音操控指令,还能根据消费者的口味和需求推荐各式各样的菜谱。无论是家常小炒还是宴客大餐,ROKI 先生都能为消费者提供详尽的烹饪指导,让每一道菜都能呈现最佳的风味。在做饭的过程中,数字厨电 i7 还会根据烹饪进程在油烟机的大屏幕上实时显示温度、时间等关键信息,确保每一道菜肴的口感和味道都能达到最佳状态。

数字厨电 i7 搭载了升级后的"明火烹饪功能",不仅能在烹饪过程中保留明火做饭的烹饪体验,同时也解决了电气化自动烹饪口感体验不佳的难点。锅温和火力通过 OLED 旋钮显示屏以直观的方式呈现在眼前,让烹饪过程中的每一个环节都尽在掌控。无论是慢火炖煮、中火煎炸还是小火清蒸,都能通过这款炉头轻松实现,为餐桌增添无尽的美味。联动明火自动翻炒锅可自动检测锅温并实时显示,用户无须时刻盯着锅中的食材,也能确保烹饪的完美进行。自动巡航翻炒技术则能代替人手自动翻炒食材,既节省了时间,又保证了烹饪效果。过温保护和自动防干烧功能,更是为烹饪安全提供了坚实的保障。

同时,整个明火自动烹饪过程更为智能,不仅搭载更多数字菜谱,其背后的超级算法对于烹饪的容错、纠错能力也更强,烟机、灶具、自动翻炒锅的联动也更加灵敏顺畅。烟、灶、锅三者智慧联动时,烹饪体验将得到进一步的升级。油烟机能够自感知启停,与炉头紧密配合,让厨房的空气始终保持清新。而 AI 智能烹饪曲线,则能够根据食材和烹饪方式,精准地计算温度和时间,确保每一道菜都能达到最佳的味道和口感。

蒸炸一体锅配备的 AI 智瞳识别技术,以其独特的慧眼功能,能够精准地识别各类食材。无论是蔬菜、肉类还是海鲜,AI 智瞳都能迅速而准确地识别出它们的种类和特性,并自动跳出与食材相匹配的菜谱和烹饪步骤,自动判定食材的成熟度,为用户提供详细的烹饪指导。这不仅大大简化了烹饪流程,还让用户能够轻松掌握各种食材的最佳烹饪方法。

数字厨电 i7 用智能化的厨房环境,让享受美食成为一种乐趣,让用户可以轻松感受烹饪的乐趣。

资料来源(有删减):赵莹珠.老板电器数字厨电 i7:技术革新引领智能化新浪潮[EB/OL].(2024-07-01)[2024-07-25].https://baijiahao.baidu.com/s? id＝18033596 09298330533＆wfr＝spider＆for＝pc.

本章小结

在营销组合策略中,产品策略是首要策略,其他策略都是围绕产品策略进行的。产品策略首先要明确产品的基本含义并应用科特勒的整体产品概念将产品进行分层。在整体产品概念的基础上,我们首先要对单个产品应用 3 个层次进行设计,然后考虑企业产品线的决策和企业产品组合决策。

在产品策略中有 2 个特殊地方,一个是品牌营销,另一个是服务营销。品牌作为整体产品中实体产品的组成部分,它又承载着企业产品与消费者之间的联系。品牌因为对消费者有特殊的影响力而形成了品牌资产,因此对品牌的营销决策比较复杂。品牌营销决策包括了品牌定位、品牌名的选择与保护、品牌的持有和品牌的开发 4 个方面的决策。服务作为一种特殊的产品在营销上也有其特殊的地方。服务与有形产品的区别在于其无形性、不可分离性、异质性和易逝性,由此导致服务营销除了常规的外部营销,还要注重内部营销和互动营销。

由于产品在市场中也是不断发展变化的,因此在产品策略中提出产品生命周期理论。产品生命周期理论中,将产品的生命分为 4 个阶段:导入期、增长期、成熟期和衰退期。由于产品生命周期的各个阶段的特征都不一样,因此针对产品的生命周期的不同阶段,企业应该采用不同的营销策略。产品生命周期理论也引发企业新产品开发的重要性。由于新产品开发的成功率较低,因此在开发新产品时注重提高新产品的成功率,也要减少新产品研发的费用。要达到这两个目的,企业的新产品开发应该按照一定的程序进行。

重要名词

整体产品　核心产品　实体产品　扩展产品　便利品　选购品　特殊品
非渴求品品牌　产品线　向下延伸　向上延伸　双向延伸　产品项目　产品组合
品牌资产　品牌定位　制造商品牌　自有品牌　许可品牌　联合品牌　品牌延伸
多品牌　新品牌　服务　外部营销　内部营销　互动营销　产品生命周期　导入期
增长期　成熟期　衰退期　品牌家族　家族品牌　子品牌

案例评析

案例评析

思政专题

2014 年 5 月 10 日,习近平总书记在河南考察中铁工程装备集团时提出了 3 个转变,"推动中国制造向中国创造转变、中国速度向中国质量转变、中国产品向中国品牌转变",为推动我国产业结构转型升级、打造中国品牌指明了方向。

2017 年,中国共产党第十九次全国代表大会首次提出高质量发展的新表述。

2022年10月16日,党的二十大报告指出,"我们要坚持以推动高质量发展为主题,把实施扩大内需战略同深化供给侧结构性改革有机结合起来,增强国内大循环内生动力和可靠性,提升国际循环质量和水平,加快建设现代化经济体系,着力提高全要素生产率,着力提升产业链供应链韧性和安全水平,着力推进城乡融合和区域协调发展,推动经济实现质的有效提升和量的合理增长。"

请思考:

1.结合以上论断,我们应该如何看待产品和品牌策略在营销4P策略体系中的地位和意义。

2.试以某个企业的实际情况为背景,思考该企业应该如何提高产品竞争力,才能既契合市场需求,又推动或引领行业高质量发展。

AI 实训专题

请选择一个知名公司的品牌和产品,以公司"品牌经理"或"营销总监"的角色,请DeepSeek 分别设计一份该品牌的海报和广告方案,并借助豆包生成该海报,借助秘塔(可灵、剪映等)生成短视频。

课后习题

第八章　定价策略

学习目标

1.理解和掌握价格的含义,并明确价格策略在营销组合中的作用;

2.理解和掌握价格制定中的影响因素;

3.理解和掌握三种定价的基本方法,并明确不同方法的优缺点;

4.理解和掌握竞争定价策略、新产品定价策略、心理定价策略、产品组合定价策略、差异定价策略;

5.理解和掌握企业降价提价的原因、顾客对企业降价提价的反应;

6.理解和掌握竞争对手变价以及企业应该作出的反应;

7.了解和理解数智化趋势下营销定价的特点和策略。

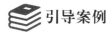引导案例

一月内价格"五连跳"！"鲇鱼"特斯拉年底掀起车市波澜

2023年11月28日,特斯拉宣布旗下 Model Y 长续航全轮驱动版售价上调2000元,调整后的价格达到30.64万元。《中国经营报》记者注意到,这是特斯拉自10月底以来的第五轮涨价。2023年10月27日,特斯拉旗下车型 Model Y 高性能版率先选择上调价格,较此前大幅上调1.4万元,在调整后售价达到36.39万元。至此,特斯拉旗下产品已在一个月内涨价5次。

事实上,进入2023年以来,特斯拉在价格方面已反复横跳多次。今年年初,特斯拉宣布国产车型大幅降价,彼时 Model 3 的起售价格降至22.99万元,而 Model Y 的价格则降至25.99万元,创下特斯拉在中国市场的史上价格新低,降幅在6%至13.5%不等。而在2023年年中,特斯拉的多款车型又多次调价。

记者也走访了特斯拉位于上海兴业太古汇的旗舰门店,特斯拉的销售顾问对记者表示,产品涨价最开始是长续航版和高性能版涨价,然后是长续航后轮驱动版涨价。"部分产品一定会再涨的,但我们不清楚什么时候会涨价以及幅度是多少,这次涨价之前我们也一直跟客户说要涨价,要买的话抓紧。"该销售顾问表示。

盘古智库高级研究员江瀚在接受记者采访时表示,这种涨价行为更像是一种公关活动。"因为涨幅并不大,对于特斯拉整体车价来说是九牛一毛,信号意义远超实际价值,特斯拉也希望通过这种方式来增强品牌影响力,同时刺激潜在客户作出购买决定。"

记者注意到,特斯拉在2023年年初宣布降价后,随即5月宣布上调旗下 Model S 及 Model X 的售价,均上调1.9万元。7月,特斯拉又宣布了用户购买全新的 Model S/X 两款车型现车,即可享受3.5万元至4.5万元的福利优惠。

进入8月,特斯拉再度宣布旗下 Model Y 长续航版、Model Y 高性能版两款高配车型迎来售价调整,调整后起售价分别为29.99万元、34.99万元,均下调1.4万元。9月初,特斯拉在 Model 3 焕新版推出之际,对旗下的 Model S 与 Model X 全系车型进行价格调整,下调幅度达11万～22万元。

彼时,特斯拉方面表示,Model 3 将和 Model Y 一起,把特斯拉"打造人人都买得起的智能电动车"愿景加速落地。"除了创新的产品技术、透明的直营模式,特斯拉也为消费者提供了更多福利,推动着旗下产品持续热销,进一步推动智能绿色出行走进千家万户。"

面对如此频繁的涨价,特斯拉的销售顾问对记者表示:如果下定金后产品涨价,涨价与已付定金的客户无关;如果下定金后产品出现了降价,则会给已付定金的客户退差价。

为何本应在旺季降价促销的特斯拉如今反而开始涨价？江瀚告诉记者,特斯拉近来一改之前的降价策略,开启涨价策略,向市场展示了特斯拉的自信和底气。"在竞争激烈的市场环境下,特斯拉敢于逆市涨价,这无疑向消费者传递了一种'特斯拉的产品值得信赖,不怕市场考验'的信号。"

江瀚进一步表示,特斯拉涨价这种逆向操作造成了消费者的紧迫感,可以刺激消费者的购买意愿,提高销售量。这也在销量数据中得到印证。据乘联会数据,2023年10月,特斯拉中国批发销量达72115辆,在厂商批发销量排行中位列第二,仅次于比亚迪,其中Model 3销量达到约2.5万辆,环比增加近20%。

2023年第三季度,特斯拉营收约为234亿美元,较上年同期增长9%,但仍低于此前预期的243亿美元,为三年来最低增速。而2023年前三季度,特斯拉在中国的汽车销售收入达到23.18亿美元,较上年同期的14.45亿美元同比大幅增长60.4%。

不过,2023年第三季度特斯拉的净利润下滑44%,达到约18.53亿美元。对于净利润的下滑,彼时特斯拉方面表示,净利润下滑是由于新工厂利用率不足、即将推出的电动皮卡Cybertruck的运营费用增加,以及人工智能和其他项目支出导致。

同时,2023年以来在价格上的反复横跳等也使得特斯拉的毛利率创下近四年来新低,仅为17.9%,较上年同期的25.1%减少7.2个百分点。但价格战也并未促使特斯拉的交付量提升,第三季度,特斯拉在全世界新车交付量达到约43.51万辆,较第二季度下降6%。

不过,马斯克此前也曾多次强调,特斯拉的发展战略并非以短期利润为主,而是致力于推动电动汽车技术的进步,并扩大其在全球范围内的影响力。

江瀚对记者表示,马斯克是一个极具远见的企业家,他的目光不局限于眼前的财务数据和股价表现,而是着眼于如何改变行业格局、塑造未来市场。"因此,特斯拉的一些决策可能在短期内会引起争议或者面临挑战,但从长远来看,它们有可能会成为引领整个行业发展的关键因素。"

2023年年初特斯拉官宣降价以来,引发了国内汽车市场诸多汽车品牌跟进降价,但接着特斯拉"五连跳"涨价,国内的造车新势力们仍选择了降价。零跑汽车2023年3月、8月、11月分别宣布降价,其中11月2日,零跑汽车宣布全系产品降价,11月1日至11月30日期间下定零跑T03、零跑C01、零跑C11等车型,均可享受金融贴息、选装基金等多重购车福利,最高金融贴息能够达到1万元/辆。上汽大众的ID系列也于11月推出"限时成交价"抢占市场,旗下ID.3、ID.4、ID.6 X的优惠幅度在3.3万至5万元不等。极越汽车11月30日宣布旗下车型极越01全系价格下调3万元,最低起售价仅21.99万元。此外,上汽飞凡、领克汽车等也宣布了优惠政策,在11月完成领克08大定锁单并且在年底之前提车,能够获得6000元的购车补贴优惠。

尽管特斯拉价格"五连涨",但也推出了相应的限时低息金融、限时保险补贴政

策。根据该政策,特斯拉的 Model 3/Y 后轮驱动版现车补贴后的价格优惠 8000 元,
而该政策的活动时间为 11 月 28 日至 12 月 31 日。

对此,惠誉评级中国企业研究董事杨菁在接受记者采访时表示,中国的新能源汽
车品牌因为近年来的发展趋势投资了大量的产能,随着燃油车与新能源车的产能供
给叠加,汽车市场出现供给过剩的状态。因此,在整个市场的竞争格局稳定下来之
前,车企要做到理性定价比较困难。杨菁指出,目前中国整体乘用车消费需求没有特
别大的增量,今年下半年和明年推出的车型数量增加会使明年的市场竞争更加激烈。
"一般而言,车企在这样竞争激烈的市场当中,会将成本的节省让利给消费者,通过一
系列的降价促销,来达成销量和市场占有率的提升。"

而在惠誉评级亚太区企业部评级联席董事王悦看来,价格战对于新能源车企的
盈利水平的确会有一定的影响,但是也需要结合上游的成本来进行综合考量。"中国
车市明年依旧会保持激烈的竞争,主要原因一方面是合资品牌和豪华品牌加速电动
化,可能会导致新能源车型供给的进一步增加;另一方面,预计明年更高级别的自动
驾驶系统继续发展,可能会催生出新一轮的置换需求。"

资料来源(有删改):杨让晨,石英婧.一月内价格"五连跳"!"鲇鱼"特斯拉年底
掀起车市波澜[N].中国经营报,2023-12-03.

引导问题:特斯拉价格变动考虑的主要因素是什么?

第一节　影响定价的主要因素

产品定价是产品和服务进入消费领域的前提与基础。无论是传统的交换双方协
商定价,还是大商业时代的单一价格,再到网络时代的多个买方同时面对多个卖方的
共同的价格撮合机制以及卖方或买方在网上交易平台形成的在线价格,价格始终是
消费者购买心理中最敏感的因素。产品价格的高低直接关系着买卖双方的切身利
益,更直接影响消费者对某些产品的购买意愿以及购买数量的多少。

一、价格的含义

(一)价格的含义

从用户角度来分析价格,有狭义和广义之分:

狭义上看,价格是客户为了取得产品所需付出的金额。一般企业主要通过提供

有形或无形产品给客户来获取利润;利润的产生来自客户取得或享用商品所给付的款额减去制作准备该商品的总成本。客户取得或享用商品所给付的款额多少,通常由提供产品的企业制定,即为产品价格。

广义上看,价格是客户取得产品的代价。这种代价不仅包括金钱,也可能包括时间成本、体力成本、精力成本或其他的风险成本等购买成本。

(二)价格的意义

产品价格关系销售量、获利与市场地位。

(1)产品价格影响客户是否购买该商品、购买多少,因此决定该商品的销售量。

(2)产品价格影响企业每一单位产品利润的高低,再考虑销售量,就决定企业在该商品的总利润。因此,产品是影响企业获利表现的一项非常重要的因素。

(3)此外,企业产品价格与市场上竞争者产品价格的比较,也影响企业产品与竞争者产品相对的销售量,因此影响企业产品在市场的地位,并影响企业的竞争优势或劣势。

二、定价的主要影响因素

在一般情况下,企业运营的目的是为股东获取持续的最佳利润。因此,产品若制定一个高于成本的适当价格并吸引适当大的客户购买量,而创造最大的获利,是企业最理想的商品定价。在这里,我们可以分别从影响定价的基本因素和其他因素来分析。

(一)影响定价的三大基本因素

(1)成本,即产品成本。成本是影响产品价格的最基本、最重要的因素。在一般情况下,成本是产品价格的最低界限。当然,有时为了打击竞争者、清存货、短期内取得现金(套现)、打开知名度,企业也会以低于成本定价。互联网某些爆品可能存在通过低于成本的定价方式来引流。

(2)价值,即客户对产品的价值感知。产品价格是否合适,最终由顾客决定。感知大于事实。根据客户对产品认定的价值,可对产品制定适当的最高价格,而不会影响客户的需求量与产品的销售量,以达成最佳利润。

(3)竞争,即竞争者的价格水平和价格策略。定价时必须考量企业与竞争者的竞争态势,以建立或维持企业与产品在市场上的竞争优势或均衡,从而达成或维持最佳或可能最佳的利润。

(二)影响定价的其他因素

在企业的实际实价过程中,影响产品定价的其他内外部重要因素还有:营销战略目标与营销组合、市场结构、宏观经济、政府政策等。不过这些其他重要因素,除政府政策外,在企业实际定价操作上,都可归纳上述三项最重要的具体因素:成本、价值、竞争。

1.营销战略目标与营销组合

营销战略透过市场细分、选择目标市场、产品定位来制定战略及战略目标,所制定的战略主要有产品定位战略、市场竞争战略、客户价值战略等,并透过营销 4P(产品、价格、渠道、推展)组合来执行这些营销战略,实现营销战略目标。其中产品定位战略涉及客户对产品认定的价值,因此可归属影响产品定价的价值因素;市场竞争战略涉及竞争态势,因此可归属影响产品定价的竞争因素;客户价值战略涉及客户对产品认定的价值,因此可归属影响产品定价的价值因素。

2.市场结构

经济学将市场区分为完全竞争、不完全竞争(又称垄断性竞争)、寡占、独占四个主要市场形态。在这四种形态市场中,由于客户可选择的购买对象从完全竞争市场到独占市场,越来越少,因此对企业所制定产品价格的承受度越来越高,可由产品需求的价格弹性越来越低表现出来。

完全竞争市场具备四个构成要件:在完全竞争市场,价格完全由市场整体的供需情况决定,个别企业完全没有决定产品价格的能力,因此无所谓产品定价。在这种市场形态下,企业应致力于产品、品牌、形象的差异化,以增加青睐自家产品的客户并提高客户的忠诚度,而可能适度调升产品价格,并提升获利。这种产品的定价是考虑客户对产品认定的价值来定价,这种定价的影响因素也归属于价值因素。

不完全竞争市场(又称垄断性竞争市场)买卖家数量多,但卖家对自家产品的市场具有某种程度的影响力。产品非同质性,即各企业提供差异化的产品;企业可加强产品、品牌、形象的差异化,来提高企业的获利能力。产品定价的影响因素也归属于价值因素。

寡占市场即市场只有三四家规模相差不很大的企业在经营,企业对市场有相当程度的控制力,寡占企业通常都采取稳定市场的战略,来维持市场的安定与各自不错的获利,其产品定价通常以客户感知价值为依据来制定适度的高价,以达成企业可持续的最佳获利,其产品定价的影响因素也可归属于价值因素。

独占市场即市场由一个卖家独占。公共事业或垄断性资源的独占通常由政府经营或政府有严格的规范。民间企业的独占通常来自专利,一般都享有非常高的获利,其定价的重要考量因素也是客户感知价值,因此其产品定价的影响因素也可归属于价值因素。

3.宏观经济

整体经济情况的好坏牵动消费者对未来的展望与信心。经济情况较佳时,一般大众比较愿意消费;经济情况较差时,一般大众消费的意愿较低。通货膨胀、物价上涨时,人们比较倾向购买房产、黄金等来保值,对一般消费偏向保守。由于宏观经济情况较差或通货膨胀，人们消费意愿较低、消费偏向保守时，企业对产品的定价就须较为实惠以维持或促进销售量。宏观经济因素对产品定价的影响，涉及消费者对产品价值的衡量，因此也可归属于价值因素。

4.政府政策

政府的经济政策影响宏观经济的情况，因此影响企业的产品定价；政府在国际原物料价格大幅上涨影响国内通货膨胀时，可能推行较为严谨的平抑物价政策，企业由于原料上涨而需调升产品价格时，也须考量政府的物价政策。政府为避免房市过度上涨，采取平稳房价的措施时，开发商对房产的定价也受到影响；政府推行打击贪腐厉行廉洁的政策时，较高档产品或餐厅菜肴的定价也会受到影响。

小案例 8-1

贵气奢侈的特威茶

2008年，TWG Tea(特威茶)在新加坡落地，其方向就是把茶叶打造成奢侈品。茶叶不像红酒那么开放透明，行业的关系网络非常重要。TWG Tea 拿茶叶做奢侈品，有先发优势。

在市面上一杯咖啡的平均价格只有50美分的时代，星巴克认识到，要让人们乐意花5美元购买一杯咖啡，其需要创造一种完全不同的消费体验，甚至是超乎常规的东西，比如豪华的空间、惬意的氛围、"小资"的认同感。总之，把廉价的咖啡变成奢侈的咖啡，如果客人喝星巴克，他会得到一些咖啡之外的东西，如果顾客认为它值5美元，那么它就值5美元。

这样的"包装原则"，对茶叶也同样适用，为了让品牌显得更有历史感，TWG Tea 在 Logo 上绘制了"1837年"的标识，看上去像是品牌成立时间(实际成立时间是2008年)，而实际上这个时间点的意义，是为了纪念新加坡在1837年成为茶叶、香料和高级奢侈品贸易站的那段历史。

为了营造出"奢侈品"的品牌感，TWG Tea 只在开在最贵的商圈，门店选址都在LV、香奈儿、爱马仕一众奢侈品的旁边。门店装修清一色采用高级桃花心木与黄铜，墙面铺满 TWG Tea 标志性的黄色茶罐。令 TWG Tea 成名的是其最大的噱头产品——黄金茶，在每片茶叶上裹满了24k金粉，一克茶叶卖到两千块钱。穿着西装的服务生，像城堡管家一样穿梭其中，顾客坐下饮杯茶的时间，就体验了欧洲贵族日常生活中的一环。因此，这个茶叶品牌成立时间虽短，却备受贵妇们的钟爱。

为了囊括更多场景，TWG tea 不光卖茶，还在门店内雇了米其林大厨做创意料理，用茶搭配巧克力、三文鱼等下午茶食材，强化"喝下午茶就配特威茶"以及"配上特威茶才是高端下午茶"的消费印象。TWG tea 把热门下午茶茶点马卡龙进行改良，使其每一种口味都带有相应的茶味,一年就卖了 4200 万个。

其店内还有各种茶周边,包括设计款茶壶、手绘茶罐等,很容易让顾客连带消费,毕竟顾客在喝贵的茶叶的时候,往往都伴随着"喝了这么贵的茶,总不能用普通的茶壶和茶杯"的想法。

不过 TWG Tea 的茶叶也并非一味昂贵,不少产品线也是大众消费可以触达的价格。TWG Tea 在价格细分上具有十分宽松的选择,消费者层面非常广阔。一壶茶的价格高的有 5000 元,低的只要 70 元。这是一种价格锚,在商业经营中被广泛使用。尤其是在奢侈品行业中,有很多"锚点商品",其中一些价格高得离谱、令人咋舌的商品,所起到的作用就是充当"锚点",操纵消费者的心理。当然,"锚点商品"本身也供出售,但有没有人买它,其实并不重要,它并不是利润的来源点。

奢侈品牌的魅力在于,人们希望与之产生某种关联,彰显身份、品位,抑或财力。消费这个品牌能够彰显"我"希望被人看见的某种特质,太过昂贵的消费不起,便宜的总有购买力,在可以承受的价格范围内,与"奢侈品"产生关联,使 TWG Tea 能在一众真正的百年茶品牌中毫不逊色。

资料来源(有删减):宝璐.中国 7 万茶企,同样做不出一家特威[EB/OL].(2023-08-09)〔2024-03-09〕.https://baijiahao.baidu.com/s?id=1773732190060755208&wfr=spider&for=pc.

第二节　定价的基本方法

根据影响定价的三个基本因素,企业为产品定价的基本方法也可以概括为成本导向定价法、需求导向定价法与竞争导向定价法。

一、成本导向定价法

成本导向定价法是以产品成本为基础,考虑目标利润来制定产品价格的方法,是企业常用的最基本的定价方法。成本导向定价法主要有期望利润率法与目标报酬率法。期望利润率是销售的期望利润率,目标报酬率是投资资本(即所有者权益,亦即净资产)的目标报酬率;因此又可称为销售利润率法与投资报酬率法。

(一)期望利润率法

期望利润率法(又称销售利润率法)是根据生产成本再考量期望利润率来制定产品销售价格的方法。前提是企业要先预估出可达成的预估销售量(或更进一步已将生产量设定为可达成的预估销售量）。

期望利润率法先根据预估销售量算出生产的单位成本，再根据单位成本算出达成期望利润率的预计售价。

设单位成本＝UC，变动成本＝VC，固定成本＝FC，预估销售量＝Q，期望利润率＝r，预计售价＝P，则

> 单位成本＝变动成本＋固定成本/预估销售量
> 预计售价＝单位成本/（1－期望利润率）

亦即

> $UC＝VC＋FC/Q$
> $P＝UC/(1-r)＝(VC+FC/Q)/(1-r)$

例1：某轿车厂年产 25 万辆轿车，固定成本 50 亿元，每辆轿车的变动成本 5 万元，该厂的期望利润率为 30％，若用期望利润率法来制定售价，则每辆轿车的预计售价为 10 万元，计算如下：

> $P＝UC/(1-r)＝(VC+FC/Q)/(1-r)$
> ＝（5 万元＋50 亿元/25 万辆）/（1－0.3）
> ＝（7 万元）/（0.7）＝10 万元

采用期望利润率法，关键问题是要先预估出可达成的预估销售量及可达成的最大期望利润率；两者都须考量价值（客户对产品认定的价值）与竞争（市场竞争情况）。因此，期望利润率法虽被归类为成本定价法，但实际上也不是完全根据成本来制定产品价格的方法，只是以成本为起始而已。

（二）目标报酬率法

目标报酬率法（又称投资报酬率法）是根据生产成本与投资资本，再考量目标报酬率来制定产品销售价格的方法。前提仍然是企业要先预估出可达成的预估销售量（或更进一步已将生产量设定为可达成的预估销售量）。

目标报酬率法仍须根据预估销售量算出生产的单位成本，再根据单位成本与投资资本（即所有者权益，亦即净资产）算出达成目标报酬率的预计售价——

除上文所设单位成本＝UC，变动成本＝VC，固定成本＝FC，预估销售量＝Q 以外，再设投资资本＝E，目标报酬率＝R，预计售价＝P，则

> 预计售价＝单位成本＋（投资成本×目标报酬率）/预估销售量
> ＝变动成本＋固定成本/预估销售量＋（投资成本×目标报酬率）/预估销售量

亦即

> $P＝UC＋E×R/Q＝VC＋FC/Q＋E×R/Q$

例2：接续例1某轿车厂年产25万辆轿车,固定成本50亿元,每辆轿车的变动成本5万元。假设该厂的净资产为375亿元,年目标报酬率为20%,若用目标报酬率法来制定售价,则每辆轿车的预计售价为10万元,计算如下。

$$P = UC + E \times R/Q = VC + FC/Q + E \times R/Q$$
$$= 5 万元 + 50 亿元/25 万辆 + 375 亿元 \times 0.2/25 万辆$$
$$= 5 万元 + 2 万元 + 75 亿元/25 万 = 10 万元$$

采用目标报酬率法,关键问题是要先预估出可达成的预估销售量及可达成的最大目标报酬率,两者都须考量价值(客户对产品认定的价值)与竞争(市场竞争情况)。因此,期望利润率法与期望利润率法一样,虽归类为成本定价法,但实际上也不是完全根据成本来制定产品价格的方法,只是以成本为起始而已。

采用期望利润率法或目标报酬率法来制定产品销售价格后,如果能知道最少要有多少的销售量才能达到盈亏平衡(点),也是企业在进行营销策划或产品定价时重要的参考数据。根据变动成本、固定成本、产品售价,即可算出盈亏平衡点(亦即盈亏平衡销售量):

除上文所设变动成本=VC,固定成本=FC以外,再设产品售价=p,盈亏平衡销售量=q,则

盈亏平衡销售量=固定成本/(产品售价-变动成本)

亦即

$$q = FC/(p - VC)$$

例3：接续例1和例2,某轿车厂净资产为375亿元,年产25万辆轿车,固定成本50亿元,每辆轿车的变动成本5万元;以销售的期望利润率为30%及净资产的目标报酬率为20%,所制定的产品售价均为10万元,则其盈亏平衡销售量为10万辆,计算如下：

$$q = FC/(p - VC) = 50 亿元/(10 万元 - 5 万元) = 10 万辆$$

用期望利润率法或目标报酬率法来定价以及相关的盈亏平衡分析可用图形来表现,如图8-2所示。在例1到例3中,某轿车厂净资产为375亿元,年产量(预估销售量)为25万辆,固定成本为50亿元,每辆轿车的变动成本为5万元;销售的期望利润率为30%及净资产的目标报酬率为20%。采用期望利润率法或目标报酬率法来制定的预计售价每辆轿车均为10万元,则预估总利润=预估总收入-预估总成本=预计售价×预估销售量-(变动成本×预估销售量+固定成本)=10万元×25万辆-(5万元×25万辆+50亿元)=75亿元,符合销售的期望利润率30%(75亿元/250亿元=30%)及净资产的目标报酬率20%(75亿元/375亿元=20%);而盈亏平衡销售量则为10万辆,其预估总收入-预估总成本=预计售价×盈亏平衡销售量-(变动

成本×盈亏平衡销售量＋固定成本）＝10万元×10万辆－（5万元×10万辆＋50亿元）＝0,符合盈亏平衡。

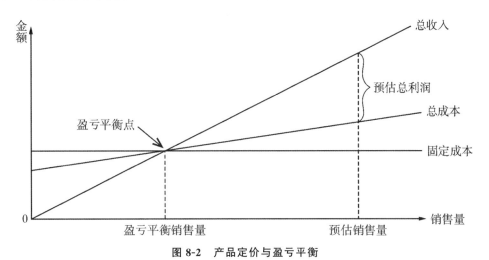

图 8-2　产品定价与盈亏平衡

二、需求导向定价法

需求导向定价法是根据市场需求的强度及消费者对产品价值的感知来制定产品价格。值得注意的是需求导向定价法主要考虑消费者可以接受的价格以及在该价格水平上的需求数量,而不是产品的成本。

(一)感知价值定价法

感知价值定价法属于需求导向定价,是企业以消费者对产品价值的感知为基础的定价方法。感知价值定价与现代市场定位观念一致,企业在为其目标市场定价时,在质量、价格、服务等各方面都需要体现特定的市场定位观念。因此,首先要决定所提供的价值及价格;之后,企业要估计在此价格下所能销售的数量,再根据这一销售量计算在此价格和成本下能否获得满意的利润。如能获得满意的利润,则定价可行,否则,就要放弃这一产品。

感知价值定价的关键,在于准确地评估产品所提供的全部市场感知价值。企业如果过高地估计感知价值,便会定出偏高的价格;如果过低地估计感知价值,则会定出偏低的价格。为准确把握市场感知价值,必须进行营销调研。

感知价值的调研方法一般有两种。第一种直接感知价值评比法。运用直接感知价值评比法,要求顾客根据他们对不同企业的产品价值进行感知,根据感知价值高低确定不同的价格。第二种诊断法。运用诊断法,要求顾客就产品的属性各个属性进行感知,确定各属性的感知价值,同时根据不同属性重要程度的不同,进行加权平均计算综合的感知价值。

例如:假设有 A、B、C 三家企业均生产同一种开关,现抽一组用户作样本,调研他们对这三家企业的产品的感知价值,按照上面的两者方法进行评估。

第一,直接感知价值评比法。运用直接感知价值评比法,要求用户根据他们对三家企业开关的价值进行感知,将 100 分的感知价值在 A、B、C 三家企业的开关之间进行分配,假设分配结果为 42、33 和 25。如果这种开关的市场平均价格为 2.00 元,则我们可得到三个反映其感知价值的价格:2.55 元、2.00 元和 1.52 元。

第二,诊断法。运用诊断法,首先要调研开关这类产品的用户感知属性(假定经调研后确定感知属性有产品耐用性、产品可靠性、交货可靠性、服务质量四种属性);其次要调研用户在这四个感知属性上的重要性权重(假定经调研后确定感知属性中产品耐用性、产品可靠性、交货可靠性、服务质量四种属性重要性权重分别为 0.25、0.3、0.3 和 0.15);最后请用户针对 A、B、C 三家企业的开关的感知属性分别予以评分。对每一种属性,分配 100 分给 3 家企业。假设统计结果如表 8-1 所示。

表 8-1　感知价值定价之诊断法

重要性权重	感知属性	产品 A	产品 B	产品 C
0.25	产品耐用性	40	40	20
0.3	产品可靠性	33	33	33
0.3	交货可靠性	50	26	25
0.15	服务质量	45	35	20
1	感知价值	41.65	32.95	25.4

根据统计结果我们发现:A 企业提供的产品的感知价值(41.65)高于平均数,B 企业提供的产品的感知价值(32.95)相当于平均数,C 企业提供的产品的感知价值(25.4)低于平均数。A 企业因为其感知价值较高,可以为其开关确定一个较高的价格。如果 A 企业想根据其产品的感知价值的比例定价,则可能定价为 2.55 元左右,因为平均质量的开关价格约为 $2 \times 42/33 = 2.55$ 元。

感知价值定价法透过产品品牌、功能、质量、设计、质感等较好的水平,使客户感知到较高的产品价值,因此乐意支付较高的金额,而将产品价格制定在较高售价的方法,以达成企业可持续的最大获利。感知价值定价法是企业为避免与同类近似产品陷入价格比对的情况,而拉升价格以突显区别,因此可制定较高售价,以达成可持续最大获利的价值定价法。

企业除了将产品功能、质量、设计、质感等做到较好的水平外,品牌经营即是采用感知定价法一项重要的策略,透过品牌经营提升产品在客户心中的形象与认知价值,使客户乐意支付较高的金额,因此可定较高的售价,实现感知价值定价法。耐克即是通过成功的品牌经营达成感知价格定价法的一个典型的案例。

"一分钱一分货"及"便宜无好货"是一般人的认知,感知定价法就是这种观念最贴切的体现,因此如何激发客户的这种想法,即是感知价值定价法成功的关键。感知价值定价法尤其适用于功能、质量比较受到重视的产品,如保健食品、保养品。

顾客感知的购买成本

在消费者心中有一台天平,天平的两端分别是购买成本和产品价值。当购买成本过高时,就很难达成交易,而当天平倾向于产品价值时,交易就很容易顺利达成。所以,只有当产品价值与购买成本在消费者心中达到一种平衡或者产品价值高于购买成本时,消费者才有可能会购买。营销者的任务就是在尽量不提高经营成本或者尽可能少地提高经营成本的同时,提升产品价值,降低消费者的购买成本。

消费者的购买成本大致有四种:

一是时间成本。在现在这样一个快节奏的社会中,时间成本是消费者消费过程中很重要的一个价值参考因素,比方说,去购物场所花费时间多、购物排队耗时多、送货迟等等,这些都构成时间成本。顾客等待的时间越长,其购买意愿就越低,满意度也越低。

二是体力成本。从某种程度上来说,当前网络购物的流行,一个重要的因素就是顾客为了节省体力成本。网络的发达使得人们越来越懒,越来越宅。比如,你想吃顿饭,一种选择是自己出门,坐车,去某个饭店,排队,然后就餐;另一种选择是在家,上网或者直接用电话订餐,有专人送餐到家。哪种方式更能刺激消费? 很显然是后者,因为后者的体力成本要低得多。

三是风险成本。有句话说"买家没有卖家精",顾客在购物时,思前想后,小心翼翼,怕的就是作出失误的购买决策,吃亏上当,买到难以令人满意的产品,有的商家为了打消顾客的种种顾虑,会作出譬如延长产品保修期、完善售后服务等举措,这样做降低了顾客的风险成本,自然也就能够刺激购买。

四是选择成本。顾客在购买某种产品时,常常会在心里将好几个产品进行比较,在这个比较过程中,即使是一个微小的思维波动也能改变消费者的消费决定。顾客在选择甲产品的同时,可能也对乙产品抱有期望,这种左右难舍就是选择成本。摩托罗拉公司曾经推出一款高端手机,它采取了一项特殊的促销措施,对于一部分顾客,它允许其免费试用一个月,一个月内可以无条件、无理由地退货,结果销售异常火爆,而且真正选择退货的顾客很少。这种做法其实就是在降低顾客的选择成本。

如果企业能够有效地帮助顾客降低这四大成本,那么即使提高产品价格,产品依然会有很好的销路。除了降低购买成本,企业还可以通过提高产品价值来坚定顾客的购买信心。

产品的价值不完全由其本身的实际价值所决定,更多的是由消费者的感知价值决定。不管产品的实际价值是多少,最终影响购买的还是消费者心中对这个产品的价值认知。因此,营销者要让顾客充分体验到产品的价值,不断增加顾客对产品的心理价值筹码,使天平向产品价值的一侧倾斜,这样才能提高成交率。

总的来说,企业只有真正掌握消费者如何感知价格,才能很好地利用价格杠杆实现企业的营销目标,才能使企业在竞争中立于不败之地。

资料来源:许宏.科特勒的营销思维[M].北京:群言出版社,2018.

(二)反向定价法

反向定价法,是指企业测算消费者能够接受的最终销售价格,计算自己从事经营的成本和利润后,逆向推算出产品的批发价和零售价。这种定价方法不以实际成本为主要依据,而是以市场需求为定价出发点,力求使价格为消费者所接受。这种方法的特点是:价格能反映市场需求情况,有利于加强与中间商的良好关系,保证中间商的正常利润,使产品迅速向市场渗透,并可根据市场供求情况及时调整,定价比较灵活。

三、竞争导向定价法

竞争导向定价法是企业依据自身的竞争实力,通过研究竞争对手的生产条件及价格水平等,以市场上竞争者类似产品的价格作为参照的一种定价方法。竞争导向定价法基本包括随行就市定价法与竞争投标定价法。

(一)随行就市定价法

随行就市定价法是竞争导向定价方法中广为流行的一种。这种定价方法是以本行业的平均价格水平为标准的定价方法。它要求企业所制定的产品与同类产品平均价格保持一致。当企业在难以对竞争者和消费者的反应作出准确估计、企业打算与竞争对手和平共处,避免激烈竞争产生的风险、同时难以另行定价时可采用随行就市定价方法。随行就市定价法在完全竞争或寡头垄断竞争条件下经常被企业采用。企业采用这种定价方法,必须密切监视本行业的价格动向,如果竞争对手的价格未进行调整,即使本企业的市场需求或产品成本发生了变化,产品价格也应维持不变。

(二)竞争投标定价法

竞争投标定价法也称为密封投标定价法,是指在当买主通过招标方式购买时,参加投标的企业根据竞争者报价的估计来确定本企业产品的定价。这种定价方法的目的在于签订合同,所以其报价应低于竞争对手的报价。竞争投标定价法主要用于投标交易方式。当前,许多大型成套设备、原材料采购和建筑工程项目的买卖和承包等,多采用发包人招标、承包人投标的方式来选择承包者,确定最终承包价格。投标方有多个,处于相互竞争地位,而招标方只有一个一般处于相对垄断地位。标的物的价格由参与投标的各个企业在相互独立的条件下来确定。报价的高低是影响中标的关键。在买方招标的所有投标者中,报价最低的投标者通常中标,它的报价就是承包价格。竞争投标定价法可以通过市场调研及对过去资料进行分析作出正确估计。

定价过程中最容易陷入的误区

很多企业都将定价问题处理得过于简单粗糙,不够科学理性,因此而失去了很多利润。曾任通用电气CEO的杰夫·伊梅尔特说,该公司曾做了一个关于其家电产品的定价分析,结果发现大约有50亿美元的定价是随意决定的,再考虑销售代表们手中拥有的一定的定价自主权,这个数据一点也不夸张。杰夫了解到这个事实后,极为吃惊,这还仅仅是家电业务,如果推算所有的业务,那或许会有500亿美元是没人追踪或负责的。他反思说,当我们支付贷款时,我们会加以研究、制定、计算,可当我们给产品定价时,就显得太草率了。

定价问题,绝非通用电气这一家公司的问题,很多企业都容易陷入定价误区之中,常见的误区有:一是简单成本加成。德鲁克曾提出五种致命的经营错误,其中有一种就是成本推动定价。成本定价中的"成本",主要指生产成本,不包括销售成本,企业定价时,还没有进行销售,销售成本还没有出来,而且,在价格不确定的情况下,也很难预测销量,这样的定价方法从逻辑上是不大能说得通的,而且这样定出来的价格,不一定就是消费者能够接受、愿意支付的价格。

二是盲目跟随竞争对手,就是以竞争者定价为标杆,采取比直接竞争者的价格低一点、高一点,或者保持一致的定价。这实际上是把对手的价格当作市场接受度,而不是以顾客为导向。如果竞争对手也没有做过深入的定价策略分析,那么,其定价本身很可能就不科学,如果企业盲目地跟随,那么后果会很难预料。企业不能盲目跟风竞争,必须多做点功课,发现自己真正能为顾客提供的价值,然后根据这种价值给产品定价。这样企业可以处于非常有利的位置,能抵御竞争、保持价格。

三是迎合消费者定价,现在越来越多的企业都在提倡"顾客价值导向",但是,顾客价值导向不等于顾客导向。很多企业确实已经把顾客放在了一个重要位置,并努力为他们提供有价值的服务,甚至在定价的时候都会刻意迎合消费者的心意,从消费者角度来看,消费者当然希望产品越便宜越好,而企业不可能这样做,因为企业是要追求利润的。

四是草率定价,营销人员还没摸清情况就给产品随便定了个价,如果这个价位高了,企业通过打折促销等方式还能补救,但如果定价低了,那么再想提价就非常难,企业只能眼看着本可以获得的利润源源不断流失。

定价并不是一件想当然的轻松工作,它需要通盘的考虑,需要深入的调研,企业只有对市场环境、政策环境、竞争者、消费者、企业产品有足够的了解,才能定出最合理的价格。

资料来源:许宏.科特勒的营销思维[M].北京:群言出版社,2018.

第三节　定价策略

根据上节所剖析的基本定价方法,再按照市场、新产品引进、产品组合内容等情况,产品的定价策略可概分为新产品定价策略、心理定价策略、产品组合定价策略、折扣与折让定价策略、差别定价策略、地理定价策略等。

一、新产品定价策略

新产品定价策略是新产品引入市场,企业能否站稳脚跟,能否取得较大的经济效益。常见的新产品定价策略主要有两种,即撇脂定价策略与渗透定价策略。

(一)撇脂定价策略

撇脂定价策略是指新产品上市之初,将其价格定得较高,以便在短期内获取厚利,迅速收回投资,减少经营风险,待竞争者进入市场,再按正常价格水平定价。这一定价策略有如从鲜奶中撇取其中所含的奶油一样,取其精华,所以称为"撇脂定价"策略。

新产品采用这一渗透定价应具备相应的条件:

(1)市场上存在一批购买力很强并且对价格不敏感的消费者;

(2)这样的一批消费者的数量足够多,使企业有厚利可图;

(3)暂时没有竞争对手推出同样的产品,本企业的产品具有明显的差别化优势;

(4)当有竞争对手加入时,本企业有能力转换定价方法,通过提高性价比来提高竞争力;

(5)本企业的品牌在市场上有传统的影响力。

小米汽车价格该何去何从?

小米汽车的价格再次引发市场关注。2024年3月19日,小米集团总裁卢伟冰针对定价问题表示:"小米SU7会有点贵,但相信大家看完3月28日的发布会后会认可这一定价。"

备受关注的小米汽车SU7,究竟能贵到哪儿?

2024年3月19日,小米集团公布2023年第四季度和全年财报。财报显示,2023年,小米集团持续推进"人车家全生态"战略,研发投入为191亿元,同比增长19.2%,研发人员总数达17800人。2023年全年,小米集团在以汽车为主的创新业务上的费用增长至67亿元,其中第四季度费用为24亿元。

2021年3月,小米集团创始人、董事长雷军宣布小米即将造车,计划首期投入100亿元,未来10年投入100亿美元。对于小米汽车SU7的售价,雷军曾多次表示"不会太便宜"。

在2023年12月举行的小米汽车技术发布会上,雷军强调:"不要喊9万9了,不可能的!但凡有这种表现和配置的,都得40万以上!所以14万9也不用再讲了,还是要尊重一下科技啊!"

今年1月,小米汽车在官微上发布了雷军对网友"小米汽车100问"的回答,雷军表示,小米汽车"贵有贵的有理由,有信心在50万以内没有对手"。

近期,雷军再次对小米汽车的价格发表观点,称"小米SU7整体配置足够丰富,所以成本很高,像网友们喊的99000元、149000元甚至199000元,我觉得都是在开玩笑,小米SU7定价可能确实会有点贵"。

卢伟冰在此次财报会上也表示,小米汽车SU7的定价较高。但他称,在看过新车发布会后,大家会理解并接受这一定价。

目前来看,小米汽车对这款新车的人气充满信心。据卢伟冰介绍,在雷军发布了预约到店品鉴的微博后,一天之内预约到店试驾人数增加近10万,其中部分单店的预约人数超过1万。

对于"小米的第一辆车,对标什么车"的问题,雷军曾表示:"小米SU7没有准确的对标车辆。在驾驶性等机械素质上,我们希望能媲美保时捷Taycan Turbo;在智能化上,我们希望能媲美特斯拉Model S。"

卢伟冰表示:"小米汽车SU7是一辆C级高性能生态科技轿车,性能、配置和体验都非常出色。小米的阶段性目标是进入纯电豪华轿车单款产品的前三名,但与销量相比,小米更关心用户的体验和口碑。"

作为参考,包括特斯拉、问界、极氪等新能源车企的中高端产品线,车型价格在20万~50万元之间。具体来看,问界M7的指导价为24.98万~32.98万元、问界M9的指导价为46.98万~56.98万元;特斯拉Model 3的指导价为24.59万~28.59万元、Model Y的指导价为25.89万~36.39万元;极氪001的指导价为26.9万~32.9万元。

除造车本身的难度之外,小米汽车还要面临汽车市场"价格战"的压力。

在比亚迪提出"电比油低"的口号后,部分车企跟随比亚迪的脚步开启降价模式,下调后价格集中在10万~20万元区间,让"价格战"热度不断上升。

新能源汽车新产品的定价也不断下探至10万元左右。例如,比亚迪的驱逐舰05荣耀版车型的指导价为7.98万~12.88万元、长安启源A07的起售价为13.59万元。近期,小鹏汽车董事长、CEO何小鹏也表示,"将推出10万~15万元级别的A级汽车",直接剑指10万元级汽车市场。

资料来源:雷珂馨.小米汽车价格该何去何从?[N].中国商报,2024-03-21.

(二)渗透定价策略

一如在竞争定价策略所述,渗透定价策略是运用适当的产品定价以适当的速度推展市场份额的策略。对新产品来说,渗透定价策略也可应用于目前没有参与者的市场及已有参与者的市场。若在已有参与者的市场,通常是采取渗透定价的方式吸引新客户并侵蚀竞争者的市场份额;若在没有任何参与者的新市场,渗透定价策略推展市场的速度可能稍嫌慢,尤其若是全新行业的新市场,似乎应该采取快速先占取绝大部分市场的渗透定价策略较为恰当。

新产品采用这一渗透定价应具备相应的条件:

(1)新产品的价格需求弹性大,目标市场对价格极敏感,低价会刺激市场需求迅速增长。

(2)产品打开市场后,企业的生产成本和经营费用会随着生产经营经验的增加而下降,从而进一步做到薄利多销。

(3)低价打开市场后,企业在产品和成本方面树立了优势,能有效排斥竞争者的介入,有利于长期控制市场,不会引起实际和潜在的竞争。

小案例 8-3

茶饮价格

数据显示,截至2022年年底,中国新茶饮在业门店总数约为48.6万家,呈现出明显的高端和中低端分层。

其中,以奈雪的茶、喜茶为代表的高端品牌,产品平均售价不低于20元。中低端品牌仍是市场的绝对主流,产品平均售价多在15元以内。蜜雪冰城无疑是低端茶饮的典型代表,冰激凌3元/个、柠檬水5元/杯,以及售价普遍在10元以下的果茶、奶茶、咖啡等。

在过去很长一段时间里,喜茶、奈雪和乐乐茶都因动辄30元以上的产品售价被划分到"贵价奶茶"梯队。但从2022年开始,喜茶宣布全面完成产品调价,称不再推出29元以上的饮品类新品。随后,奈雪和乐乐茶也纷纷跟进,将价格带拉到20元左右。

然而,此后不久,喜茶再一次将价格拉低,其推出的新品定价均在15元上下。奈雪的茶紧跟其后宣布大幅降价,将主力价格区间调整到了14~25元,同时还承诺每月至少上新一款"1字头"产品。

2023年7月,奈雪的茶宣布在华东地区推出9.9元月卡的活动。这一次,奈雪的茶将"9块9"正式推向全国市场。和此前"下调价格"稍有不同的是,此次奈雪的茶"9块9"活动,并不是直接调低产品价格,而是通过月卡、每周优惠券的形式,将价格拉低到9块9。

同一时间段,CoCo也发布了会员专属活动,每日指定饮品9.9元,并推出9.9元及12.9元单次卡,可免费核销一杯指定饮品,古茗也凑起了"9块9"的热闹,纷纷推出相应的活动。

各茶饮品牌的玩法虽不尽相同,但可以确定的是,中高端茶饮的价格边界已经来到了9块9上。价格大战的背后,隐藏着中高端茶饮品牌们的"焦虑"。实际上,中高端茶饮品牌的市场份额一直不高。

艾瑞咨询数据显示,2021年中国新式茶饮中高端品牌(即单价高于20元)的市场份额只有14.7%,余下的市场都由中低端茶饮品牌(单价20元以下)占领。低价,依旧占领着绝大多数的消费者心智。

蜜雪冰城,一直奉行低价策略,被称为奶茶界的"价格杀手"。其主要产品集中在6~8元,招牌大单品柠檬水仅售5元。这种低价不仅能拉高购买频次,覆盖的人群也更广泛,无论是消费水平高的一线城市,还是以县城为主的下沉市场,都有蜜雪冰城的生存空间。

当然,在竞争对手频出的现制茶饮行业,蜜雪冰城能走低价策略,离不开其背后出色的供应链。2012年,蜜雪冰城自建中央工厂,所有原料集中生产。2014年,蜜雪冰城又建立了自己的物流中心,成为全国首家物流免费运送的饮品品牌。通过"产地直采+自建供应链"的模式,蜜雪冰城搭建了从原料种植、生产加工到物流仓储、终端销售这一完整的供应链体系,全流程的运营能力使蜜雪冰城能在短时间内迅速扩张。

目前蜜雪冰城全国门店数量已超2万家,并拓展了东南亚、日韩等海外市场,成为排名仅次于麦当劳、赛百味、星巴克和肯德基的第五大快餐连锁店。截至2022年

6月,蜜雪冰城在海外的门店已经突破了 1000 家。蜜雪冰城在海外采取的依旧是低价策略。澳大利亚的蜜雪冰城门店虽然开在悉尼市中心,但价格依旧很便宜。菜单显示,摩天脆脆定价 1.5 澳元(约合人民币 7 元)、柠檬红茶定价 2 澳元(约合人民币 9.4 元)、珍珠奶茶定价 2.5 澳元(约合人民币 11.8 元)。与此同时,在悉尼买一瓶矿泉水的价格在 3 澳元左右。

资料来源:综合网络资料编写。

二、心理定价策略

消费者价格心理是指消费者在购买活动中对商品价格认识的各种心理反应及表现,它是由消费者自身的个性心理、对价格的判断、对价格调整的反应和对价格的风险知觉共同构成的,并还受到社会生活各个方面的影响。

消费者通常会积极主动地处理价格信息,根据之前的购买经验、正式信息渠道(广告、销售电话和宣传册)、非正式信息渠道(朋友、同事或家庭成员)、购买点或在线资源等其他因素来处理价格信息。顾客心里可能会有一个价格下限,低于这个价格就意味着产品质量欠佳或不可接受,同时也会有一个价格上限,高于这个上限的价格会令他们望而却步,感到产品似乎不值这个价钱。不同的人以不同的方式理解价格。

(一)参考价格策略

尽管消费者可能对价格所在区间很了解,但能准确回忆起具体价格的人却少得惊人。在选购产品时,消费者经常使用参考价格,将观察到的价格与他们记忆中的内在参考价格或外部参照系(如标出的"建议零售价")进行比较。可能的参考价格包括"公平价格"(消费者认为产品应该值多少钱)、典型价格、最近支付价格、上限价格(保留价格或大多数消费者愿意支付的最高价格)、下限价格(价格底线或大多数消费者愿意支付的最低价格)、竞争者价格、预期未来价格,以及通常折扣价格。

营销者经常试图操纵参考价格。例如,卖家可以将产品与昂贵的竞品摆放在一起,以暗示它们属于同一档次。百货公司会按照价格陈列女装,陈列在更昂贵货架上的衣服被认为质量更好。营销者还会通过一个较高的制造商建议售价暗示原价要高很多,或者指出竞争对手的高价来促使消费者考虑参考价格。当消费者参考一个或多个这样的参照系时,他们的感知价格可能会与标价有所不同。

针对相对昂贵的商品,营销者通常将商品分解成更小的单位,这样其单价就不会显得那么昂贵,如爱奇艺年度会员费为 300 元,将其分解为月度会员费,就只需要"每月 25 元"。

（二）形象定价策略

许多消费者将价格作为衡量质量的一个指标。形象定价策略对于自我形象相关的产品（如香水、豪车和名牌服装）尤其有效。例如，一瓶 100 元的香水含有的香精可能仅仅价值 10 元，但送礼者要支付 100 元以表达他们对收礼者的高度重视。

汽车的价格和质量感知是相互影响的。价格较高的汽车被认为有更高的质量，同样，高质量的汽车也被认为价格比实际价值更高。当真实质量的信息可获取时，价格就不再是衡量质量的重要指标；当这些信息难以获取时，价格就成为质量的信号。

一些品牌采取独家生产和限量发售的方式来显示其独特性以及溢价的合理性。手表、珠宝、香水等奢侈品制造商经常在宣传信息和渠道战略中强调奢华感。高价实际上可能会增加那些渴望独享奢侈品的顾客的需求，因为高昂的价格让他们认为只有少数顾客能买得起这些产品。

（三）定价线索策略

定价线索策略在定价心理中也很重要。许多企业认为价格应该以奇数结尾，特别是以"9"作为尾数，比如顾客会将 299 元的商品感知为 200 元而非 300 元的价格范围。这是因为顾客倾向于"从左到右"处理价格，而不是四舍五入。以奇数作为价格尾数，可以使价格在消费者心目产生特殊的效应：便宜、精确，尾数定价一般适用于一些价格低廉的产品。

反之如果消费者有求名、自豪的心理，则可以将产品价格的尾数定为整数。在整数定价方法下，价格的高并不是绝对的高，而只是凭借整数价格来给消费者造成高价的印象。整数定价常常以偶数，特别是"0"作尾数。整数定价策略适用于价格高低不会对需求产生较大影响的中高档产品，如流行品、时尚品、奢侈品、礼品、星级宾馆、高级文化娱乐城等。整数定价的好处是：可以满足购买者显示地位、崇尚名牌、炫耀富有、购买精品的虚荣心；利用高价效应，在顾客心目中树立高档、高价、优质的产品形象。

（四）招徕定价策略

招徕定价又称特价商品定价，是指企业将某几种产品的价格定得非常低，能够引起顾客的好奇心，刺激额外的客流量，带动其他产品的销售，加速资金周转。这一定价策略常为综合性百货商店、超级市场，甚至高档商品的专卖店所采用。

值得企业注意的是，用于招徕定价的特价品应该与低劣、过时的商品明显地区别开来，必须是顾客需要且市场价为顾客所熟知的、品种新质量优的适销产品，而不能是处理品。否则，不仅达不到招徕顾客的目的，反而可能使企业声誉受到影响。

例如，北京地铁有家每日商场，每逢节假日都要举办"1 元拍卖活动"，所有拍卖商品均以 1 元起价,报价每次增加 5 元,直至最后没人加价。这种拍卖活动由于基价定得过低,最后的成交价就比市场价低得多,因此会给人们产生一种"卖得越多,赔得越多"的感觉。殊不知,该商场用的是招徕定价策略,以低廉的拍卖品活跃商场气氛,增加客流量,带动了商场整体销售额的上升。

拓展阅读 8-3

尾数定价对消费者消费行为的影响情况

学者在对 95 位有购买能力和购买欲望的消费者进行尾数定价对消费者消费行为的营销调查研究中发现:

(1)从总体来看,在水果价格选择上,42.71%的问卷参与者选择 5 元/斤,57.29%选择了 9.8 元/2 斤,后者略高于前者,但选择差距不大;在电器价格选择上,82.29%的问卷参与者选择 4999 元/台,在这种价位下他们更加有消费倾向,而只有 17.71%选择了 5000 元/台,两者差异较大,前者选择的人数大概为后者的 4.6 倍。

(2)从分类情况来看,在电器选择上,在性别、年龄等不同因素影响下,参与者的选择行为基本一致,选择 4999 元/台的人数大概为选择 5000 元/台的 2.25～11 倍,都更倾向于在定价为 4999 元/台的情况下消费。其中,有两个比较显著的情况。一个是有固定工作的参与者比学生和没有固定工作的参与者选择 4999 元/台这个定价的倾向更加明显,出现这种情况的可能原因是固定收入者的收入水平波动一般不大,这也就意味着其收入提升的可能性不高,所以其更加看重价格,对价格的感知更加敏感,这种价格上的心理错觉也就更强烈。而学生的话由于其目前的收入来自家庭给予,导致其对价格不太看重。另一个是在购买商品时首要考虑商品价格的参与者比考虑商品质量的参与者选择 4999 元/台这个定价的倾向更加明显。在水果价格选择上,女性参与者比男性参与者更倾向于在 5 元/斤的价格下消费,而男性参与者比女性参与者更倾向于在 9.8 元/两斤的定价情况下消费;学历较低的人更倾向于在 5 元/斤的价格下消费,而学历较高的人更倾向于在 9.8 元/两斤的定价情况下消费;在其他的因素下参与者选择行为差距基本不大。另外,数据表明 90.63%的参与者更喜欢单数结尾的价格,只有 9.38%的参与者选择尾数结尾的价格;10.42%的参与者更喜欢数字 4,16.67%的参与者更喜欢数字 9,33.33%的参与者更喜欢数字 8,39.58%的参与者更喜欢数字 6。

资料来源:易点.商品定价中的心理学调研报告——尾数定价对消费者消费行为的影响情况[J].中国商论,2019(5):192-193.

三、产品组合定价策略

当产品只是某产品组合的一部分时,企业必须对定价策略进行调整。这时候,企业要研究出一系列价格,使整个产品组合的利润实现最大化。因为各种产品之间存在需求和成本的相互联系,而且会带来不同程度的竞争,所以定价十分困难。

产品组合定价是指企业为了实现整个产品组合(或整体)的利润最大化,在充分考虑不同产品之间的关系,以及个别产品定价高低对企业总利润的影响等因素的基础上,系统地调整产品组合中相关产品的价格。主要的策略有:产品线定价策略、选购品定价策略、必配品定价策略、分部定价策略、副产品定价策略、产品束定价策略等。

(一)产品线定价策略

产品线定价策略是企业为追求整体收益的最大化,为同一产品线中不同的产品确立不同的角色,制定高低不等的价格。若产品线中的两个前后连接的产品之间价格差额小,顾客就会购买先进的产品,此时若两个产品的成本差额小于价格差额,企业的利润就会增加,若价格差额大,顾客就会更多地购买较差的产品。如某品牌西服有 300、800、1500 元三种价格。产品线定价策略的关键在于合理确定价格差距。

 8-4

优惠套餐

说起"优惠套餐",最初还是西式快餐会玩。麦当劳的"1+1随心配",为打工人描绘了最初的高性价比模板。主食与小吃选择丰富,随心搭配,价格 12.9 元,相较于店内的其他产品,这个套餐的价格非常良心。

因为过分受欢迎,类似品牌也开始了激烈的价格战。肯德基"OK套餐"便宜管饱;汉堡王 9.9 元的"1+1周三随心配"更是亲和;塔斯汀的周二会员日,13 元就可以拿下两个香辣鸡腿堡。

这流量召唤力直叫人眼红,于是,奶茶品牌也纷纷跟上。

以往动辄二三十元才能喝上一杯的奈雪的茶,终于推出了"周周 9.9 元喝奈雪鲜奶茶"的活动,甚至还推出了 9.9 元"饮料+欧包"的早餐促销。

红极一时的喜茶,团购价也降到了单杯 9 元,唯一闹心的是,这一降价都凑不够起送了,需要点上两杯甚至更多,不知不觉中增加的消费又让人看上去像"大冤种"。

就连明确表示"无意参与咖啡价格战"的星巴克,实际上也在各种变相降价,各种平台的补贴和优惠券凑一凑,均价基本控制在 30 元以下。

北京的南城香,价格战从一早打响,其推出的"3 元自助早餐"尤其讨喜,皮蛋瘦肉粥、胡辣汤、南瓜粥、小米粥、牛奶、豆浆和橙汁不限量供应。在北京,这样的早餐价可谓十分良心。

国民快餐顶流老乡鸡,也推出了"14.9 元两菜一饭"的套餐。总之,在普通群体的消费大战中,低价永远是吸睛王者。

资料来源(有删减,有改编):刘克.年轻人盯上的"穷鬼套餐",到底赚不赚钱[N].潇湘晨报,2024-04-12.

(二)选购品定价策略

选购品是指那些与主要产品密切相关的可任意选择的产品。如饭菜是主要产品,酒水为任选品。不同的饭店定价策略不同,有的可能把酒水的价格定得高,把饭菜的价格定得低;有的把饭菜的价格定得高,把酒水的价格定得低。

(三)必配品定价策略

必配品定价,也称互补品定价,是指必须与主要产品一同使用的产品,如胶卷与相机、磁带与录音机、隐形眼镜与消毒液、饮水机与桶装水等。许多企业往往是将主要产品(价值量高的产品)定价较低,连带品定价较高,这样有利于整体销量的增加,增加企业利润。

(四)副产品定价策略

在生产加工肉类、石油产品和其他化工产品的过程中,经常有副产品。如果副产品过多,处理费用昂贵,就会影响到主产品的定价。制造商确定的价格必须能够弥补副产品的处理费用。如果副产品对某一顾客群有价值,就应该按其价值定价。副产品如果能带来收入,将有助于公司在迫于竞争压力时制定较低的价格。

(五)分部定价策略

分部定价通常在服务企业中比较常见,服务性企业经常收取一笔固定费用,再收取可变使用费。固定费用的价格可以定得较低,以推动服务销售,利润可以从使用费中获取。

(六)产品束定价策略

产品束定价又称组合产品定价。企业经常将一些产品组合在一起定价销售。完全捆绑是指公司仅仅把它的产品捆绑在一起。在一个组合捆绑中,卖方经常比单件出售要少收很多钱,以此来推动顾客购买。如对于成套设备、服务性产品等,为鼓励顾客成套购买,以扩大企业销售,加快资金周转,可以使成套购买的价格低于单独购买其中每一产品的费用总和。

一揽子定价:套餐式的捆绑出售

捆绑销售主要有这样几种形式:

一是同质产品的捆绑销售,就是同类型的产品组合在一起销售,比方说,航空公司以较优惠价格推出的往返机票、饭店或酒吧里成打销售的啤酒,等等。

二是互补式产品捆绑销售,是指捆绑在一起的产品在用途上具有互补性。比方说,饭店推出某个套餐,这个套餐里包含凉菜、热菜、主食、甜品、水果以及饮料等,客人选择这个套餐就足够了;还有旅行社推荐的一些旅行方案,既包括了往返机票,也包含了景点门票,还有酒店住宿以及一日三餐等,这也是互补式的捆绑。

三是非相关性产品捆绑销售。企业将产品同另外一些产品组合,被捆绑的产品不一定是互补的,它只要能让消费者更愿意购买基本产品即可。一个最显著的例子就是微软的捆绑销售——当你购买微软的文字处理程序 Word 时,同时还必须购买电子表格 Excel、数据库 Access 和演示文档 PowerPoint 等程序。这一策略使得微软迅速成为全球办公软件中绝对的"大哥大",市场份额高达 90%。

捆绑销售可以以畅销产品带动其他高利润的非畅销产品销售,在对新产品进行市场推广时,也可以采取"搭便车"的营销策略,通过捆绑销售推动新产品。将产品捆绑在一起,进行一揽子定价,好处是显而易见的,不但能吸引消费者的注意力,还可刺激整体销售额的攀升。企业可以通过操纵产品组合的价格,获得更大的利润。比如,通过降低基本产品的价格,提高捆绑产品的销售;多种产品形成组合,可降低广告费用;销售队伍的联合与共享,可降低企业的销售成本,拓宽相关产品的销售渠道。

资料来源:综合网络资料编写。

四、折扣与折让定价策略

大多数企业为了鼓励顾客及早付清货款,或鼓励大量购买,或为了增加淡季销售量,还常常需酌情给顾客一定的优惠,这种价格的调整叫作价格折扣与折让。折扣定价是指对基本价格作出一定的让步,直接或间接降低价格,以争取顾客,扩大销量。其中直接折扣的形式有数量折扣、现金折扣、功能折扣、季节折扣,间接折扣的形式有回扣和津贴。

(一)数量折扣

数量折扣指按购买数量的多少,分别给予不同的折扣,购买数量越多,折扣越大。

其目的是企业给那些大量购买某种产品的顾客的一种减价,鼓励大量购买或集中向本企业购买。数量折扣包括累计数量折扣和一次性数量折扣两种形式。数量折扣的优点:促销作用非常明显,企业因单位产品利润减少而产生的损失完全可以从销量的增加中得到补偿;销售速度的加快,使企业资金周转次数增加,流通费用下降,产品成本降低,从而导致企业总盈利水平上升。例如:顾客购买某种商品 100 单位以下,每单位 10 元;购买 100 单位以上,每单位 9 元。

(二)现金折扣

现金折扣是给予在规定的时间内提前付款或用现金付款者的一种价格折扣,其目的是鼓励顾客尽早付款,加速资金周转,降低销售费用,减少财务风险。采用现金折扣一般要考虑三个因素:折扣比例、给予折扣的时间限制与付清全部货款的期限。例如"2/10,n/30",表示付款期是 30 天,但如果在成交后 10 天内付款,给予 2% 的现金折扣。许多行业习惯采用此法以加速资金周转,减少收账费用和坏账。

(三)功能折扣

功能折扣,也叫贸易折扣或交易折扣,是指中间商在产品分销过程中所处的环节不同,其所承担的功能、责任和风险也不同,企业据此给予不同的折扣,即制造商给某些批发商或零售商的一种额外折扣,促使他们执行某种市场营销功能如推销、储存、服务等。其目的:鼓励中间商大批量订货,扩大销售,争取顾客,并与生产企业建立长期、稳定、良好的合作关系;对中间商经营的有关产品的成本和费用进行补偿,并让中间商有一定的盈利。功能折扣的比例,主要考虑中间商在分销渠道中的地位、对生产企业产品销售的重要性、购买批量、完成的促销功能、承担的风险、服务水平、履行的商业责任,以及产品在分销中所经历的层次和在市场上的最终售价等等。

(四)季节折扣

季节折扣是企业鼓励顾客淡季购买的一种减让,以使企业的生产和销售一年四季能保持相对稳定。有些商品的生产是连续的,而其消费却具有明显的季节性。为了调节供需矛盾,生产企业对在淡季购买商品的顾客给予一定的优惠,使企业的生产和销售在一年四季能保持相对稳定。例如啤酒生产厂家对在冬季进货的商业单位给予大幅度让利,羽绒服生产企业则为夏季购买其产品的客户提供折扣,旅馆和航空公司在它们经营淡季期间也提供优惠。季节折扣比例的确定,应考虑成本、储存费用、基价和资金利息等因素。季节折扣有利于减轻库存,加速商品流通,迅速收回资金,促进企业均衡生产,充分发挥生产和销售潜力,避免因季节需求变化所带来的市场风险。

（五）折让

折让又称为津贴,是根据价目表给顾客以价格折扣的另一种类型。折让是企业为特殊目的,对特殊顾客以特定形式所给予的价格补贴或其他补贴。如零售商为企业产品刊登广告或设立橱窗,生产企业除负担部分广告费外,还在产品价格上给予一定优惠。旧货折价折让就是当顾客买了一件新品目的商品时,允许交还同类商品的旧货,在新货价格上给予折让;促销折让是卖方为了报答经销商参加广告和支持销售活动而支付的款项或给予的价格折让。

小案例 8-5

"双11"：让套路再少些，让省钱简单些

2023年11月以来,各大电商平台的年度"双11"大促活动进入白热化阶段。当"双11"购物节迎来第15个年头,不少平台的促销手段颇有些"返璞归真"的意味——摒弃此前饱受诟病的优惠叠加、跨店满减、做任务领红包等繁复规则,推出官方直降、一件打折、全程保价等清晰简明、容易操作的降价活动,受到不少消费者的欢迎。

一个名副其实的购物节,能够给消费者带来丰富优质的商品和真真切切的实惠是底线。倘若设置各种绕来绕去的数字游戏,让顾客绞尽脑汁却省不了几毛钱,或是先大幅涨价再小幅打折,打着"史无前例大促销"的幌子而实际是"坑你没商量"等种种"套路",影响的是消费者的购物体验,侵蚀的是企业立身发展之基。正因此,"双11"要想获得持久的活力和旺盛的生命力,必须从消费者的体验出发,对花样繁多的套路和陷阱说"不"。

"双11"最大的优势是什么？在一项调查中,近八成的受访者选择了"价格优惠"。比价格,更拼质量和服务。如今各式各样的促销活动很多,消费者看待促销的态度日趋理性,对层出不穷抓人眼球的广告语宣传词也已经"脱敏"。在这样的背景下,唯有以更高的标准把控商品的质量和性能,并根据顾客的个性化消费需求推出有差异化的、更胜一筹的服务,才能在激烈的市场竞争中脱颖而出并占据有利位置。

营造良好的消费环境,让消费者买得安全、放心、舒心,有赖于监管部门的保驾护航。今年"双11"前,多地消协和市场监管部门发布相关信息,对商家和消费者作出提醒。若发现发布违法广告,编造传播虚假信息或者误导性信息,销售假冒伪劣商品,以及"先涨后降""虚假保价""设置虚高划线价"等价格违法行为,平台及市场监管部门应及时出手整治,切实维护良好市场秩序。针对消费者反映强烈的热点、难点问题,应畅通投诉举报渠道,以更大力度、更实举措维护消费者合法权益。

而对广大消费者来说,想在购物节海量的商品和打折信息中淘到"真金",除了要理性消费、按需消费,还须谨防上当受骗。有人总结,不妨在冲动"剁手"前来个"灵魂三问":真的需要吗? 价格真的便宜吗? 买来真的会用吗? 如果答案都是肯定的,再下单也不迟。一些小技巧也有助于避免"踩坑",比如下单前详细了解退换条件以及折扣范围,及时留存聊天记录、广告宣传页面截图等。针对"双 11"期间高发频发的虚假客服诈骗、预售商品诈骗、刷单返现诈骗、中奖免单诈骗等诈骗手段,只有擦亮双眼、仔细甄别,做到不轻信、不转账,才能守护好自己的钱包。

购物节是观察消费领域新变化、新趋势、新动向的一个窗口。把打折落在明处,把让利做到实处,在各类促销活动中推动良好消费环境建设取得实效,符合广大消费者的期待,也是进一步释放消费潜力、更好发挥消费对经济增长的基础性作用的内在要求。

资料来源:文水声."双 11":让套路再少些,让省钱简单些[N].北京日报,2023-11-06.

五、差别定价策略

由于市场上存在着不同的顾客群体、不同的消费需求和偏好,企业为了适应在顾客、产品、地理等方面的差异,常常采用差别定价策略。所谓差别定价(歧视定价)是指企业以两种或两种以上不同反映成本费用的比例差异的价格来销售一种产品或服务,即价格的不同并不是基于成本的不同,而是企业为满足不同消费层次的要求而构建的价格结构。差别定价有以下几种形式:以顾客为基础的差别定价策略、以产品为基础的差别定价策略、以地点为基础的差别定价策略和以时间为基础的差别定价策略,以渠道为基础的差别定价。

(一)顾客差别定价

企业把同一种商品或服务按照不同的价格卖给不同的顾客。例如,公园、旅游景点、博物馆将顾客分为学生、年长者和一般顾客,对学生和年长者收取较低的费用;铁路公司对学生、军人售票的价格往往低于一般乘客;自来水公司根据需要把用水分为生活用水、生产用水,并收取不同的费用;电力公司将电分为居民用电、商业用电、工业用电,对不同的用电收取不同的电费。

(二)产品差别定价

企业根据产品的不同型号、不同式样,制定不同的价格,但并不与各自的成本成比例。如:33 英寸彩电比 29 英寸彩电的价格高出一大截,可其成本差额远没有这么大;一件裙子 70 元,成本 50 元,可是在裙子上绣一组花,追加成本 5 元,但价格却可定到 100 元。一般来说,新式样产品的价格会高一些。

（三）地点差别定价

这是指对处于不同地点或场所的产品或服务制定不同的价格，即使每个地点的产品或服务的成本是相同的。例如影剧院不同座位的成本费用都一样，却按不同的座位收取不同价格，因为公众对不同座位的偏好不同；火车卧铺从上铺到中铺、下铺，价格逐渐增高。

（四）时间差别定价

产品或服务的价格因季节、时期或钟点的变化而变化。一些公用事业公司，对于用户按一天的不同时间、周末和平常日子的不同标准来收费。航空公司或旅游公司在淡季的价格便宜，而旺季一到价格立即上涨。这样可以促使消费需求均匀化，避免企业资源的闲置或超负荷运转。

（五）渠道差别定价

企业针对不同的销售渠道制定不同的价格。可口可乐的价格取决于消费者是从高级餐厅、快餐店还是在自动贩售机上购买的。

企业采取差别定价策略的前提条件是：(1)市场必须是可以细分的，而且各个细分市场表现出的需求程度不同；(2)细分市场间不会因价格差异而发生转手或转销行为，且各销售区域的市场秩序不会受到破坏；(3)市场细分与控制的费用不应超过价格差别所带来的额外收益；(4)在以较高价销售的细分市场中，竞争者不可能低价竞销；(5)推行这种定价法不会招致顾客的反感、不满和抵触。

小案例 8-6

演唱会高票价背后的商业逻辑

2023年8月5日，某明星的演唱会门票价格引发了热议，其票价高达2580元。这一现象让人们震惊不已，引发了对演唱会门票定价的广泛关注和讨论。

在众多演唱会中，演唱会票价一般从380元到2000元不等，根据演唱会的规模和场馆等因素进行合理定价。这些歌手在舞台上的精彩演绎和独特魅力为观众带来了难忘的音乐体验，票价的合理性也得到了"粉丝"们的认可。

与大部分知名歌手相比，该明星的演唱会门票价格显得异常高昂，因此引发了广泛的争议和质疑。其演唱会最低门票价格达到了520元，最高票价更是高达2580元，成为所有演唱会票价中最高的。这一高价门票的定价策略引发了人们对他商业运作的质疑和对"粉丝"是否被"割韭菜"的担忧。

通过对多位偶像艺人演唱会门票价格的调查和总结,我们发现,高于 2000 元的门票几乎都属于偶像艺人的范畴。偶像艺人凭借其个人魅力、"粉丝"经济以及稀缺性等因素,形成了高价门票的商业逻辑。

与偶像艺人门票价格较高相比,实力派歌手的门票定价相对较为合理和良心。实力派歌手凭借多年的音乐积累和专业素养,拥有坚实的粉丝基础和音乐实力,他们的演唱会门票的定价,更加注重平衡观众和自身利益的关系。无论是偶像艺人的高价门票,还是实力派歌手的良心定价,都体现了市场经济下的供需关系和商业逻辑。

资料来源:影视口碑榜,2023 年 6 月 20 日。

六、地理定价策略

地理定价指由企业承担部分或全部运输费用的定价策略。它包含着公司如何针对国内不同地方和各国之间的顾客决定其产品定价。当市场竞争激烈,或企业急于打开新的市场时常采取这种做法。通常一个企业的产品不仅在本地销售,同时还要销往其他地区,而产品从产地运到销地要花费一定的运输、仓储等费用。那么应如何合理分摊这些费用?不同地区的价格应如何制定,就是地区定价策略所要解决的问题。具体有以下五种方法。

(一)产地定价策略

产地定价指顾客(买方)以产地价格或出厂价格为交货价格,企业(卖方)只负责将这种产品运到产地某种运输工具(如卡车、火车等)上交货,运杂费和运输风险全部由买方承担。这种做法适用于销路好、市场紧俏的商品,但不利于吸引路途较远的顾客。

(二)统一交货价策略

统一交货价也称邮资定价法,和前者相反,企业对不同地区的顾客实行统一的价格,即按出厂价加平均运费制定统一交货价。这种方法简便易行,但实际上是由近处的顾客承担了部分远方顾客的运费,对近处的顾客不利,而比较受远方顾客的欢迎。

(三)分区定价策略

分区定价介于前面两种定价之间,企业把销售市场划分为远近不同的区域,各区域因运距差异而实行不同的价格,同区域内实行统一价格。分区定价类似于邮政包裹、长途电话的收费。对企业来讲,可以较为简便地协调不同地理位置用户的运费负担问题,但对处于分界线两侧的顾客而言,还会存在一定的矛盾。

(四)基点定价策略

企业在产品销售的地理范围内选择某些城市作为定价基点,然后按照出厂价加上基点城市到顾客所在地的运费来定价。这种情况下,运杂费用等是以各基点城市为界由买卖双方分担的。该策略适用于体积大、运费占成本比重较高、销售范围广、需求弹性小的产品。有些公司为了提高灵活性,选定许多个基点城市,按照顾客最近的基点计算运费。

(五)津贴运费定价

津贴运费定价又称为减免运费定价,指由企业承担部分或全部运输费用的定价策略。有些企业因为急于和某些地区做生意,负担全部或部分实际运费。这些卖主认为,如果生意扩大,其平均成本就会降低,因此足以抵偿这些费用开支。此种定价方法有利于企业加深市场渗透。当市场竞争激烈,或企业急于打开新的市场时常采取这种做法。

第四节　竞争对手变动价格的对策

企业在产品价格确定后,由于客观环境和市场情况的变化,往往会对现行价格进行修改和调整。企业产品价格调整的动力既可能来自于内部,也可能来自外部。倘若企业利用自身的产品或成本优势,主动地对价格进行调整,将价格作为竞争的利器,这称为主动调整价格。有时,价格的调整出于应付竞争的需要,即竞争对手主动调整价格,而企业也相应地被动调整价格。无论是主动调整,还是被动调整,其形式不外乎是降价和提价两种。

一、价格变动的起因

企业常面临是否需要降低或提高价格问题。

(一)企业提价降价的起因

1.企业提价的起因

企业提价一般会遭到消费者和经销商反对,但在以下情况下企业可能会提价:
(1)产品已经改进。(2)应付产品成本增加,减少成本压力。(3)适应通货膨胀,物价普遍上涨,企业生产成本必然增加,为保证利润,减少企业损失,不得不提价。(4)产品供不应求,遏制过度消费。一方面买方之间展开激烈竞争,争夺货源,为企业创造有利条件;另一方面也可以抑制需求过快增长,保持供求平衡。(5)利用顾客心理,创造优质高价效应。(6)政府或行业协会的影响。

玩上海迪士尼要启动"钞能力"

上海迪士尼乐园自 2016 年开园以来频繁调整票价,其涨价历程如下:

2016 年开园之初,实行两级定价体系,平日门票 370 元、高峰门票 499 元;

第一次调价是 2017 年 12 月 6 日,官网公布自 2018 年 6 月 6 日起采用三级票价结构,平日票 399 元、高峰日票 575 元、假期高峰日票 655 元;

第二次调价是 2020 年 6 月 6 日,三级票价结构被调整为四级,分别为常规日门票、特别常规日门票、高峰日门票、特别高峰日门票,价格为 399～699 元;

第三次调价是 2021 年 7 月 9 日,官方宣布自 2022 年 1 月 9 日起,调价为 435～769 元;

第四次调价是 2022 年 12 月 23 日,官方宣布自 2023 年 6 月 23 日起,调价为 475～799 元。

南都记者从上海迪士尼度假区的官网上了解到,目前,迪士尼主推"春日家庭一日套票"(一大一小、两大一小)"迪士尼妙游一日套票"及"迪士尼妙游一日套票(含迪士尼礼宾服务)",进园后还有多数的"二次消费"。

大部分外地游客以为在主题公园中,门票、酒店的消费是最大的开支。其实,园区中如要快捷且最大限度地体验更多项目的话,仍有众多需要"花钱"的服务,比如尊享停车、"幻影秀焕景露台"、乐拍通约拍服务等,还有尊享导赏、礼宾服务套装、早享卡等快速通行少排队的付费服务。当然,这些付费服务是"丰俭由人",主要取决于游客的体验时间。

在乐园开业 5 周年的 2021 年,中国旅游研究院发布了《上海迪士尼度假区快乐旅游趋势报告》(以下简称《报告》),中国旅游研究院院长戴斌介绍,2017—2019 年,重游上海迪士尼乐园的游客量(人次)上升了 50%,而持上海迪士尼乐园年卡的游客一年游玩乐园多达 10 次以上。《报告》显示,从 2016 年 6 月—2019 年 6 月,上海迪士尼乐园游客在沪消费对全市旅游产业收入年均贡献 4.09%,乐园消费年均拉动新增就业 3.28 万人次。

资料来源:玩上海迪士尼要启动"钞能力"[N].南方都市报,2023-06-25.

2.企业降价的起因

这是定价者面临的最严峻且具有持续威胁力量的问题。企业在以下情况须考虑

降价:(1)生产能力过剩,产品供过于求,急需回笼资金,企业以降价来刺激市场需求;
(2)市场份额下降,通过降价来开拓新市场;(3)决策者决定排斥现有市场的竞争者;
(4)由于技术的进步而使行业生产成本大大降低,费用减少,使企业降价成为可能,并
预期降价会扩大销售;(5)政治、法律环境及经济形势的变化,迫使企业降价。

企业降价的弊端

很多企业在产品滞销的时候,往往会武断地认为产品已经缺乏竞争力,而最常用
的应对方法就是降价。降价的确可以促进销售,但它同时也会产生一些弊端。

第一,损失利润,这是显而易见的,降价直接导致的就是利润的流失。

第二,损伤品牌形象,顾客经常会对价格变化的动机产生疑问。他们会猜测这个
产品将被新品所取代,或是该产品有缺陷,没有销路;要么是公司陷入了财务困境;更
有甚者认为价格会进一步下调,或者产品的质量降低了。这让企业跌入低质量困境。
低价策略能够赢得市场份额,却得不到顾客忠诚。同一个顾客今后可能会转向价格
更低的企业。

第三,引发价格战,在今天这个同质化竞争十分激烈的市场中,一家降价,竞争对
手也跟着降价,甚至降幅更大,价格这个"市场终极武器"的手段将失去作用,单纯的
降价在今天的市场环境下已经显得低级且无力。

很多产品在发展到一定程度时,都会面临一个降不降价的问题。如果降价,不仅
少赚了许多利润,还会损伤产品与品牌的价值及形象,不降价又难以使消费者产生一
种赚到了的心理平衡。从价值营销的角度来讲,打折违反了价值原则。为了不损伤
产品价值与利润,企业可以采取一种"丢车保帅"的做法,也就是保持主体产品的价格
不变,但是采取各种促销策略来吸引顾客。

假设一个人来买奔驰汽车,销售人员告诉顾客可以打 5 折,估计顾客会转头就
走,因为,买奔驰的顾客不是为了买一辆交通工具,而是来买一种身份、地位与价值,
要是告诉他可以 5 折,那就意味着这辆车不能代表身份地位了。但是,如果销售人员
告诉顾客,买奔驰可以送一块瑞士手表,或者名牌的打火机,或是 100 万元车险,顾客
接受起来会容易得多,因为,这样既满足了顾客想在交易中占点便宜的人性特点,又
维护了产品的价值。

因此,企业应该尽可能通过赠送礼品、增加服务、延长产品保修期、送货上门、组
合销售等手段来提升产品价值,而不能动辄祭出"降价"的大棒。企业需要警惕这样
一点,如果消费者把你的产品和别人的产品进行对比时,或只关心价格时,那就已经
说明你的产品没有特色,或者说没有能够引起消费者兴趣的特色了。

成熟的消费者不会把目光停留在价格上,他们懂得一分钱一分货的道理,但前提是,企业必须突出价格之外的特色。一个产品如果能够让消费者不在乎其价格,那么,它的价格即使偏高,也照样畅销无阻。

资料来源:综合网络资料编写。

(二)各方对价格变动的反应法

任何价格变化都将受到购买者、竞争者、分销商、供应商,甚至政府的注意。

1.顾客对价格变动的反应

不同市场的消费者对价格变动的反应是不同的,即使处在同一市场的消费者对价格变动的反应也可能不同。顾客对提价的可能反应:产品很畅销,不赶快买就买不到了;产品很有价值;卖主想赚取更多利润。顾客对降价可能有以下看法:产品样式老了,将被新产品代替;产品有某些缺点,销售不畅;企业财务困难,难以继续经营;价格还要进一步下跌;产品质量下降了。

购买者对价值不同的产品价格的反应也有所不同,对于价值高,经常购买的产品的价格变动较为敏感;而对于价值低,不经常购买的产品,即使单位价格高,购买者也不大在意。此外,购买者通常更关心取得、使用和维修产品的总费用,因此卖方可以把产品的价格定得比竞争者高,取得较多利润。

小案例 8-8

草莓价格大跳水

"草莓价格便宜了好多!"最近,不少网友发现,春节假期过后,草莓等水果的价格回落,"草莓价格大跳水"相关话题多次冲上热搜。

据《中国证券报》报道,记者在北京多家草莓批发、零售市场调研发现,草莓价格的确大幅下降。"天气暖和了,草莓长得特别快,一夜就能红很多,都来不及摘。原产地降价了,批发端和零售端也就相应降了。"北京新发地农产品批发市场专业从事草莓批发的王亮(化名)对记者表示。

近日,不少人发现,北京的草莓价格便宜了很多。"草莓在我家餐桌上一直都没断过。最近我去买草莓,明显发现价格降了很多。"市民张先生表示,去年11月草莓刚上市时,他购买的同款草莓每斤要58元,现在每斤只要24元。市民陈女士也表示:"刚上市时我就知道会越来越便宜,现在这个价格还挺合适。元宵节买了点大家一块儿吃,再过阵子去采摘园边吃边摘更便宜。"

记者先后走访了多家商超发现,丹东、佳沃、红颜等品种的草莓,价格与去年11月调查时相比都出现了不同程度的下跌。有的从此前的58元/斤降至24元/斤,有的从 59.8 元/斤降至 33.8 元/斤,还有的从 69.8 元/盒降至 39.8 元/盒。某电商平台上,此前每斤价格在 40～80 元的草莓,售价也跌至 30 元左右。

记者走访了杭州果品批发市场,售本地草莓的老板表示,最近草莓价格便宜了很多。本地产的草莓现在批发价只要十几元一斤,等过段时间,估计会降到几元钱一斤。

一家水果店的老板娘表示,年前主要卖的是丹东红颜草莓和山东奶油草莓,现在主要以红颜草莓为主,奶油草莓已经接近尾声。"过了正月十五以后应该就不太会进货了。"老板娘表示,年前因为送礼需求量大,一直持续到正月初二、初三,来买草莓的顾客都比较多。过春节后草莓价格有所回落。"此前丹东红颜草莓批发价每斤 30～40 元,春节前价格已经回落,降至 20 元左右,现在只要 12～13 元,规格小点的直接降至个位数,只要 9～10 元。"

而据《中国证券报》报道,2 月 25 日,北京新发地农产品批发市场专业从事草莓批发的王亮告诉记者:"前两天山东、安徽的奶油草莓降到 8 元钱一斤,这两天原产地下雪了,采摘、运输受阻,价格又涨了几元钱,但即便涨价,价格也比年前要便宜一半。"还有多位批发商向记者表示,现在卖得最好的是辽宁丹东草莓,一斤 20 元出头,而春节之前能卖到五六十元一斤,价格已"腰斩"。

资料来源:刘飞.草莓价格大跳水[N].中国经营报,2024-02-26.

2.竞争者对价格变动的反应

虽然透彻地了解竞争者对价格变动的反应几乎不可能,但为了保证调价策略的成功,主动调价的企业又必须考虑竞争者的价格反应。没有估计竞争者反应的调价,往往难以成功,至少不会取得预期效果。

在实践中,为了减少因无法确知竞争者对价格变化的反应而带来的风险,企业在主动调价之前必须明确回答以下问题:本行业产品有何特点? 本企业在行业中处于何种地位? 主要竞争者是谁? 竞争对手会怎样理解我方的价格调整? 针对本企业的价格调整,竞争者会采取什么对策? 这些对策是价格性的还是非价格性的? 它们是否会联合作出反应? 针对竞争者可能的反应,企业的对策又是什么? 有无几种可行的应对方案? 在细致分析的基础上,企业方可确定价格调整的幅度和时机。

竞争者对调价的反应有以下几种类型:

(1)相向式反应。你提价,他涨价;你降价他也降价。这样一致的行为,对企业影响不太大,不会导致严重后果。企业坚持合理营销策略,不会失掉市场和减少市场份额。

(2)逆向式反应。你提价,他降价或维持原价不变;你降价,他提价或维持原价不变。这种相互冲突的行为,影响很严重,竞争者的目的也十分清楚,就是乘机争夺市场。对此,企业要进行调查分析,首先摸清竞争者的具体目的,其次要估计竞争者的实力,再次要了解市场的竞争格局。

(3)交叉式反应。众多竞争者对企业调价反应不一,有相向的,有逆向的,有不变的,情况错综复杂。企业在不得不进行价格调整时应注意提高产品质量,加强广告宣传,保持分销渠道畅通等。

二、竞争对手价格变动的对策

竞争对手在实施价格调整策略之前,一般都要经过长时间的深思得失,仔细权衡调价的利弊,但是,一旦调价成为现实,则这个过程相当迅速,并且在调价之前大多要采取保密措施,以保证发动价格竞争的突然性。企业在作出反应时,先必须分析:竞争者调价的目的是什么?调价是暂时的,还是长期的?能否持久?企业面临竞争者应权衡得失:是否应作出反应?如何反应?另外还必须分析价格的需求弹性,产品成本和销售量之间的关系等复杂问题。企业要作出迅速反应,最好事先制定反应程序,到时按程序处理,提高反应的灵活性和有效性,如图 8-4 所示。

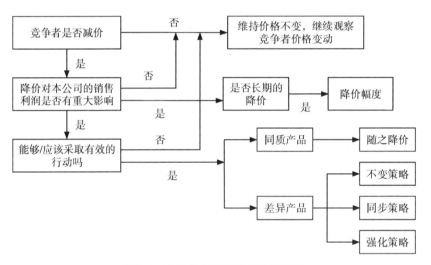

图 8-4　对竞争者调价的估计和反应

1.同质产品

在面对同质产品价格变动时,为了避免消费者转向价格较低的竞争企业,企业应该随着竞争企业降价而降价。但是,当提价会对整个行业不利时,即使竞争企业提价,其他企业也不一定会跟进。此时,市场领导者应该把价格降至原来的水平。

2.差异产品

在差异产品(异质产品)市场上,每个企业的产品在品牌、质量、包装设计,及消费者偏好等存在着明显的差异。企业在面对竞争者价格变动时,具有更多的自主权。企业可以采取如下策略。

(1)不变策略

价格不变策略即根据消费者对产品的偏好与忠诚度来抵御价格变动,等待市场环境出现有利时机或发生变化时,企业再作出行动。当确定竞争者已经降价,并且价格降低会损害销售利润时,企业可以作出维持原价的决定,保留忠诚的消费者。但是,随着竞争对手降价。其销售量会逐渐增长,因此企业等待时机不宜过长,应该有效地调整策略作出反应。

企业在保持价格不变时,可以通过提高产品质量、包装、设计,加强促销,增设销售网点等对产品进行改进,从而加强非价格竞争。

（2）同步策略

同步策略即完全或者部分跟随竞争者的价格变动,维持原来的市场格局并巩固市场地位。为了和竞争对手价格匹配,当竞争者降价时,企业跟随降价。企业需要注意的是,在产品降价的同时,必须努力维持产品的质量。

（3）强化策略

强化策略是结合非价格手段进行反击,以优越于竞争者的价格跟进。利用优越的市场地位,比竞争企业更大幅度降低价格,比竞争企业更小幅度提涨价格。

在应用上图的流程来进行决策时需要注意的是,竞争对手可能用了许多时间来作出调价的决定,但是受到威胁的企业可能不得不在几个小时或几天之内作出反应。应对竞争者的价格变动,企业要注意三个方面:一是如果对手降价,企业不能盲目地降价,因为价格竞争是种负竞争,结果只能引起恶性价格战,造成两败俱伤;二是企业要首先弄清对手改变价格的原因,分析竞争对手的实力,最后分析价格变动带来的影响;三是企业应采取相应的价格行动,选择有利的市场地位,把要付出的代价降到最低。总之,在竞争对手调整价格之时,企业必须密切关注竞争者的动向,并及时将有关信息反馈回来,以便作出进一步的决策。

第五节　数智化趋势:数智化与定价策略

随着人工智能技术在社会经济发展中的重要性日益增加,数据驱动型市场的经营者开始广泛引入复杂的智能算法对海量的市场数据进行自动挖掘与预测,并利用算法对每个消费者的支付意愿进行精准评估和预测,从而实现数智化定价。

一、数智化定价之动态定价策略

（一）动态定价的含义

在互联网环境下的各种交易模式中,以动态定价模式进行的交易方式正在不断增加。在网络环境下,将在线技术引入动态定价机制中,模拟传统动态定价流程,可实现在线动态定价。动态定价就是根据顾客认可的产品、服务的价值或者根据供给和需求的状况动态调整价格，是买卖双方在交易时进行价格确定的一种定价机制，允许同样的货品或服务因为顾客、时间、空间或供应需求的不同而确定不同的价格。动态定价机制有助于在不确定的环境下寻求价格，通过价格和当前市场条件的匹配，买方和卖方之间能产生出一个最优的结果，从而达到更高的市场效率。

运用动态定价法，以适应个体消费者的需要和多种购买情境，成为买卖双方在线交易时最常用的定价策略。如果应用得当，动态定价可以帮助企业最大化销售和更好地服务顾客；如果应用不当，则可能引发侵蚀利润的价格战，损害客户关系和信任。公司必须小心谨慎，把握好明智的动态定价和损害性的动态定价之间的界线。

有的公司从顾客网上浏览和购买历史中进行数据挖掘，获得顾客的特点和行为特征，并以此为基础定制产品和价格。例如，一位上网购买头等舱机票或定制一辆新梅赛德斯车的顾客可能随后便会收到一份相关报价信息；而一位网络搜索和购买历史更节俭的朋友，则可能收到相同商品 5％ 的折扣和包邮的优惠。

那么，动态定价的做法到底是否合法呢？其实，只要公司不是基于年龄、性别、地点或其他类似特征的歧视，动态定价就是合法的。动态定价根据市场力量调整价格，通常符合顾客的利益。但是，市场营销者需要小心，避免运用动态定价损害某些顾客群体的利益，破坏重要的客户关系。

(二)动态定价的步骤

互联网促进了 B2B 和 B2C 的许多动态定价模式。大多数电子交易市场进行动态定价的基本过程下：

(1)公司提出购买商品的出价或销售商品的报价；

(2)启动交易过程；

(3)采购方和销售方可以看到出价和报价，但通常看不到是哪一方发出的，匿名性是动态定价的关键要素；

(4)采购方和销售方实时地相互出价和报价，有时采购方可以联合起来从而获得批量折扣的价格(如团体采购)；

(5)当采购方和销售方就价格、数量和其他条款，如地点或质量达成一致时，一笔交易就商定了；

(6)交易实施，安排支付和交货事宜。

通常，交易市场外部的第三方公司提供支持服务，如信用卡验证、质量保证、担保证书服务、保险和订单履行等。它们确保采购方的支付保障和销售方货品状态的完好，并协调实现产品的交付过程。

(三)动态定价的适用领域

对同一产品或服务收取不同价格的动态定价机制吸引了很多企业，企业成功实施动态定价的条件如下：

（1）商品价值的时间弹性较大。商品价值的时间弹性越大，就越需要价格实时反映市场条件的变化，否则就会造成价值的损失，如容易腐烂的物品、折旧大的物品等。因此，时间弹性比较大的产品或服务可以使用基于需求的动态定价方法。

（2）估价信息的完全性。由于商品的市场价值依赖对买方或卖方估价信息的了解，在买方或卖方估价信息不完全的条件下，需要由定价机制来揭示估价信息，如古董、艺术品的定价。

（3）需求或供给的可预测性。市场需求或供给的波动越是频繁，波动幅度越大，商品的市场价值对时间的依赖性就会越强，商品的市场价格越需要实时反映市场需求或供给的变化。

（4）客户愿意为同样的货品或服务支付不同的价格。企业必须知道或能够推断出顾客对每一单位产品或服务的支付意愿，这个支付意愿随着顾客或销量的变化而变化。顾客对同样产品或服务的价值评估差异越大，越可以使用动态定价配置和管理需求，但是实行动态定价时不能让顾客感觉到不公平。顾客反对根据他们过去的消费行为或者个人的支付能力进行的动态定价，但如果顾客参与定价过程，他们也愿意接受明显的价格歧视，同时企业必须有能力阻止或限制顾客转售套利。

（5）市场越大，顾客数量越多，交易数量越大，使用动态定价的机会越多。市场越大，顾客越多，市场的不确定性就越大，这样的不确定性市场更适合动态定价。互联网增加了市场的不确定性，促进了传统经济向现代经济的转变，为电子商务企业采用动态定价提供了条件。

（四）人工智能动态定价

近年来，人工智能使定价解决方案能够跟踪购买趋势并确定更具竞争力的产品价格，它趋向于根据外部因素及其购买特性为客户提供不同的价格。优步（Uber）、亚马逊（Amazon）和爱彼迎（Airbnb）这三大科技巨头创建全新的市场并压垮行业中的竞争对手，实现快速增长，动态定价是推动这些公司整体增长和成功的主要因素。动态定价是公司用来匹配当前市场供求的一种策略。

在当今技术驱动的世界中，AI辅助动态定价算法帮助Uber这样的叫车公司实时利用其数据。这就是为什么Uber用户在城市的不同地区和一天中的不同时间看到的价格不同的原因。价格的调整是基于驾驶员供应的实时数据以及客户位置、区域交通、天气等的预测而进行的。通过实时数据，在云平台上运行的客户关系管理软件与AI工具结合使用，该工具通常采用动态定价算法，然后将其与最新的销售自动化结合使用。此外，动态定价算法可以为旅游公司、体育甚至B2B市场等多个市场设置实时定价。

AI动态定价是基于客户行为数据的，如客户查看过的商品类型、在该产品或项目上花费的小时数、购买的产品种类以及放在购物车中的产品是什么、客户的位置等。这些实时数据被输入 AI 引擎中,该引擎将行为转换为角色,然后尝试为客户预测事物。它预测的主要内容之一是客户愿意在该产品上花费的金额。AI 动态定价过程通常包括收集数据、使用 AI 进行数据分析、制定最优定价计算算法、制定最优定价等步骤。

二、数智化定价之个性化定价策略

(一)定制化生产

作为个性化服务的重要组成部分,按照顾客需求进行定制化生产是网络时代满足顾客个性化需求的基本形式。根据顾客性质,定制化生产可以分为两类:一类是面对工业组织市场的定制化生产,这部分市场属于供应商与订货商的协作市场,如波音公司在设计和生产新型飞机时,要求其供应商按照其飞机总体设计标准和成本要求来组织生产。这类属于工业组织市场的定制化生产主要通过产业价值链,由下游企业向上游企业提出需求和成本控制要求,上游企业通过与下游企业协作,设计、开发并生产满足下游企业需求的零产品。另一类是面对消费者市场的定制化生产。消费者的个性化需求差异性较大,需求量又较少,因此企业实行定制化生产必须在管理、供应、生产和配送各个环节上,都适应这种小批量、多样式、多规格和多品种的生产和销售的变化。为适应这种变化,现代企业在管理上采用企业资源计划系统(enterprise resource planning,ERP)来实现自动化、数字化管理,在生产上采用计算机集成制造系统(computer integrated manufacturing system,CIMS),在供应和配送上采用供应链管理(supply chain management,SCM),在营销管理上采用社交化客户关系管理(social CRM,SCRM)。

(二)人工智能个性化定价

个性化定价是指针对同一件商品,为不同的顾客提供不同零售价的定价策略。个性化定价起源于电子商务网站,2017 年后一些实体店也采取这种定价策略。比如在买电影票、订机票时,虽然购买的是同一场次、同一航班,自己看到的价格和其他人看到却不一样,这就是个性化定价。越来越多的超市试行"个性化定价",你和其他购物者购买同样多的牛奶时,可能付款各异。同样的商店,同样的牛奶,却有不同的价格。

算法与大数据以及机器学习等先进技术的充分结合,正日益影响着数字市场的竞争以及消费者的日常生活。个性化定价算法可以利用 Cookie、IP 地址或用户登录信息等多种渠道搜集市场信息。海量的信息不仅可以帮助经营者分析竞争对手、商业伙伴以及消费者的支付意愿,而且有助于经营者合理安排商品价格,创造利润空间。除此以外,更复杂的定价策略还可以利用你的智能手机的定位功能,追踪你在商店中的位置,比如,定位显示你在口腔卫生商品区,系统得知后,也许会将漱口水的定价减去几分钱。

人工智能个性化定价算法对消费者预期价格的准确评估得益于对市场信息,尤其客户信息的深度挖掘。而这些基于多样化数据的分析结果具有不可预测性,基于数据和人工智能算法的个性化定价可以对消费者的个人行为偏好和私人生活信息作出无法验证的推断,由于算法运行机制的隐蔽性以及分析结果的不确定性,导致经营者采取个性化定价算法时可能产生降低消费者隐私保护程度的单边效应,需要引起经营者监管部门的广泛重视。

三、影响数智化定价的因素

数智化定价是一项十分复杂的工作,企业必须在确定了定价目标,搜集到各影响因素后,才能进行科学有效的定价。目前应用的数智化定价影响因素包括以下几种。

(一)产品独特的价值效应

菲利普·科特勒在顾客让渡价值中指出,顾客对产品或服务价值大小的判断来自顾客总成本和顾客总价值之间的差额。在网络营销中,企业可以通过网站服务和企业形象差异化所体现的人文关怀来提高消费者的购买意愿。

(二)价格敏感度

在网络购物环境中,顾客可通过网站搜索比较和查询比较(如淘宝网站"找相似"与"找同款")等多种方式获得准确的价格信息,顾客在进行产品或服务的价格比较中会形成替代物选择动机与明确的价格观点。互联网的透明化提高了网购顾客的价格敏感度,特别是同质化较高的产品,价格对顾客的购买决策的影响力会加强。

小案例 8-9

开通座椅加热要收 1299 元

2023 年 1 月 9 日消息,Smart 精灵#1 推送了 smart OS 1.1.0 CN 系统版本,新增硬件功能订阅服务,包括座椅加热、方向盘加热和前排座椅通风三个项目,服务费最低 99 元/月。据悉,奔驰前段时间就在韩国市场上线了这项订阅服务,引起了车主们的激烈讨论。

在近期智能电车市场中,最热门的话题莫过于车企们的"硬件功能订阅服务",例如奔驰,在前段时间面向韩国市场推出了多项硬件功能付费解锁的项目,引起了不少车主的不满。在最新曝光的消息中,由奔驰联手吉利打造的纯电动小轿车 Smart 精灵♯1 迎来了 2023 年的首次 OTA 更新,而硬件功能订阅项目正是本次更新的重点内容。与奔驰之前在韩国市场推行的方案相似,Smart 精灵♯1 也只是提供一些"锦上添花"的功能,例如座椅加热、方向盘加热等。而这些项目,单项永久解锁最高达1999 元人民币。

事实上,订阅服务已经广泛流行于各个领域,从音乐、影视、游戏,到智能电车,可以说是相当普遍了。但与纯粹的内容付费不太一样,订阅制在智能电车上的讨论无非是硬件成本的问题。部分车主认为,负责这些功能的硬件本身已经包含在整车之中,自己为这部分硬件支付了费用,但却无法正常使用这些功能,十分不合理。当然,这也不是奔驰在中国市场首次试水订阅制,像 EQS 450＋先锋版,需要支付 4998 元/年才能启用 10 度后轮转向系统,而本质上,这款车是本来就配用支持该系统的硬件的。

相比起这类"锦上添花"的功能,车主们更担心付费硬件功能订阅会不会让车企们变本加厉,影响驾驶体验。奔驰在 EQS 450＋先锋版上试水硬件功能订阅,最核心的原因是这款车定位较低,相比起普通版便宜了好几万,跟别提与顶配版本相差了近40 万元人民币了。确实,更低的售价使这款车获得了更强的市场竞争力,但这样的方案,其他车企也能借鉴。这样一来,以后是否会变成买一辆车,但是大部分功能都需要付费解锁呢? 这很难说。

但不得不说,假设车企们懂得把握好付费订阅的度,对于提升品牌竞争力和造福消费者两个方面都有好处。从 Smart 精灵♯1 提供的三项功能来看,确实并非汽车行驶过程中必备的功能,有需要的车主可以选择订阅,没有订阅的车主也不影响使用。不过,还是希望车企们在设定这个方案前,可以将付费功能的成本公开,并告知消费者们订阅与否对使用体验造成的差距、在售价上制定一些优惠,可能更能获得车主们的支持。

资料来源:座椅加热要收钱! 奔驰 Smart 硬件付费订阅来了:1299 元[EB/OL].(2023-01-09)[2024-01-09].https://baijiahao.baidu.com/s? id＝1754541908207642803&wfr＝spider&for＝pc.

(三)顾客参与的主动性

网络购物顾客在产品或服务价格确定的过程中处于主导地位与主动的态势,顾客在网购中的角色是价格制定者,而不是价格接受者。顾客可以对所选产品或服务进行议价,制定出自己期望的价格。

(四)一对一谈判

互联网的发展给营销带来了个性化的特点。网站平台的互动交流能即时获得顾客对产品属性的具体的内在个性化需求。企业也可通过互联网技术收集顾客的数据,并根据顾客的特性进行个性化的市场细分。大数据挖掘技术赋予了网络营销一对一谈判的可能。

拓展阅读 8-6

基于大数据的生鲜产品网络营销定价策略

(1)商品成本。在生鲜产品定价中,其成本是重要影响因素之一,除了一部分已经投入进去的一般劳动力成本和本身产品价格成本外,还有各种物流成本、广告成本、技术成本等不太好计算的成本。在包装、储运、配送等过程中,商品都有可能会产生自然或者人为的损耗,损耗率则会导致生鲜商品成本变高,所以在定价时要综合考虑生鲜产品本身及销售过程中产生的成本。

(2)市场竞争。竞争存在于各行各业。网络销售渠道的生鲜卖家众多,每位商家在定价时都要参考同行卖家的商品定价,以防价格过低而亏本,价格过高而错失消费者。在生鲜市场上产品的供需状况也会影响网络产品定价。在不同的市场环境下,竞争参与者不同,产品价格也会相应发生变化。

(3)商品利润。生鲜产品之所以走网络渠道也是为了盈利,而毛利率是评价企业盈利多少的一个指标,因此毛利率是定价时考虑在内的必要因素之一。所谓生鲜产品毛利率就是一定时间内生鲜产品的毛利与生鲜产品销售收入的百分比,线上平台商家在定价的时候应该保证一定的毛利率,从而赚取利润。

(4)顾客对产品的敏感度。敏感度分为敏感和非敏感,敏感生鲜商品是指那些顾客需求较大的商品。相关调查显示,大部分的客户会记住敏感商品的价格,所以敏感商品的价格变动会直接影响顾客的购买。相反的,非敏感商品是指顾客购买频率较低的商品,大多情况下顾客记不住此类商品的售价,此类产品的定价可以适当调整。因此生鲜产品在定价时需要综合考虑多方面因素,达到收益最大化。

资料来源:徐楠,殷倩,李晶晶,等.基于大数据的生鲜产品网络营销定价策略研究[J].中国市场,2019(22):126-127.

本章小结

价格通常是影响产品销售的关键因素。定价的重要意义在于使价格成为促进销售最有效的手段。定价策略的奥妙,就是在一定的营销组合因素下,如何把企业产品的价格定得既为消费者乐于接受,又能为企业带来较多的利润,充分发挥价格的杠杆作用,取得竞争优势。

科学合理地制定产品价格,就要从实现企业战略目标出发,在运用科学的方法和灵活的策略的同时,综合分析营销产品的成本、市场竞争、顾客的价值,还要分析营销战略目标与营销组合、市场形态、宏观经济、政府政策、大众观感等。

企业定价的方法很多,有成本导向定价法,包括期望利润定价法、目标利润定价法;有顾客导向定价法,包括感知价值定价法和反向定价法;有竞争导向定价法,包括随行就市定价法和竞争投标定价法。

营销定价既是一门科学,也是一门艺术,定价的艺术技巧表现在定价策略上,包括心理定价、折扣定价、地区定价、差别定价、新产品定价等。企业处在一个不断变化的环境中,可能出于宏观环境的变化,也可能是由于行业及企业内部条件的变化,因此企业价格的调整也很重要,包括提价和降价以及重视顾客和竞争者对调价的反应,最终都不能违背补偿成本费用和获取目标盈利的一般规律,实践中灵活采用不同的定价方法和技巧,则显示了寓科学于艺术之中的企业价格决策特点。

重要名词

价格　成本　价值　竞争　市场形态　成本定价法　期望利润法　目标报酬法
盈亏平衡法　感知价值定价法　反向定价法　随行就市定价法　竞争投标定价法
撇脂定价法　渗透定价法　心理定价　产品线定价　选购品定价　必配品定价
副产品定价　折扣定价　地理定价

案例评析

案例评析

思政专题

2017年10月，习近平总书记在党的十九大报告中指出，"经济体制改革必须以完善产权制度和要素市场化配置为重点，实现产权有效激励、要素自由流动、价格反应灵活、竞争公平有序、企业优胜劣汰"。

2020年7月21日，习近平总书记在京主持召开企业家座谈会并发表重要讲话。讲话中，习近平指出"企业既有经济责任、法律责任，也有社会责任、道德责任"；"任何企业存在于社会之中，都是社会的企业。社会是企业家施展才华的舞台。只有真诚回报社会、切实履行社会责任的企业家，才能真正得到社会认可，才是符合时代要求的企业家"。

请思考：

1.结合以上论述，谈谈企业在市场定价中如何实现经济性和社会性的平衡，实现有道德的定价。

2.试以一个具体行业为例，观察并评价其价格制定是否合理，价格竞争是否公平有序。

AI实训专题

请选择一个知名的消费品品牌和产品，假设该公司计划今年主力产品涨价20%，但又担心涨价会影响口碑。请以公司"品牌经理"或"营销总监"的角色，让DeepSeek设计一份可落地的价格调整营销方案。请小组结合所学价格策略理论对该方案进行评价并优化。

课后习题

第九章 分销渠道策略

学习目标

1.理解和掌握分销渠道的含义以及分销渠道在营销中的功能；

2.理解和掌握渠道层次和中间商的内容；

3.理解和掌握分销渠道管理的含义及其应用；

4.掌握 3 种渠道系统,传统营销渠道系统、纵向营销渠道系统和横向营销渠道系统；

5.理解和掌握渠道冲突的内容和管理；

6.理解营销物流作用,掌握营销物流的内容；

7.理解数智化与零售的发展趋势。

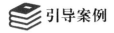

引导案例

9 岁盒马迎变局

盒马迎来了自创立以来的最大变动。2024 年 3 月 18 日,阿里集团 CEO 吴泳铭发布内部邮件称,即日起,侯毅卸任盒马 CEO,由盒马 CFO 严筱磊接任,未来侯毅将作为盒马首席荣誉顾问,为盒马的发展贡献经验和智慧。严筱磊加入盒马 6 年,拥有丰富的业务洞察能力,希望带领盒马越做越好。

作为盒马的创始人,也是灵魂人物,侯毅从 2015 年起将盒马这个阿里内部创业项目,带到了如今有着超过 360 家门店的"新零售"样本。今年 60 岁的侯毅,对 9 岁的盒马选择了放手。而刚辟谣被中粮收购的盒马,下一站又将前往何方?

在我国零售行业的过去 10 年里,盒马的重要性毋庸置疑,它掀起了中国零售行业的变革风潮。而在这股风潮中,侯毅扮演了灵魂角色。2015 年加入阿里巴巴的侯毅,毫无疑问是个零售老兵。早在 1999 年,侯毅就在上海本土便利店品牌"可的"担任供应链总经理。此后他加入京东,主导京东自有仓储和物流中心"亚洲一号"的建设,操盘京东 O2O 业务。丰富的零售和物流经验,为侯毅此后建设盒马的物流配送体系打下了坚实的基础。2015 年,在时任集团 CEO 张勇的支持下,侯毅于内部孵化了新零售业务"盒马",成为该业务的创始人之一,并先后担任盒马事业群总裁以及盒马公司 CEO。同时,侯毅还是阿里巴巴集团副总裁之一。

盒马 2016 年在上海开出的首家门店,俨然成了大众眼中的"网红店":店内大海缸内游着的帝王蟹、波士顿龙虾,不光能看,还能现场烹饪食用;门店顶部的悬挂链"哗啦啦"地来来回回,店员们忙着分拣线上订单;货架上售卖的不仅是散装蔬菜,还有洗净切好封装的净菜,顾客拿回家拆封即可用……这些,都让盒马在 2016 年成为零售行业最闪亮的那个"崽",引起业内跟风者无数。

开业仅一年半,上海这家店就实现了盈利,盒马就此开启全国复制路线。除了盒马鲜生之外,9 年来,盒马还孵化尝试了多种创新业态。小店业态盒马 mini、便利店业态盒马 F2、早餐业态 Pick'n Go(后改名为盒小马)、购物中心业态盒马里、前置仓盒马小站、社区团购盒马邻里、仓储会员店盒马×会员店、折扣业态盒马奥莱、精品超市盒马 Premier 店……曾几何时,盒马是业内知名的"业态狂魔"。2017 年至今,在这些创新业态中,不少成了创新试错的成本。最终保留到现在的主力业态,只有盒马鲜生、盒马×会员店和盒马奥莱。

在盒马的 9 年,侯毅不拘于创新,尝试过零售业态的多种发展可能性。尽管创新业态繁多,试错也不少,但侯毅的调整速度也极快,当发现一个创新业态难以跑通时,他会毫不犹豫地调整方向,"说关就关"。或许,这次侯毅选择放手,也是因为他认为盒马到了该调整方向的时候。

公开资料显示,此次将接替侯毅的严筱磊今年 45 岁,曾在西门子中国、毕马威工作。2016 年她加入阿里,曾担任 UC(浏览器)事业部、银泰集团财务负责人,2018 年她加入盒马担任 CFO。

提及侯毅,避不开的就是新零售这个概念。9 年之间,市场环境在变,侯毅的想法在变,盒马也在变。自盒马开出第一家门店,就是按照"新零售"的概念去运行的。彼时,侯毅的想法虽然是门店应该线上线下一体化,但订单要以线上为主、线下为辅,线下门店只是为顾客提供体验的一个场所。在侯毅看来,这家新零售门店如果想要跑通模式,需要以线上订单为主、线上单店日均订单量超过 5000 单、App 不需要其他流量支持,能够独立生存、在冷链物流成本可控的背景下,实现可控范围内 30 分钟送达。

他的这一理念,带动了整个零售行业的"新零售"风潮,学习盒马"零售＋餐饮",进行线上线下一体化尝试的同行并不在少数。跟风者虽多,但基本上都在 2019 年至 2021 年间陆续关闭,存活至今的,只有盒马这个"新零售"样板。在侯毅带领下,如今的盒马鲜生开出了超过 360 家门店。

2019—2021 年这三年,对盒马来说是个转折点。或许从此时开始,侯毅意识到了盒马的盈利压力。自阿里巴巴集团从 2021 年底开始推行经营责任制后,盈利对需要自负盈亏的盒马变得更为迫切。如果说此前的盒马运营思路比较偏向互联网思维,此后的盒马则开始重视零售思维。2022 年初,侯毅在内部邮件中强调,盒马鲜生已明确从原来的"线上发展为主、线下发展为辅",转为"多业态线上线下协同发展",并提出将线下订单占比提升至 50% 的目标。

在侯毅看来,2016—2018 年是盒马的新零售探索期,完成了新零售线上、线下六个统一的数字化,完成了 200 家门店的全国布局。2019—2021 年是盒马新零售模型打磨、商业模式优化的三年;2022 年是盒马新零售的成熟期,主力业态盒马鲜生实现盈利。根据盒马公布的数据,2022 年,盒马鲜生销售额同比增长超 25%,盒马×会员店增长超 247%。2022 年四季度和 2023 年一季度盒马连续两个季度实现盈利。

2023 年初,侯毅认为"盒马作为一个新零售业态完成了第一阶段的目标",要"持续打造好商品、全面实施精细化运营、多业态并行、实现更加全面的互联网化、保持开放心态,不断学习"。而这一年,也是盒马变化最多的一年。

2023 年 2 月,盒马门店陆续在各个城市试点"1 小时达"服务;4 月,盒马的电商业务盒马云超宣布配送服务覆盖全国大部分地区,并且线下门店配送范围从 3 公里增至 5 公里。"让我们期待盒马的进化吧",侯毅在微信朋友圈这样解读这些新动向,"很多人对新零售的理解,仅仅是线上线下的双渠道销售,其实这只是新零售的第一阶段,新零售的未来实体门店仅仅是销售基础、流量来源和品牌的认知,而盒马 App 才是新零售的核心,可以无限扩容,有无限的想象空间"。

到了 2023 年 10 月,侯毅宣布盒马开启折扣化变革,要把"好的商品卖便宜":"未来,盒马将通过折扣化变革,达成 Low price,low cost operation,but unique(价格低,运营成本低,但独特)的目标。"

这一理念,为盒马接下来的一系列动作奠定了基础:变革组织结构、缩减 SKU、降低商品价格、调整会员权益……侯毅认为 1.0 时代的盒马,商品做得很好,但商品价格竞争力一直没做好。而把成本做下来、把价格做下来,就成了 2.0 时代盒马的发展方向。这也是侯毅任职期间对盒马作出的最后的战略调整。

2024 年的盒马,在新的一年,迎来的关键词是"变"。

随着阿里"1+6+N"重磅变革步入深水区,盒马等阿里系公司于 2023 年启动独立上市计划。2023 年,盒马拉开上市狂奔的序幕,8 城 12 店开张。彼时,在外界看来,盒马多次加速上市进程,有望成为阿里分拆蓝图中首个上市的独立公司。但 2023 年 11 月 16 日,一纸公告宣告了盒马上市进程的改变——阿里公告显示,盒马的首次公开募股计划暂缓,正在评估市场情况,确保成功推进项目实施和提升股东价值。

近期,市场多次传出盒马、大润发被出售的消息。就在侯毅宣布退休数日前,盒马刚刚回应了"中粮以 300 亿元收购盒马和大润发"的消息为假。

对侯毅来说,盒马是他一手拉扯起来的孩子。9 年间,侯毅在盒马不断创新、不断试错、不断前进。虽然他可以说是中国零售行业有史以来最能"折腾"的人,但盒马的很多尝试与创新,即便是试错,也带给零售行业很大的启示。线上线下融合、即时零售、自有商品创新……在中国零售行业还在以自己步调逐渐发展的时候,侯毅带着盒马横冲直撞,搅乱了一池春水,卷起了零售业的创新风潮。

如今,9 岁的盒马,到了告别创始人的时候。站在命运的十字路口,盒马后续如何发展,中国商报记者将持续关注。

资料来源:冉隆楠.9 岁盒马迎变局[N].中国商报,2024-03-20.

引导问题:盒马作为新零售的代表目前遇到的困境是什么?

第一节　分销渠道概述

分销渠道是营销 4P 组合中相当不容易掌控的环节,也是较容易产生混乱的环节,是营销决胜市场的作战"阵地"。企业生产出来的产品,只有通过适当、充分、有效的分销渠道,才能在适当的时间、地点,以适当的价格供应给广大的消费者或客户,从而克服生产者与消费者之间的阻隔障碍,满足市场需要,实现企业的可持续获利目标。企业在分销渠道方面的核心问题,即是如何建立适当、充分、有效的分销渠道。

一、分销渠道的含义与意义

分销渠道也称销售渠道,它是指产品或服务在从供应厂商向消费者转移的过程中,取得这种产品或服务的所有权,或帮助所有权转移的所有企业和个人。

产品的传递转移包括商品所有权的转移和商品实体的转移两个方面。其起点是生产者,终点是消费者或用户,中间环节是中间商,包括各种批发商、代理商、零售商、商业服务机构(交易所、经纪人等)等。

分销渠道决策是企业营销工作中最重要的决策之一。企业所选择的渠道不仅会影响其产品是否能"货畅其流",而且将直接影响其他市场营销决策,如产品包装、定价和促销。恰当的渠道选择,必将增强企业的竞争能力。

同时,在顾客的角度看来,渠道就意味着企业本身,渠道所展现出来的形象就等于是企业的形象。比方说,某个产品,它如果只能在农村或者远郊的小商店里买到,那么,消费者会很自然地认为这个产品的定位比较低端,没有什么档次和品位,质量也不能让人安心;相应的,如果某个产品只能在一些中高档的商场或专卖店里买得到的话,消费者会认为该产品非常高端,企业非常有实力,购买起来也会放心很多。

一般来说,企业与渠道之间更多的是一种合作关系,企业可以对渠道施加影响,但并不能去管理渠道的每一个细节,更不用说企业对渠道管控乏力的情况。也就是说,渠道表现出来的某些不足,未必就是企业希望看到的。但是,在顾客来说,他们接触的是渠道,从渠道商那里购买产品、接受服务,当这个过程中出现问题时,顾客不仅会对渠道商不满,更会对企业和企业的品牌不满,顾客不会去理性地分析问题到底出在渠道身上,还是出在企业身上,因为渠道对他们而言,就是企业的一部分。

企业在渠道商的选择、渠道的管理与建设上不能有丝毫的疏忽,渠道出现问题就等于是企业自身出现了问题。

二、分销渠道的功能

分销渠道承担将商品从生产者转移到消费者手中的任务,必须克服产品和服务与需要它们的消费者之间的时间和空间距离。分销渠道成员执行许多重要功能:

(1)收集营销环境中有关潜在顾客和现有顾客、竞争者和其他参与者的数据与信息。

(2)开发并推广具有说服力的沟通方式,以刺激购买并培养品牌忠诚度。

(3)就价格和其他条款进行谈判并达成协议,以实现所有权或使用权的转移。

(4)向制造商下订单。

(5)获取向分销渠道中不同层次的存货提供融资服务的资金。

（6）承担开展渠道有关工作所涉及的风险。

（7）为买方提供融资，并促进付款。

（8）协助买方通过银行和其他金融机构支付其账单。

（9）监督所有权从一个组织或个人向另一个组织或个人的转移。

例如，一家冰箱经销商，在销售过程中发现顾客主要追求保鲜、节电等，同时也收集到市场上其他厂家的同类产品的信息。这家经销商向冰箱制造商反馈，这就显示了渠道的信息流功能；然后，当经销商发现顾客有购买意向后会说服其购买，在这一过程中，渠道可以实现促销流的功能；下一步经销商和购买者会就价格等达成协议，实现所有权和占有权的转移，这又体现了所有权流的功能；下一步会涉及物流、融资、风险承担等。这所有的流程，称为渠道的功能流，即实物流、所有权流、支付流、促销流、信息流等。这些流程将组成渠道的各类组织机构贯穿起来，实现企业的营销运营。图9-1展示了五种最常见的渠道流。如果把这些流合并在一张图上，我们就会看到，即使是最简单的分销渠道也极其复杂。

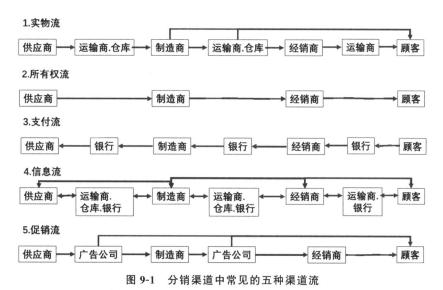

图9-1　分销渠道中常见的五种渠道流

资料来源：菲利普·科特勒，凯文·莱恩·凯勒，亚历山大·切尔内夫.营销管理［M］.16版.陆雄文，蒋青云，赵伟韬，等，译，北京：中信出版社，2023：431.

许多渠道功能涉及商品和服务的双向流动。有些功能（存储和运输、所有权和沟通）构成了从公司到顾客的顺向流程；有些功能（订货和支付）构成了从顾客到公司的逆向流程；还有一些（信息、谈判、融资和风险承担）则是双向流程。

对营销者来说，问题不在于是否需要执行各种渠道功能——因为它们必须执行——而在于由谁来执行。将一些功能转移给中间商可以降低制造商的成本和价格，中间商则会通过加价来弥补其成本。如果中间商比制造商更有效率，消费者承担的价格应该更低。如果消费者自己执行一些渠道功能，他们应该享受更低的价格。

因此,渠道机构的变化在很大程度上是由于发现了更有效的方式来合并或分拆,向目标顾客提供各种商品的经济功能。

小案例 9-1

美的系全品类在京东线上渠道净销售额突破 500 亿!

2024 年 1 月 31 日,美的与京东年度销售庆典活动举行。2023 年美的系全品类产品在京东线上渠道的净销售额突破 500 亿元,美的也成为京东家电首个年销售额超过 500 亿元的合作伙伴。美的集团董事长兼总裁方洪波、京东集团 CEO 许冉等双方领导出席此次庆典活动,并在现场约定未来 3 年在线上渠道(业务)保持每年净增 100 亿元、整体净销售额突破 2100 亿元的目标。

美的集团董事长兼总裁方洪波表示:"2014 年我们与京东签下了 100 亿的销售目标,2024 年我们签订了未来三年 2100 亿的目标。10 年前,我们不可能想到三年能到 2100 亿的目标,但在这 10 年里我们一起携手共进,一次又一次地突破和超越。如今,我们不仅敢于设想并追求更高的目标,更有信心将其实现。"

基于未来 3 年在线上渠道(业务)整体净销售额突破 2100 亿元的目标,双方将进一步增加产品和营销投入,为消费者提供更多优惠权益和有竞争力商品;洞察用户需求不断推陈出新,加大新品研发效率和宣发力度;对于不同人群、不同需求、不同市场环境,要更有针对性地布局产品结构;并持续优化与升级售后服务举措,提升消费者整体购物体验。

一方面,京东与美的在全渠道均实现有质量的增长,线上线下各销售渠道均创造历史新高;此外,双方更是联合打造了多款行业爆品,例如以小乌梅为代表的水魔方系列洗衣机、微晶系列新品冰箱、酷省电系列空调等爆款单品的整体销售量更是超过千万台。

另一方面,双方在服务体验上不断升级,通过省心装、一价全包等售后服务的升级优化,持续提升安装好评度和店铺转化率等售后体验;并在存量市场下利用以旧换新激活用户以更优惠的价格换新家电。京东与美的在渠道优化、产品迭代、服务升级、营销创新等方面的努力,也获得了广大消费者的认可。2023 年美的京东自营官方旗舰店新增会员超过 550 万,店铺会员规模超过 2300 万。

资料来源(节选):美的系全品类在京东线上渠道净销售额突破 500 亿[EB/OL].(2024-02-04)[2024-04-10].https://finance.eastmoney.com/a/202402042981860986.html.

第二节　渠道层次与渠道中间商

一、渠道层次

产品从制造商转移到客户的过程通过中间商的数目为渠道层次;渠道层次也称为渠道长度。在产品从制造商转移到客户的过程中,任何一个对产品拥有所有权或负有营销责任的中间商,都是一个渠道层次。

根据中间商数目的多少,消费市场可以把渠道分为零层渠道、一层渠道、二层渠道、三层渠道,说明如下,亦见图9-3(a)。

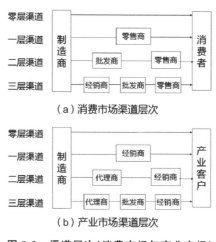

（a）消费市场渠道层次

（b）产业市场渠道层次

图9-3　渠道层次(消费市场与产业市场)

钟薛高,祸起线下渠道

钟薛高进入大众视野的2021年。当年,创始人林盛一句"爱要不要"的截图流出,开启了品牌的热搜之路。从"钟薛高涉及虚假宣传""钟薛高道歉"到"钟薛高是智商税还是物有所值",舆论试图全方位审视这个新消费品牌,但并未影响后者销量。

2021年5月至2022年5月,钟薛高卖出了1.52亿根雪糕,同比增长176%,营收也达到了8亿元。

这符合林盛的预期。"做品牌必须让自己成为网红、出圈,然后从网红努力走向长红,最后变成品牌。"这位广告出身,服务过大白兔、味全等快消品牌的老兵,有一套自己的营销方法论。

但问题在于,林盛并没有亲自做过快消生意。当钟薛高把过去的那套互联网打法用到线下时,隐患就被埋下了。

同样是从2021年开始,钟薛高的线下扩张进入加速期。据虎嗅报道,2021年至2022年,钟薛高员工总数增幅超过一倍,其中超过一半员工来自线下渠道或者相关业务领域。林盛本人也在受访时表示,从2021年开始,钟薛高线下渠道销售比例不停扩大,并最终在2022年超过线上销售占比。

2021年,这也是钟薛高拿到最后一笔融资的时间节点。天眼查显示,成立于2018年的钟薛高,在2018年7月到2021年5月之间拿到过4轮融资。唯一披露金额的就是2021年的这一笔,资方为H Capital、元生资本等,融资金额2亿元。

钟薛高加速布局线下和融资停滞之间是否有关系,外界不得而知。记者曾就此事问询钟薛高,但被婉言谢绝了。孟倩曾在钟薛高工作过两年,在她看来,线下走得太快,就是品牌招来"骂名"的起点。"钟薛高源自线上,最初的线上粉丝们并不觉得是刺客。"孟倩说,消费者线上购买钟薛高,会看到介绍详情页,也会在核算价格之后下单,收到货时看到干冰顺丰配送,还会感慨"这些都是价值感"。

但当品牌走到线下,和众多平价雪糕挤进一个冰柜时,支撑钟薛高高价的"价值感"所剩无几。"线下很难有服务。可以想象的场景是,消费者打开雪糕柜,发现没吃过钟薛高,拿起一根结账,被价格'刺'了。打开包装之后发现还有托盒,雪糕也没有多大,落差感就更大了。"孟倩表示,老板大概没做过纯线下传统业务,过于乐观了,"慢慢从新零售渠道渗透会好很多,这类购买人群承受新事物的溢价能力更强,不敏感"。

乳业分析师宋亮也表达了类似的观点。"钟薛高的产品定位是高端,所以在线下铺货的时候,应该区隔开'该铺'和'不该铺'的点位,而不是一股脑地到处铺。"

据宋亮介绍,钟薛高"该铺"的点位包括高端超市、高端商场、特渠(景区、餐饮、人流密集的商场),"不该铺"的点位则包括大众商场、普通超市、边远小卖店等等。"普通超市、边远小店,这些地方货卖不动之后,会大力促销或者把货转给其他区域的小代理,会造成窜货乱价。"

彼时的钟薛高,一边常年挂在热搜上,一边又狂铺线下渠道,试图链接到每一个消费者。于是,便有了"雪糕刺客"的名头。以2022年7月为转折点,钟薛高陷入了"听取骂声一片"的境地。

"我们被暴击、被打弯腰、被打跪下。最糟糕的时刻,我想过这个牌子可能会被彻底打死。"林盛后来在采访里回忆起那段日子,直言钟薛高"需要重新修复大家的信任"。

资料来源(节选):李丹,张继康.钟薛高,祸起萧墙[EB/OL].(2023-10-27)[2024-04-09].https://baijiahao.baidu.com/s?id=1780339575544125785&wfr=spider&for=pc.

（1）零层渠道：企业直接把商品销售给消费者，而没通过任何中间商。

（2）一层渠道：含有一个中间商。在消费者市场上，通常是零售商；在产业市场上，则可能是代理商或佣金商。

（3）二层渠道：含有两个中间商。在消费者市场，通常是批发商和零售商；在产业市场上，则通常是代理商和批发商。

（4）三层渠道：含有三个中间商。肉食品及包装类产品的制造商常采用这种渠道分销产品。这类行业中，通常由一专业批发商处于批发商和零售商之间。

更多层次的渠道较不多见。一般而言，渠道环节越多，控制和向最终用户传递信息也越困难。

图 9-3(b)展示了 B2B 企业营销中常用的分销渠道。工业品制造商可以利用其销售队伍直接向产业客户销售，也可以销售给产业分销商，再由分销商销售给客户，还可以通过制造商代表或自己的销售分支机构直接向产业客户销售，或通过产业分销商间接向产业客户销售。零层、单层和双层分销渠道是颇为常见的。

分销渠道一般是指产品从源头到用户的正向移动，但逆向流渠道（回收流）也很重要。逆向流渠道有几个重要的功能，例如重复使用产品或容器（如可反复装化学品的桶），翻新产品（如电路板或计算机）的再次销售，循环使用产品，以及将产品和包装作为废品处理等。逆向流渠道的中间商包括：制造商的回收中心、社区团体、废品集运专业商、回收利用中心、废品回收经纪商和中央处理仓库。

二、多渠道分销

如今，成功的企业都会采用多渠道分销，即通过两种或两种以上的分销渠道来触达某目标市场的客户群体。海尔公司利用其销售队伍向大、中客户销售，利用电话营销向小型客户销售，也利用零售商向更小的客户销售，还会通过互联网销售专门产品。每种渠道都可以针对不同的顾客群体，或者同一顾客的不同需要状态，以期用最低的成本，通过最恰当的方式，在最佳地点向顾客推荐最合适的产品。

使用多渠道分销可以给公司带来三个重要的好处。第一个好处是提升市场覆盖面。如前所述，不仅更多的顾客能够在更多渠道购买到公司的产品，而且多渠道购买的顾客往往比单渠道顾客更有利可图。第二个好处是降低渠道成本。在网上或电话销售触达小客户比通过人员销售的成本更低。第三个好处是可提供定制化的销售，如海尔可以通过官网下单，实现个人冰箱的定制。

面对不同规模的企业客户，公司应该采用不同的销售渠道。大客户用直接销售，中型客户用数字化策略或电话销售，小客户用分销商。但应警惕在争夺客户归属权上面引起冲突。例如，地区的销售代表可能希望其所在地区内的所有销售额都作为自己的业绩，不论使用何种销售渠道。

然而,这也需要权衡。引入新渠道通常会带来冲突以及控制和合作方面的问题。两条或更多渠道可能会面临争夺同一群客户的情况。显然,公司需要仔细思考如何构建其渠道结构,并确定哪些渠道应该执行哪些功能。因此,同时管理线上和线下渠道已成为许多公司的当务之急。至少有三种策略可以获得中间商的认可:第一,在线上和线下提供不同的品牌或产品;第二,需要向线下合作伙伴支付更高的佣金,以补偿对销量的负面影响;第三,线上下单,但由线下零售商送货并收款。

三、中间商:零售与批发

零售商与批发商是渠道中间商的两种主要形态,其业务即是零售与批发,因此有必要加以探讨,以充分了解营销渠道应如何规划运作。

(一)零售

零售是指把产品或服务直接销售给最终消费者。零售处在商品流通的最终环节,直接为广大消费者服务。零售的交易对象是最终消费者,交易结束后,商品脱离流通领域,进入消费领域;零售每笔交易销售产品的数量比较少,但销售频率高;零售商数量多、分布广。零售商是从事零售业务的商家。

1.零售商的功能

(1)批量购进,零散销售,解决供求数量矛盾。

(2)了解市场,反馈信息,承担市场调查与求购信息反馈双重职能。

(3)拆箱分装,整理摆放,搭配组合,组装陈列,安装维修,服务。

(4)咨询服务,担保信用,解决购销双方信息不对称的矛盾。

(5)采购配货,保障供应,解决生产地分散与消费地集中的矛盾。

(6)预测市场,储备货物,解决供求时间不协调的矛盾。

(7)运输储存,解决生产者与消费者地域空间矛盾。

(8)广设网店,便利购销,解决生产者与消费者数量不对称的矛盾。

2.常见的零售商业态

零售商可以区分为实体零售商、线上零售商,以及同时拥有实体店和线上业务的全渠道(线下和线上)零售商。

(1)实体零售商。现代实体零售商中最古老的类型是百货公司,北京的王府井百货公司、上海的第一百货公司都具有悠久的历史。

百货公司,这一类的实体零售商经营多个产品系列,通常有服装、珠宝、首饰和日用品等,每一条线都作为一个独立的部门,由一名进货专家或者商品专家管理。

专卖店,如李宁专卖、海尔专卖等,这一类的实体零售商经营单一厂家的产品系列。

超市,如新华都超市,是低成本、低利润率、自助式的商店,旨在满足家庭对食品和家用产品的全部需要。

便利店,如 7-Eleven、美宜佳便利店,是位于居民区的小型商店,通常 24 小时营业,售卖周转率高的便利产品。

超级商店,面积 3000 平方米以上,主要满足消费者日常购买的食品和非食品类商品方面的全部需要,如沃尔玛、家乐福等。

品类店,如宜家、百安居、康佰家药店等,在一个垂直品类里精耕细作。

折扣商店,出售标准商品,价格低于一般商店,毛利较少,销售量较大。折扣零售已经超越了一般商品,而进入了特殊商品领域。如运动用品折扣商店、电器设备折扣商店和折扣书店等。如阿迪达斯工厂店以大幅折扣价格提供有限的商品。

仓储式会员店,如开市客、山姆会员店,以低价提供较大数量(如超大包装)的商品。

自动售货机,提供多种冲动购买类商品,包括软饮料、咖啡、糖果等。自动售货机广泛分布在工厂、办公室、大型零售店、加油站、酒店、餐馆等许多地方。日本拥有超过 500 万台自动售货机,是世界上自动售货机人均覆盖率最高的国家。

(2)线上零售商。近年来,线上零售销量爆炸性增长,原因显而易见。在线零售可以为大量不同类型的消费者和企业提供方便、信息丰富和个性化的体验。通过节省售卖空间、员工成本和库存成本,在线零售能够向利基市场销售少量产品并从中获利。唯品会就是这方面一个成功的典型案例。

B2C 平台型零售商:提供给个人或者企业进行开店交易的平台,就像线下的集市。淘宝、天猫、京东属于这种电商模式,商家入驻平台,就可以在网上卖东西。

垂直型电商:专注于某一细分领域,例如早期的蘑菇街专注于化妆品。这些垂直型平台选取某一个行业类目进行发力,比如酒仙网以酒类为主导,通过打造专业的平台,迅速拿下这部分用户的市场份额。

社区电商:面向社区属性的用户在社区平台和社区网络内进行的在线交易行为。

直播电商:卖家通过特定网络直播平台来销售产品,使客户了解产品性能、认同主播推介并完成购买的电商业态。直播电商可视性、交互性强,具有直观、快速、内容丰富等优势,涵盖 B2C、C2C 等模式,近年来发展非常迅速。

共享电商:电子商务与共享经济结合的产物,指拥有闲置资源的机构或个人通过互联网渠道将闲置资源的使用权有偿让渡给他人,同时适当收取回报,从而盘活社会资源、增进所有权人和使用人福利,如闲鱼等。

(3)全渠道零售商。尽管许多从事实体零售的公司曾因为担心与渠道伙伴发生冲突,犹豫要不要开设电商渠道。但在看到大量业务都来自线上渠道后,大多数公司都选择了拥抱互联网。即使是多年来完全使用传统实体分销渠道的宝洁公司,也通过电商门店销售一些大品牌,如汰渍、帮宝适和玉兰油,部分原因是能够进一步研究消费者的购物习惯。随着消费者越来越喜欢使用电脑、平板电脑和手机进行网上购物,包括沃尔玛在内的许多传统零售商也迅速开始采用全渠道零售。

新冠疫情极大地推动了零售商向全渠道零售商的转变。当时许多仅有实体店的零售商发现销售额迅速蒸发,因为顾客对亲自去线下消费变得越来越谨慎。同时,政府对商店运营的规定进一步限制了消费者光顾线下门店,从而使情况变得更加糟糕。购物行为上的这一巨大变化迫使许多零售商重新审视自身的商业模式,并将电商作为其业务的一个组成部分。一些大公司,如沃尔玛,通过"沃尔玛到家"加强了内部配送网络;许多规模较小的零售商,依靠中介机构(如京东到家)来加快物流和配送。

千亿迪卡侬背后的抠门生意

随着户外运动的走红,迪卡侬这个在中国已经开了19年店的法国运动零售品牌,由于严格控制成本,售价便宜,开始受到玩户外的年轻人的欢迎。

由于产品售价便宜,早在2020年,迪卡侬全年销售额就已达144亿欧元,换算成人民币为1002亿元。而在中国,早在2017年,迪卡侬营收就已经突破百亿元,中国成为迪卡侬在海外最大的市场。这些销售额主要是通过线上和线下两个渠道实现的,其中线下依然占据着大比重。

目前,迪卡侬在中国绝大部分省市均开设了商场,按照官网列出的门店地址计算,截至2022年10月,其在中国一共开设了248家门店;在全球,截至2021年,迪卡侬在70个国家和地区开设了1747家门店。

和市面上动辄几百上千元的运动品牌相比,迪卡侬之所以能卖得便宜,关键就在于它的"抠门"。

体育用品专家张庆指出,迪卡侬采取的是成本领先策略。从上游的原材料到设计研发,从中游的生产制造、仓储物流,再到下游的零售、营销推广,迪卡侬在每个环节都采取成本领先的战略,在各个环节都在想破脑袋做减法降低成本。

以往,消费者抱怨最多的就是,不管从什么渠道购买鞋子,迪卡侬都不会提供鞋盒。在线下商场,除非花4.5元买一个大号的购物袋,否则顾客只能提着两只鞋子走出迪卡侬的大门。时任迪卡侬中国区总经理的冯诺曾表示:"鞋盒会占据更多货架空间,物流费用和销售成本也会增加,销售人员还要花时间去整理,这些都是成本。"

自有品牌最大的好处就是,自己能说了算,可以根据生产成本去定价,不用为品牌的高溢价买单,自己也能严格控制各个环节的成本。唯一的风险是库存风险,如果货卖不出去怎么办?在这个令所有品牌都头痛的存货问题上,迪卡侬想到的解决方案是,仓储式、零库存。迪卡侬不允许产品存放在仓库中,而是必须全部摆在货架上,这样便能在最大程度上消解存货带来的成本压力,同时还能降低租用仓库带来的房租成本。产品生产出来后,迪卡侬也不从外面找物流供应商,它在中国东南西北建了四个物流园区,总面积超过26万平方米,每年配送量超过2亿件,从而又节约了一笔成本。

在最后一步的零售、营销环节,迪卡侬则将"抠门"贯彻到了极致。在北京的十几家门店中,迪卡侬只有一家门店位于三环以内,其他门店均在四环及以外地区。业内人士说,与耐克、阿迪达斯等往市中心扎堆的选址思路不同,迪卡侬门店的选址是交通便利的商圈或者有许多居民居住的市郊,这样一来,门店的租金成本会大大降低。

资料来源(有删减):张继康.千亿迪卡侬背后的抠门生意[EB/OL].(2022-10-13)[2024-03-22].https://m.thepaper.cn/baijiahao_20276724.

(二)批发

批发包括向那些为转售而购买或为商业用途进行大宗采购的人销售商品或服务的所有活动。批发商从不同的制造商或供应商那里购买大量的商品,将它们储存起来并转卖给零售商,零售商再将它们卖给普通消费者。

1.批发商的主要职能

为什么制造商不直接向零售商或终端消费者销售呢?为什么要通过批发商?一般来说,批发商可以更有效地发挥以下一项或多项作用:

(1)联系个体零售商。批发商的销售团队可以让制造商以相对较低的成本接触到众多小型零售商和商业客户。批发商与零售商之间有更多的联系,零售商们往往更信任批发商而不是离他们更远的制造商。

(2)采购和构建产品组合。批发商能够选择商品并构建客户所需的产品组合,从而节省大量时间、金钱和精力。

(3)化整为零。批发商通过购买大批量的货物,并将其分拆成小批量单位,从而为客户节约成本。

(4)仓储。批发商持有库存,从而降低客户的库存成本,减少供应商和客户的库存成本风险。

(5)运输。批发商离买家更近,它们能够更快地向买家交货。

(6)融资。批发商通过发放信贷为客户提供资金,通过提前预订、按时付账为供应商提供资金。

(7)承担风险。批发商在获得货物所有权的同时也承担相应的风险,包括货物被盗、损毁、变质和过时等成本。

(8)市场调研。批发商向供应商和客户提供与竞争对手活动相关的信息,如新产品和价格变化。

(9)管理服务和咨询。批发商经常通过培训销售员、协助设计商店布局和陈列、帮助建立会计和库存控制系统来改善零售商的运营。批发商还通过提供培训和技术服务来帮助工业客户。

2.批发商的类型

(1)商业批发商。商业批发商通常直接从制造商那里购买商品,获取商品的所有权,储存后出售给客户。商业批发商提供不同水平的服务。全方位服务批发商能够提供大量的附加功能,如维护销售团队进行产品推广、提供信贷、送货,并提供管理协助。相比之下,有限服务批发商几乎不提供任何附加服务,而是以提供低价商品为目标。例如,现销批发商在未经装饰的仓库向小型零售商出售有限的周转快的商品,只收取现金,并提供有限的退货政策或无退货政策。

(2)经纪人和代理商。与商业批发商不同,经纪人和代理商通常不拥有所购买和销售的货物的所有权,他们在商业批发商和零售商之间安排商品销售并收取佣金。经纪人把买家和卖家联系起来并协助其谈判,通常由雇用的一方支付其报酬。常见的有食品经纪人、房地产经纪人、保险经纪人。代理商则更持久地代表买方或卖方,旨在促进产品的购买和销售,其佣金一般情况下基于产品销售价格计算。

批发商作为制造商和零售商之间的中间人发挥着关键作用。批发商在零售点分散的行业中尤其重要,因为它们提供分销及相关服务,帮助提高运营的有效性和成本效率。

第三节　分销渠道管理决策

为了设计分销渠道系统,营销者要分析顾客的需要和欲望,设立渠道目标和约束条件,识别和评估主要渠道选择方案。当公司选择了一种渠道系统后,它必须为每一个渠道系统选择、培训、激励和评价中间商。它还要随时修正渠道设计和安排,包括扩张到国际市场的可能性。

一、设立分销渠道目标

营销者应该从目标顾客想要的服务水平,及与之相关的成本和支持水平等方面来表明他们的渠道目标。在竞争条件下,渠道成员应该对其职能任务作出安排,以最大限度地控制成本,并提供所需的服务水平。通常情况下,渠道设计者可以根据所需提供的服务水平确定几个细分市场,并为每个细分市场选择最佳渠道。

消费者会根据价格、产品种类和便利性,以及他们自己的购物目标(经济的、社会的或体验性的)来选择他们喜欢的渠道。然而,同一个消费者也可能因为不同的原因选择不同的渠道。有些消费者会"升级消费",如到提供高端商品的零售商店购买手表或包包等,同时也会"降级消费",如到折扣零售商店购买纸巾、洗涤剂等。还有一些消费者可能在光顾实体商店之前先上网浏览商品,或者在网上订购之前先到实体经销商处体验商品。

分销渠道目标会随产品特征的变化而变化。体积大、质量重的产品,如建筑材料,需要采用运输距离和搬运次数最少的渠道。非标准化的产品,如定制机器,则由销售代表直接销售。需要安装或维护服务的产品,如挖掘机,通常由公司或特许经销商来销售和维护。高单价的产品,如游轮和飞机,一般通过公司销售队伍,而不经由中间商来销售。

营销者必须根据大环境调整他们的渠道目标。当经济不景气时,制造商希望通过较短的渠道将产品推向市场,而不提供会提高最终定价的服务。法律规章和限制也会影响渠道设计。例如,我国的反垄断法会对那些严重削弱竞争或造成垄断的渠道安排进行处罚。

在进入新市场时,企业往往会密切观察其他企业的一举一动。例如,小米手机在决定进入印度市场时,重点关注了竞争对手苹果和三星在印度市场的状况。苹果公司的渠道目标是为消费者创造生动的零售体验,但现有的渠道均无法满足这一目标,因此它选择开设自己的实体专卖店。

更精明的公司会努力与分销商建立长期合作伙伴关系。例如制造商将其在市场覆盖面、存货水平、营销开发、客户招揽、技术咨询和服务以及市场信息等方面的要求告知分销商,并根据政策引入补偿计划。

二、选择渠道成员

为了更好地选择渠道成员,制造商应该确定哪些特征可以用来识别更好的中间商——经营年限、其他产品线的经营情况、增长和盈利记录、财务实力、合作态度和服务声誉。如果中间商是销售代理,制造商还应评估其所经销代理的其他产品的数量和特点,以及销售队伍的规模和质量。如果中间商是想要做独家经销的百货公司,那么它们的地理区位、未来增长潜力和客户类型都至关重要。

每种渠道——从销售队伍到代理商、分销商、经销商、电话营销和传统零售商——都有各自独特的优势和劣势。销售队伍虽然可以处理复杂产品及其交易,但成本很高。网上零售成本低廉,但对复杂产品及其交易来说可能不那么有效。经销商可以创造销售额,但公司失去了与顾客的直接联系。多个客户可共同分担制造商销售代表的费用,但没有公司销售代表那般努力。

基于中间商的数量,有三种最重要的分销策略:独家分销、选择性分销和密集性分销。我们接下来讨论这些策略。

(1)独家分销严格限制中间商的数量。当制造商希望中间商掌握更多的产品知识并专注于公司产品的销售时,这种方式是非常适合的,它需要双方建立紧密的伙伴关系。独家分销常见于汽车、电器,以及奢侈品服装和配饰的销售。当古驰发现它的形象因授权折扣店的过度曝光而受损时,它就决定终止与第三方供应商的合作,控制其分销渠道,并开设自己的专卖店以恢复声誉。

渠道合作伙伴双方都可从独家分销安排中受益。生产者获得更忠诚和可靠的销售渠道,而零售商则获得稳定的产品供应和更强大的分销商支持,而且双方都是自愿的。独家分销是合法的,只要它没有对竞争造成实质性的损害或试图造成垄断。

独家分销通常包括排他性的区域协议。制造商可能同意不向同一地区的其他经销商供货,或者分销商可能同意只在自己专营的地区销售。第一种做法提高了经销商的热情和承诺,它也是完全合法的,经销商没有义务向同一地区的其他经销商供货。第二种做法,即制造商试图阻止分销商在其专营地区之外销售,这是一个需要解决的法律问题。

(2)选择性分销是指在市场上选择部分但不是所有愿意经营某种产品的中间商。独家分销中的零售商之间不会直接竞争(它们的销售范围不重叠)。但与其不同,选择性分销中的零售商可能争夺相同的客户。

(3)密集性分销是指公司将其产品和服务尽可能多地占据销售渠道。这种策略对休闲食品、软饮料、糖果和纸巾等购买频率高、购买场景丰富的产品非常有效。像美宜佳、见福便利店和中石化的加油站便利店就是通过地点和时间上的便利性而得以存续。

制造商一直试图从独家分销和选择性分销转向更密集的分销,以增加覆盖面和销售额。这种策略在短期内可能有效,但如果实施不当,就会因为鼓励零售商之间的激烈竞争而损害长期业绩。价格战会侵蚀利润,降低零售商的利益,并损害品牌资产。

为了发展渠道,分销渠道成员必须在特定时期内作出对彼此的承诺。但这些承诺无一例外会降低制造商对变化和不确定性的反应能力。制造商需要寻求适应性高的渠道结构和政策。制造商可以自由选择它们的经销商,但终止与经销商合作的权利则受到一定限制。一般来说,制造商可以"因故"终止合作,但如果经销商拒绝有法律争议的合作(如独家经销或搭售协议),则不能以此为由终止合作。

消失的维密门店

中国内衣市场的混战已经持续多年。中国的内衣市场极度分散,没有任何一家品牌称得上真正意义的巨头。在既分散又同质化的竞争中,老牌企业面临营收和利润下降的问题,新品牌尽管吸引了一部分Z世代消费者,但线下渠道的根基并不如老一代品牌深厚。

近期,国际大牌维多利亚的秘密(以下简称"维密")陆续关停一线城市门店,向线上渠道和下沉市场转型,新品牌也纷纷开始布局线下渠道。国际大牌与国产品牌、老品牌与新品牌短兵相接,市场竞争日趋白热化。

目前,仍然很难看出哪个内衣品牌能够成为最后的赢家。不过,可以确定的是,迅速地整合线上与线下渠道、互联网思维与传统思维,将是在这场漫长竞争中取胜的关键。

2023年6月,北京又一家维密门店结束营业。这家位于北京核心王府井商区的门店开业于2017年11月,拥有三层的超大购物空间,面积2700平方米左右。曾经,巨大的玻璃幕墙上装饰着"VICTORIA'S SECRET"的字样,每到晚上,粉色的灯光亮起,宛如梦境。这家店不仅是维密的北京首店,也是其继上海、成都、重庆之后,在中国开设的第四家全品类门店,还是全球第四家、国内第二家拥有维密天使套房的旗舰店。开店之初,这里曾经举办过盛大的维密大秀首播派对。

门店一层主要售卖新款内衣、睡衣,B1层则是维密旗下少女品牌PINK系列,风格更加轻松随性。而门店的二层,则是神秘的"天使套房"——维密部分门店华丽而舒适的试衣间,墙上挂满了维密天使的照片。在这里,顾客可以通过预约获得专属试衣间,享受一对一贴身服务。

2017年,维密门店和维密大秀在中国红极一时,如今却显出败退之势:在2023年王府中环门店关闭之前,西单门店、三里屯太古里店也都已经关闭,北京的维密店铺大幅缩减。

创立于1977年的维密被誉为"性感内衣鼻祖"。20世纪90年代,维密成为美国最大的内衣零售商,1995年开办的"维密秀"长期引领着女性内衣时尚。

2009年,维密的销量达到巅峰,创下平均每分钟卖出600件内衣、年销售额107亿美元的业绩。

不过,随着消费者品位发生变化,性感不再是永远的时尚潮流。悦己主义风行之下,女性不再一味追求性感的身材,维密的销量也出现下滑,而维密秀收视率也越来越低,最终在2019年停办。

从 2016 年到 2019 年,维密的营收和净利润持续下跌。2019 年,维密母公司 LBrands 集团净亏损达到 3.66 亿美元。根据维密发布的 2022 年财报,维密 2022 年销售额为 63.44 亿美元,同比下滑 6.5%;净利润 3.37 亿美元,同比下降 48%。

在进入中国之初,维密对中国市场寄予厚望,但近年来,维密在中国市场也一度陷入亏损,直到 2023 年第一季度才扭亏为盈。为了减少亏损,维密开始调整在中国的经营策略,关闭了北京、上海等一线城市的几家门店,并致力于通过在二线城市拓店、线上直播、重启大秀等方式挽回在内衣市场的地位。

资料来源:丹木.消失的维密门店,以及背后的内衣暗战[EB/OL].(2023-09-22) [2024-03-24]. https://baijiahao. baidu. com/s? id = 1777695610459178329&wfr= spider&for=pc.

三、激励渠道成员

公司需要以对待最终用户的方式来对待其中间商,明确中间商的需要和欲望,并创造个性化的渠道产品或服务,为中间商提供卓越的价值。认真做好培训、市场研究和其他能力建设的规划可以激励并提高中间商的绩效。公司必须不断向中间商传播这样的观念:它们是重要的合作伙伴,双方共同努力才能满足最终用户的需要。

(一)渠道权力

渠道权力是指影响渠道成员行为的能力,从而使渠道成员采取原本不会采取的行动。制造商可以依赖以下类型的权力来引导合作:

(1)强制权。如果中间商不合作,制造商就威胁停止提供某些资源或终止合作关系。这种权力可能有效,但也会令中间商不满,并导致中间商组织的反抗。

(2)奖励权。中间商履行特定行为或功能时,制造商给予其额外的利益。奖励权通常比强制权效果更好,但可能会导致制造商每次想促成某种行为,中间商总是期望得到奖励。

(3)合法权。制造商要求中间商履行合同要求。只要中间商将制造商视为合法的领导者,合法权就生效。

(4)专长权。制造商拥有中间商认可的专业知识。然而,一旦中间商掌握了这种专业知识,专长权就被削弱,制造商必须不断发展新的专业知识,中间商才会愿意继续合作。

(5)影响权。制造商高度受尊敬,中间商因能与之合作而感到自豪。像华为、可口可乐和宝洁这样的公司就具有很高的影响权。

这些形式的渠道权力根据其可观察的难易程度而有所不同。强制权和奖励权是可以客观地观察到的;合法权、专长权和影响权则比较主观,取决于各方认可该权力的能力和意愿。

大多数制造商认为得到中间商的合作是一个巨大的挑战。它们经常使用积极的激励措施,如更高的利润率、特殊优惠、溢价、合作广告津贴、陈列展示津贴和销售竞赛等。有时,它们也会采用消极的制裁措施,如威胁降低利润率、暂缓交货或终止关系。这种方法的弱点是,制造商采用的是简单的应激反应思维模式。

 **9-1**

理解渠道成员的需要和欲望才能激励其达到最高绩效

从某种程度上来说,渠道中间商也是企业的特殊顾客,企业需要理解他们的需要和欲望,并采取恰当的激励措施,以提高中间商的绩效。有的企业会采取较高的毛利、特殊优惠、奖金、合作性广告补助、陈列津贴以及销售竞赛等正面激励;有的企业则会对表现不佳的中间商采取威胁、降低毛利、延迟发货或终止关系等反面制裁。而更为精明的公司则会努力与中间商构建长期的合作伙伴关系,他们清楚地告诉中间商自己想要什么,包括市场覆盖率、存货水平、营销开发、客户要求与技术建议和服务,同时他们也会明确地承诺给中间商回报什么。这种合作伙伴式的关系能让中间商的潜力最大化地发挥出来。

激励中间商的方法很多,不同企业所用的方法不同,同一企业在不同地区或销售不同产品时所采取的激励方法也可能不同。激励方式的选择要具有针对性。依据企业销售产品的不同和选择中间商的不同,激励方式也会有所不同。任何一家企业在选用激励方式之前都要分析激励对象,即中间商和其他分支机构的需求,然后设法满足。如果不分析中间商的需求,随便采取一种激励手段,其激励效果可能不会很好,有时甚至会起负面作用。对于每个经销商来说,虽然渠道体系已提供了若干激励条件,但是这些条件还需要通过制造商经常的监督管理和再鼓励得到补充。对渠道成员的激励其实就是了解各个不同的需要和欲望,然后以相应的方式去满足他们。企业为中间商提供热销产品,及时提供必要的业务折扣,给予中间商适当的利润,对中间商进行适当的培训等等,都是不错的激励形式。

资料来源:许宏.科特勒的营销思维[M].北京:群言出版社,2018.

(二)渠道合作伙伴

根据分销渠道成员之间关系的性质,有三种基本的渠道类型:传统营销渠道、纵向营销系统和横向营销系统。

1.传统营销渠道

传统营销渠道由独立制造商、批发商和零售商组成。每个成员都是独立的企业,都在寻求自己的利润最大化,即使这一目标会减少系统的整体利润也在所不惜。没有一个渠道成员对其他成员拥有完整的或实质性的控制权。当渠道成员被聚集在一起实现共同目标,而不是潜在的不相容目标时,就能实现渠道协调。

2.纵向营销系统

纵向营销系统(又称垂直营销系统)是由制造商、批发商和零售商组成的一个统一系统。其中一个渠道成员,即渠道领袖,或拥有其他成员的产权,或实行特许经营,或有足够的权力,能够使其他成员愿意合作。渠道管家完成渠道协调是通过说服渠道成员以整体利益为重,而非发布命令或指令。

渠道领袖机制有两个重要的结果:第一,它增加了顾客价值,扩大了市场或增加了现有客户在该渠道的购买额;第二,它创造了一个更紧密的、适应性更强的渠道,在这个渠道中,有价值的成员会得到奖励,而没有价值的成员则会被淘汰。

纵向营销系统的产生是由于强大的渠道成员试图控制渠道行为,并消除因独立成员各自逐利而产生的冲突。它们依靠规模优势、议价能力和简化服务来实现经济效益。复杂产品和系统的企业客户很重视它们所能提供的广泛信息交流。纵向营销系统有三种不同的类型:公司式、管理式和契约式。

(1)公司式纵向营销系统是在单一所有权下组成的一连串生产和分销机构。例如,永辉超市多年来销售的农产品商品,接近半数来自其自营农场;海澜之家不仅生产服装,还拥有和经营 6000 家零售门店。

(2)管理式纵向营销系统由某一规模大、实力强的渠道成员来协调生产和分销的各个阶段。主导品牌的制造商可以从经销商那里获得强有力的贸易合作和支持。例如,宝洁和伊利在商品陈列、货架空间、促销和定价政策方面与经销商形成高度协作。管理式纵向营销系最先进的产销合作安排依赖于分销计划,即建立一个有计划的、专业化管理的纵向营销系统,以同时满足制造商和分销商的需要。

(3)契约式纵向营销系统由处于不同生产和销售层次的独立公司组成,它们在合同的基础上整合其营销计划,获得比它们单独经营时更大的经济和销售的影响力。契约式纵向营销系统有时也被认为是"增值伙伴关系",共有三种类型:①批发商主导的自愿连锁组织,即由批发商组织独立的零售商自愿加入连锁,以帮助零售商标准化其销售活动并实现买方规模经济。②零售商合作组织,即零售商主动组织一个新的企业实体来承担批发职能,甚至可能是一些生产职能。③特许经营组织,即一个渠道成员(特许经营人)可能将生产到分销过程中的几个连续阶段连接起来。

许多没有加入纵向营销系统的独立零售商开设了为特定细分市场服务的专卖店,在零售业形成了大型纵向营销组织和独立专卖店之间的两极分化,这给制造商带来了难题。零售业的新竞争不再是独立的业务单元之间的竞争,而是集中规划的网络系统(公司式、管理式和契约式)之间为了实现最佳成本——经济效益和客户响应的竞争。

3.横向营销系统

横向营销系统由两个或两个以上不相关的公司将资源或项目集中,共同开发一个新兴的营销机会。每家公司都缺乏单独创业所需的资金、技术诀窍、生产或营销资源,或者害怕承担风险。这些公司之间开展临时或长期合作,抑或创建一家合资公司。例如,可口可乐与雀巢建立合资公司,在中国生产和销售雀巢冰爽茶。

小案例 9-5

库迪咖啡加盟商吐槽要卖茅台保健酒

2024 年 1 月 30 日,有库迪咖啡加盟商在社交平台上反映,库迪咖啡要求加盟商卖白酒,据称是"强制要求各联营商门店订酒""大批门店已收到扣款信息"。针对此事,库迪咖啡相关工作人员回应《中国商报》记者称:"所售的茅台酒订贷与门店日常订货保持一致,首批订货时两款酒各一箱,不扣货款,款项将在 4 月 30 日统一结算,未售部分公司将统一收回。已扣款门店于 1 月 22 日完成退款至门店余额账户。"

记者打开库迪咖啡 App 看到,在菜单的"茅台公益基金项目"中,确有两款在售的瓶装酒,分别为茅台不老酒(花之久)、茅坛酒(谷之欢),原价均为 699 元/瓶,折后价均为 599 元/瓶。

在咖啡门店销售白酒,"美酒加咖啡"为何引发热议? 599 元一瓶的白酒,在库迪咖啡门店真能卖得动吗? 业内人士对库迪咖啡的这一营销举措表示质疑,而库迪咖啡加盟商对此做法似乎也不认可。

"现在是库迪咖啡给每家门店配两箱货,至于后续想不想卖,由加盟商自己决定。说白了,做杯咖啡的生意,客单价也就十几元钱,谁会来你这儿买瓶 600 元钱的白酒?"一名库迪咖啡的加盟商告诉记者。

好好卖咖啡的库迪,为何打起了白酒的主意? 公开资料显示,2023 年 12 月 11 日,茅台公益基金会与库迪咖啡在贵州茅台大酒店正式成立茅台不老酒(花之久)青年就业基金和茅坛酒(谷之欢)乡村振兴基金。

据介绍,该基金为茅台公益基金会下属基金,专项用于新生代就业指导及乡村振兴帮扶工作。基金名里的茅台不老酒(花之久)和茅坛酒(谷之欢)是两款新酒,布局新生代市场。茅台不老酒(花之久)和茅坛酒(谷之欢)由茅台集团旗下贵州茅台保健酒业公司生产,并授权库迪咖啡独家渠道销售。

2023 年是茅台集团"大集团一盘棋,产业链一条心"的开局之年,年轻化是其中的核心战略,花之久和谷之欢正是在此战略布局下全新打造的产品。

茅台不老酒(花之久)青年就业基金和茅坛酒(谷之欢)乡村振兴基金将由库迪咖啡从这两款酒的销售额中每瓶抽取 10 元投入,每年不足 1000 万元部分由库迪咖啡补足,超过1000万元时上不封顶。

库迪咖啡方面表示,这款酒是茅台集团出品的专门面向年轻群体的酒,适用于年轻消费群体,适合朋友聚会、商务宴请、送长辈等场景。一直以来,库迪咖啡致力于为年轻消费者提供年轻时尚的品牌体验,近年来茅台集团也持续发力年轻化战略,双方在为年轻群体提供丰富的产品选择和多元化的品牌体验上不谋而合。

"这款酒也是茅台集团唯一用酒来命名公益基金的酒,只能在库迪咖啡渠道或者库迪咖啡联营渠道可以购买。联营商如需额外加订,可随门店日常订货配送到门店,或配送到指定地点。"库迪咖啡称。

来源:贺阳.库迪咖啡加盟商吐槽要卖茅台保健酒[N].中国商报,2024-01-31.

(四)评价渠道成员

制造商必须定期对渠道进行评估,并根据渠道整体运作情况,渠道成员绩效表现、市场发展变化趋势,加以改进以维持渠道竞争优势。评估中间商业绩的指标有:销售定额完成情况、平均存货水平、向顾客交货时间等。可将一定时期内各中间商的销售额列出,且依销售额大小排出名次,促使先进的中间商努力保持已有的荣誉,后进的中间商为了自己的荣誉奋力上进。此外仍有两种办法可供使用,即将每一中间商的销售绩效与上期的绩效进行比较和将各中间商的绩效与根据该地区的市场环境、销售实力所设立的销售定额相比较。也可考虑对绩效表现较差的中间商进行边际分析及替换分析:分析增加或减少某一家中间商,对整体销量、利润及成本的影响及变化;分析由一家中间商取代另一家中间商时所产生的正、负影响,除了分析销售、利润成本的影响外,也要考虑渠道功能的整体性问题及变化。

渠道评估与改进主要内容包括:

一是渠道成员评估。这主要是评估渠道中间商销售业绩表现,以及如何辅导表现较差的成员达到应有表现,如何协助整体成员业绩持续亮丽增长。

二是渠道结构评估。这主要是评估企业目前渠道结构布局、覆盖是否理想或需要改进,是否需要对目前的渠道结构进行改进,使产品销售完全达到市场最大潜能,以实现企业可持续最佳获利的目标。

三是渠道方案改进评估。这主要是评估整个渠道布局是否需要改进、如何改进,是否需要对目前的分销渠道进行的增减、替换,使产品销售完全达到市场最大潜能,以实现企业可持续发展。

没有一种渠道策略能在整个产品生命周期内有效。在竞争激烈、进入壁垒较低的市场中,最佳的渠道结构将不可避免地随着时间的推移而改变。新技术已经创造了多年前无法想象的数字化渠道,这种改变可能意味着需要增加或减少个别市场渠道或渠道成员,或者开发一种全新的产品销售方式。

小案例 9-6

娃哈哈加速线下渠道重构

在娃哈哈创始人宗庆后逝世后，宗馥莉正式接棒，肩负起引领这家中国食品饮料龙头企业继续前行的重任。面对父亲留下的庞大商业帝国，宗馥莉展现出了坚定的决心和清晰的战略眼光，开始了一系列针对线下渠道的重构和进军一、二线城市的举措。

宗馥莉深知，娃哈哈虽然在下沉市场拥有稳固的地位，但在一、二线城市，尤其是年轻人市场中的影响力相对较弱。因此，她决定从线下渠道入手，通过加大铺货力度和拓展销售渠道，让娃哈哈的产品更多地出现在年轻人聚集的地方。

首先，娃哈哈加大了对线下冰柜的投放力度。在江苏盐城等地区，代理商们证实娃哈哈正在积极向线下终端投放冰柜，以提升产品的曝光率和销售量。这一举措不仅有助于提升娃哈哈产品在市场上的占有率，更能够加深消费者对品牌的认知度和好感度。

其次，宗馥莉也在积极招聘业务员，加强与线下门店的联系和合作。据报道，在宗庆后去世后的第九天，娃哈哈的区域经理就来到了杭州的一家商店，这是该店多年来首次见到娃哈哈的业务员。这一举动显示出宗馥莉对于线下市场的重视，也体现了她对于拓展销售渠道的决心。

除了加大线下渠道的铺货力度，宗馥莉还在产品研发和品牌年轻化方面作出了努力。她推出了面向一、二线城市新生代人群的饮料品牌"KellyOne"，并通过更换代言人、开展跨界品牌联名等方式，提升品牌的年轻化和时尚感。这些举措不仅丰富了娃哈哈的产品线，更有助于吸引更多年轻消费者的关注和喜爱。

此外，宗馥莉还注重线上线下的融合发展。她利用电商平台和社交媒体等线上渠道，与消费者进行互动和沟通，了解他们的需求和喜好，以便更好地调整产品和市场策略。同时，她也积极推动线上线下的融合，通过线上渠道的宣传和推广，引导消费者到线下门店购买产品，从而实现线上线下的良性互动。

在宗馥莉的领导下，娃哈哈正在经历一场深刻的变革。她不仅继承了父亲创立的联销体模式的优势，更在此基础上进行了创新和发展。通过重构线下渠道，进军一、二线城市，推动品牌年轻化等一系列举措，娃哈哈正在逐步适应市场变化，迎接新的挑战和机遇。

展望未来，宗馥莉将继续带领娃哈哈在饮料行业中探索新的发展路径。她将以更加开放和包容的心态，积极拥抱市场变化和技术创新，为娃哈哈的持续发展注入新的活力和动力。在宗馥莉的引领下，相信娃哈哈一定能够在中国饮料市场上创造更加辉煌的未来。

　　资料来源：宗馥莉接棒娃哈哈，加速线下渠道重构，开启一二线新征程［EB/OL］.（2024-03-19）［2024-04-08］. https://baijiahao.baidu.com/s？id＝17939211129297918577&wfr＝spider&for＝pc.

第四节　渠道冲突管理

　　无论渠道设计和管理有多好，都难免会有冲突，其最根本的原因在于独立的企业主体之间的利益并不经常一致。当一个渠道成员的行为妨碍其他成员实现其目标时，就会发生渠道冲突（channel conflict）。通过不同渠道分销产品的公司，可能会面临一定程度的渠道冲突。在这种情况下，管理者的目标是通过最小化渠道成员之间的摩擦来减少渠道冲突。

　　渠道冲突的一个常见原因是制造商希望绕过其传统的渠道伙伴直接向客户销售。通过开设自己的线上零售专卖店，格力公司给其授权的许多解决方案供应商和渠道合作伙伴带来了挑战，因为它有效地"偷走"了它们的许多现有客户。在这里，我们探讨三个问题。分销渠道中出现了哪些类型的冲突？是什么原因导致了冲突？渠道成员应如何化解这些渠道冲突？

一、渠道冲突的类型

　　假设一个制造商建立了一个由批发商和零售商构成的纵向渠道，希望通过渠道合作为每个成员带来丰厚的利润。尽管各方都有合作的愿望，但水平渠道冲突、垂直渠道冲突和多渠道冲突还是会发生。

　　（1）水平渠道冲突发生在同一层次的渠道成员之间。例如，特许加盟商可能会提供糟糕的客户服务，损害品牌价值并招致消费者的差评，从而影响其他渠道成员的产品销售。又如，一些中间商在渠道间互相串货，从而导致市场的混乱。

　　（2）垂直渠道冲突发生在同一渠道的不同层次之间。例如，当制造商直接向批发商和零售商销售时，可能会发生垂直渠道冲突。当制造商直接向批发商的最大客户之一销售时，冲突可能会特别激烈。

　　（3）多渠道冲突存在于制造商通过两个或更多的渠道向同一市场销售的情形。例如，当宝洁通过抖音官方直播销售海飞丝洗发水时，线下的零售店与线上渠道面对同样的客群，多渠道冲突就很可能发生。当某个渠道的成员获得较低的价格（基于大量购买）或利润率较低时，多渠道冲突就会特别激烈。

二、渠道冲突的原因

尽管每个渠道冲突都有独特的前因后果,但不同的渠道冲突还是有一些共同原因的。渠道冲突最常见的原因有:

(1)目标不相容。渠道冲突可能源于不同渠道成员的目标不一致。例如,制造商想要通过低价策略快速渗透市场,与此相反,经销商则追求高毛利和短期盈利。

(2)战略和战术上的差异。当渠道成员采取不同的战略和战术来实现它们的目标时,也可能发生渠道冲突。制造商可能对短期经济前景持乐观态度,因此希望经销商提高存货量,而经销商则可能持悲观态度。在饮料行业中,制造商和经销商之间常常针对最佳广告策略发生争议。

(3)权力不平衡。许多连锁的零售商通过统一采购提升了零售商的影响力,而这往往会引发渠道冲突。例如,沃尔玛是许多制造商产品的主要买家,包括迪士尼、宝洁和心相印,它能从这些制造商和其他供应商那里获得低价或批量折扣。权力不平衡也可能是由经销商对制造商的依赖造成的。特许经销商(如汽车经销商)的命运与制造商的产品和定价决策息息相关。

(4)角色和权利不明晰。区域界限和销售信用经常产生冲突。格力通过自己的销售队伍向大客户出售中央空调,但其特许经销商也可能试图向大客户出售中央空调。

小案例 9-7

辛巴直播间床垫太便宜,经销商不满!

2023 年 10 月 21 日,辛巴在快手发布的视频显示,慕思与辛巴合作推广一款床垫,产品最终到手价为 4980 元/套,还赠送一款五区黑金床垫及金嫂子炒锅。这款产品的名称为"慕思真皮床简约现代高端主卧大床轻奢大黑牛真皮软床婚床"。

据界面新闻 11 月 1 日的报道,快手慕思店铺页面显示,"大黑牛"软床产品售价恢复为原价 13800 元,此前软床配套的"黑金"床垫则已经下架。

一位在家居行业有多年从业经验的人士说,慕思床垫与辛巴的合作引发了慕思经销商的强烈不满,原因有三:一是辛巴此次直播带货是一次低价收割行为,慕思的高端品牌形象严重受损,会导致经销商的价格体系无法再维持下去;二是经销商门店销售人员辛辛苦苦开发的客户,全部被辛巴直播带货抢走了,销售人员及经销商的业绩受到非常大的影响;三是辛巴直播带货将长期影响经销商实体店的销售。

"这次事件也会让消费者认为慕思价格虚高,其实(床垫)并不值几万元,影响品牌的溢价。"该人士指出,此外,可能还有部分买了同款产品的消费者要求慕思退款,从长远来看,此次事件会降低品牌的盈利能力。

在销售渠道上,慕思股份以经销模式为主,今年前三季度,慕思股份来自经销渠道的收入为 28.99 亿元,同比增长了 4.70%,占营收的比例 76.19%。

针对今年前三季度经销渠道营收增速由负转正,慕思股份指出,主要是其积极推行套餐销售策略,推出各项促销活动以及门店重装形象提升等带动销售增长所致。

资料来源(有删减):冯家钜,詹丹晴.创收 10 亿! 辛巴直播间床垫太便宜,经销商不满! 慕思回应了[EB/OL].(2023-11-02)[2024-04-08].https://baijiahao.baidu.com/s? id=1781456106949312519&wfr=spider&for=pc.

三、管理渠道冲突

一定的渠道冲突能产生建设性的作用,增强对环境变动的适应能力,但是太多的冲突就会导致功能失调。公司面临的挑战不是要消除所有的冲突,因为这是不可能的,而是要更好地管理渠道冲突。口头谴责、罚款、扣发奖金和其他补救措施都有助于将渠道冲突降低到最低。有效管理冲突的常见机制包括战略理由、双重补偿、上位目标、雇员交换、会员互认、增选,以及斡旋、调解或仲裁和法律求助。

(1)战略理由。在某些情况下,一个令人信服的战略性理由,即渠道成员服务于独特的细分市场,并不像它们想象的那样竞争激烈,可以减少潜在的冲突。为不同的渠道成员提供不同的产品——品牌变体——是表明渠道独特性的明确手段。

(2)双重补偿。双重补偿是指为通过新渠道进行销售而向现有渠道成员进行补偿来缓解渠道冲突。例如,当好事达开始在网上销售保险时,它同意向代理人支付2%的佣金,补偿他们为在网上获得报价的客户提供面对面的服务。虽然这一比例低于代理人通常的 10%的线下交易佣金,但也切实减少了渠道间的紧张关系。

(3)上位目标。渠道成员可以就它们共同追求的基本目标或上位目标达成一致,无论该目标是生存目标、市场份额目标、高品质目标还是顾客满意目标。当渠道面临外部威胁时,如出现了更有效的竞争渠道,出台了不利的法规,或消费者需求发生了转变,这种策略通常奏效。

(4)雇员交换。在两个或两个以上的渠道层次之间交换员工,可以减少渠道冲突。例如,通用汽车的高管可能会同意在某些经销商处短期工作,而某些经销商也可以在通用汽车的经销商政策部门工作一段时间,这样一来,参与交换的人就会逐渐接受对方的观点。

(5)会员互认。营销者可以鼓励不同贸易协会之间会员资格的互认。例如,代表大部分食品连锁店的美国食品加工工业协会和美国食品营销协会之间的良好合作,推动了美国商品统一条码(UPC)的开发应用。这些协会可以共同考虑食品制造商和零售商之间的问题,并以有序的方式解决它们。

(6)增选。一个组织可以通过将另一个组织的领导者吸纳进咨询委员会、董事会等类似机构来赢得他们的支持。如果发起组织认真对待对方的领导人并听取他们的意见,增选就可以减少冲突,虽然发起方为了赢得对方支持,可能需要对自己的政策和计划作出让步。

(7)斡旋、调解或仲裁。当出现长期的、尖锐的冲突时,冲突各方可能需要诉诸更强有力的手段。斡旋是指双方各派人员或团队与对方面对面地解决冲突。调解依赖于能协调双方利益且经验丰富的中立第三方。仲裁是双方同意把冲突交由一名或多名仲裁员,并接受他们的仲裁决定。

(8)法律求助。除了以上策略,渠道伙伴还可以依靠法律手段来解决冲突。当可口可乐决定向沃尔玛的区域仓库直接分销动乐(Powerade)运动饮料时,60家装瓶厂抱怨说这种做法会损害它们核心的门店直接配送责任并提起诉讼。最终双方达成和解,共同开发新的服务和分销系统,以补充门店直接配送系统。

第五节 营销物流

物流是企业在进行生产与营销的活动中,原料运送及产品递交的物体流动过程。因此,商业物流可分为生产物流与营销物流;生产物流是原料运送的物体流动过程,营销物流是产品递交的物体流动过程。(在此,原料是所有生产所需投入物质的统称;含原物料、添加料、耗材、零部件、设备厂房修护器物等。)优异的营销物流是让客户方便地买到产品,或让客户在最短时间满意地收到订购的产品;因此,营销物流也涉及生产物流。本节即在探讨营销物流。

一、物流管理

营销物流的目的是以最低的成本,让客户能在最方便的时候买到产品,或在最短时间内满意地收到所订购的产品。营销物流管理是探讨并实现营销物流的目的的举措;或者说,营销物流管理是探讨并实现以最低的成本,让客户能在最方便的时候买到产品,或在最短时间内满意地收到所订购的产品的举措。因此物流涉及最适当的产品铺货量、最适当的产品库存量,甚至最迅速的产品组装规划、最适当的原料供应规划。

营销物流是最前沿的成本经济学

企业在渠道管理中,必须重视营销物流成本。有数据表明,营销物流的总成本在某种情况下约占产品成本的 30%～40%。所以,很多渠道专家称营销物流是"成本经济的最后一道防线"。控制住物流成本,企业就能向市场提供更低价格的产品,获取更高的毛利润。

企业从原材料和零部件采购、运输、加工制造、分销直至最终送到顾客手中的这一过程被看成是一个环环相扣的链条,这就是供应链。供应链管理就是指对整个供应链系统进行计划、协调、操作、控制和优化的各种活动的过程,其目标是要将顾客所需的适当的产品在适当的时间,按照适当的数量、适当的质量和适当的状态送到正确的地点——即"6R",并使总成本最小。

营销物流成本现在已经成了企业不得不考虑的成本控制环节。地理距离、人口密度、辅助性基础设施等都会影响市场进入的难易程度以及物流效率。尤其在我国,国土面积大且不利的地貌阻碍了交通网络的完善。我国在物流领域的开支占到 GDP 的 15%,而美国仅占 10%。

随着互联网时代的来临,现代物流具备了一系列新特点,物流信息化是其中一个重要表现。物流信息化,也就是物流信息的商品化、物流信息搜集的数据库化和代码化、物流信息处理的电子化和计算机化、物流信息传递的标准化和实时化、物流信息存储的数字化等。借助于互联网信息技术,企业能够在微利时代从物流成本中挤出效益来。

资料来源:许宏.科特勒的营销思维[M].北京:群言出版社,2018.

二、主要物流功能

营销物流涉及最适当的产品铺货量、库存量、订单处理、运输、仓储、配送、各相关环节掌控等过程。营销物流主要功能为存货管理、仓储管理、运输配送、物流信息管理。

京东加大欧洲业务布局

日前,京东集团旗下京东物流与法国邮政旗下国际快递公司 Geopost 正式签署战略合作协议,将在国际供应链领域展开深度合作。此举表明京东正在持续深化其国际供应链能力建设,通过进一步加大其在欧洲业务布局的力度,推动数智化供应链在海外实现加速复制落地。

夯实"新基建",助力欧洲多国实现商品最快 1 日达

经过多年来的持续布局,京东迄今已在全球拥有近 90 个保税仓、海外仓和直邮仓,海陆空运输航线遍及全球。在欧洲,京东物流欧洲区以海外仓建设为核心,在欧洲主要国家如德国、波兰、荷兰、法国、英国、西班牙等搭建了自营仓储网络以及协同仓,仓储网络服务能力基本覆盖欧洲主要国家。

在搭建仓储能力的同时,京东物流欧洲区积极建立末端配送能力,与各个国家的主流头部服务商进行了紧密的合作,同时也与当地下沉服务供应商建立合作。在与国际快递公司 Geopost 达成战略合作后,京东将进一步提升欧洲快递服务覆盖范围和服务能力,通过京东物流自营海外仓生产的商品,在德国、荷兰、法国、英国、西班牙、波兰等欧洲国家可实现本地包裹配送最快一日达。

搭建"直通车",让更多欧洲品牌共享中国大市场

自 2014 年京东上线首个国家馆以来,在各国驻华使馆等权威机构官方授权和大力支持下,通过聚合品类、品牌、资源,不断提升国外优质特色产品拓展中国市场。截至目前,京东引入的国家馆中,包括英国、法国、德国、丹麦、芬兰、西班牙、葡萄牙、俄罗斯、意大利、捷克、塞尔维亚、罗马尼亚、格鲁吉亚等 20 余个欧洲国家,基本实现对欧洲主要经济区域的全覆盖。

京东有关负责人表示,中国市场规模和潜力巨大,对于欧洲品牌或商家而言是巨大的机遇;为此,京东将继续坚定不移推进包括欧洲在内的国际化业务布局,充分发挥好数智化供应链优势,依托"链网融合"基础设施,助力欧洲品牌及商家在中国市场实现高效"着陆",为相关品牌及商家注入增长新动能,共享中国机遇,实现互利共赢。

资料来源(有删减):经济观察报.京东加大欧洲业务布局,助力巩固中欧经贸关系向好势头[EB/OL].(2023-09-07)[2024-04-05].https://baijiahao.baidu.com/s? id＝1776378656769442448&wfr＝spider&for＝pc.

(一)存货管理

库存控制系统是物流大系统中重要的子系统,是物流管理的一个重要领域。把库存量控制到最佳数量,尽量少用人力、物力、财力把库存管理好,获取最大的供给保障,是很多企业追求的目标,甚至是企业之间竞争生存的重要一环。物流的库存控制系统可提供以控制库存为目的的相关方法、手段、技术、管理及操作过程的集合,这个系统提供了入库、储存、订货、出货的详细信息,甚至产生最适库存量的参考数据供库存决策参考,以实现制造商最适当地控制库存的目的。

(二)仓储管理

在物流系统中,仓储功能包括了对进入物流系统的货物进行堆存、管理、保管、保养、维护等一系列活动。仓储的作用主要表现在两个方面:一是完好地保证货物的使用价值和价值,二是为将货物配送给用户,在物流中心进行必要的加工活动而进行的保存。随着经济的发展,物流由少品种、大批量物流进入多品种、小批量或多批次、小批次物流时代,仓储功能从重视保管效率逐渐变为重视如何才能顺利地进行发货和配送作业。流通仓库作为物流仓储功能的服务据点,在流通作业中发挥着重要的作用,它将不再以储存保管为其主要目的。流通仓库包括拣选、配货、检验、分类等作业,并具有多品种,小批量、多批次小批量等收货配送功能,以及附加标签、重新包装等流通加工功能。根据使用目的,仓库的形式可分为:

(1)配送中心型仓库:具有发货,配送和流通加工的功能。

(2)存储中心型仓库:以存储为主的仓库。

(3)物流中心性仓库:具有存储、发货、配送、流通加工功能的仓库。

物流系统现代化仓储功能的设置,以生产支持仓库的形式,为有关企业提供稳定的零部件和材料供给,将企业独自承担的安全储备逐步转为社会承担的公共储备,减少企业经营的风险,降低物流成本,促使企业逐步形成零库存的生产物资管理模式。

(三)运输配送

运输配送是物流的核心业务。选择何种运输手段对于物流效率具有十分重要的意义,在决定运输手段时,必须权衡运输系统要求的运输服务和运输成本,可以从运输机具的服务特性做判断:运费、运输时间、频度、运输能力、货物的安全性、时间的准确性、适用性、伸缩性、网络性和信息等。

配送功能的设置,可采取物流中心集中库存、共同配货的形式,使中间商实现零库存,依靠物流中心的准时配送,而无须保持自己的库存或只需保持少量的保险储备,减少存货成本的投入。配送是现代物流的一个最重要的特征。

装卸搬运是随运输配送而产生的必要物流活动,是对运输配送、仓储、生产等活动进行衔接的中间环节,以及在保管等活动中为进行检验、维护、保养所进行的装卸活动,如货物的装上卸下、移送、拣选、分类等。装卸作业的代表形式是集装箱化和托盘化,使用的装卸机械设备有吊车、叉车、传送带和各种台车等。在物流活动的全过程中,装卸搬运活动是频繁发生的,因而是产品损坏的重要原因之一。对装卸搬运的管理,主要是对装卸搬运方式、装卸搬运机械设备的选择和合理配置与使用,以及装卸搬运合理化,尽可能减少装卸搬运次数,以节约物流费用,获得较好的经济效益。

(四)物流信息管理

现代物流是需要依靠信息技术来保证物流体系正常运作的。物流系统的信息服务功能,包括进行与上述各项功能有关的计划、预测、动态(运量、收、发、存数)的情报及有关的费用情报、生产情报、市场情报活动。物流情报活动的管理,要求建立情报系统和情报渠道,正确选定情报科目和情报的收集、汇总、统计、使用方式,以保证其可靠性和及时性。

信息化处理运送、保管、装卸、包装等功能,可使物流更具系统化及效率化。物流系统信息化的概念起源于个人计算机及网络的普及,信息化可促进企业有效管理生产、运送、保管、装卸、包装、出货等过程,达到省力化、效率化的目标。

从信息的载体及服务对象来看,该功能还可分成物流信息服务功能和商流信息服务功能。商流信息主要包括进行交易的有关信息,如货源信息、物价信息、市场信息、资金信息、合同信息、付款结算信息等。商流中交易、合同等信息,不但提供了交易的结果,也提供了物流的依据,是两种信息流主要的交汇处;物流信息主要是物流数量、物流地区、物流费用等信息。物流信息中的库存量信息,不但是物流的结果,也是商流的依据。

物流系统的信息服务功能必须建立在计算机网络技术和国际通用的 EDI 信息技术基础之上,才能高效地实现物流活动一系列环节的准确对接,真正创造"场所效用"及"时间效用"。可以说,信息服务是物流活动的中枢神经,该功能在物流系统中处于不可或缺的重要地位。

信息服务功能的主要作用表现为:缩短从接受订货到发货的时间;库存适量化;提高搬运作业效率;提高运输效率;使接受订货和发出订货更为省力;提高订单处理的精度;防止发货,配送出现差错;调整需求和供给;提供信息咨询等。

第六节　数智化趋势:AI＋零售

近年来,AI 与各行各业的结合越来越紧密。AI 技术以其强大的数据处理、分析和预测能力,正逐渐成为推动各行业转型升级的关键力量。零售业作为与消费者日常生活紧密相连的领域,亦在 AI 的推动下迎来了前所未有的变革。阿里利用 AI 技术优化其电商平台的产品推荐系统,通过大数据分析提升库存管理效率;沃尔玛部署生成式 AI,推出语音购物功能,改善用户体验;星巴克利用 AI 算法精准预测顾客的购买习惯和喜好,从而优化产品推荐和库存管理。这些零售业巨头通过巨资布局 AI 应用,以期在激烈的市场竞争中占据先机。

一、"AI＋零售"发展概览

"AI＋零售"的发展历程可以大致划分为以下几个阶段,从早期的探索到如今的广泛应用,这一过程见证了人工智能技术在零售行业的逐步渗透和深度融合。

(一)萌芽期(2010 年以前)

随着互联网技术的发展,零售行业开始意识到数据和技术的重要性,但人工智能技术尚未成熟,主要应用集中在简单的数据分析和自动化流程。早期的 AI 应用较为有限,主要集中在一些基础的库存管理和简单的客户关系管理系统中,通过简单的规则引擎实现自动化推荐。

(二)探索期(2010—2015 年)

这一时期机器学习算法逐渐成熟,大数据技术开始普及,为 AI 在零售行业的应用提供了技术支持。零售企业开始尝试将 AI 技术应用于个性化推荐和精准营销。例如,亚马逊通过机器学习算法为用户提供个性化的产品推荐,显著提升了用户体验和销售转化率。这一时期,无人零售的概念开始兴起,一些小型无人便利店开始出现,但技术尚未完全成熟,应用场景有限。

(三)成长期(2015—2020 年)

在"AI＋零售"行业的成长期,深度学习技术的兴起,尤其是卷积神经网络(convolutional neural network,CNN)和循环神经网络(recurrent neural network,RNN)的应用,推动了图像识别和自然语言处理技术的重大突破。这一时期,智能客服应用迅速普及,自然语言处理技术被广泛应用于智能客服系统,能够自动回答常见问题,显著提升了客户满意度。同时,视觉技术在零售场景中得到广泛应用,计算机视觉技术被用于消费者行为分析、智能货架管理和无人零售场景,例如通过摄像头识别消费者行为和商品信息,优化购物体验和运营效率。此外,AI 技术开始被应用于供应链管理,通过预测分析优化库存管理和物流配送,降低运营成本,提升供应链的响应速度和灵活性。

(四)爆发期(2020—2023 年)

在爆发期,以生成式预训练变换器(generative pre-trained transformer,GPT)系

列为代表的生成式 AI 技术迅速发展,为零售行业带来了新的变革机遇。一方面,生成式 AI 根据用户行为数据生成个性化的营销文案和推荐内容,进一步提升了营销效果。例如,天虹通过生成式 AI 构建的百灵鸟大模型,实现了精准的商品推荐和会员复购预测,显著提高了客户忠诚度。另一方面,生成式 AI 结合 AR 和 VR 技术,为消费者提供了沉浸式的购物体验,如银泰百货的 AI 试衣功能,让消费者能够虚拟试穿服装,提升购物便利性和趣味性。此外,AI 技术还推动了线上线下全渠道的融合,通过数据共享和智能推荐,实现无缝的购物体验,助力零售企业优化运营效率并提升客户满意度。

(五)深化期(2023 年至今)

自 2023 年至今,零售行业进入 AI 技术的深化期,呈现出三大核心趋势:技术融合与创新、全场景覆盖和行业生态构建。一方面,AI 技术与物联网、区块链等新兴技术深度融合,进一步优化零售业务流程,提升运营效率。另一方面,AI 应用从单一功能扩展到零售企业的全流程,覆盖研发、生产、供应链、销售、服务等环节,实现全面智能化升级。此外,零售企业与科技企业、云服务提供商等展开深度合作,构建开放的 AI 生态,推动技术快速落地和创新,为零售行业的持续发展注入新动力。

"AI+零售"的发展历程体现了技术从萌芽到全面爆发的过程,同时也反映了零售行业从传统模式向智能化、精细化、全场景融合的转型。未来,随着 AI 技术的不断创新和应用场景的拓展,零售行业将迎来更多的创新和变革机遇。

拓展阅读 9-3

主动拥抱新技术,传统商场加快数字化转型

商场是繁荣市场、保障就业的重要渠道。日前发布的《关于恢复和扩大消费的措施》提出,"加快传统消费数字化转型""发展即时零售、智慧商店等新零售业态"。当前,消费不断升级,对商场提出了更高的要求。紧跟需求步伐,各地商场纷纷主动拥抱互联网、大数据等数字技术,加快建设智慧商场,打造新场景、新业态,为消费者带来全新体验。

1.新技术带来智慧消费新体验

商务部办公厅印发的《智慧商店建设技术指南(试行)》提出,智慧商店是指运用现代信息技术(互联网、物联网、5G、大数据、人工智能、云计算等),对门店商品的展示、促销、结算、管理、服务、客流、设施等场景及采购、物流、供应链等中后台支撑,实现全渠道、全场景的系统感知、数据分析、智能决策、及时处理等功能,推动线上线下融合、流通渠道重构优化,以更优的商品、更高的效率和更好的体验满足顾客便利消费、品质消费、服务消费需求的商店。智慧商场新体验有力拉动了消费。数据显示，2023 年 7 月 28 日至 8 月 18 日，南京新街口苏宁易家旗舰店客流同比提升了 56%，家电 3C 一站式智慧化以旧换新订单量同比提升 7 成，绿色智能家电成为消费者购物的首选，智能扫地机器人销量同比提升 165%，智能洗烘一体机销量同比提升 118%，节能冰箱销量同比提升 73%。

2.数字化助推服务精准化

(1)商场门店场景加速数字化

新场景是智慧商场建设的重点方向之一。在全国，不少商场应用 5G、物联网、大数据、云计算、人工智能、虚拟现实等新技术，推动线上线下融合，实施全场景、全链条、全用户、全品类的数字化，深挖信息数据分析，促进价值转化，改善门店经营，提升消费者体验。还有一些商场注重创新线下应用场景，推进智能导购、智能停车、电子结算、自助收银、电子价签、智能支付、个性定制、虚拟试衣间等智能化、便捷化技术及其设施设备应用。

(2)商场供应链加速智能化

作为流通环节的重要一环，提高效率、降低成本是智慧商场建设的重要考量。不少商场在数字化转型过程中，注重推动零售流通渠道重构，推广集采集配、统仓统配、反向定制等新模式，利用数据助力降本增效和价值转化。同时，强化物流支撑，推广自动订货、组货选货、智能盘点、前置仓、无人仓库，促进降本增效。

(3)商场服务更加精准化

智慧商场建设，本质在于通过优化服务，提升消费体验，赢得消费者的认可。在调研走访中，很多商场通过运用小程序、App 等营销工具，为消费者提供卡券线上发放、全渠道兑换及活动发布、智能推送、积分通兑等数字服务，提升服务水平。有的商场通过线上导流、线下体验，实现线上线下流量共享，统一即时送达服务，给消费者带来了更多的便利。

3.新供给激发市场新活力

作为广州传统商圈之一，天河路商圈也曾面临同质化竞争。面对挑战，商圈主动迭代升级，不断调整优化经营业态，目前，从改造前的零售业态占 70%、餐饮占 30%、文化艺术等业态基本空白，调整为零售业态占 57%、餐饮占 24%、商务配套占 9%、休闲旅游占 8%、文化艺术占 2%。如今，在商圈购物中心，游客能看新品首发、观美术展、看音乐剧，体验更加丰富。天河路商圈的数 10 种智能公共设施，如智慧健身镜、智能 LED 触摸互动屏、自助停车查询系统、停车空位监测大屏等，创新了消费模式，也带来新的吸引力。

"智慧化是商场转型的主要方向，创新是智慧商场建设的重要动力。"商务部研究院电子商务研究所副研究员洪勇说。近年来，我国实体零售规模持续扩大，业态不断创新。下一步，应进一步加强互联网、大数据等新一代信息技术的应用，提高流通效率和服务水平,给消费者提供更多新产品和服务。商务部相关负责人表示,各示范商圈、示范商店要把握新形势新任务新要求,进一步加强探索和创新,持续促进消费恢复和扩大;要充分运用现代信息技术,持续优化智慧设施、智慧服务、智慧场景和智慧管理,引领行业创新转型;要发挥智慧商圈、智慧商店的平台作用,发展新业态、新模式、新场景,满足居民品质化、多样化消费需求。

资料来源(有删减):王珂,贾司场.主动拥抱新技术,打造新场景新业态:传统商场加快数字化转型[N/OL].人民日报,(2023-09-13)[2025-01-01].https://www.gov.cn/yaowen/liebiao/202309/content_6903644.htm.

二、"AI＋零售"发展驱动力

"AI＋零售"是指将人工智能技术应用于零售行业的各个环节,以增强零售业务的智能化水平,提高运营效率,优化顾客体验,并推动零售行业的创新和转型。"AI＋零售"的发展是内外驱动力共同作用的结果。

(一)内在驱动力

1.技术的不断进步推动了生成式 AI 的发展

在算法优化方面,生成式 AI 通过深度学习技术(如 RNN、LSTM 和 Transformer)能够更深入地理解数据的内在结构和关系,从而提高模型的准确性,增强其泛化能力,使其在处理复杂任务时更加得心应手。硬件支持也为生成式 AI 的发展提供了强大助力,GPU(图形处理器)和 TPU(张量处理器)的普及大幅提升了训练和推理速度,缩短了开发周期,提高了 AI 应用的效率。此外,数据驱动的模式使生成式 AI 能够通过大规模数据训练更准确地捕捉数据特征,生成更真实、自然的内容,为零售业提供更贴近消费者需求的推荐。而 AI 大模型的发展则为零售行业提供了更强大的技术支持,推动了 AI 技术在零售领域的广泛应用。

2.零售企业自身需求推动了 AI 技术的应用

一方面,AI 技术能够帮助企业降本增效,通过优化库存管理、提高供应链效率和降低运营成本,例如利用智能预测和自动化流程减少库存积压和浪费。另一方面,AI 可以通过精准营销和个性化推荐等方式,提升消费者的购物体验,增强品牌的吸引力和消费者的忠诚度。此外,零售企业还需要借助 AI 技术实现精细化运营,提升业务的弹性和智能化水平,以更好地应对复杂多变的市场环境。

3.消费者需求的变化也推动了零售企业对 AI 技术的应用

一方面,年轻消费者(如"Z 世代"和"千禧一代")对个性化服务的需求不断增加,渴望获得定制化的产品推荐、个性化的营销信息以及灵活便捷的支付和配送方式。另一方面,消费者对移动互联网的依赖程度极高,对便捷支付和即时配送的需求也日益增长,这促使零售企业通过 AI 技术提升服务的便捷性和高效性,以更好地满足消费者的期望。

(二)外在驱动力

1.政策支持

在政策的支持与引导下,人工智能技术的发展得到了强有力的推动,尤其是在消费领域的应用拓展。例如,政府出台了一系列优惠政策,包括税收减免和专项补贴,鼓励企业加大对人工智能技术研发的投入,加速技术的商业化落地。以某电商平台为例,通过引入人工智能算法优化推荐系统,实现精准营销,不仅提升了用户体验,还显著提高了销售额。同时,政策的规范作用也为"AI+零售"行业营造了健康有序的发展环境。例如,监管部门制定了数据安全和隐私保护法规,防止企业滥用用户数据,从而避免了无序竞争和潜在风险,保障了行业的可持续发展。

2.市场需求与竞争压力

在当前零售市场中,随着竞争的加剧和消费者需求的多样化,AI 技术的应用已成为企业提升竞争力和满足市场需求的关键手段。一方面,零售业已进入存量竞争时代,市场竞争愈发激烈,企业亟需通过 AI 技术寻找新的增长点。例如,天虹商场通过引入 AI 导购和智能客服系统,为顾客提供个性化的购物建议和产品信息,不仅提升了顾客满意度,还优化了导购人员的工作负担,显著提高了运营效率。同时,AI 技术在精准营销、优化库存和提高供应链效率等方面也发挥了重要作用,助力企业降低运营成本,增强市场竞争力。

另一方面,消费者对全渠道购物体验的需求不断增加,AI 技术成为零售企业实现线上线下无缝连接的重要工具。以盒马鲜生为例,其通过 AI 技术结合线上线下融合模式,提供智能推荐、自助结账等便捷服务,为消费者带来了全新的购物体验。此外,AI 技术还能够通过实时数据分析和个性化服务,满足消费者对即时满足和个性化体验的期待,进一步推动零售行业的智能化转型。

3.行业生态与合作

在"AI+零售"领域,行业生态与合作正成为推动其发展的关键力量。一方面,产业链的协同合作至关重要。从硬件供应商提供高性能的设备支持,到 AI 芯片制造商打造高效的计算能力,再到云计算服务提供商为企业提供强大的数据处理和存储能力,以及算法开发商不断优化智能算法,整个产业链上下游企业紧密配合,共同推动了 AI 技术在零售行业的落地与深化。另一方面,跨行业的合作也在不断深化。零售企业与科技公司、金融机构等展开广泛合作,通过资源共享与优势互补,加速了"AI+零售"技术的创新与应用。例如,零售企业与金融科技公司合作推出智能支付解决方案,不仅提升了支付效率,还增强了用户的购物体验;而与科技巨头的合作则助力零售企业实现数字化转型,进一步拓展了市场空间。这种多元化的合作模式,不仅丰富了"AI＋零售"的应用场景,也为行业生态的繁荣奠定了坚实基础。

4.社会与经济环境变化

在当前的社会与经济环境下,消费升级与数字化转型成为推动零售行业变革的重要力量。随着经济的持续发展和消费者收入水平的不断提高,消费升级的趋势愈发明显,消费者对商品和服务的品质、个性化以及便捷性提出了更高的要求。与此同时,全球经济的数字化转型加速,零售行业作为与消费者日常生活紧密相连的领域,必须顺应这一大趋势。通过引入 AI 技术,零售企业不仅能够实现智能化升级,还能更好地满足消费者对高效、个性化购物体验的期待,从而在激烈的市场竞争中脱颖而出,实现可持续发展。

三、"AI＋零售"发展模式

"AI＋零售"的发展模式主要体现在其技术应用的深度和广度上,通过将人工智能技术融入零售行业的各个环节,实现从内部运营优化到客户体验提升的全面升级。

（一）技术驱动模式

"AI＋零售"的核心在于利用人工智能技术的强大数据处理、分析和预测能力,推动零售业务的智能化转型。以下是其技术驱动模式的关键要素:

1.基础技术支撑

在"AI＋零售"领域,基础技术支撑是实现智能化应用的关键。硬件与传感器,如智能货架、摄像头和 RFID 标签,能够实时采集数据,为 AI 应用提供丰富的基础数据支持。与此同时,AI 芯片和云计算服务凭借强大的计算能力,为数据存储、处理和模型训练提供高效支持,确保 AI 系统的流畅运行。此外,机器学习、深度学习和生成式 AI 算法作为技术核心,能够实现需求预测、个性化推荐、图像识别等功能,从而推动零售行业的智能化升级和创新。

2.技术应用领域

在"AI＋零售"的技术应用领域,需求预测与库存管理、供应链优化以及智能营销与个性化推荐是 3 个关键方向。通过分析历史销售数据和市场趋势,AI 系统能够精准预测需求,从而优化库存水平,有效减少积压和缺货现象。同时,在供应链环节,AI 技术实时监控供应链数据,优化物流配送路线,降低运输成本,并显著提高响应速度。此外,AI 还基于消费者行为数据生成个性化的产品推荐和营销内容,精准触达用户需求,从而提升用户转化率和忠诚度。这些应用不仅提高了零售企业的运营效率,还增强了其市场竞争力和用户体验。

(二)客户体验驱动模式

"AI＋零售"通过优化购物体验,满足消费者对便捷性、个性化和高效服务的需求。

1.全渠道融合

全渠道融合是"AI＋零售"发展的重要趋势,其核心在于实现线上线下无缝对接和智能导购与虚拟体验的创新。借助 AI 技术,线上线下的界限被打破,数据共享和业务协同成为可能。例如,消费者在线上浏览商品后,线下门店能够根据其浏览记录提供个性化的服务,如专属推荐、优先试穿等,增强购物的连贯性和便利性。同时,AI 助手、虚拟试衣和智能推荐等技术的应用,为消费者带来了更加便捷、高效且个性化的购物体验。无论是在线上还是线下,消费者都能享受到无缝衔接的优质服务,这不仅提升了购物满意度,也为零售企业创造了更多价值。

2.个性化服务

在"AI＋零售"领域,个性化服务正成为提升用户体验和企业竞争力的关键。一方面,通过精准推荐,AI 系统能够深入分析消费者的购买历史和行为偏好,从而生成高度个性化的产品推荐。这种精准的推荐不仅满足了消费者的个性化需求,还显著提升了购物转化率。另一方面,智能客服利用自然语言处理技术,能够实时解答消费者的各类问题,提供全天候不间断的服务,极大地提高了服务效率和用户满意度。这种全方位的个性化服务,不仅优化了消费者的购物体验,也为零售企业带来了更高的客户忠诚度和市场竞争力。

(三)运营效率驱动模式

"AI＋零售"通过优化内部运营流程,降低运营成本,提升企业的竞争力。

1.库存与供应链管理

在"AI＋零售"的发展进程中,库存与供应链管理的智能化升级成为关键环节。AI 系统通过实时监控库存水平,能够自动补货并优化库存布局,有效减少库存积压和缺货现象。例如,某电商企业引入 AI 大模型后,库存预测准确率提高了 30% 以上,库存周转率显著提升,缺货率降低了 20% 左右。同时,AI 技术还用于供应链的可视化管理,通过实时监控供应链状态,企业能够及时调整物流策略,降低延误风险。这种智能化的库存与供应链管理不仅提升了运营效率,还为企业在激烈的市场竞争中提供了强大的竞争力。

2.成本优化

在"AI＋零售"领域,成本优化是企业提升竞争力和盈利能力的重要手段。一方面,AI 驱动的自动化流程能够有效减少人工操作,降低错误率和人力成本。例如,通过引入智能仓储机器人和自动化分拣系统,企业可以显著提高物流效率,同时减少对人力的依赖,从而节省大量人力成本。另一方面,AI系统具备动态定价功能,能够根据市场需求和竞争态势实时调整价格,以实现利润最大化。例如,某零售企业利用AI算法分析消费者购买行为和市场供需关系,动态调整商品价格,在促销期间精准定价,不仅提升了销售额,还优化了利润空间。这种智能化的成本优化策略,不仅提高了企业的运营效率,还增强了其在市场中的灵活性和竞争力。

(四)行业生态驱动模式

"AI+零售"不仅推动单个企业的智能化转型,还通过构建开放的生态系统,带动了整个行业的升级。

1.产业链协同

在"AI+零售"领域,产业链协同是推动行业智能化转型的关键。一方面,通过供应商合作,AI技术帮助零售商与供应商实现数据共享,优化采购策略,从而提升供应链效率。例如,沃尔玛利用AI算法分析历史销售数据和市场趋势,精准预测商品需求,优化库存管理,减少库存积压和缺货风险。另一方面,零售企业与AI技术供应商、云服务提供商等展开深度合作,共同推动技术落地。例如,天虹与华为联合发布的"灵智百灵鸟AI大模型",基于自主创新的昇腾AI平台,融合通用大模型和多元算法,利用天虹的业务数据和行业经验,为零售行业打造专属的AI解决方案。这种产业链上下游的协同合作,不仅加速了AI技术在零售行业的应用,还为零售企业带来了更高的运营效率和市场竞争力。

2.创新与可持续发展

在"AI+零售"领域,创新与可持续发展正成为行业的重要发展方向。一方面,AI技术不断探索新的应用场景,为零售业带来突破性创新。例如,生成式AI被广泛应用于内容创作,能够根据商品特性自动生成种草笔记、短视频广告,甚至生成虚拟模特展示商品,极大地提高了内容制作效率,降低了成本。同时,虚拟现实技术也在购物体验中得到应用,如丝芙兰通过对话式AI和虚拟助理,为消费者提供在线预订、库存查询、照片识别等服务,增强了购物的便利性和个性化体验。另一方面,AI技术在助力零售企业实现可持续发展目标方面发挥了重要作用。通过优化库存管理和减少浪费,AI系统能够精准预测需求,避免过度生产和积压库存,同时推进环保包装和绿色物流,减少资源浪费和环境污染。这种创新与可持续发展的结合,不仅推动了零售行业的智能化转型,也为企业的长期发展奠定了坚实基础。

美宜佳与华为云共筑数字化门店新生态

在当今的快节奏生活中,美宜佳成为繁忙都市人心中的"绿洲"。步入线下门店,首先看到的是井然有序的商品陈列,更让人眼前一亮的是正在与顾客热情互动的数字人导购,,还能根据个人喜好和购物历史提供精准的商品推荐;周末宅在家,人们可以通过手机观看直播、VR、AR等,身临其境地感受美宜佳门店的氛围,了解最新商品和活动,轻松完成下单,选择到店自提或配送,极大提升了购物的灵活性和便捷性。这一切,都让人们真切地感受到科技带来的便利与创新。

作为中国便利店行业的领军者,美宜佳正不断以科技之力铸就品牌实力,激活新消费领域的增长动力。7月26日,美宜佳迎来了27周年庆典暨2024美宜佳创新发布会。聚焦"智慧零售元年,数字驱动未来"的核心主题,美宜佳"数字化门店全店智能v1.0"重磅首发,携手华为云基于大模型、鸿蒙生态等,共同开启智慧零售新篇章,让智能购物真正走入千家万户。

技术革新始终是美宜佳发展的加速器。依托华为云数字人技术、AI大模型与鸿蒙系统,美宜佳在购物体验、商品运营、门店经营及全域营销等多个维度上实现了突破与创新,为消费者打造了集互动、便捷与个性化于一体的购物空间。

在购物体验方面,美宜佳创新引入华为云数字人技术,为顾客打造了能提供"专属顾问"服务的数字店员,可以根据顾客的购买历史和偏好提供精准推荐与个性化建议,让购物过程轻松愉悦;同时,多种消费级鸿蒙智能终端融入门店场景,借助触摸互动与智能感知技术,设备协同形成消费体验网,促进消费者深度参与、探索商品。

在商品运营上,依托大数据与AI算法,美宜佳让全面智能化成为可能。通过精准分析商圈数据和消费信息,智能选品系统合理配置门店商品,确保品类丰富、结构科学;智能定价策略能根据市场动态自动调整价格,在维护品牌形象的同时,实现门店收益最大化;借助AI算法连接供应链,在门店进销存环节中,通过"任务+物联网数字化货架",更好地管理库存与门店陈列,让商品饱满提升消费体验。

在门店经营中,除了人工店员外,美宜佳还为消费者配备了"AI店长"。AI店长犹如智能大脑,能够实时分析数据并进行精准决策,为店员提供科学指导;数字店员通过盘古大模型技术,可以实现24小时、多语言、富情感、不间断的服务,即使在非营业时段也能保持运营连贯性,有效提高销售效率。这种"人工+智能"的模式不仅能降低运营成本,还将显著增强顾客体验,打造更有"温度"的便利店形象。

在全域营销方面,美宜佳将门店打造成了线上线下无缝融合的多维私域运营阵地。通过线上直播、信息流广告等创新方式,帮助消费者更好地匹配需求。同时,充分利用鸿蒙生态的优势,使用智慧终端屏的互动广告与个性化推荐系统,依据会员购物习惯和偏好推送定制优惠信息与推荐产品,提升用户忠诚度和复购率。借助华为的全域资源,美宜佳实现了全方位、多触点曝光,进一步拓宽品牌影响力,最终促进市场份额的持续增长。

此外,美宜佳通过智能系统实现了节能创新。例如在门店招牌、卖场内部、货架和风幕柜等场景中采用了智能光线调节方案,通过自动控制、智能感应系统等,为顾客提供了更舒适的在店体验;卖场的商品温控系统可以根据环境温湿度智能调节空调,保障食品质量和安全,同时采用变频技术,使能耗降低 20% 以上,成本骤减 8%,实现节能与降本的双重效果。

资料来源:钟经文.零售变革新势力:美宜佳与华为云共筑数字化门店新生态[N/OL].中国日报,2024-07-29[2025-01-01].https://tech.chinadaily.com.cn/a/202407/29/WS66a74877a3107cd55d26d087.html.

四、"AI+零售"产业生态分析

"AI+零售"产业生态的形成与发展是多方面因素共同作用的结果,涵盖了技术、应用、市场、政策等多个层面。以下是对其产业生态的详细分析:

(一)产业生态的构成

"AI+零售"产业生态主要包括三个核心层次:基础与技术层、应用开发与服务层、用户层。这三个层次通过数据流、技术集成和服务交互紧密相连,共同推动产业的持续发展和创新。

1.基础与技术层

基础与技术层是"AI+零售"生态系统的根基,为零售行业的数字化转型提供了核心动力和技术支撑。其主要构成包括硬件供应商、AI芯片制造商、云计算服务提供商以及 AI 算法与技术开发商。硬件供应商提供传感器、摄像头、智能货架等硬件设备,用于数据采集和 AI 应用的基础支持;AI 芯片制造商为图像识别、语音处理等任务提供强大的计算能力,支持复杂的数据处理和机器学习算法的高效运行;云计算服务提供商则通过其强大的数据存储、处理和分析能力,支持 AI 模型的训练和部署,助力零售企业处理和分析海量数据;AI 算法与技术开发商则专注于开发机器学习、深度学习、自然语言处理等算法,推动 AI 技术在零售领域的创新应用。这些要素相互协同,共同为"AI+零售"的发展奠定了坚实的技术基础。

2.应用开发与服务层

应用开发与服务层是"AI+零售"生态系统中至关重要的环节,它将基础技术与零售业务流程深度融合,成为连接技术与最终用户的关键桥梁,推动零售行业的智能化转型。在这一层中,AI技术被广泛应用于多个关键领域:在供应链管理方面,通过需求预测、库存优化和智能调度,AI技术显著提升了供应链的效率和响应速度;在市场营销领域,AI能够深度分析消费者数据,实现精准营销和个性化推荐,从而提高用户转化率和市场竞争力;在用户运营中,智能客服、数字人技术等应用为消费者提供了更加便捷、高效的服务体验,增强了用户忠诚度;而在无人零售场景中,计算机视觉和机器学习技术的结合,为消费者带来了全新的购物体验,同时也降低了运营成本。这些应用的开发与服务不仅提升了零售企业的运营效率,也为消费者带来了更加智能化、个性化的购物体验。

3.用户层

用户层是"AI+零售"生态系统的最终需求方和核心受益者,涵盖了企业和消费者两大主体。对于企业而言,电商、百货、商超等细分领域的零售企业是 AI 零售技术和服务的主要需求方。它们基于自身独特的业务场景和市场需求,推动 AI 零售解决方案提供商不断优化服务,以实现降本增效、提升竞争力的目标。例如,电商企业通过 AI 技术优化推荐系统,提升用户转化率;而商超则利用智能库存管理减少积压和缺货现象。与此同时,消费者作为零售市场的核心驱动力,其需求和偏好直接影响市场走向。AI 技术通过深度分析消费者行为,帮助企业精准把握需求,从而提供更加个性化、便捷化的购物体验,满足消费者对品质、效率和个性化服务的追求。

(二)产业生态的发展现状

"AI+零售"产业生态的发展呈现出多维度的特征,涵盖了技术突破、应用场景拓展、市场布局加速等多个方面。

1.技术突破

在"AI+零售"领域,技术突破正成为推动行业变革的关键力量。一方面,国产大模型的进展为"AI+零售"提供了高性能、低成本的技术支撑。例如,天虹股份的灵智数科与 DeepSeek 大模型的融合训练,不仅提高了模型的反应速度,还显著增强了对消费者行为的理解能力,为消费者提供更精准的产品推荐和个性化服务。这种技术进步不仅提升了零售企业的运营效率,也为消费者带来了更丰富的购物体验。另一方面,多模态融合成为 AI 技术的重要发展方向。AI 技术在图像识别、自然语言处理、语音交互等多模态应用中的融合,为零售行业带来了更丰富的应用场景。例如,"丰 e 足食"通过视觉识别技术实现了从纯人工识别到 AI 主导的转变,算法识别比例大幅提升,显著优化了订单处理效率。此外,AI 与 VR、AR 技术的结合,也为消费者创造了沉浸式的购物体验,如虚拟试衣间让消费者无需试穿即可查看衣物效果。这种多模态融合的应用不仅提升了消费者的购物便利性,还增强了与品牌的互动性,推动零售行业向更加智能化、个性化的方向发展。

2.应用场景拓展

在"AI+零售"领域,应用场景的拓展正在不断深化,推动零售行业的全面升级。在电商领域,AI技术已广泛应用于商品推荐、智能客服和供应链管理等核心环节,显著提升了购物体验和运营效率。在传统零售方面,AI技术通过智能结算、智能选品和无人零售等方式,推动了行业的转型升级。例如,无人零售场景通过计算机视觉和机器学习技术,实现了消费者引流、快捷支付和店内运营效率的提升。此外,传统零售商通过AI技术盘活了ERP系统中的数据资产,优化了选品和销售策略。此同时,创新硬件的发展也为零售行业带来了新的增长点。AI智能眼镜等消费级硬件的快速普及,为零售场景提供了新的交互方式和体验。例如,智能眼镜可以通过实时翻译、教育互动等功能,增强消费者的购物体验。

3.市场布局加速

随着人工智能技术的快速发展,"AI+零售"市场布局加速推进。零售企业在跨境电商、智能设备、传统零售等领域积极布局,通过AI技术提升竞争力。例如,亚马逊和阿里巴巴利用AI优化推荐系统和运营效率,智能眼镜等消费级硬件也迎来快速增长,预计2025年全球出货量将达1280万台。同时,政府出台多项政策支持人工智能与消费领域的结合,推动新型消费模式的形成,为零售企业的转型升级提供了有力保障。

(三)产业生态的发展趋势

1.技术深化与融合趋势

当前,"AI+零售"行业呈现出技术深化与融合的趋势。一方面,生成式AI在个性化推荐、内容创作、虚拟体验等领域广泛应用,通过精准洞察消费者需求,优化产品策略,提升购物体验。另一方面,AI与物联网、区块链、大数据等技术的融合不断加深,进一步优化零售业务流程,推动无人零售、智能支付等创新场景落地,助力零售行业向智能化、高效化方向发展。

2.全渠道融合与无缝体验趋势

全渠道融合与无缝体验成为零售行业的重要发展趋势。一方面,AI技术推动线上线下一体化发展,打破渠道界限,实现数据共享与业务协同,为消费者提供无缝对接的一站式购物体验;另一方面,借助深度学习和数据分析,AI能够进一步深化个性化服务,精准洞察消费者需求,提供更贴合个人偏好的服务,从而提升用户满意度和忠诚度。

3.可持续发展与创新趋势

在"AI+零售"领域,可持续发展与创新应用正成为行业的重要趋势。一方面,绿色经营成为零售企业的核心发展方向。AI技术通过优化资源配置、减少浪费、推动环保包装和绿色物流,助力零售企业实现可持续发展目标。例如,多点DMALL 公司通过数字化系统和 AI 技术,实现店仓一体经营,降低能耗和商品损耗,推动零售业的绿色转型。另一方面,创新应用不断拓展,AI 在元宇宙购物、虚拟试衣等新兴领域创造了新的应用场景。例如,元宇宙虚拟试衣间通过 3D 建模和 AI 算法,让消费者在虚拟空间中自由试穿服装,在提升购物体验的同时降低退货率。这些趋势不仅推动了零售行业的智能化升级,也为企业的可持续发展提供了新的机遇。

本章小结

渠道是指某种产品或服务从生产领域向消费领域移动时所经过的整个通道。企业生产出来的产品,只有通过适当、充分、有效渠道提供给目标顾客,才可能实现企业的营销目标。渠道在产品转移的过程中主要承担的功能为:实物流、所有权流、支付流、信息流、促销流。

根据中间商在渠道中的作用可以按渠道层次进一步细分为零层、一层、二层等等。中间商包括批发商和零售商,企业也要深入了解其功能和类型。

处理渠道成员之间的冲突,包括水平冲突与垂直冲突。处理渠道冲突可以考虑整合企业的渠道系统,一般有四种形式:一般渠道系统、垂直渠道系统、水平渠道系统和多渠道系统。垂直渠道系统有三种类型,分别是公司型、契约型和管理型垂直渠道系统。

企业在渠道决策方面的核心问题,是如何建立适当、充分、有效的渠道。科学的渠道规划要通过分析顾客需求、确定渠道目标、设计适当的渠道方案、选择渠道方案几个步骤。

企业在渠道运营过程中要注意对渠道成员的管理,包括选择渠道成员、激励渠道成员、对渠道运营效果的评估与改进。

在渠道功能中还有一项重要的功能就是营销物流,营销物流的水平既对顾客的满意度有影响,同时又对营销成本产生影响。营销物流包括存货管理、仓储管理、运输配送和物流信息管理四个方面。

数智化的发展趋势对零售业发展提出新的要求,数智化的发展对新零售的发展产生了巨大的影响。

重要名词

分销渠道　零售商　批发商　渠道层次　水平渠道冲突　垂直渠道冲突
一般渠道系统　垂直渠道系统　公司型垂直渠道　契约型垂直渠道　管理型垂直渠道
水平渠道系统　多渠道系统　渠道规划　密集分销　选择分销　独家分销　存货管理
仓储管理　运输配送　物流信息管理　新零售

案例评析

案例评析

思政专题

2022 年 4 月 10 日,《中共中央 国务院关于加快建设全国统一大市场的意见》发布,意见提出要"优化商贸流通基础设施布局,加快数字化建设,推动线上线下融合发展,形成更多商贸流通新平台新业态新模式。推动国家物流枢纽网络建设,大力发展多式联运,推广标准化托盘带板运输模式。大力发展第三方物流,支持数字化第三方物流交付平台建设,推动第三方物流产业科技和商业模式创新,培育一批有全球影响力的数字化平台企业和供应链企业,促进全社会物流降本增效";"加快推动商品市场数字化改造和智能化升级,鼓励打造综合性商品交易平台"。

请思考:

1.搜集相关资料,结合《中共中央 国务院关于加快建设全国统一大市场的意见》,思考未来中国商业渠道将面临怎样的变化。

2.在数智化趋势下,企业应该如何规划分销渠道,请结合具体案例阐述。

AI 实训专题

请小组选择一个知名品牌，深入了解该品牌渠道的相关信息，然后以该品牌"营销总监"的角色，与 DeepSeek 围绕"渠道策略与渠道变革"进行对话，请 DeepSeek 对该品牌的渠道结构、渠道政策、渠道管理进行梳理，并让其对当前渠道存在的问题进行复盘和深度思考，聚焦核心问题，提出渠道管控或变革的思路与方案。请小组进一步围绕这个方案进行评析与优化。

课后习题

第十章 促销与沟通策略

学习目标

1.理解促销与沟通策略在 4P 中的意义；

2.理解促销与沟通组合策略，区别推式与拉式策略，理解影响促销策略制定的不同因素；

3.掌握营销沟通的决策步骤；

4.理解和掌握整合营销沟通的含义以及与传统营销沟通的区别；

5.了解整合营销沟通的主要方法；

6.了解不同营销沟通方式的作用及其形式；

7.理解广告、销售促进、公共关系、人员推广与直接营销的决策过程；

8.了解新媒体，理解新媒体营销，掌握新媒体营销的核心策略；

9.认识 AIGC 对营销沟通的意义，了解"AIGC＋营销"的潜在应用场景。

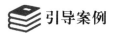

引导案例

"特色＋传播＋口碑"，淄博烧烤蹿红的传播三件套

淄博烧烤似乎是一夜走红，且至今热度不减。

据媒体报道，仅2023年3月份，淄博这座人口仅470万人的城市，就接待外地游客480多万人次，同比增长了134％。某点评数据平台显示，3月以来，淄博当地"烧烤"关键词搜索量同比增长超370％。"淄博烧烤"关键词全平台搜索量则同比增长超770％，多个在线旅游平台"五一"期间高铁热门目的地榜单，淄博均位列前十。

连淄博人自己都没想到，淄博烧烤就这样火透了。各路媒体争相报道，高铁站乌泱乌泱的人群，淄博正从"宇宙中心曹县"接过新晋"顶流"的交椅。

像淄博这样"意外"走红的城市，人们可能已经不陌生了。丁真因其朴素的笑容走红网络，为四川理塘带来热度；新疆昭苏县副县长贺娇龙策马奔腾，为当地文旅代言；因在短视频平台爆火，山东曹县被称为"宇宙中心"……

2023年的春天亦是中小网红城市迸发的春天。因爆款剧《狂飙》而火的广东江门，举办"村BA"的贵州台盘村，再到因"烤炉小饼加蘸料，烧烤灵魂三件套"火遍全网的山东淄博……

不同于传统的旅游城市拥有一众闻名天下的经典景点，这些中小城市凭什么走红？如果说"烤炉＋小饼＋蘸料"是淄博烧烤的"灵魂三件套"，那"特色＋传播＋口碑"便是淄博烧烤走红的三件套。在人人都可以是传播者的今天，每一座城市都有凭借自身独特文化出圈的机会。这些城市的成功经验有何可以借鉴？

以淄博为例，淄博烧烤的火爆并非一朝一夕。早在2021年，CCTV4播出的纪录片《美食中国》之《淄博·和为淄味》，以及山东卫视纪录片《至味山东》之《"淄博烧烤"酱的传奇》就将淄博烧烤带到了观众的眼前；同年B站的美食纪录片《人生一串》第三季也将淄博临淄纳入拍摄名单中；2022年，大众日报报道《淄博烧烤里的双城爱情》，以独特的爱情视角讲述淄博烧烤的故事……

如今，用短视频记录自己的生活，通过短视频了解各类信息，已经成为人们生活中不可或缺的一环，传播力不容小觑。通过短视频平台展示城市的特色与独特的烟火气，将视觉的冲击与感性的语言相互叠加，才能加快城市在网络中出圈，为城市特色赋予别样的意义。2023年，随着旅游市场逐渐复苏，这种影响力更加显现。

例如，今年2月，淄博有关部门邀请拥有2000万"粉丝"的"大V"进行户外直播，演示淄博烧烤的正确吃法：将小饼对折后，在折痕处蘸取蘸料，再卷上小葱，撸下烤好的五花肉。这一直播获得了27万的点赞量，成了淄博火爆全网的起点。淄博准确地契合了"Z世代"年轻人追求仪式感、氛围感的心理，巧妙地找到了淄博烧烤与其他地方烧烤的差异，使"烤炉小饼加蘸料"三件套成为淄博烧烤特有的文化名片。

4月8日,专门打假美食分量的博主"superB太"在淄博的测评成就了淄博烧烤的流量高潮。视频中,博主测评的10家摊位,没有一家店铺存在缺斤少两的情况,有的店铺甚至还"多送",可以"免费尝"。这一测评视频发出后,人们纷纷夸赞淄博人的实在、好客。这时,烧烤便不再是单纯的烧烤,而是整个城市的热情。

图 10-1　抖音平台"淄博烧烤"在 3、4 月的搜索指数
(来源:DT 财经)

此外,主流媒体的报道也发挥了重要作用。3 月 29 日,央视主播康辉就在《主播说联播》中为淄博烧烤"打 Call";当天夜间,央视《晚间新闻》深度剖析这一热点现象,推出《特色烧烤激发城市活力》专题报道。据淄博市广播电视台粗略统计,目前已有超 160 家媒体参与对淄博烧烤的传播报道,其中省级媒体占比超 28%,央级媒体占比超 23%。"东风"吹来需要运气,厚积薄发是底力。能否接得住"东风"吹来的流量,仍需长期的筹备,蓄积力量等待最终的盛放。

淄博烧烤此次营销成功,是因为淄博人抓住了互联网流量这个关键要素,城市网红产业打造离不开流量加持,而流量的持续发力又离不开城市的人文、服务、基建配套。从烧烤列车、烧烤专线、烧烤节金炉奖,到经营管理、青年驿站、商标注册,淄博通过优化城市体验,用优质的服务沉淀了城市的口碑,不但接住了巨大的流量,更是将城市的热情好客的人文魅力推广了出去。正是淄博对本地烧烤方方面面的持续耕耘,才让这一 IP 一举成名。

诚如康辉所言:"红的是火热的生活、干事的热情。火的也是一方特色,是因地制宜、一把钥匙开一把锁的打法。"只有精准发掘当地特色,用心经营城市形象,抓住新媒体的东风,才能成功打造属于当地的独特 IP,创造属于自身的独特价值。

资料来源(有图片删减):胡峻鹏."特色＋传播＋口碑",淄博烧烤蹿红的传播三件套［EB/OL］.（2023-04-23）［2024-04-13］.https://baijiahao.baidu.com/s? id＝1763925279234297481＆wfr＝spider＆for＝pc.

引导问题:

1.这个案例中,淄博烧烤的品牌影响是通过哪些传播手段得到放大的?

2.通过这个案例,谈谈传播与沟通对企业营销的意义。

第一节 促销与沟通概述

一、促销与沟通的含义与目的

企业生产出产品,制定了价格,又通过分销渠道传递到消费者面前,但这并不意味着消费者就能发现企业产品的价值,进而接受该产品并产生现实的购买。这就需要企业通过各种促销手段与消费者进行有效的沟通,引起消费者的注意与兴趣,激发购买欲望,以实现潜在需求向现实需求的转化。

促销的本质是沟通。商品交换活动的实现,要求在买卖双方之间建立信息桥梁,沟通不畅,信息闭塞,交换活动就是一句空话,更无法达成交易。促销扮演了这种角色。促销传递的是信息流,即通过多种有效的沟通方式和沟通工具传递产品及相关信息,以促成交换活动的顺利开展。

在 4P 营销组合中,促销和营销沟通属于第四个 P(promotion),意即推广策略。推广策略过去被简单地等同为促销,即销售促进,这实际上是狭义上的推广策略;广义上,推广策略是一种营销沟通策略,除了促销之外,也将涉及广告、公共关系、人员推广与直接营销等营销沟通方式。本章所讨论的促销与沟通正是广义的推广策略。

促销与营销沟通的目标主要有两大类,销售目标与非销售目标。销售目标包括增加现场购买量、通过增加使用频率、用途或购买量增加品牌销量等。非销售目标包括建立品牌或公司形象、提高品牌认知水平及促进新品牌成功推出等。

二、促销组合(营销沟通组合)

促销与营销沟通的手段多种多样,我们把这些手段分门别类,形成了 5 个主要的策略,即广告、公共关系、销售促进、人员推广、直复营销,除人员推广外,其他 4 种都是非人员推广。这 5 个策略我们称之为促销组合或营销沟通组合,如图 10-2 所示。

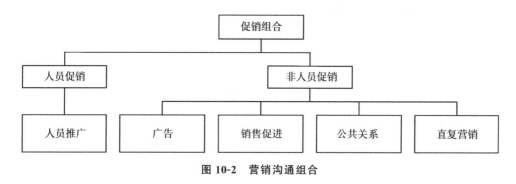

图 10-2　营销沟通组合

(一)广告

广告是由明确的主办人发起,通过付费的任何非人员方式来促销其创意商品或服务的行为。广告具有如下鲜明的特点:

(1)公开展示:广告是一种高度公开的信息传播方式。

(2)普及性:广告是一种普及性的媒体,一方面销售者可多次重复这一信息,另一方面购买者便于接受和比较各种竞争者的信息。

(3)夸张的表现力:广告可通过巧妙地应用印刷艺术、声音和颜色,提供将一个公司及其产品戏剧化的展示机会。

(4)非人格化:广告是一种单向沟通行为,受众不会感到有义务去注意或作出反应。

(二)销售促进

销售促进又称营业推广,是指在一个特定时期内采用特殊方法与手段刺激目标顾客、企业采购人员或中间商以产生所期望的反应,如购买兴趣或购买行为。销售促进具有如下特点:

(1)引起注意:销售促进采用的刺激手段能把顾客的注意力直接引向产品。

（2）刺激性：销售促进采取某些让步、诱导或赠送的方法给顾客以某些好处，具有刺激顾客购买的作用。

（3）邀请性：销售促进能够明显地诱导顾客即时地或大量地购买产品。

（三）公共关系

公共关系是一组设计用来推广和保护公司形象或个别产品的计划与行为。与广告相比，它是一种非付费的方式。公共关系具有如下特点：

（1）高度可信性：公共关系不同于广告的自吹自擂，它既可以是新闻媒体对企业的正面宣传与报道，也可以是企业对社会的回报行为，容易被受众所接受和信任。

（2）消除防卫：新闻媒介的报道和企业的公益行为更容易接近目标受众。

（3）戏剧性：公共关系像广告那样，有一种能使公司或产品惹人注目的潜能。

（四）人员推广

人员推广是企业通过销售人员与一个或多个可能的购买者面对面接触以进行介绍、回答问题和获得订单的行为过程。人员推广的主要特点有：

（1）面对面接触：人员推广是一对一或一对多的直接、互动的过程。每一方都能在咫尺之间观察对方的反应和特征，在瞬息之间作出调整。

（2）人际关系培养：有效的销售代表会记录完整的顾客兴趣爱好、特征、对产品的特定要求等信息，有利于建立顾客同销售人员的良好关系。

（3）造成实际销售：人员推广在多数情况下能实现潜在交换，增加实际销售额。

（五）直复营销

直复营销（direct-marketing），即直接回应的营销，是指一种为了在任何地方产生可度量的反应和达成交易而使用一种或多种广告媒体的互相作用的市场营销体系。具体而言，直复营销是使用邮寄、电话、传真、互联网和其他非人员接触工具与顾客沟通，征求特定顾客和潜在客户的回复，直接促进销售。直复营销伴随着信息技术的发展而大行其道，其主要特点有：

（1）针对性：直复营销的沟通信息一般发送至特定的人，目标受众明确。

（2）个体化：直复营销的相关信息可以根据沟通对象特点而单独设置，可以实现一对一顾客化服务。

（3）及时性：由于借助和采用了先进的技术手段，直复营销中的信息沟通变得非常快捷及时。

营销沟通组合体现了现代市场营销理论的核心思想——整体营销。沟通组合是一种系统化的整体策略，5种基本沟通方式构成了这一整体策略的5个子系统。每个子系统都包括了一些可变因素，即具体的促销手段或工具（见表10-1）。某一因素的改变意味着组合关系的变化,也就意味着一个新的促销策略。企业需要根据市场和自身实际创造性地整合推广。

表 10-1 常用的促销与沟通工具

广告	销售促进	公共关系	人员推广	直复营销
电视广告	折扣	报刊新闻	销售会议	目录营销
报纸广告	折让	演讲	推广陈述展示	邮寄服务
网络广告	抽奖	研讨会	交易会	电话营销
广播广告	游戏	慈善捐款	展销会	电子信箱
户外广告牌	赠品/赠券	出版物	……	电视购物
包装广告	交易印花	热点事件		传真邮购
邮寄广告	特价包	公益活动		音控邮购
招贴/传单	销售竞赛	游说		……
工商名录	展销会/展览会	……		
销售点陈列	……			
标识和标识语				
……				

三、推式营销与拉式营销

根据促销与沟通手段的出发点与作用的不同,营销沟通组合可以分为推式营销与拉式营销两大类,如图 10-3 所示。

推式营销主要通过运用销售人员和贸易促销来推动产品的销售。实施该方式时,制造方向零售商和批发商推广特定产品,并促使他们向终端消费者推广该产品。一般地,该策略适用于以下几种情况:(1)企业经营规模小,或无足够资金用以执行完善的广告计划。(2)市场较集中,分销渠道短,销售队伍大。(3)产品具有很高的单位价值,如特殊品、选购品等。(4)产品的使用、维修、保养方法需要进行示范。

拉式营销则通过广告和客户导向促销,吸引终端消费者购买特定产品。如果拉式营销奏效,消费者将决定从零售商或批发商处购买该产品,从而促使零售商或批发商向制造方订货并销售该产品。这种策略适用于:(1)市场广大,产品多属便利品。(2)商品信息必须以最快速度告知广大消费者。(3)对产品的初始需求已呈现出有利的趋势,市场需求日渐上升。(4)产品具有独特性能,与其他产品的区别显而易见。(5)能引起消费者某种特殊情感的产品。(6)有充分资金用于广告。

以下为两类营销沟通方式的对比,见图 10-3。

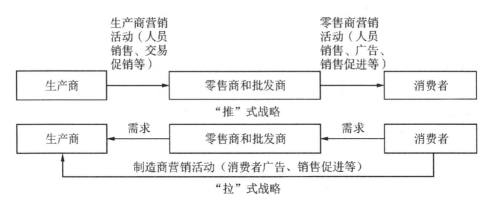

图 10-3　推式营销与拉式营销

四、营销沟通的过程

(一)确认沟通对象

营销沟通过程首先需要进行目标市场选择,意即选定公司的营销沟通对象。通过详细的竞争分析与评估多个细分市场的机会,公司会选择进入一个或多个细分市场。我们通常把具有相同需求、对营销沟通作出相似反应的消费者归为一个类别。选定目标受众是所有营销沟通决策的第一步,针对特定的目标受众,才能更精确地传递讯息,避免对目标市场以外的人群进行无效信息覆盖。

(二)确定沟通目标

营销沟通决策应当包含需要被实现的目标,它是各种营销沟通方式在一段时期内要单独或共同实现的目标。特定目标的选定也影响了后续营销沟通方式的选择。

营销沟通目的一般分为两类,销售目标与非销售目标。销售目标主要包括说服商业企业经销制造商的品牌,通过增加使用频率、用途或购买量增加现有品牌销量,让客户作出立即购买的决定,增强客户忠诚度,增加现场购买量,对抗竞争对手的营销沟通活动及建立销售领先优势。非销售目标主要包括促进新品牌成功推出,让消费者了解新品牌的购买地点,使商业企业和消费者了解品牌的改进情况,建立品牌或公司形象,提高品牌认知水平、接受度和持久度,增进公司与特殊利益群体的关系,消除负面报道给品牌带来的不良影响及促进正面报道。

(三)沟通信息的设计

信息设计是将营销沟通者的意念用有说服力的信息表达方式表现出来的过程。

有效的信息设计必须引起消费者注意、提起其兴趣、唤起其欲望,导致其行动。设计营销沟通信息需要解决这样四个问题:

1.确定信息内容

企业在设计沟通信息时,要考虑诉求或构思问题,即企业必须了解对消费者、用户或社会公众说些什么才能产生预期的认识、情感和行为反应。一般来说,信息主题形式有三类,即理性主题、情感主题和道德主题。理性主题是直接向目标顾客或公众诉求某种行为的理性利益,或显示产品能产生的消费者所需要的功能利益与要求,以促使人们作出既定的行为反应;情感主题是试图向目标顾客诉求某种否定(诸如恐惧感、罪恶感、羞耻感等消极情感因素)或肯定(诸如幽默、喜爱、自豪、快乐等积极情感因素)的情感因素,以激起人们对某种产品的兴趣和购买欲望;道德诉求主题是为使广告接收者从道义上分辨什么是正确的或适宜的,进而规范其行为。

2.确定信息结构

信息结构包括提出结论、论证方式以及表达次序三个问题。提出结论,即向接收者提供一个明确的结论,用以诱导消费者作出预期的选择,也可以留待接收者自己去归纳结论;论证方式可分为单向论证与双向论证,采用哪种论证方式使广告更具说服力,取决于信息接收者对产品的既有态度、知识水准和受教育程度;表达次序要求在单向论证时,首先提出最强有力的论点,可以即刻吸引目标顾客注意并引起兴趣。在采用双向论证时,应考虑先提出正面论点还是先提出反面论点。

3.确定信息格式

确定信息格式即选择最有效的信息符号来表达信息内容和信息结构。信息的表达格式通常受到媒体的制约,如有的只能用文字传播,有的则只能用声音传播,而所能传播的又只能是有限的信息内容。信息沟通者必须为信息设计具有吸引力的形式。对于印刷广告,要重点考虑标题、文字、插图、色彩等等;对于广播,则要注意选择字眼、音质、单调、语气、节奏等等;对于电视,则应注意形体语言如表情、举止、姿势、服装等等;如果信息是通过产品本身或外包装来传递,则必须注意色彩、质地、气味、尺寸、外形等等。

4.确定信息来源

营销沟通的信息源是指那些直接或间接传递销售信息的人。直接信息源即是传递信息并展示产品或服务的代言人;间接信息源,并不真正传递信息,只是吸引人们的注意或增加广告出现的频率。信息源要具有可靠性、吸引力和有感染力。有吸引力的信息源发出的信息往往可获得更大的注意与回忆,信息由具有较高信誉的信息源进行沟通时,就更有说服力。

设计信息是营销沟通过程中实践性、操作性极强的一个问题,也是差异性、特殊性、个性极为突出的沟通决策。

(四)选择沟通渠道

传递促销信息的沟通渠道主要有人员沟通渠道与非人员沟通渠道。人员沟通渠道向目标购买者当面推荐,能得到反馈,可利用良好的"口碑"来扩大企业及产品的知名度与美誉度。非人员沟通渠道主要指大众媒体沟通。大众传播沟通与人员沟通的有机结合才能发挥更好的效果。

营销沟通方式应当与营销沟通目的相匹配,下面我们将通过表10-2说明适合于特定沟通目的的营销沟通方式。

表10-2 沟通目的与营销沟通方式

沟通目的	适用的沟通方式
促进新品牌推出	广告、促销、口碑营销和购买现场广告
说明品牌改进	人员推广与经销商导向的广告
提高品牌知名度	广告、购买现场广告
提升品牌形象	广告、活动赞助、事件营销和营销导向的公共关系
对抗竞争对手的营销沟通活动	广告、促销
改善公司与特殊利益团体的关系	营销导向的公共关系
处理品牌公关危机	营销导向的公共关系
提供消费者立即购买的理由	广告、促销
提高现有品牌的销量	广告、促销
建立销售领先地位	广告
提高消费者忠诚度	广告、促销

(五)确定促销预算

企业应从自己的经济实力和宣传期内受干扰程度大小的状况决定促销组合方式。如果企业促销费用宽裕,则可几种促销方式同时使用;反之,则要考虑选择耗资较少的促销方式。通常有以下几种促销预算的方法:

(1)量入为出法是根据企业财务的承受能力确定沟通预算的方法。在经济繁荣时期,利用量入为出法从事大规模的销售活动,有利于充分利用市场机会,扩展产品市场。由于这种确定预算的方法忽视了沟通对销售量的影响,因而容易导致年度沟通预算的不确定性,给制订长期市场计划带来困难。

(2)销售百分比法是以一定期间的销售额(销售量)或产品销售价的一定比率确定沟通费用数额。使用销售百分比法确定沟通预算的主要优点是:沟通费用可以因企业财务承受能力的差异而变动;促使企业管理者依据销售成本、产品售价和销售利润之间的关系去考虑企业经营管理问题;有利于保持同类企业之间竞争的稳定性。这种方法的不足之处是没有考虑竞争因素。

(3)竞争对等法是以主要竞争对手的沟通费用支出为基准,确定足以与其抗衡的支出额。使用竞争对等法强调企业必须与竞争企业比较。

(4)目标任务法是根据营销计划确定的企业特定目标,确定达到这一目标必须完成的任务以及估计为完成该任务所需费用,以此来决定沟通预算。目标任务法在逻辑程序上具有较强的科学性,在实际操作中则难度较大。

(六)确定沟通的具体组合

企业在确定了促销总费用后,面临的重要问题是如何将促销费用合理分配于不同的促销方式和手段上,也就是要根据不同的情况,将费用在人员推广、广告、营业推广、公共关系和直接营销五种促销方式进行适当搭配,使其发挥整体的促销效果,同时还应考虑的产品的属性、价格、寿命周期、目标市场特点、"推"或"拉"策略等影响因素。

(七)建立信息反馈渠道

营销沟通者把产品信息传播到目标购买者之后,整个传播过程并未结束,还必须通过市场调研,调查这些信息对目标沟通对象的影响,这种调查通常需与目标沟通对象中的一组样本人员接触,询问他们对信息的反应、对产品的态度和购买行为的变化等。营销人员根据反馈的信息,再决定是否需要调整整体营销战略或某个方面的营销策略。为了提高信息传递的效果,企业在传递信息过程中应当防范各种可能发生的干扰或失误。这些干扰或失误有可能导致目标受众的怀疑、困惑甚至反感。

第二节 广告

一、广告的作用与形式

广告是由特定广告主出资发布的、非人格化的,对观念、商品或服务的各种形式的展示和促销。广告是营销沟通中最大、最快、最广泛的信息传递媒介。

(一)广告的作用

第一,通过广告,企业或公司能把产品与劳务的特性、功能、用途及供应厂家等信息传递给消费者,沟通产需双方的联系,引起消费者的注意与兴趣,促进购买。

第二，广告能激发和诱导消费。消费者对某一产品的需求，往往是一种潜在的需求，这种潜在的需要与现实的购买行动有时是矛盾的。广告造成的视觉、感觉映象以及诱导往往会勾起消费者的现实购买欲望。有些物美价廉、适销对路的新产品，由于不为消费者所知晓，所以很难打开市场，而一旦进行了广告宣传，消费者就纷纷购买。另外，广告的反复渲染、反复刺激，也会扩大产品的知名度，甚至会引起一定的信任感。

第三，广告能较好地介绍产品知识、指导消费。通过广告可以全面介绍产品的性能、质量、用途、维修安装等，并且消除他们的疑虑，消除他们由于维修、保养、安装等问题而产生的后顾之忧，从而产生购买欲望。

第四，广告能促进新产品、新技术的发展。新产品、新技术出来后，靠行政手段推广，既麻烦又缓慢，局限性很大，而通过广告直接与广大的消费者见面，能使新产品、新技术迅速在市场上站稳脚跟，获得成功。

(二)广告的形式

1.媒体广告

任何可以对讯息进行宣布的手段都是潜在的广告媒体，可分为：

(1)传统广告媒体：包含报纸、杂志、广播与电视。

(2)新型广告媒体：近几十年来新型广告媒体层出不穷，其中运用最为广泛的有三种形式——影视作品中的广告植入、电影院广告、微电影广告。

2.户外广告

户外广告是我们日常生活中常见的广告形式。除了繁华交通路段或高速公路边常见的告示牌广告外，户外广告的类型还有候车棚广告、车身广告与商场外部展示等。户外广告不仅在营利性组织中运用普遍，对于非营利组织而言，交通繁华路段的户外广告能够有效接触到大量受众人群。随着时间的推移，除了传统的平面海报外，户外广告的形式还出现了多种创新的形式。

3.购买现场广告

购买现场，或称POP(point-of-purchase)，为品牌方与销售商提供了影响消费者购买决定前的最后机会，具有不可替代的作用。购买现场决策包括以下三类：第一，进入购买现场之前有计划购买该产品，进店后才选定品牌；第二，进入购买现场之前无计划购买该产品；第三，进入购买现场之后，购买了原计划购买产品的替代品或购买与原计划品牌不同的其他品牌。

常见的购买现场广告形式主要有为三类：第一，永久性广告，以自动贩卖机为例；第二，临时性广告，以纸质展示装置为代表；第三，店内媒介，比如我们经常接触的店内广播、购物车广告、货架上的宣传材料、地面广告等。

4.网络广告

随着网络覆盖越来越立体,企业越来越重视网络广告的投入。网络广告也出现了各种各样的形式,如表 10-3 所示。

表 10-3　网络广告的主要形式

网络广告形式	描述说明
横幅广告	通栏广告,全横幅广告,半横幅广告;垂直旗舰广告
按钮广告	120 像素×90 像素、120 像素×60 像素、120 像素×125 像素按钮广告
文本链接广告	以一排文字作为一个广告,点击都可以进入相应的广告页面
电子邮件广告	利用提供免费的电子邮箱网站,向个人邮箱直接发送电子广告
关键字广告	用户搜索关键字时,结果界面会出现相关的广告内容
弹出式广告	访客在请求登录网页时强制插入一个广告页面或弹出广告窗口
赞助式广告	如某企业赞助搜狐世界杯频道
浮动广告	随着鼠标的移动而移动的图标广告形式
网页广告	企业通过自己的官网发布网页广告,如可口可乐
全屏广告	在用户打开浏览页面时,该广告将以全屏方式出现,3～5 秒后逐渐收缩成顶部横幅/按钮或消失不见的广告形式
画中画广告	大小为 360 像素×300 像素,发布在新闻文本中,面积较大,表现内容较为丰富
摩天大楼广告	普通:120 像素×600 像素;宽幅:160 像素×600 像素
对联广告	出现在主页面两侧的竖幅广告
播客博客广告	在播客视频放映前后出现在画面上的广告/放置在播客上的各种广告
富媒体广告	流媒体广告,指能达到 2D 及 3D 的 Video、Audio、JAVA 等具有复杂视觉效果和交互功能效果的网络广告形式,包括浮层类、视频类等
背投广告	尺寸大于传统的弹出式广告,在浏览网页的下方,当关闭浏览网页时会看到
BBS 广告	一般采取写文章、发帖子和参与讨论的方式发布广告信息
聊天工具广告	放置在即时聊天工具,比如 QQ 聊天对话框上的链接广告
其他广告	巨幅连播广告、翻页广告、祝贺广告

二、广告决策过程

广告决策与管理工作主要包括以下几个方面的内容。

(一)确定广告受众和广告目标

广告受众和广告目标直接影响到广告媒体的选择和主题信息的表达。广告受众是广告信息传递的对象,与企业的产品、目标市场、竞争策略密切相关,企业需要根据自身实际和竞争要求来确定广告受众。广告目标则是企业在一定时期针对广告受众所要完成的沟通任务。广告目标归纳起来一般有以下三个方面。

1.告知目标

告知目标主要是向消费者提供新产品的质量、特性、用途、服务以及技术等各方面的情况的介绍。以告知为目标的广告属于宣传广告,主要用于产品的投入期,着重介绍新产品,刺激消费者的潜在需求,促进新产品尽快进入市场。

2.劝导目标

劝导目标主要是通过劝说和引导使消费者建立起对本企业和企业产品的偏爱,以达到提高知名度和产品市场占有率的目的。以劝导为目标的广告属于劝导广告,它适合于产品进入成长期和成熟期时使用。该类广告要突出宣传本企业的优异之处,宣传本企业的产品的特色,以唤起消费者对本企业产品的注意。

3.提示目标

提示目标主要包括两个方面:一是提示消费者现在和将来购买该产品在何处可以购买得到;二是在产品过时或滞销时,提醒消费者不要忘记该产品。以提示为目标的广告属于提醒式广告,它适合产品进入衰退期时使用,其目的是提示消费者产生回忆性的需求,尽可能地保持原有的市场份额。

(二)制定广告预算

企业在确定广告目标之后,就要进行广告预算。所谓的广告预算就是确定在广告活动上应花费多少资金。一般要涉及两个方面的内容:一是预算总额的确定;二是预算的分配,即在不同市场、产品和媒体之间进行合理的安排。可供企业采用的广告预算方法主要有量入为出法、销售额百分比、竞争对等法目标任务法等,与整合沟通中预算决策方法相一致,在此就不另外讨论了。

(三)广告信息决策

广告信息决策的核心问题是制定一个有效的广告信息。广告信息是指以作品为主要载体,旨在推销产品、劳务或观念的符号和消息。有效的广告信息是实现广告活动的目的,获取广告成功的关键,广告信息决策主要包括以下几个方面。

1.广告主题的确定

广告主题是企业通过广告向消费者表达的主要问题,是广告策划成功的关键,直接统帅广告作品的创意、文案及表达形式等其他要素。广告主题贯穿于企业广告策划的整个过程。一则主题鲜明的广告主题非常容易被消费者理解和接受。一般而言,广告主题的确定可以从以下几个方面考虑:

(1)产品的原产地,包括原料的产地、历史与起源、原材料的品质。

（2）产品的效用,包括产品的视觉、听觉、触觉印象、使用方法、产品的特点、售后服务承诺等。

（3）价值,包括与同类商品相比价格的优势、产品的耐用性等。

2.广告信息诉求策略

广告信息的诉求策略是围绕广告主题,通过作用于受众认识的情感层面,促使受众产生购买动机。常用的广告信息诉求策略有两种基本的策略,即理性诉求策略和感性诉求策略。

（1）理性诉求策略。理性诉求策略是指广告诉求定位于消费者的理智动机,通过真实、准确、公正地传达企业和企业产品的客观情况,使消费者经过概念、判断、推理等思维过程理智地作出决定。这种广告信息诉求策略一般用于消费者经过深思熟虑以后才决定购买的产品和服务,如高档耐用品等。

（2）感性诉求策略。感性诉求策略是指广告诉求定位于消费者的情感动机,通过表现企业和企业产品、服务相关的情绪和情感因素来传达广告信息,以此对消费者的情绪和情感带来冲击,诱发其购买动机。

理性诉求策略与感性诉求策略各有优势,也各有缺点。理性诉求能够完整、准确地传达各种有利信息,但由于往往注重事实的传达和道理的阐述,因此,在广告文案上经常显得比较枯燥,很难引起消费者对广告信息的兴趣。感性诉求策略比较贴近消费者的切身感受,容易引起消费者的兴趣,但是由于注重对情绪和情感的描述,往往很难把商品的一些信息传达给受众者。在实际的广告策划中,常常把这两种广告诉求策略结合起来以达到理想的效果。

3.广告信息的表现手法

广告信息要借助于一定的表现形式来传达。作为广告信息形式基本成分的表现手法,经过这么长时间的发展已经非常丰富,在这里只简单介绍常用的几种。

（1）写实。写实是广告信息表现的最基本的手段,它通过逼真、生动的手法真实地表现商品的品质和效用,直观、具体地把商品介绍给消费者。

（2）比较。这种表现手法是通过广告商品与其他商品的对比来显示本企业产品的独到之处,提高自己的身价,以达到在消费者心目中建立本企业产品超群的形象。

（3）示范。这种方法是通过实物的实际表演、操作、使用、品尝等方式来证实商品品质优良、功效良好,诱发消费者的购买。

（四）广告媒体决策

广告媒体,又称为广告媒介,是广告信息的载体,是把广告信息传达给目标公众的物质手段。研究媒体特点,科学地选择媒体,直接关系到广告投入产出的效益。影响广告媒体决策的主要因素有以下几个。

1.不同媒体的优缺点

广告媒体多种多样,不断发展,各有其优缺点,企业在进行广告媒体决策时必须考虑各种媒体的优缺点,以便作出科学的决策。

2.产品特性

不同的产品特性对媒体有不同的要求。技术性能高的,可采用报纸、杂志作详细的文字说明,也可以用电视短片作详细介绍。对于特别需要表现外观和质感的商品,如服装、化妆品,就需要借助具有强烈色彩性的宣传媒介,那么广播、报纸等媒介就不宜采用,而电视、杂志则能更好地表现其视觉效果。

3.沟通对象的媒体习惯

有针对性地选择为广告沟通对象所易于接受并到处可见的媒体,是增强广告促销交易的有效措施。例如,若广告信息的传播对象是青年学生,那么互联网的主流视频网站与论坛是比较合适的选择。

4.信息类型

比如,宣布明日的销售活动,必须在电视、报纸等时效性强的媒体上做广告。若信息的传播对象仅仅局限于某一地区,则在地方性媒体上做广告即可,不需动用全国性媒体。以文字为主的信息,选择报纸、杂志等印刷媒体就较适宜;而以画面及动作为主的信息,以电视广告为适宜。

5.媒体成本

不同媒体所需成本不同。电视广告是最昂贵的媒体,而报纸则较便宜。不过,最重要的不是绝对的成本数字的差异,而是目标对象的人数与成本之间的相对关系。如果用每千人成本来计算,可能会出现电视广告比报纸广告更便宜的情形。

6.竞争态势

广告商品竞争对手的有无及其选择媒体的情况和所花费的广告支出的多少,对企业的媒体选择有着显著的影响。如果企业尚无竞争对手,那么它就可以从容地选择自己的媒体和安排广告费用;如果企业竞争对手尚少,还不足以对它产生重大影响,只需在交叉的广告媒体上予以重视;如果竞争对手多而且强大,在企业财力雄厚的情况下,就可以采取正面交锋,以更大的广告开支在竞争媒体上以及非竞争媒体上均压倒对方;在该企业财力有限、无法支付庞大持久的广告开支的情况下,可以采取迂回战术,或采用其他媒体,或在同样的媒体上避免正面交锋而将刊播的日期提前或移后。

(五)广告效果的评估

广告效果的测定主要是通过销售效果和传播效果来测定。

传播效果是指广告的收视率、收看率以及人们对广告的印象和产生的心理效果。目前测量的方法主要有两种:一是直接评价法,即邀请一些广告专家和目标消费者对广告进行评价;二是测试法,即邀请一些看过、听过广告的人,回忆对广告的记忆程度、印象及感想。

销售效果的常用测量方法有两种:一是广告效果比率法,即销售(利润)效果比率＝本期销售(利润)额增长率/本期广告费用增长率×100%;二是广告效益法,即单位广告费用销售增加额＝(本期广告后销售或利润总额－上期广告后或未做广告前销售或利润总额)/本期广告费用总额。

一般来讲,广告的销售效果要比传播效果难测定。因为影响产品销售的因素很多,如价格、质量、竞争等,并非只受广告的影响,这在广告效果评估时必须考虑在内。

老乡鸡战略发布会

一场"预算 200 元"、短短 10 分钟的战略发布会,一经推出,阅读量即超过 10 万次,在看 2.7 万次以上。作为餐饮品牌,其风头甚至堪比 iPad Pro 新品发布会,堪称"教科书般的事件营销案例"。

这场 10 分钟的发布会,只讲了三件事:(1)获得授信及投资 10 个亿;(2)进军全国市场;(3)干净卫生战略全面升级。没有鲨纹黑科技,没有 PPT 概念,没有铺天盖地的行业冷知识。发布会也只有三个元素:村头舞台、老母鸡、升级店面。

这种独特的反差选址和戏剧性的预算投入,以及简洁有趣的内容瞬间引爆微信,随后蔓延至微博,尽管老乡鸡的官微内容是日常无聊打卡"咯咯哒",但具有长时间、低成本、品牌结合度高的特点,看似随意,实际上形成了老乡鸡的自己的"鸡设",也引发了网友的二次传播。

在发布会的第二天,其发布会微信原文阅读量即突破 10 万次,在看突破 2 万次,其话题相关度达到 17 日的 62 倍,达到 2713 条。这时通过常规的"热度造势＋KOL转发",将热点事件推上热搜。从数据可以看出,所有围绕话题的营销体系短平快、稳准狠。这种直击要害的营销方式是老乡鸡此次成功的关键因素。

资料来源:徐梦迪.年终盘点|2020 年刷屏广告片 TOP 10[EB/OL].微信公众号:销售与市场,2021-01-18.

第三节　人员推广

一、人员推广的作用与基本形式

人员推广是指企业的销售人员通过销售展示促成交易并建立客户关系。人员销售的对象除了一般消费者,还有企业组织。

(一)人员推广的作用

人员推广作为一种面对面的促销方式,是最古老的沟通方式,也是现代市场营销活动中不可或缺的重要手段。人员推广提供了营销工作者与消费者面对面培养关系的机会。人员推广的作用主要有3点:首先,维护现有客户关系,发展长期客户关系;其次,影响现有客户,增加其购买量;再次,人员推广对于发展新的客户有明显的促进作用。

(二)人员推广的基本形式

(1)上门推广。上门推广是最常见的人员推广形式。它是由推广人员携带产品样品、说明书和订单等走访顾客,推广产品。这种推广形式可以针对顾客的需要提供有效的服务,方便顾客,故为顾客广泛认可和接受。

(2)柜台推广。又称门市,是指企业在适当地点设置固定门市,由营业员接待进入门市的顾客,推广产品。门市的营业员是广义的推广员。柜台推广与上门推广正好相反,它是等客上门式的推广方式。由于门市里的产品种类齐全,能满足顾客多方面的购买要求,为顾客提供较多的购买方便,并且可以保证产品完好无损,故顾客比较乐于接受这种方式。

(3)会议推广。会议推广是指利用各种会议向与会人员宣传和介绍产品,开展推广活动。譬如,在订货会、交易会、展览会、物资交流会等会议上推广产品。这种推广形式接触面广、推广集中,可以同时向多个推广对象推广产品,成交额较大,推广效果较好。

这句话让星巴克多 6000 万销售额

你去星巴克时是否曾经遇过如下的场景。

我:"你好,我要一杯中杯咖啡。"

店员:"小姐,中杯是最小杯型哦。"

我:"哦……那我要大杯吧。"

星巴克的门店通常只有 3 种杯型,容量分别是 355ml、437ml 和 592ml,我们一般会按照杯型的大小将其称为小、中、大杯。然而,星巴克却偏偏不按常理出牌,把杯型分为了中杯、大杯和超大杯。难道星巴克没有小杯吗?据了解,其实在星巴克门店还有一种容量为 237ml 的杯型,名为"Short",只是小杯并没有出现在菜单牌上。

星巴克的这种推销方式背后隐藏的却是企业的利益链。据测算,星巴克每家店每天的客人数量在 300 名左右,推荐成功的比例大约为 10%,也就是 30 名客人会改变初衷,增加消费额。如果按照最少的升杯消费(3 元)来计算,一个门店一天的销售额能增加 90 元,目前星巴克中国的门店超过 2000 家,这意味着光升杯这一项,星巴克一年就能增加营业收入 6570 万元。

不仅如此,根据日本经济学家吉本佳生在《在星巴克要买大杯咖啡》一书中的分析,从消费者角度来看,大杯咖啡的性价比的确高于中杯咖啡;但是对于星巴克而言,咖啡豆的成本在其总成本中所占比重极小,通过计算咖啡豆的采购、运输、保管、烘焙等成本,分摊门店装修、运营和人力等其他成本后,算得的大杯型咖啡利润及利润率皆更高,大杯型咖啡的获利能力显而易见。

企业追求利益最大化无可厚非,"中杯问题"本质上是星巴克门店推销方式的问题,店员在询问的过程中其实是带有引导倾向的。但是这样一成不变的、机械的,甚至质疑式的询问对于购买目标明确的顾客而言,容易引起消费者的不适合和反感,若是为了小利破坏了与消费者之间的关系,未必值得。

资料来源:星巴克的询问推销为何停不下来[EB/OL].(2019-08-27)[2024-08-24].http://www.sohu.com/a/336646711_465378.

二、人员推广的流程

人员推广没有固定的模式,只有根据顾客的需求和购买特性进行推广和沟通,才能取得满意的成效。一般地,我们可以把人员推广的流程划分为 7 个重要步骤。

(一)寻找顾客

推广程序的第一步是寻找顾客,识别潜在顾客。尽管企业可能提供顾客线索,但推广员还是需要有自己开发顾客线索的技能,通常寻找顾客线索可以通过以下方法进行。

(1)向现有顾客询问和寻找潜在顾客的姓名;

(2)培养其他能提供线索的人员,如供应商、非竞争性的推广人员、银行和有关协会负责人;

(3)加入潜在客户所在的组织;

(4)从事能引人注意的演讲和写作活动;

(5)通过细阅各种资料如报纸、指南等寻找顾客;

(6)通过电话和邮件寻找线索等。

推广人员必须懂得如何淘汰那些没有价值的线索。对潜在的顾客,可以通过研究他们的财务能力、业务量、具体的需求、地理位置和连续进行业务的可能性,来衡量他们的资格。推广人员应当给潜在顾客打电话或写信,以便确定是否访问他们。

(二)访问准备

推广人员在访问顾客之前必须做好充分的访问准备工作。

(1)企业及其产品的详细情况、资料或样品等。

(2)竞争者的相关产品的特点、价格、竞争能力和市场定位等。

(3)顾客情况。推广人员应尽可能多地了解潜在客户企业的情况(它需要什么、谁参与购买决策)和购买者的情况(性格特征、购买风格)。可以向熟人或其他人询问该企业的情况。

(4)确定访问目标、时机和方式。走访目标一般有:通过走访考察鉴别目标对象的资格,搜集更多的信息资料,达成交易。走访时间要先征求客户的意见,了解他们在哪个时间段比较合适。走访方式可以是直接面访,也可以是电话访问或者信函访问。

(三)接近顾客

推广人员应该知道初次与客户交往时如何会见、如何问候、如何开场。这包括推广人员仪表、开场白和随后谈论的内容。用户的第一印象常常是促销成功的基础,推广人员必须充分重视。

(四)推广交谈

这一阶段,推广人员可以按照"刺激—反应"模式(AIDA 模式)向顾客进行推广,具体可采用讲解、示范表演等方式,即争取顾客关注产品(attention)—引起兴趣(interest)—激发欲望(desire)—付诸行动(action)。推广人员在该过程中应以产品性能特点为依据,强调产品能给消费者带来的利益(如价格低廉、省力、美的享受或给消费者的更多优惠等)。一般顾客如能看到或自己使用产品时,会更好地记住产品的特点和好处。

(五)异议处理

在产品介绍过程中或要求他订货时,消费者几乎都会表现出抵触情绪。这些抵触有心理上的也有逻辑上的。心理抵触包括:对外来干扰的抵触;喜欢已建立的供应来源或品牌;生性淡漠;不愿放弃某些东西;不喜欢做决定;对别人的不愉快联想;对金钱的过敏。逻辑上的抵触包括:对价格、交货安排或某些产品或公司特征的抵触。推广人员应采取积极应对措施,一一化解,如请顾客说出反对的原因,或将对方的反对意见转化为购买理由。在推广员的谈判技巧培训中,如何化解或应对反对意见就是重要内容之一。

(六)达成交易

推广人员必须懂得如何从顾客那里发现可以达成交易的信号,包括顾客的动作、语言、评论和提出的问题。达成交易有几种方法。推广人员可以要求顾客订货,重新强调一下协议的要点,帮助秘书填写订单,询问顾客是要产品 A 还是产品 B,让顾客对颜色、尺寸等次要内容进行选择,或者告诉顾客如果现在不订货将会遭到什么损失。推广人员也可以给予购买者以特定的成交劝诱,如特价、赠送额外数量,或是赠送一件礼物等等。

(七)跟踪服务

推广人员要想保证顾客感到满意并能继续订购,这最后一步是必不可少的。交易达成之后,推广人员就应着手履约的各项具体工作:交货时间、购买条件及其他事项。推广人员接到第一张订单后,就应制定一个后续工作访问日程表,以保证为顾客提供及时的指导和服务。这种访问还可以发现可能存在的问题,使顾客相信推广人员的关心,并减少可能出现的任何认识上的不一致。推广人员还应该制订一个客户维持计划,以确保客户不会被遗忘或丢失。

第四节 销售促进

一、销售促进作用与形式

销售促进是一种适宜于短期推广的促销方法,又称营业推广,是企业为鼓励购买、销售商品和劳务而采取的除广告、公关和人员推广之外的所有企业营销活动的总称。

(一)销售促进的作用

(1)可以吸引消费者购买。这是营业推广的首要目的,尤其是在推出新产品或吸引新顾客方面,由于营业推广的刺激比较强,较易吸引顾客的注意力,使顾客在了解产品的基础上采取购买行为,也可能使顾客追求某些方面的优惠而使用产品。

(2)可以奖励品牌忠实者。因为营业推广的很多手段,譬如销售奖励、赠券等通常都附带价格上的让步,其直接受惠者大多是经常使用本品牌产品的顾客,从而使他们更乐于购买和使用本企业产品,以巩固企业的市场占有率。

(3)可以实现企业营销目标。这是企业的最终目的。营业推广实际上是企业让利于购买者,它可以使广告宣传的效果得到有力的增强,破坏消费者对其他企业产品的品牌忠实度,从而达到本企业产品销售的目的。

(二)销售促进的形式

一般我们可以根据对象差别分为三大类的销售促进,每类销售促进各有不同的形式。

1.针对企业组织的贸易促销

贸易促销的形式主要有交易折让、合作广告和卖方支持计划、商业竞争和激励措施、特殊品广告与行业博览会。一个成功的贸易促销计划通常具备以下特征:金钱激励、准确的时间选择、减少零售商的人力和财力耗费、见效快并有效改善零售商的业绩。

贸易促销的主要目的有推出新产品或改进产品、增加新包装形式或新包装尺寸的分销量、增加零售库存量、保持或增加制造商对货架空间的占有率、在正常货架位置之外获得其他展示位置、减少库存加快周转、促使零售商在自己的广告中介绍产品、对抗竞争对手的营销活动与提高终端消费者的购买量。

2.针对客户的促销

客户导向促销的目标一般分为三大类:促使试用性购买、鼓励重复购买及改善品牌形象。实现三类目标的具体形式如下:

(1)促使试用性购买,有效形式包括免费试用、兑换券、邮寄赠品等。

(2)鼓励重复购买,一般通过降价、加大包装容量、赠品、兑换券、部分返款的形式。

(3)改善品牌形象,常见的方式一般有举办竞赛与抽奖活动。

3.针对员工的促销

这主要是针对企业内部的销售人员,鼓励他们热情推广产品或处理某些老产品,或促使他们积极开拓新市场。一般可采用的方法有：销售竞赛、免费提供人员培训、技术指导等形式。

 小案例 10-3

海底捞把生意做到演唱会门口

2023年8月5日，某实力女明星演唱会在广州体育馆1号馆演出，近万名歌迷到场观看。体育馆外，海底捞免费大巴接送观众吃火锅活动，成为现场的"显眼包"，也有不少歌迷最终选择在演唱会结束后，乘坐海底捞大巴快速离开拥挤的现场。

在大巴车上，海底捞为歌迷提供了瓶装水、小面包，还放置荧光棒、音响和话筒，让歌迷能继续嗨。在门店端，则设置了粉丝限定狂欢区，也准备了荧光棒、话筒和音箱，有的甚至派出悲伤蛙与歌迷猜拳互动，让意犹未尽的歌迷们沉浸于"嗨唱"氛围，开起了"续摊儿版"演唱会。

此前在长沙、上海、武汉、天津各地的演唱会上，海底捞也做了系列创新性服务，引发关注。有网友直言"海底捞是懂演唱会后遗症的""海底捞成了演唱会后粉丝们的团建基地"，有的甚至感叹称"海底捞的服务又卷出了新高度"。

数据显示，海底捞通过解决演唱会后歌迷的消费痛点，有效提升了广州门店夜间消费的活力。在梁咏琪演唱会当天晚上，场馆附近10公里的海底捞门店客流量都有明显的增加。除了借势演出经济，海底捞还通过多种方式，深入打造夜宵场景，激发夜经济活力。

资料来源（节选）：广州海底捞打造演唱会后派对：大巴接歌迷，畅享夜宵狂欢(2023-08-10)[2024-04-10].https://cj.sina.com.cn/articles/view/7742560434/1cd7e18b2020011w69.

二、销售促进决策

销售促进决策与管理工作主要有以下几个方面的内容。

(一)确定销售促进对象与目标

销售促进决策也必须从明确对象和目标开始，销售促进对象大致可以分为三类：一是面向消费者，二是面向中间商，三是面向销售队伍。而这不同的类别中又可以细分出更多的类别，如消费者有区域、年龄、收入、忠诚度等等的差别。只有明确销售促进对象，才能进行有针对性地进行销售促进方案的制订。

销售促进目标与销售对象紧密相关。就消费者而言,目标包括鼓励消费者更多地购买和使用本企业的产品,以及争取未使用者使用,并能够吸引竞争者品牌的使用者购买本企业的产品;就中间商而言,目标包括吸引中间商经营新的商品和维持较高水平的存货,鼓励他们购买积压商品,鼓励储存相关产品,建立中间商的品牌忠诚和获得进入新的零售网点的机会;就销售队伍而言,目标包括鼓励他们积极销售新产品,开拓新市场,激励他们寻找更多的潜在顾客和刺激他们推销积压商品。

(二)选择销售促进的手段

在明确目标之后,就要考虑选择合适的手段进行销售促进。而影响销售促进手段选择的因素,除了销售促进对象和目标外,还要考虑到另外两个重要方面:一是销售促进费用,二是时间期限。

1.费用

通过营业推广可以使销售额增加,但同时也增加了营销费用。企业应当权衡推销费用与营业收益的得失,把握好费用与所得的正确比值,从而确定营业推广的规模和程度。

2.期限

营业推广的时间选择必须符合整体营销策略,并与其他经营活动相协调,如果时间太短,可能收效甚微;如果营业推广时间过长,又会给消费者造成一种印象,好像销售促进是变相降价,从而失去吸引力。因而在营业推广的时间上要恰到好处地把握,给消费者制造"欲购从速"的吸引力。

(三)制订销售促进方案

制订销售促进方案就是要具体安排企业的销售促进活动。在制订方案时应包括这样几个方面:

(1)诱因的大小。企业必须确定所提供的诱因的大小。如果要使销售促进取得成功,最低限度的刺激是必不可少的,较高的刺激程度会产生较高的销售反应,但是随着刺激因素的提高,刺激的增加率是递减的,因而企业必须把握好诱因的程度。

(2)参与者的条件。在制订推广方案时,必须考虑本次营业推广参与者的条件,如任何人都可以参加,或需持券、提供身份年龄或是必须有一定的产品购买量等等。

(3)销售促进媒体的选择。在进行销售促进时,必须考虑本次营业推广的信息如何传达给目标消费群体,例如,一张价值20元的优惠券是在商店里分发,还是通过邮寄或附在广告媒体上送达给消费者,每一种方式所取得的效果、花费的成本都是不同的。

(4)营业推广时机的选择。企业还应制定出在何时、花费多长时间开展营业推广。有关专家认为,企业最有效的营业推广活动是每个季度搞三周左右,每次持续的时间以平均购买周期的长度为宜。

(5)营业推广预算的分配。

(四)销售促进的实施与效果评估

销售促进实施计划必须包括前置时间和销售延续时间。前置时间是开始这种方案前所必需的准备时间,包括最初的计划工作、设计工作,以及包装修改的批准或者材料的邮寄、通知现场的销售人员、购买或印刷包装材料、预算存货的生产等一系列工作。销售延续时间是指从开始实施优待办法起到大约95%的采取此优待办法的商品已经在消费者手里的结果为止的时间。

效果评估一般可以从市场占有率的变化、产品知名度的提高、分销渠道的扩展与稳固等方面进行评价,另外还要看与其他促销活动相配合的程度。

第五节 公共关系

一、公共关系的作用与形式

所谓公共关系,就是指企业运用现代传播手段,为创造与公众和相关社会环境间的和谐发展而采取的一种独特的管理活动。企业的公共关系活动,应以公众利益为前提,以服务社会为方针,以交流宣传为手段,以谅解、信任和事业发展为目的。公共关系被企业广泛用于配合市场营销,尤其是开展促销活动。

(一)公共关系的作用

(1)有助于树立良好的企业形象。通过新颖别致的对外宣传和广泛的交往可以联络公众的感情,通过支持赞助公益事业可以显示企业的社会责任感等。

(2)有助于增进企业之间的交往与合作。企业的生存与发展,需要与其他企业进行交流与合作。

(3)有助于提高企业的经济效益。公共关系通过信息传播、形象竞争、感情联络等手段,可以吸引公众的注意力,赢得大量的消费者,促进产品的销售,提高经济效益。

(二)公共关系的形式

著名营销学者菲力普·科特勒教授曾以"PENCILS"(铅笔)的比喻,形象地提出了公共关系营销所涉及的 7 个领域：出版物（publication）、事件（event）、新闻（news）、社区关系（community relation）、确定媒体（identify media）、游说（lobby）、社会理念营销（social cause marketing）。

1.出版物

企业出版物是一种由工商企业、公用事业等单位出版的连续出版物或小册子，被称为"商业喉舌"。出版物散发的对象是内部员工、股东和消费者等，其目的是宣传企业的组织、产品和服务项目，是一种促进营销公关的工具。

2.事件

对市场营销人员和公关人员来说，特殊事件无疑可以创造新闻。对不同的企业来说，特殊事件是不同的，可以是一次时装表演，也可以是一次个人电脑讲座及演示，或是筹建一幢玩具博物馆。这样，既制造了新闻，又传递了营销信息。

3.新闻

无论是新产品的新闻发布会，还是在露天场地举行一项工程的揭幕典礼，都提供了引起新闻界注意的极好机会。争取报刊录用新闻稿、参加记者招待会或举行新闻发布会，需要营销技巧和人际交往技巧。与新闻界的交往越多，企业获得较多好新闻的可能性也就越大。

4.社区关系

社区既是国家的缩影也是个体的缩影。社区关系是指企业与所在地政府、社会团体、其他组织以及当地居民之间的睦邻关系。社区关系的好坏，取决于企业的行为和社区居民的意向，这对企业的生存与发展有着十分重要的影响。

5.确定媒体

媒体的确定是运用科学的方法对不同的媒体进行有计划的选择和优化组合的过程，其基本任务是以较低的投资通过选择的媒体达到预期的目标。媒体选择与确定，必须与企业的营销战略相关，如果企业的营销战略属于进攻性战略，其媒体的选择就应以大众传媒为主。选择适当的媒体与符合媒体性质要求进行宣传极为重要。在收视率高的言情连续剧中插播化妆品及美容知识的广告，其效果远远大于利用其他媒体进行的宣传。

6.游说

游说是创造产品与企业知名度的另一种手段，指游说者在特定的情景中，借助语言和体语，面对广大的听众发表意见、抒发情感，从而达到感召听众的一种现实的营销公关活动。

7.社会理念营销

社会理念营销，就是指企业不仅要满足消费者的需要和欲望，并以此获得利润，而且要符合消费者自身和整个社会的长远利益，要正确处理好消费者的欲望和利益，以及社会长远利益之间的矛盾。例如，刊登公益广告呼吁保护野生动物、减少环境污染、劝诫吸烟等等,都是社会理念的推广。除此之外,企业还应采取一些实际行动,这样才能达到社会营销的目标,建立企业长期的良好形象。

比亚迪:"在一起,才是中国汽车"

在第 500 万辆新能源车下线当日,比亚迪发布了一则"在一起,才是中国汽车"的致敬视频,在业内受到广泛关注,目前在微博的播放量已超 1500 万次。

视频回顾了中国汽车的历史性时刻,从第一辆"解放牌"汽车的诞生,到几大汽车集团的成立,再到新势力的涌现,最后展望全球市场,提出"打破旧的神话,踏出新的长空,成就知名品牌"的愿景。

视频中提及十余家中国汽车品牌,有一汽、广汽、长安、吉利、长城等,讲到新能源转型时期时,则提及蔚小理、岚图、极氪等品牌。

资料来源(节选):打破旧的格局!比亚迪宣传片致敬中国汽车,何小鹏、李想发文点赞[EB/OL].(2023-08-10)[2024-08-12].https://www.yoojia.com/article/9534533664243225714.html.

二、公共关系决策

公共关系是企业整合沟通的重要策略,其决策工作主要有以下几个方面。

(一)公共关系调查

公共关系的调查是开展公共关系工作的起点和基础。通过调研,企业一方面可以了解与实施的政策有关的公众的意见并反馈给管理层,以提高企业决策的正确性;另一方面可以将企业的决策传递给公众,使之加强对本企业的了解。

(二)确定公共关系的目标

一般而言,企业公共关系的目标是促使公众了解企业,改变公众对企业的认识,最终目的是通过传播信息,唤起消费者的需求与购买行为。

(三)编制公共关系计划

公共关系是一项长期性的工作,企业必须有一个长期的、连续的计划。公共关系计划必须依据一定的原则来确定公共关系的目标、工作方案、具体的公关工项目、公关策略等。

（四）公共关系计划的执行

在公共关系的实施过程中,需要依据公共关系的目标、对象、内容和企业自身条件和不同的发展阶段等来选择适当的公共关系媒介和方式。

（五）公共关系的效果评估

公共关系评价的指标通常有三种:

(1)曝光频率,即企业出现在媒体中的次数。

(2)反响,分析由公共关系活动引起公众对产品的知名度、认知、态度前后的变化。

(3)销售与利润贡献,可以通过公关前后的销售额和利润的比较来评估公共关系的效果。

第六节　直复营销

一、直复营销的作用与形式

直复营销,或称直接营销,指不经过中间渠道直接与客户进行沟通。相较于其他沟通方式,直复营销具有私密性强、能够针对目标受众设计沟通信息、实现双向沟通的特征。因此,直复营销适用于针对性强的营销沟通活动,且有利于建立一对一的客户关系。

（一）直复营销的作用

(1)直复营销降低了整体顾客成本。直复营销剔除了中间商加价环节,从而降低了商品价格;同时让顾客无须出门就可购物,使他们的时间、体力和精神成本几乎降为零。

(2)直复营销顺应顾客讲求时间效率的趋势。相比较逛街购物,现代人更愿意把宝贵的时间投入工作、学习、交际、运动、休闲等更有意义的事情中,而直复营销电话(或网络)订货、送货上门的优点为顾客的购物提供了极大的便利。

(3)网络通信技术的推广促进了直复营销的发展。媒体是直接营销成功的关键。今天,发达的通信设施特别是互联网络技术的运用,正使电子购物成为一种趋势。

(4)直复营销顺应顾客个性化需求的趋势。通过直复营销,生产商可根据每位顾客的特殊需要定制产品,从而为顾客提供完全满意的商品。

（二）直复营销的形式

直复营销依赖于各种能够直接面向用户的媒体。常见的直复营销媒体包含直邮、电话营销、搜索引擎与电子邮件营销。

1.直邮

直邮的具体形式包含信件、明信片、价目表、菜单与产品目录等。在技术高速发展的今天，直邮仍是与个体消费者或企业组织进行营销沟通时的重要工具，原因在于以下四点：首先，电视广告的费率不断提升，电视观众分化严重。其次，直邮的针对性较强。再次，与其他营销沟通方式相比，直邮更便于统计沟通对象中有多少人最终购买了广告产品。最后，仍有部分消费者偏好直邮广告。在网络购物普及率不断提升的同时，产品目录仍有其不可替代的重要性；产品目录利于消费者保存、分享，因此具有较为长期的影响。

2.电话营销

电话营销是直复营销的一种方式，销售人员通过致电潜在客户促成产品或服务的销售。通过电话营销的方式，销售人员可能在电话的通话过程中达成交易，也可能在电话中约定的后续面对面或网络会议中达成交易。

3.搜索引擎与电子邮件营销

搜索引擎与电子邮件营销是互联网广告中占比最高的两种形式。搜索引擎广告一般包括关键词匹配广告与内容导向广告。电子邮件广告的表现方式多种多样，企业可以设计纯文字广告，或包含图片、音频、视频的广告并通过电子邮件传递给目标受众。

4.电视直销

电视直销是指营销者购买一定时段的电视时间，播放某些产品的录像，介绍功能，告示价格，从而使顾客产生购买意向并最终达成交易的行为，其实质是电视广告的延伸。电视营销的优点是：通过画面与声音的结合，使商品由静态转为动态，直观效果强烈；通过商品演示，使顾客注意力集中；接受信息的人数相对较多。电视营销的缺点是：制作成本高，播放费用昂贵；顾客很难将它与一般的电视广告相区分；播放时间和次数有限，稍纵即逝。为了克服上述弊端，有些经营者创造了一种新的电视营销方式——家庭购物频道。

5.网络直销

网络直销是指营销者借助电脑、联网网络、通信和数字交互式媒体而进行的营销活动。它主要是随着信息技术、通信技术、电子交易与支付手段的发展而产生的，特别是国际互联网和移动互联网的出现更是为它的发展提供了广阔的空间。网络直销是直复营销的各种方式中出现最晚的一种，但也是发展最为迅猛、生命力最强的一种。

中国直播电商行业发展方向

1.直播向常态化、精细化运营转变

直播有很多优点,概括来说即为提高了商业交易效率。特别是在新冠疫情之下,线下停摆,直播造就了"人人可播、万物可播、处处可播"的时代,用户规模庞大,对中小企业、线下企业而言,直播是触达用户且收入模式比较简单明晰的路径,此外还具有常态化、精细化等特点。

2.MCN(多频道网络)机构将成为直播生态核心

MCN机构贯穿人、货、场,通过供应链支撑、主播资源、流量获取能力,链接直播生态中的所有核心服务提供方,成为直播生态良性运转的核心桥梁。

(1)多元的供应链支撑。多数MCN机构均已搭建可直接对接品牌方、工厂的供应链平台,支持旗下主播在平台内选品。根据虎嗅数据,57.3%的品牌方、工厂愿意与第三方直播服务机构合作。

(2)丰富的主播资源。MCN机构拥有完整的主播孵化体系。60%的MCN机构人员数量在100人以上,相当于中型广告公司的规模,业务涵盖内容策划、品控、拍摄、客服、公关等。目前绝大部分主播在平台上小有名气后均会签约MCN机构。

(3)较强的流量获取能力。MCN机构本身拥有专业团队,会通过各种方式提升流量。平台对机构的流量扶持远高于对主播个人的流量扶持,且每年均有较高的增长。

3.不同类型企业将采取差异化直播策略

随着布局直播电商业务的平台数量越来越多,其平台类型、群体数量、观看目的各有不同,直接影响了直播的用户黏性、转化率、客单价、复购率。企业应根据自身的品牌知名度、产品类型等因素选择更适合的直播策略。

4.腰部主播将成为中坚力量

腰部主播庞大的数量可满足常态化的直播需求。根据数据,全国腰部主播约有两三万人,占主播总人数的60%。随着直播电商的逐步常态化,越来越多的企业着手开展直播业务,无论是企业自营直播间还是主播直播间,对有专业能力的主播的需求都将大幅增长,而腰部主播最符合且最能满足企业的直播需求。

5.直播电商向规范化方向发展

政策层面,在支持直播电商蓬勃发展的同时,政府监管机构、行业协会也正通过制定相关制度,进一步规范直播电商的发展。

6.新技术将进一步加速直播电商发展

无论是基于互联网社区的直播电商萌芽期,还是基于 4G 移动互联网的直播电商快速发展期,新技术的应用一直是助推直播电商蓬勃发展的基础性力量。目前已经存在 VR 看房、AR 口红试色等创新应用,随着 VR/AR 技术的应用、5G 技术的普及、AI 技术的成熟,未来的直播电商将引入更多的感官互动,致力于提升用户体验。

资料来源(节选):华经产业研究院.2022—2027 年中国直播电商行业市场运行现状及投资战略研究报告[EB/OL].(2023-10-31)[2024-08-09].https://caifuhao.east-money.com/news/20231031164152657230170.

四、直复营销决策

与传统的非人员沟通方式相比,直复营销沟通是一个互动沟通的体系,营销人员通过多种针对性很强的媒介与目标顾客进行沟通,为他们提供服务,每个目标顾客也可以直接向营销人员反应。直复营销沟通决策需要考虑以下内容。

(一)确定直复营销沟通目标

直复营销的主要目标在于刺激潜在消费者的购买欲望,并采取购买行动。顾客的反应率是一个重要的衡量目标,一般而言,如果有 2% 的反应就是成功。这并不意味着另外 98% 的机会是浪费,因为直复营销对产品知名度和日后的购买意图会产生影响。

(二)确定目标顾客

直复营销非常强调目标市场的细分,直复营销人员必须找出现实顾客和潜在顾客的特征,尤其是那些有购买欲望并准备购买的顾客。目标市场一旦确定,直复营销人员就需要获得目标市场上潜在顾客的名单。名单的来源可有不同的方式,可以是过去购买过企业产品的顾客记录,也可以是市场调研所获得的有购买欲望的顾客,还可以直接从名单经纪人或其他竞争企业里获取购买名单。一般认为,较好的名单应包含顾客个人资料、心理特征以及简短的地址。

(三)选择相应的直复营销沟通方式

直复营销沟通方式的选择并不是单一的,企业需要根据目标市场的特性和企业的能力有效地组合运用直复营销的各种方式,甚至创造性地开发直复营销的新手段来加强与消费者的沟通,促进销售。

(四)确定直复营销沟通方案

在确定了沟通目标、顾客和沟通方式之后,直复营销人员需要针对市场制订一套完整的营销方案,也就是也对产品本身、报价、媒体、营销渠道和创新策略等进行详细安排。

(五)绩效衡量

直复营销人员需要估计直复营销的总成本,以及达到保本点所需要的顾客反应率。而这个反应率还必须扣除退货和呆账损失因素。当然,单纯以反应率来衡量直复营销可能会低估这一沟通方式的长期效果。所以许多企业现在采用"欲购买率""认知率"等来衡量一次营销活动的效果,而不是单纯的反应率。

第七节　整合营销沟通

一、整合营销沟通概述

由于促销与沟通手段和工具多种多样,制定与执行促销手段的人员也可能来自不同部门甚至不同企业,为了有效避免促销沟通中可能形成的部门分割、策略分割的局限,实现整体沟通效果的最大化,我们必须重视整合营销沟通。

(一)整合营销沟通的出现

传统上来看,企业和组织几乎都是将广告、促销、销售现场沟通和其他沟通工具完全分开,因为组织内各部门仅在各自的营销沟通领域具备特长,而不具有所有的营销沟通工具方面的知识和经验。外部的供应商,例如广告公司、公关公司等也倾向于在营销沟通的特定领域具备特长。

20 世纪 80 年代,一些公司从长远的战略性视角出发,意识到整合营销沟通工具的必要性。之后的十年是销售促进、直接营销、公共关系营销沟通方式迅猛发展的时期,他们的发展开始挑战广告在营销沟通组合中的优势地位。于是,仅仅依赖于传统媒体广告的局面被终结,多手段多工具的营销沟通整合开始成为主流。

(二)整合营销沟通的含义

整合营销沟通(integrated marketing communication,IMC),又称整合营销传播,是指将与企业进行市场营销有关的一切传播活动一元化的过程。整合营销传播一方面把广告、促销、公关、直销、CI(企业形象识别)、包装、新闻媒体等一切传播活动都涵盖于营销活动的范围之内,另一方面则使企业能够将统一的传播资讯传达给顾客,如图 10-4 所示。其中心思想是以通过企业与顾客的沟通满足顾客需要的价值为取向,确定企业统一的促销策略,协调使用各种不同的传播手段,发挥不同传播工具的优势,从而使企业实现促销宣传的低成本化,以高强冲击力形成促销高潮。

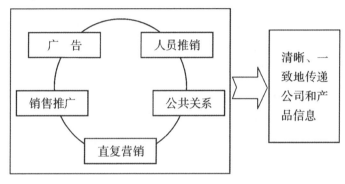

图 10-4 整合营销沟通

企业通过实施整合营销传播具体来说要达到 3 个目标:

第一,以消费者为中心,研究和实施如何抓住消费者,打动消费者,与消费者建立一种"一对一"的互动式的营销关系,不断了解客户和顾客,不断改进产品和服务,满足他们的需要。

第二,整合营销传播要通过各种营销手段建立消费者对品牌的忠诚。

第三,是整合的概念。过去企业习惯于使用广告这一单一的手段来促进产品的销售,但现在的传播手段越来越多,传播本身开始分化和组合。这就要求企业在营销传播过程中,注意整合使用各种载体,达到最有效的传播影响力。

二、整合营销沟通与传统营销沟通的区别

整合营销沟通区别于传统营销沟通的关键在于整个活动的中心由生产商向消费者的转移。严格地说,它改变的不仅仅是传播活动,而是整个营销活动。整合营销传播并不是最终目的,而只是一种手段,其根本就在于以消费者为中心。在整个传播活动中,它具体表现在以下 4 个方面。

(一)以消费者资料库为运作基础

消费者资料库是整合营销传播活动的起点,也是关系营销中双向交流的保证。现代技术的发展使测量消费者行为成为可能,它具有比态度测量更高的准确性。从资料库的信息中,可以充分掌握消费者、潜在消费者使用产品的历史,了解他们的价

值观、生活方式、消费习惯、接触信息的时间、方式等等,分析、预测他们的需求,由此确定传播的目标、渠道、信息等,真正做到针对不同的消费群体采取相应的策略。

(二)整合各种传播手段塑造一致性

这是由消费者处理信息的方式决定的。由于每天需要接收、处理大量的信息,消费者形成了"浅尝"式的信息处理法。他们依赖认知,把搜集的信息限制到在最小的范围内,并由此做判断与决定。对于消费者来说,无论正确与否,他们认知到的就是事实。这就要求生产者提供的产品或服务的信息必须清晰、一致而且易于理解,从而在消费者心中形成一致性的形象。

要做到这一点,必须充分认识消费者对于产品或服务信息的各种接触渠道,它们包括广告、公关、促销、人员销售、产品包装、在货架上的位置、售后服务等经过计划的接触渠道,也包括新闻报道、相关机构的评价、消费者口碑、办公环境等未纳入计划甚至无法控制的接触渠道。理想的整合营销传播是把消费者的接触渠道尽可能地纳入计划之中,同时把这些接触渠道传递的信息整合起来。这种整合,不是信息的简单叠加,而是发挥不同渠道的优势,使信息传播形成合力,从而形成鲜明的品牌个性。

(三)以关系营销为目的

整合营销传播的核心是使消费者对品牌萌生信任,并且维系这种信任,使其长久地存在消费者心中。然而,你不能单单靠产品本身就建立这种信任,因许多产品实质上是相同的,而与消费者建立和谐、共鸣、对话、沟通的关系,才能使你脱颖而出。

尽管营销并没有改变其根本目的——销售,但达到目的的途径却因消费者中心的营销理论发生了改变。如果说以往只要通过大量的广告、公关、活动等就可以形成产品的差异化,今天的生产商们远没有那么幸运。由于产品、价格乃至销售通路的相似,消费者对于大众传媒的排斥,生产商只有与消费者建立长期良好的关系,才能形成品牌的差异化,整合营销传播正是实现关系营销的有力武器。

(四)以循环为本质

以消费者为中心的营销观念决定了企业不能以满足消费者一次性需求为最终目的,只有随着消费者的变化调整自己的生产经营与销售,才是未来企业的生存发展之道。消费者资料库是整个关系营销以及整合营销传播的基础与起点,因而不断更新、完善的资料库成为一种必需。现代计算机技术以及多种接触控制实现了生产商与消费者之间的双向沟通,由此可以掌握消费者态度与行为的变化情况。一些航空公司、宾馆、大型零售商也建立起消费者资料库,形成固定联系;更有一些企业利用新兴的互联网技术设置虚拟社区,为消费者的信息反馈提供空间,从中了解消费者对产品的满意程度,汲取有价值的信息,为企业的进一步发展寻找新的机会点。

可以说,没有双向交流,就没有不断更新的资料库;没有不断更新的资料库,就失去了整合营销传播的基础。因而建立在双向交流基础上的循环是整合营销传播的必要保证。

三、整合营销沟通的方法

(一)建立消费者资料库

这个方法的起点是建立消费者和潜在消费者的资料库,资料库的内容至少应包括人员统计资料、心理统计、消费者态度的信息和以往购买记录等。整合营销传播和传播营销沟通的最大不同在于整合营销传播是将整个焦点置于消费者、潜在消费者身上,因为所有的厂商、营销组织,无论是在销售量或利润上的成果,最终都依赖消费者的购买行为。

(二)研究消费者

这是第二个重要的步骤,就是要尽可能使用消费者及潜在消费者的行为方面的资料作为市场划分的依据,相信消费者"行为"资讯比起其他资料如"态度与意想",测量结果更能够清楚地显现消费者在未来将会采取什么行动,因为用过去的行为推论未来的行为更为直接有效。在整合营销传播中,可以将消费者分为三类:对该品牌的忠诚消费者、他品牌的忠诚消费者和游离不定的消费者。很明显这三类消费者有着各自不同的"品牌网络",而想要了解消费者的品牌网络就必须借助消费者的行为资讯才行。

(三)接触管理

所谓接触管理,就是企业可以在某一时间、某一地点或某一场合与消费者进行沟通,这是 20 世纪 90 年代市场营销中一个非常重要的课题,在以往消费者自己会主动找寻产品信息的年代里,决定"说什么"要比"什么时候与消费者接触"重要。然而,现在的市场由于资讯超载、媒体繁多,干扰的"噪声"大为增大。目前最重要的是决定"如何,何时与消费者接触",以及采用什么样的方式与消费者接触。

(四)发展传播沟通策略

这意味着什么样的接触管理之下,该传播什么样的信息,而后为整合营销传播计划制定明确的营销目标,对大多数的企业来说,营销目标必须非常正确同时在本质上也必须是数字化的目标。例如,对一个擅长竞争的品牌来说,营销目标就可能是以下三个方面:激发消费者试用该品牌产品;消费者试用过后积极鼓励继续使用并增加用量;促使他牌的忠诚者转换品牌并建立起该品牌的忠诚度。

（五）营销工具的创新

营销目标一旦确定之后，第五步就是决定要用什么营销工具来完成此目标，显而易见，如果我们将产品、价格、通路都视为与消费者沟通的要素，整合营销传播企划人将拥有更多样、广泛的营销工具来完成企划，其关键在于哪些工具、哪种结合最能够协助企业达成传播目标。

（六）传播手段的组合

所以这最后一步就是选择有助于达成营销目标的传播手段，这里所用的传播手段可以无限宽广，除了广告、直销、公关及事件营销以外。事实上产品包装、商品展示、店面促销活动等，只要能协助达成营销及传播目标的方法，都是整合营销传播中的有力手段。

第八节　数智化趋势：新媒体与 AIGC 赋能营销沟通

一、新媒体与 AIGC 概述

（一）新媒体的界定

新媒体概念是 1967 年由美国哥伦比亚广播电视网（CBS）技术研究所所长戈尔德马克（P.Goldmark）率先提出的，随着科技的飞速发展，新媒体越来越受到人们的关注，成为人们议论的热门话题。但对于新媒体的界定，可谓众说纷纭，至今没有定论，如表 10-4 所示。

表 10-4　对新媒体概念的不同解读

美国《连线》杂志	所有人对所有人的传播
联合国教科文组织	以数字技术为基础，以网络为载体进行信息传播的媒介
清华大学熊澄宇	在计算机信息处理技术基础之上出现和影响的媒体形态
新传媒产业联盟王斌	新媒体是以数字信息技术为基础，以互动传播为特点、具有创新形态的媒体
BlogBus 副总裁魏武挥	受众可以广泛且深入参与（主要通过数字化模式）的媒体形式
中国传媒大学黄升民	构成新媒体的基本要素是基于网络和数字技术所构筑的三个无限，即需求无限、传输无限和生产无限

新媒体并非新兴或者新型媒体的统称,应该有其相对准确的概念。故而,业内经过对媒体的研究、大量市场数据分析,以及纵观业内对新媒体认识看法,结合消费者的观点,总结出新媒体相对准确的定义:新媒体是新的技术支撑体系下出现的媒体形态,如数字杂志、数字报纸、数字广播、手机短信、移动电视、网络、桌面视窗、数字电视、数字电影、触摸媒体、手机网络等。相对于报刊、户外、广播、电视四大传统意义上的媒体,新媒体被形象地称为"第五媒体"。

(二)新媒体特点

以数字技术为代表的新媒体,其最大优势是打破了媒介之间的壁垒,消融了媒体介质之间,地域、行政之间,甚至传播者与接受者之间的边界。相对于传统媒体,新媒体有以下几个方面的特点:

(1)信息呈现的数字性和超文本性:信息内容可与其物质载体相分离,并实现海量存储。

(2)信息传播的复合性和集成性:利用网络技术和移动技术,新媒体终端可以非常便捷地将信息进行跨媒体和跨时空的传播与分享,从而极大地提升信息传播的时效和覆盖面。

(3)信息传播的交互性和及时性:利用新媒体,普通大众可以自发、自由地发表见解、表达诉求、交流思想、传递信息,从而形成双方乃至多方的及时互动、交流与反馈。

拓展阅读 10-2

新媒体、自媒体、融媒体的区别

新媒体是新的技术支撑体系下出现的媒体形态,是相对于传统媒体(报刊、广播、电视等)而发展起来的一种新的媒体形态。

自媒体又称"公民媒体"或"个人媒体",是指私人化、平民化、普泛化、自主化的传播者,以现代化、电子化的手段,向不特定的大多数或者特定的单个人传递规范性及非规范性信息的新媒体的总称。

"融媒体"是充分利用媒介载体,把广播、电视、报纸等既有共同点,又存在互补性的不同媒体,在人力、内容、宣传等方面进行全面整合,实现"资源通融、内容兼容、宣传互融、利益共融"的新型媒体。

(三)新媒体的兴起与发展

新媒体的兴起和发展是20世纪中叶以来人类传播中媒介层面的新突破,它使得信息产业成为社会发展中最为显著的产业,知识、信息成为生产力发展的基本要素和主要资源,人类社会出现了信息化趋势,全球化的出现也与新媒介的产生具有密不可分的联系。

新媒体中,人际传播、群体传播、大众传播三种传播类型呈现出融合趋势和一体多功能的态势,这在互联网中表现最为突出。由于媒介的融合,新媒介的信息传播具有高速、高质、超量、多样化、范围广的特征。信息的传播者与受众的身份不再有明显的差别,每个人都可能既是信息的制造者又是信息的传播者,同时又充当信息接收者的身份。

新媒介是时间上相对的、不断更新的概念。在大众传播历史上,20 世纪 20 年代出现的无线电广播、40 年代出现的电视媒介,相对于当时的报纸媒介等而言,就可以称之为"新媒介"。但是,到了 20 世纪 80 年代,人们对于一些新出现的电子传播手段赋予"新媒介"的称谓,而将广播、电视等称为传统媒介。

新媒体不是自发地、孤立地出现,而是从旧媒介的形态变化中逐渐脱胎出来的,每一种新媒介都把一种旧媒介作为自己的内容。作为最古老的媒介——语言,几乎存在于一切新媒介中。拼音字母是语音的视觉表达,电报发送的是电子编码的文字,电话、唱机和收音机传递的是言语,电影成为电视的内容,而这一切又都迅速地成为互联网的内容,互联网成为一切媒介的媒介。一切形式的传播媒介都在一个不断扩大的、复杂的自适应系统之中共同相处和共同演进。每当一种新形式出现和发展起来,它就会长久地和不同程度地影响其他每一种现存媒介形式的发展,新的传播媒介会增加原先各种形式的传播媒介的主要特征,并通过语言的传播代码传承和普及。

(四)AIGC 的兴起

2023 年上半年,ChatGPT 的火爆出圈带动了全球 AIGC 风口,AIGC 作为一种创新型技术赋能手段,正逐渐在各行各业取得实质性突破,通过人工智能生成内容、超个性化定制和增强现实等技术,提供沉浸式体验,为消费者提供更个性化,智能化和互动性强的营销体验。

对 AIGC 的界定,不同组织也有不同的表述,如表 10-5 所示。

表 10-5 对 AIGC 的不同解读

公司	对 AIGC 的解读
麦肯锡公司	生成式人工智能通过以一种接近人类的行为,(与人类)进行交互式协作
Gartner 公司	生成式人工智能是一种颠覆性的技术,它可以生成以前依赖于人类的工作,在没有人类经验和思维过程偏见的情况下提供创新的结果
BCG 公司	生成式 AI 是一种突破性的人工智能形式,它使用对抗网络的深度学习技术来创建新颖的内容。
TE 智库	生成式人工智能,将彻底改变人机交互关系,并创造新的产能输出结构。它将在第四维度实现与人的思维同调,类似于移动设备以人类外部器官形态存在,AIGC 将以外脑的形式存在于人类的认知中

续表

公司	对 AIGC 的解读
南京大学数据智能与交叉创新实验室	为伴随着网络形态演化和人工智能技术变革产生的一种新的生成式网络信息内容
中国信息通信研究院	AIGC 既是从内容生产者视角进行分类的一类内容,又是一种内容生产方式,还是用于内容自动化生成的一类技术集合

表 10-6 的解读整体上大同小异,其核心思想是利用人工智能算法生成具有一定创意和质量的内容。通过训练模型和大量数据的学习,AIGC 可以根据输入的条件或指导,生成与之相关的内容。例如,通过输入关键词、描述或样本,生成与之相匹配的文章、图像、音频等。

现阶段国内 AIGC 多以单模型应用的形式出现,主要分为 AI 文本生成、AI 图像生成、AI 视频生成、AI 音频生成,其中 AI 文本生成成为其他内容生成的基础。

1.AI 文本生成(AI text generation)

AI 文本生成是使用人工智能算法和模型来生成模仿人类书写内容的文本。它涉及在现有文本的大型数据集上训练机器学习模型,以生成在风格、语气和内容上与输入数据相似的新文本。

2.AI 图像生成(AI image generation)

人工智能可用于生成非人类艺术家作品的图像。这种类型的图像被称为"人工智能生成的图像"。人工智能图像可以是现实的或抽象的,也可以传达特定的主题或信息。

3.AI 语音生成(AI audio generation)

AIGC 的音频生成技术可以分为两类,分别是文本到语音合成和语音克隆。文本到语音合成需要输入文本并输出特定说话者的语音,主要用于机器人和语音播报任务。到目前为止,文本转语音任务已经相对成熟,语音质量已达到自然标准,未来将向更具情感的语音合成和小样本语音学习方向发展。语音克隆以给定的目标语音作为输入,然后将输入的语音或文本转换为目标说话人的语音。此类任务用于智能配音等类似场景,合成特定说话人的语音。

4.AI 视频生成(AI video generation)

AIGC 已被用于视频剪辑处理,以生成预告片和宣传视频。其工作流程类似于图像生成,视频的每一帧都在帧级别进行处理,然后利用 AI 算法检测视频片段。AIGC 生成引人入胜,且高效的宣传视频的能力是通过结合不同的 AI 算法实现的。凭借其先进的功能和日益普及的趋势,AIGC 可能会继续革新视频内容的创建和营销方式。

Sora 登场对 AIGC 意味着什么？

OpenAI 于 2 月 16 日凌晨发布"王炸"文生视频大模型 Sora,再次引爆科技圈。在 OpenAI 官网分享的演示视频中,Sora 可以直接输出有多个角色、多种场景和运镜的画面。对比一年前 AI 生成的视频,这简直是天差地别,其视频在长度方面就足以"碾压"同行。

方正证券分析师郑震湘领导的团队在题为"AI 巨轮滚滚向前"的报告中直言,Sora 的震撼登场,代表着 AIGC 新时代已至。Sora 完美继承了 DALL·E3 的画质和遵循指令能力,并利用了 GPT 扩写,具备超长生成时间(60s)、单视频多角度镜头、理解物理世界三大突出优势。模型对物理世界的理解愈加接近现实,且已具备商业化落地价值,意味着创作内容产业革命的来临,AIGC 新时代到来了。

方正证券在报告中指出,英伟达正式发布 Chat With RTX,使 AI 加速普及,通用人工智能时代也正加速来临。在高性能 AI 处理器的加持下,AI＋N 类终端的时代浪潮已至。AI 改变的不只是电脑与手机,科技赋能将全方位渗透,消费电子也将迎来全新的增长机遇。

资料来源(节选):Sora 登场对 AIGC 意味着什么？[EB/OL].(2024-02-19)[2024-04-10].https://baijiahao.baidu.com/s? id＝1791310839671947101＆wfr＝spider＆for＝pc.

二、新媒体下的营销沟通

新媒体营销是以新媒体平台为渠道,实现宣传和销售目的的营销活动。通常,企业的新媒体营销有两条基本路径。第一条路径是向新媒体平台或第三方账号投放广告或内容来传播;第二条路径是自建新媒体账号矩阵,并通过自运营来传播。

(一)当前新媒体营销传播的主要平台

新媒体传播主要通过社交、资讯、网络播客、直播、视频等平台为载体,进行内容的精准分发;其传播媒介特点是重新构建人与人之间的沟通方式,实现信息的全网覆盖,按表现形式可以分为社交媒介、资讯媒介、声讯媒介、视频媒介。

1.社交媒介

社交媒介源于社交工具的应用兴起,衍生而成的资讯订阅平台。例如:微信公众号、微博自媒体、博客、QQ 空间、微信、QQ、微博等,主要建立在订阅与社交传播的基础之上。传播机制是利用六度人脉理论为基础,形成内容的社交化、社会化传播。其明显的特征是,有关注才有内容的订阅,方能形成分享式传播。目前,在微信、微博等社交媒介的应用上,很多企业还是停留在发布信息的阶段。

(1)优势:链接粉丝的黏性比较强,本身带有社交属性传播、分发的打开率会更高;

(2)劣势:需要有一定的基础订阅用户,现在面临阅读及订阅量下降的挑战。

六度理论

六度理论,也称为六度空间理论、六度分割理论、小世界理论,由哈佛大学的心理学教授 Stanley Milgram(1933—1984 年)于 1967 年创立。六度理论,简单地说:"你和任何一个陌生人之间所间隔的人不会超过六个,也就是说,最多通过六个人你就能够认识任何一个陌生人。"按照六度分割理论,每个个体的社交圈都不断放大,最后成为一个大型网络。这是社交网络的早期理解。后来有人根据这种理论,创立了面向社交网络的互联网服务,通过"熟人的熟人"来进行网络社交拓展,比如 ArtComb、Friendster、Wallop、adoreme 等。

2.资讯媒介

资讯媒介源于传统新闻门户的模式,在内容订阅机制上加以创新,通过用户行为轨迹及大数据分析,实现对内容、人群的精准推荐。该领域将会是未来 3~5 年内,企业网络营销拉新、引流、转化、留存用户的主要战场之一。例如:今日头条、一点资讯、搜狐、新浪、网易、百度、知乎、企鹅、UC 等自媒体平台等,主要通过用户行为轨迹,精准实现图文、视频的智能推荐。目前,该领域还是自媒体人的主要战场、大部分中小企业都未及时进入的流量蓝海。

(1)优势:创作者无须一定的用户关注量,通过优质的内容便实现大量推荐量,形成爆文完全凭借文章的内容;

(2)劣势:观点争议性越大的文章,获得曝光的可能性越大,真正干货文章未必有较高的阅读量。

3.声讯媒介

网络播客源于传统广播电台的形式,借力网络平台实现数字化的内容制作,采用订阅机制实现内容的传递。例如:喜马拉雅、荔枝、蜻蜓等,有声传播的形式提供内容输出。

(1)优势:创作成本相对较低,不会受到创作空间的限制,能在开车、乘车等特定环境下收听;

(2)劣势:新人很难获得大量的曝光度,需要依靠原始积累。

4.视频媒介

视频媒介又涉及门户视频及直播视频,利用影像录制的形式制作内容,同样采用订阅机制实现内容的传递。门户视频的自媒体内容创作相对直播视频,无论在制作内容、人员、周期、成本都更高,内容属性要求更强,传播效果也是最佳。

视频媒介分发平台主要有:抖音、视频号、优酷、网易、爱奇艺等,提供视频短剧、原创短视频内容的输出,这类视频的传播,更适合用户价值的培养,品牌宣传的打造。

(1)优势是形成持续存在的传播性,借力热门视频的内容植入导流效果好。

(2)劣势是对于普通人无论是题材的创作,编导、录制都有非常高的门槛,传播的机制需要借力推荐机制才能上热门。

直播分发平台主要有:花椒、映客、快手、斗鱼等,提供直播类视频内容的输出。直播类视频的传播,讲究实时性互动,对主播的个人性格、品牌建立有很大的帮助作用。适合自由度更大的内容输出,进行粉丝互动与情感培养,电商导购等商业模式的变现。优势是简单、方便、快捷的内容输出形式,亲近感更强,互动性更好,容易建立情感链接。

(二)新媒体营销与传统媒体营销对比分析

传统媒体营销与新媒体营销对于企业营销活动的开展各有千秋,企业对于传统营销以及新媒体营销的重视程度并没有固定标准,这需要企业对自身产品及消费者的行为习惯进行调查,以着重发展适合企业自身需要的营销方式。我们可以通过媒体形式、传播者、传播目的、特点、优劣势等方面对两者进行对比,如表 10-6 所示。

表 10-6 传统媒体与新媒体营销对比

项目	传统媒体营销	新媒体营销
媒体形式	报刊、户外、广播、电视等	社区平台、短视频平台、直播平台、社交平台等
传播者	权威媒体组织	所有人
目的	以交易达成为中心	以用户价值为中心
特点	单向输出、多层级销售、漏斗式获取、反馈周期长	双向互动、直接销售、扩散式获取、反馈周期短
优势	权威性强,资源丰富,机制成熟	信息量大,成本低,传播迅速及时,覆盖面广,交互性强,精准收集用户信息,C端产品营销效果较好
劣势	传递信息延迟,时效性差;单向甚至单一渠道传播;受众被动接受,互动性极弱;受政策与技术的制约,影响力有限	严谨性、深刻性、权威性偏弱;信息较杂乱冗余;有时候会受到网络制约

(三)新媒体营销与运营策略

新媒体营销与运营是紧密相关的,他们有交集也有不同。营销重在发现或挖掘准消费者需求,从而创造顾客价值并传递顾客价值,而运营是营销的支撑系统,包括了计划、组织、实施和控制,是与产品生产和服务创造密切相关的各项管理工作的总称。

本质上新媒体营销与运营都是围绕用户展开的,通常包括吸引用户(引流)、维系客户(沟通)、客户转化(成交)、客户口碑(扩散),而为了服务好用户,内容和活动就成为营销与运营的核心工作。所以,我们把新媒体营销与运营的核心工作内容划分为三大块:内容营销与运营、活动营销与运营、用户营销与运营,如图10-5所示。

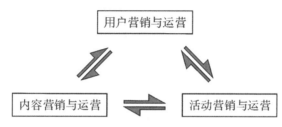

图 10-5 新媒体运营的核心工作内容

1.内容营销与运营

内容营销与运营是指运营者利用新媒体渠道,用文字、图片,或者视频等形式将企业信息友好地呈现在用户面前,并激发用户参与、分享、传播的完整运营过程。

内容运营中的"内容"有两层含义。第一,内容指的是内容形式。用户通过手机或电脑通过网络看到的文章、海报、视频或音频等数字内容。第二,内容指的是内容渠道,用户浏览的互联网内容一般来自公众号、微博、门户网站、新闻类应用等内容渠道。相应地,运营者也要将内容布局在相应的内容渠道,与用户的内容浏览习惯相匹配。

一个好的内容,通常需要以下7个环节的流程和规划:

(1)选题规划:新媒体运营的第一个环节是进行选题规划,策划出下一阶段的主要内容形式、内容选题等,并做成计划表,作为下一阶段的内容运营总纲。

(2)内容策划:"选题规划"做的是阶段性的内容设计,而"内容策划"做的是更具体的内容设计,也就解决以下重要问题:制作本次内容的目的是什么? 内容投放的渠道在哪里? 该渠道的用户是谁? 内容制作的周期是多久? 内容的主题、风格如何设计?

(3)形式创意:确定内容后,要根据企业调性、用户习惯、渠道特点、竞品内容等设计新颖的、有创意的表现形式,完成内容的展现。

(4)素材整理:内容形式敲定后,需要进行素材的收集与整理。素材包括:①内部素材,如产品图、产品理念、活动流程、内部数据等;②行业素材,如行业数据、行业新闻、网民舆论、近期热点等。

(5)内容编辑:根据上面步骤的执行结果,进行文章、海报、H5、视频等内容的创作。

(6)内容优化:内容编辑工作完成后需要进行测试、反馈及优化,如果转化率低或反馈不好,需要对内容进行优化与调整。

(7)内容传播:设计传播模式及便于传播的内容,引导粉丝将内容转发到朋友圈、微信群或更多渠道。

江小白的内容营销

江小白在 2018 年从营销的手段到创意都越加多元化,内容也从单方面的情感输出转变为让消费者参与创作的形式。我们就一起去看看江小白在 2018 年内容营销的"神操作"。

1.文案

江小白的文案不仅犀利而且非常具有情怀,比如说在母亲节发布的海报文案就是"长大后常以嘴馋的名义表达你羞于说出的爱",这些都是消费者在喝酒消费的场景中想要表达情感的话。

2.固定话题

江小白在微博拥有"劝止酒驾"固定话题系列、"简单生活"系列、"我有一瓶酒,有话对你说"系列、话题互动系列,更是拥有秒拍视频的这一个话题系列,固定话题的重复性可以培养用户的互动习惯,通过重复也能让消费者记住品牌所要传播的理念。

3.青年文化节

江小白在 2018 年举办了属于自己的"YOLO青年文化节",通过青年节上几个小时的现场视听体验表达了年轻人的生活态度,也培养了年轻人的品牌偏好。

4.蹭热点

江小白在 2018 年更加注重从品牌和产品两方面来表达自己的生活态度,用各种各样的营销热点来表达自我。比如说在《后来的我们》上映期间,就打造了"美好的爱情大都相似,不幸的爱情成了故事"这个瓶身文案。

5.《我是江小白》动漫

江小白携手两点十分动漫制作了一部以江小白酒业品牌形象为原型的动画《我是江小白》,在 2018 年制作了《我是江小白》第二季,用年轻人更青睐的二次元方式表达自己的观点,拉近和消费者的距离。

江小白正在一步一步地把年轻人的生活方式和情绪与品牌挂钩,好的产品也很需要优质的内容为它服务。

2.活动营销与运营

活动运营指的是围绕企业目标而系统地开展一项或一系列活动,包括:策划阶段、目标分析、玩法设计、物料制作、活动预热、活动发布、过程执行、活动结束、后期发酵、效果评估等全部过程。

(1)策划阶段:运营者需要在每年年底结合节假日、周年庆等热点,制订第二年的年度活动计划。

(2)目标分析:在每次活动开始前,运营者都要先把活动的目标拆解清楚,根据目标设计活动玩法。

(3)玩法设计:玩法要紧扣活动目标,同时在设计玩法时要充分考虑用户特性、渠道特性、品牌特性。另外玩法设计过程中要进行内部验证,多方挖掘玩法漏洞,规避玩法漏洞带来的风险。在设计玩法的同时,运营者需要将目标数据植入玩法,便于对活动进行监控。

(4)物料制作:活动物料既包括线下物料(易拉宝、宣传单、条幅),又包括线上物料(如活动海报、活动视频、活动文字)。物料必须在活动发布前制作完成。

(5)活动预热:指在活动正式发布前的一系列宣传、引流、聚客等行为。预热的时间长短不一,但一般不超过一周。一般通过设置悬念、透露细节、发布优惠等手段开展。

(6)活动发布:在方案预定时间准时发布,包括活动的完整玩法、注意事项、规则解释等。

(7)过程执行:按照预定方案逐步执行。过程中密切监控数据,如果没有达到预期目标或出现突发状况,要启动预案,调节活动进程,化解风险。

(8)活动结束:及时发布活动结束信息,同时对活动中涉及的需要对外公布的信息(如中奖名单)等及时发布。如果不能同步发布的,要给出明确的发布时间和渠道。

(9)后期发酵:整理活动照片、视频、留言截图等,进行二次传播,完成活动后期的发酵工作。

(10)效果评估:评估活动效果,并带领团队复盘,把活动经验归档,便于后期活动的持续改进。

3.用户营销与运营

用户运营是指以用户为中心,遵循用户的需求设置运营活动与规则,制定运营战略与运营目标,严格控制实施过程与结果,以达到预期所设置的运营目标与任务。

相对来讲,用户运营是一个很烦琐的过程,运营者要有足够的耐心和细心去整理用户资料和信息,要知道用户从哪边来,是通过什么渠道过来的,做好用户画像,清楚你的用户需要什么。其中了解用户需求是用户运营最重要的一个点。用户运营的目的就是对用户:开源(拉动新客户)、节流(防止用户流失与流失用户挽回)、维持(已有用户的留存)、刺激(促进用户活跃甚至向付费用户转化)。

要做好用户运营,必须考虑和抓住以下几个核心要素:

(1)用户群体

对于用户运营来说,发动用户来实现数据增长,优先需要思考的是:这些用户是谁? 他们在哪? 有哪些特征? 目前有哪些方式能够和他们链接?

(2)分享激励

想清晰用户为何要帮你达成运营目的,你可以满足他们的需求,还是满足他们的好奇心? 如是没有好的方法的话,那就只能给他们送福利,毕竟用户都有逐利心理。

(3)分享工具

进度可视化和个性化是分享工具的开发关键。工具的最大价值在于降低用户参与成本,帮助他们更好地去邀请好友加入产品。

(4)包装传播

对用户来说将活动链接分享到社交媒体,其实是消耗他们个人品牌的,为了减少用户的抵触心理,你需要去把整个活动进行包装。

(5)渠道研究

大部分用户邀请用户的活动流量都来源于社交媒体,所以对于运营来说需要去分析不同社交媒体渠道的特性,比如朋友圈用户与QQ空间用户的区别,这决定了分享文案的差异化。针对单纯朋友圈来说,让用户分享到朋友圈的信息,采用图片形式的转化率应该会比图文形式好。

小案例 10-6

一汽奔腾B70S携手百度创新上市

3月18日,"中国奔腾·颜出必行"奔腾B70S上市发布会震撼开启。

不同于各汽车品牌既往的线上发布会,一汽奔腾颠覆传统形式,与科技巨头百度强强联合,以希壤App为承载,开创性地在希壤元宇宙世界打造第一场汽车产品发布会,成为首批入驻希壤元宇宙虚拟场景的汽车品牌。该发布会以栩栩如生的沉浸式互动体验,打造出一场身临其境的视听盛宴。

在希壤App中,任何用户都可塑造个人角色并进入元宇宙会场,360°全场景观赏发布会。此外,奔腾B70S以1:1的仿真比例进行了实车还原,用户可在此进行虚拟试驾。同时,奔腾大楼也正式"入驻"该次元世界,用户可自行前往奔腾数字展厅,了解更多品牌及产品信息。将"我的品牌店"开到"你的世界中",恰是奔腾走近用户的又一步。

作为首个真正在希壤元宇宙中召开新车发布会的品牌,奔腾B70S不仅撬开了"Z世代"不循规蹈矩、爱玩追新的社交天性,唤起他们对另一种生活方式的期许,也开创了汽车品牌在希壤元宇宙中建立数字资产的先河,引领汽车行业未来解锁更多科技密码。

资料来源(节选):一汽奔腾B70S携手百度创新上市 首创真·元宇宙发布会[EB/OL].(2022-03-18)[2024-04-10].https://baijiahao.baidu.com/s? id=1727650376394067092&wfr=spider&for=pc.

三、AIGC下的营销沟通

(一)"AIGC+营销"的价值

AIGC与营销的结合具有巨大的潜力,其价值具体表现在以下几个方面。

1.提高效率与降低成本

AIGC技术可以自动生成营销策略、广告创意、内容等,这将大幅度提高数字营销型公司和传统营销产业链的工作效率。另外,AIGC在数据分析、市场调研等方面的应用,甚至能够做到同时降低企业的人力成本和时间成本。

2.重新定义人才需求

AIGC技术的广泛应用将改变营销行业对人才的需求。未来,数字营销公司和传统营销产业链,将会更加青睐选择兼具跨学科知识、数据分析能力与创新型思维的人才。同时,AIGC的介入也可能导致部分高技能要求的岗位减少,如广告设计、市场调研等。

3.个性化与精准营销

AIGC技术能够根据客户需求生成个性化的营销策略和内容,这将推动数字营销公司和传统营销产业链更加注重个性化和精准营销,大幅提升产业链效率、降低供应链成本。

4.增强创新能力

AIGC技术可以不断迭代和优化营销策略,这将激发数字营销公司和传统营销产业链的创新能力,并且这种创新的数量增长巨大,从而以量变带动质变。企业将能够更快地适应市场变化,抓住新的商机。

5.重塑营销生态

AIGC技术将改变营销生态中各个环节的角色和价值,例如广告主、代理商、媒体、数据服务商等。这将推动产业链各环节进行深度融合和协同创新,形成更加高效、灵活的营销生态。

6.数据安全与隐私问题

AIGC技术在营销领域的应用将涉及大量用户数据。而AIGC快速整合分析并生成内容的能力远超于人类,因此只要在人为设定的数据规则和法律条件下,其就能快速形成脱敏内容,从而规避数据隐私与安全问题带来的风险。

(二)"AIGC+营销"的全流程应用

AIGC作为一种颠覆性的技术,正在逐步改变营销领域的传统模式。通过AIGC的赋能,企业可以实现更高效、更精准的营销活动,提高品牌形象和市场竞争力。

1.营销认知阶段

广告投放是营销的重要环节,关系到企业品牌形象和销售业绩。AIGC可以生成广告创意与投放优化建议,包括广告设计、广告内容、投放渠道策略和投放分析,从而提高广告效果和投放效率。此外,AIGC还可以为品牌传播提供有力支持,生成品牌战略与传播优化建议,涉及品牌内涵、品牌形象设计、传播素材和传播路径分析,帮助企业提升品牌形象与知名度。

2.线索搜寻与分配阶段

传统的线索分析和评估过程往往耗时且不够精准,而AIGC可以快速生成线索评估与优化策略,帮助企业提高线索质量和转化率。同时,AIGC还可运用市场预测分析和市场目标群体分析,生成市场策略与定位优化建议,提高市场竞争力和目标客户匹配度,在线索质量极速下降和线索成本持续走高的当下,AIGC的能力是一片降压药。

3.客户培育阶段

AIGC可以通过生成邮件营销、视频营销和活动营销的策略建议,为客户提供更具针对性的内容。例如,AIGC可以自动生成个性化的邮件和活动方案,提高客户参与度和满意度。

4.客户转化阶段

AIGC可以为销售自动化、近场营销、CRM、渠道管理、会员管理等方面提供有力支持。例如,通过生成精准需求分析和策略生成建议,AIGC可以帮助企业更好地满足客户需求,提高销售业绩。还可以协助企业实现精细化线索管理、公私域运营等,进一步提高客户的转化效率。

5.营销优化阶段

AIGC可以协助企业进行营销动作分析、营销策略复盘。通过深度学习能力,企业可以更好地评估营销活动的效果,并为未来的营销活动提供有力的数据支持。AIGC还可以帮助企业优化媒介分析和监测、营销预算分析等方面的工作,从而使营销活动更加精准和有效。

6.复购阶段

AIGC可以通过复购原因分析和复购策略营销,帮助企业更好地了解客户需求,提高客户满意度。AIGC 在企业客服、售后(维保)服务、精准营销等方面的工作支持上,进一步提升客户忠诚度和用户成长。AIGC 还能运用社交网络传播分析,发掘潜在的客户资源,拓展业务范围。

(三)"AIGC＋营销"的多场景应用

"AIGC＋营销"可以实现时空拓展、虚实联动,打造全新的营销场景。

1.元宇宙营销

通过 AIGC,企业可以在元宇宙中构建虚拟品牌形象、提供个性化的虚拟产品和服务、实现虚拟空间的互动和沟通。

2.场景营销

AIGC 可以利用 VR、AR 等技术,将品牌信息和产品服务融入不同的场景中,比如,在购物中心、展览会、游乐场等场所中,利用虚拟现实技术打造互动体验。

3.虚拟人营销

AIGC 生成类人化的虚拟人物,通过自动对话、语音识别、面部表情等方式与用户互动,提供个性化的服务和体验,增强用户参与感和满意度。

4.虚拟体验营销

AIGC 可以为消费者提供更加真实、身临其境的体验。通过 AIGC 生成的虚拟人物或虚拟场景,可以与用户进行互动,实现更加智能化的营销。

5.区块链营销

结合区块链技术,可以实现去中心化的广告投放、用户行为追踪和数据记录等功能,提高广告的透明度和效率,避免广告欺诈和数据造假,保障广告主和用户的权益。

6.智能客服营销

AIGC 可以结合智能客服技术,实现 24 小时在线的自动化客服服务,提供快速、准确、个性化的答复和解决方案,增强用户满意度和忠诚度。

支付宝"2023 集五福——AI 年画"活动

2023 年,支付宝推出"2023 集五福——AI 年画"的数字藏品领取活动,用户只需登录支付宝,进入"集五福"链接即可体验。AI 年画项目,使用了近期火爆的 AIGC 模式,用户用简单笔画描绘兔子外形,AI 便能快速生成相关画作,如果对生成的画作不满意,用户还可以对最终的成品进行调整。年画作品生成完成后,可以定制成为兔年五福新春年画数字藏品及领取"五福"。

该项目耗时 60 天,由特赞数字内容平台提供物料设计支持,调用特赞平台内 20

多个创意方,以中国传统文化中的吉祥寓意"福禄寿喜财"为设计灵感,通过插画、油画、水墨画、版画等多种形式,设计出 15 组原创兔子形象、70 多幅原创插画稿件、2300 多个年画素材,平均每天产出 38.33 个素材,为"兔兔 All"训练提供训练素材。项目高峰期 1 天内就交付近 200 个素材,完成了一次高效率、高逆发的内容生产服务。

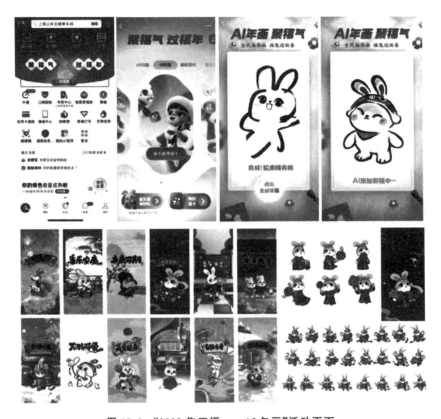

图 10-6 "2023 集五福——AI 年画"活动页面

本章小结

营销沟通是营销活动中的重要组成部分,在很大程度上影响着整体营销活动的成败。营销沟通组合可以分为人员推广与非人员推广,非人员推广包括广告、公共关系、销售促进、直接营销等形式。营销沟通组合按照沟通对象与重点也可以分为推式营销与拉式营销两大类。推式营销主要通过运用销售人员和贸易促销来推动产品的销售。拉式营销则通过广告和客户导向促销,吸引终端消费者购买特定产品。营销沟通组合的选择会受产品类型、推拉策略、促销目标、生命周期阶段、经济发展前景等因素影响。营销沟通的决策过程包括了沟通对象确定、沟通目标确定、沟通信息设计、沟通预算确定、沟通组合确定等步骤。

整合营销沟通是一个沟通过程,针对目标顾客及潜在客户,进行具有时间跨度的计划、创造、整合及执行各种形式的营销沟通工具,实现"一个声音,一个形象"的对外传播。整合营销沟通的目的在于影响目标受众的行为。即便是同一种营销沟通方法,相较于单独使用或是在未充分协调多种沟通方式状态下使用,结合其他方法使用将产生更加积极的沟通效果,充分协调各种营销沟通方式将带来协同效应,尤其是在新媒体碎片化的营销沟通环境中,整合营销显得尤为必要。整合营销沟通通常需要通过建立数据资料库、研究消费者、接触点管理、发展沟通策略、营销工具创新、传播手段组合这六个方法来实现。

广告、人员推广、公共关系、销售促进和直复营销各有自己的作用和形式,企业需要根据实际情况来优化组合,进行恰当的决策和管理。

新媒体环境下,营销传播载体发生很大变化,对营销策略也提出了新的要求,内容营销与运营、活动营销与运营、用户营销与运营是新媒体营销传播的三大核心工作。AIGC 的崛起和全流程应用,元宇宙营销、场景营销、虚拟人营销、虚拟体验营销、区块链营销、智能客服营销将极大拓展营销沟通的边界。

重要名词

营销沟通　营销沟通组合　推式营销　拉式营销　整合营销沟通　广告　销售促进
公共关系　人员推广　直接营销　新媒体　新媒体营销　AIGC 营销

案例评析

案例评析

思政专题

2020 年 9 月 26 日,中共中央办公厅、国务院办公厅印发了《关于加快推进媒体深度融合发展的意见》,提出要"以先进技术引领驱动融合发展,用好 5G、大数据、云计算、物联网、区块链、人工智能等信息技术革命成果,加强新技术在新闻传播领域的前瞻性研究和应用,推动关键核心技术自主创新";"要推进内容生产供给侧结构性改革,更加注重网络内容建设,始终保持内容定力,专注内容质量,扩大优质内容产能,创新内容表现形式,提升内容传播效果"。

2024 年 3 月,《政府工作报告》提出,"制定支持数字经济高质量发展政策,积极推进数字产业化、产业数字化,促进数字技术和实体经济深度融合。深化大数据、人工智能等研发应用,开展'人工智能＋'行动,打造具有国际竞争力的数字产业集群"。

请思考:

1.结合以上论述,从营销传播的角度思考未来中国的传播环境会有怎样的变化和升级。

2.以某行业或企业为例,谈谈在新媒体、融媒体以及"人工智能＋"背景下,企业应该如何做好内容营销。

AI 实训专题

请小组选择一个有一定知名度的品牌,以该品牌"品牌经理"或"营销总监"的角色,请 DeepSeek 针对该品牌当前面临的市场形势进行深度剖析,进而提出一份"整合营销推广年度方案"。请小组评价该方案是否切合品牌定位,是否体现整合营销传播思想,是否具有可行性? 同时可针对方案不足与平台继续对话和复盘,优化方案。

课后习题

参考文献

1.科特勒.营销管理[M].15 版.上海:格致出版社,2019.

2.科特勒.营销革命 4.0:从传统到数字[M].北京:机械工业出版社,2018.

3.科特勒,阿姆斯特朗.市场营销原理[M].17 版.北京:清华大学出版社,2021.

4.科特勒,阿姆斯特朗.市场营销原理[M].亚洲版·原书第 4 版.北京:机械工业出版社,2020.

5.科特勒,阿姆斯特朗.市场营销:原理与实践[M].17 版.北京:中国人民大学出版社,2020.

6.郭国庆.市场营销学通论[M].8 版.北京:中国人民大学出版社,2020.

7.曹虎,王赛.什么是营销[M].北京:机械工业出版社,2020.

8.许宏.科特勒的营销思维[M].北京:群言出版社,2018.

9.吕一林,陶晓波.市场营销学[M].5 版.北京:中国人民大学出版社,2014.

10.吕一林.市场营销学原理[M].2 版.北京:高等教育出版社,2016.

11.钱旭潮,王龙.市场营销管理:需求的创造与传递[M].4 版.北京:机械工业出版社,2016.

12.吴健安,钟育赣.市场营销学:应用型本科版[M].北京:清华大学出版社,2015.

13.波特.竞争战略[M].陈丽芳,译.北京:中信出版社,2014.

14.乔布尔,费伊.市场营销学[M].徐瑾,杜丽,李莹,等,译.大连:东北财经大学出版社,2013.

15.麦克丹尼尔,兰姆,海尔.市场营销学[M].时启亮,朱洪兴,金玲慧,译.上海:格致出版社,2013.

16.所罗门,马歇尔,斯图尔特.市场营销学:真实的人,真实的选择[M].罗立彬,姚想想,等,译.北京:电子工业出版社,2013.

17.温伟胜.市场营销学基础与应用[M].广州:华南理工大学出版社,2018.

18.钟旭东.市场营销学:现代的观点[M].上海:格致出版社,2012.

19.陆剑清.消费行为学[M].北京:清华大学出版社,2015.

20.希夫曼,卡纽克,维森布利特.消费者行为学[M].张政,译.北京:清华大学出版社,2017.

21.巴塔,巴韦斯.深度营销:营销的 12 大原则[M].美同,译.北京:北京联合出版社,2019.

22.叶茂中.营销的 12 个方法论[M].北京:机械工业出版社,2020.

23.舒腾杰,刘佳佳.互联网市场营销实战手记[M].北京:北京大学出版社,2019.

24.唐文龙.市场营销学通理[M].北京:经济管理出版社,2019.

25.琼斯.市场营销[M].江小龙,译.上海:上海交通大学出版社,2014.

26.陈凯.市场调研与分析[M].2 版.北京:中国人民工业出版社,2021.

27.戴维.战略管理:概念与案例[M].13 版.北京:中国人民大学出版社,2012.

28.程宇宁.整合营销传播:品牌传播的策划、创意与管理[M].2 版.北京:中国人民工业出版社,2019.

29.胡介埙,周国红,周丽梅.市场营销调研[M].大连:东北财经大学出版社,2015.

30.麦克丹尼尔.当代市场调研(原书第10版)[M].北京:机械大学出版社,2017.

31.刘勇为.全网整合营销[M].北京:中国经济出版社,2019.

32.孟韬.营销策划:方法技巧与文案[M].4版.北京:机械工业出版社,2021.

33.王海燕.市场营销理论与实务策略[M].北京:中国书籍出版社,2019.

34.马连福.市场调查与预测[M].北京:机械工业出版社,2016.

35.沈武贤.市场调查:有效决策的最佳工具[M].台北:三明书局股份有限公司,2014.

36.乔瑞中,李冰.市场营销学[M].北京:机械工业出版社,2015.

37.殷博益.市场营销学[M].2版.南京:东南大学出版社,2012.

38.倪自银.新编市场营销学:理论与实务[M].北京:电子工业出版社,2011.

39.郑艳群,杜春丽,涂洪波.市场营销学[M].上海:上海财经大学出版社,2013.

40.徐飞.战略管理[M].3版.北京:中国人民大学出版社,2016.

41.王建民.战略管理学[M].北京:北京大学出版社,2013.

42.汤普森,彼得拉夫,甘布尔,等.战略管理:概念与案例(原书第19版)[M].于晓宇,王家宝,等,译.北京:机械工业出版社,2015.

43.赵玉明,杜鹏.网络营销[M].北京:人民邮电出版社,2013.

44.江坤礼.网络营销推广实战宝典[M].2版.北京:电子工业出版社,2016.

45.冯英健.网络营销基础与实践[M].5版.北京:清华大学出版社,2016.

46.李沂濛.SoLoMo营销下的O2O电子商务商业模式研究[D].哈尔滨:黑龙江大学,2015.

47.姜丽.网络视频营销的模式、类型和策略研究[D].武汉:华中科技大学,2013.

48.孟涛,必可贵.营销策划方法技巧与文案[M].3版.北京:机械工业出版社,2016.

49.冯雪飞,董大海,张瑞雪.互联网思维:中国传统企业实现商业模式创新的捷径[J].当代经济管理,2015,37(4):20-23.

50.孟韬.市场营销:互联网时代的营销创新[M].北京:中国人民大学出版社,2018.

51.易点.商品定价中的心理学调研报告:尾数定价对消费者消费行为的影响情况[J].中国商论,2019(5):192-193.

52.刘怡伽.浅析拼多多成功上市的原因与现存问题[J].现代营销(经营版),2019(8):72.

53.刘军,邵晓明.消费心理学[M].北京:机械工业出版社,2016.

54.秦星宇.基于顾客导向定价的苹果手机定价策略研究[J].全国流通经济,2017(4):8-9.

55.王锐.团购策略定价的内在机理研究[J].现代商业,2017(18):40-41.

56.赵国栋.网络调查研究方法[M].2版.北京:北京大学出版社,2013.

57.皮兴鄂.基于大数据技术的市场调研方法应用[D].广州:广东财经大学,2017.

58.魏玲如.大数据营销的发展现状及其前景展望[J].江苏商论,2014(15):34-35.

59.KOTLER P, ARMSTRONG G, ANG S H, et al. Principles of marketing: an Asian perspective [M].北京:清华大学出版社,2014.

60.BAUCELLS M, HWANG W. A model of mental accounting and reference price adaptation[J]. Management science, 2017,63(12):4201-4218.

61. LEWIS A, MOITAL M. Young professionals' conspicuous consumption of clothing[J]. Journal of fashion marketing and management, 2016, 20(2):138-156.

62.KOTLER P，KELLER K L. Marketing management［M］.14th ed. 北京 ：中国人民大学出版社,2016.

63.KOTLER P，et al. Marketing management：an Asian perspective［M］. 6th ed. Singapore：Pearson Education South Asia Pte Ltd，2013.

64.LAMB C W，HAIR J F，MCDANIEL C. Marketing［M］.12th ed. Mason，OH：South-Western/Cengage Learning，2013.

应用型本科经管系列教材

财务会计类

财务报表编制与分析
财务共享综合实务
财务管理学
成本管理会计
成本会计
风险管理与内部控制
管理会计
会计模拟实验
会计学(非会计专业用)
会计学基础仿真实训
会计学科专业导论
会计学原理
Python 在企业财务中的应用
企业会计综合实验
审计学(非审计专业用)
审计学原理
业财一体信息化应用
中级财务会计

工商营销类

电商直播运营
短视频直播运营
服务管理
国际管理:赋能全球企业变革
绩效管理
健康管理学
客户关系管理
企业数字化战略变革案例集
商务礼仪
市场调查与预测
数智时代的市场营销理论与实务
数字营销
数字资产管理与综合实践
网络营销
文旅直播理论与实务
项目策划
消费心理学
新媒体营销
营销策划

经济贸易类

电子商务概论
国际结算
国际经济学
国际贸易实务
国际贸易学
国际市场营销
跨境电子商务
品牌管理
数字经济概论
数字经济理论与实务
数字经济学导论
数字贸易
数字贸易规则
统计学
自贸区发展学

金融投资类

保险金信托与财富传承概论
大数据金融
公司金融学
供应链金融
货币金融学
金融风险管理
金融市场学
金融学
金融衍生工具
商业银行经营管理理论及案例解读
投资学
投资银行理论与实务
投资组合理论与实务
证券投资学

物流类

仓储与配送管理
数智化沙盘模拟实验
物流成本管理
物流系统规划与管理
物流系统建模与仿真——案例与模型
现代物流学概论
运营管理
智慧供应链管理
智慧物流管理